Schilling/Patyna

Berufsbezogene Mathematik für die Fachoberschule

nichttechnische Fachrichtungen
Klasse 12

Lösungen

1. Auflage

Bestellnummer 06083

Bildungsverlag EINS

www.bildungsverlag1.de

Bildungsverlag EINS GmbH
Sieglarer Straße 2, 53842 Troisdorf

ISBN 978-3-427-**06083**-3

Vorwort

Diesem Lösungsband ist eine CD-ROM beigefügt, die neben den EXCEL-Dateien zum Abschnitt Finanzmathematik und zur Stochastik auch interaktive GeoGebra-Dateien zur Analysis enthält. Mit der Startdatei „index.htm“ können alle Dateien der CD-ROM aufgerufen werden.

Mithilfe der EXCEL-Dateien können fast alle Berechnungen zu den Handlungssituationen des Schülerbandes und den Übungsaufgaben des Abschnittes Finanzmathematik ausgeführt werden.

Die EXCEL-Dateien zur Stochastik ermöglichen eine schnelle Berechnung der einfachen und kumulierten Wahrscheinlichkeiten binomialverteilter Zufallsgrößen.

Die GeoGebra-Dateien veranschaulichen wichtige Zusammenhänge der Analysis *dynamisch*. GeoGebra ist eine mehrfach prämierte Mathematik-Software, die im Internet kostenlos unter www.geogebra.at heruntergeladen werden kann. Eine Installationsdatei befindet sich auf der beigefügten CD-ROM.

Durch die dynamische Veranschaulichung mit GeoGebra, z. B. Parametervariationen bei Funktionen, der Übergang vom Differenzen- zum Differenzialquotienten, die Ober- und Untersummenbildung in der Integralrechnung, Optimierungsprobleme etc., wird nicht nur wertvolle Unterrichtszeit gespart, es werden auch tiefgreifende und nachhaltige Lernprozesse bei den Schülerinnen und Schülern ermöglicht.

Sämtliche GeoGebra-Dateien werden durch sog. Schieberegler bedient, mit denen bestimmte Parameter variiert und deren Auswirkungen dann beobachtet werden können.

Die grün hervorgehobenen Schieberegler lassen sich entweder mit der Maus oder nach einmaligem Anklicken mit den Pfeiltasten verändern.

Für die mühevolle und kompetente Erstellung der GeoGebra-Dateien danke ich meinem Kollegen Jens Helling.

Inhaltsverzeichnis

Anhang
CD-ROM mit
- allen EXCEL-Dateien zum Schulbuch (Situationen)
- allen EXCEL-Dateien zum Lösungsbuch (Übungsaufgaben)
- GeoGebra-Dateien zur Visualisierung wichtiger mathematischer Zusammenhänge
- EXCEL-Dateien zu den Tabellenwerken zur Stochastik

1 Ganzrationale Funktionen

1.1 Funktionen

1.1.1 Bedeutung von Funktionen

1 a) In der Grafik sind 2 Zuordnungen (Funktionen) enthalten:
1. Entwicklung der **Ausfuhren** von 2000–2007 (Zeit ↦ Ausfuhren): ständiger Anstieg.
2. Entwicklung der **Einfuhren** von 2000–2007 (Zeit ↦ Einfuhren): Abnehmende Einfuhren von 2001 bis 2002, dann unterschiedlich starke Anstiege der Einfuhren.

b) Zeit ↦ Pegelstand: Der Pegelstand eines Flusses steigt vom 14.02., 00:00 Uhr von 7 m zunächst langsam und dann immer stärker auf 8,5 m am 16.02. um 12:00 Uhr. Dann fällt der Pegelstand bis zum 17.02. um 9:00 Uhr auf ca. 8,25 m, um dann wieder rasch, mit zunehmender Tendenz, auf ca. 9,1 m am 18.02. um 12:00 Uhr zu steigen.

c) Zeit ↦ Bevölkerungszahl: Die Grafik zeigt die Entwicklung der Weltbevölkerung von 1900 bis heute und dann weiter geschätzt bis 2100. Ausgehend von ca. 1,6 Mrd. Menschen um 1900 ist zunächst ein moderater Anstieg bis 1950 festzustellen, dann steigt die Weltbevölkerung bis 2050 sehr stark und erreicht hier ihr Maximum mit ca. 10 Mrd. Menschen. Danach geht die Bevölkerung bis 2100 stark zurück, um dann 2100 einen Tiefstand von ca. 5,5 Mrd. zu erreichen. Ab 2100 wird die Zahl der Menschen auf der Erde wohl wieder zunehmen.

d) Zeit ↦ Kurswert deutscher Unternehmen an der Börse in Mrd. EUR von 1993 bis 2003: Bis 1999 Anstieg des Kurswertes, dann bis 2002 starker Abfall und danach wieder Anstieg.

e) Warenwert ↦ Versandkosten: Veranschaulicht werden die Versandkosten (z. B. eines Versandhauses) in Abhängigkeit vom Warenwert. Bei einem Warenwert von 0 bis 500 GE betragen die Versandkosten konstant 50 GE. Dann steigen die Versandkosten für Warenwerte von 500 bis 1 500 GE linear von 50 auf 150 GE an. Für Warenwerte ab 1 500 GE betragen die Versandkosten konstant 150 GE.

f) Düngermenge ↦ Weizenerträge: Es wird dargestellt, wie (z. B. bei der Düngung einer Ackerfläche) die Weizenerträge von der eingesetzten Düngermenge abhängig sind. Zunächst steigen die Erträge überproportional an, dann immer langsamer (unterproportional). Schließlich sind bei 400 kg Düngereinsatz die Weizenerträge mit 1600 kg maximal. Bei weiterem Düngereinsatz sinken die Weizenerträge, bis die Ackerfläche schließlich mit einem Düngereinsatz von 600 kg total überdüngt ist und die Erträge null sind.

2 a) Weil das Auto mit gleich bleibender Geschwindigkeit fährt, beschreibt die 3. Grafik den Zusammenhang zwischen Zeit und zurückgelegtem Weg.

b) Die Geschwindigkeit des Autos sinkt in dem Moment abrupt auf null, in dem das Auto gegen die Mauer fährt. Grafik 2 beschreibt den Zusammenhang zwischen Zeit und Geschwindigkeit richtig.

3 A7 – B4 – C9 – D2 – E10 – F3 – G8 – H1 – I5 – J6

4 C

5 **Tabelle:**

Zeit	Kerzen-Höhe
0	20
1	16
2	12
3	8
4	4
5	0

Graph:

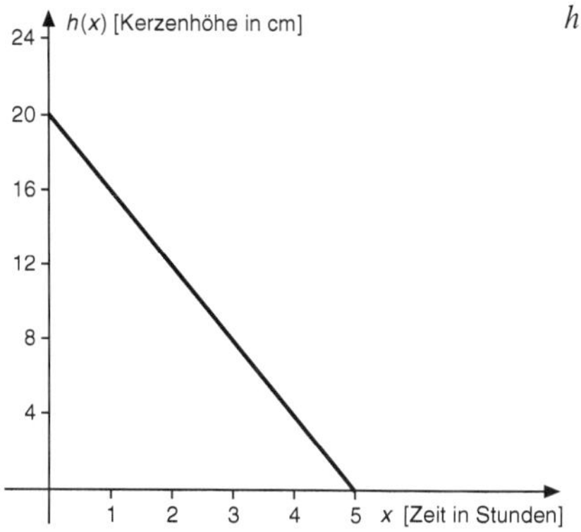

Gleichung:

$h(x) = -4x + 20$

1.1.2 Darstellungsmöglichkeiten von Funktionen

1 **Tabellen:**

Produktionsmenge x	**Erlöse** E	**Kosten** K	**Gewinn** G
0	**0**	**2**	**−2**
1	**1**	**2,5**	**−1,5**
2	**2**	**3**	**−1**
3	**3**	**3,5**	**−0,5**
4	**4**	**4**	**0**
5	**5**	**4,5**	**0,5**
6	**6**	**5**	**1**

Graphen:

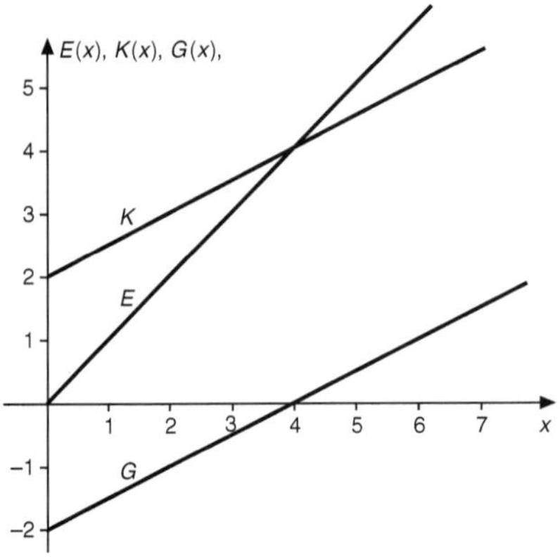

Gleichungen:

$K(x) = \frac{1}{2}x + 2$
$E(x) = x$
$G(x) = \frac{1}{2}x - 2$

1.1.3 Fachbegriffe bei Funktionen

1 a) $E(x) = 0{,}75\,x$

x	0	1	2	3	4
E	0	0,75	1,5	2,25	3

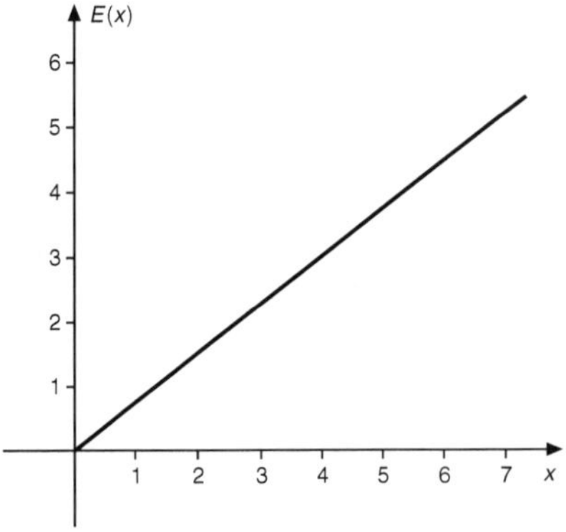

b) $K(x) = 850\,x$

x	0	1	2	3	4
K	0	850	1700	2550	3400

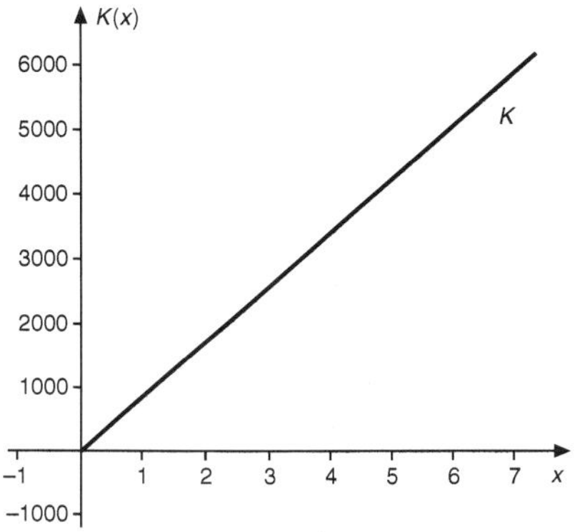

c) $K(x) = 0{,}89\,x$

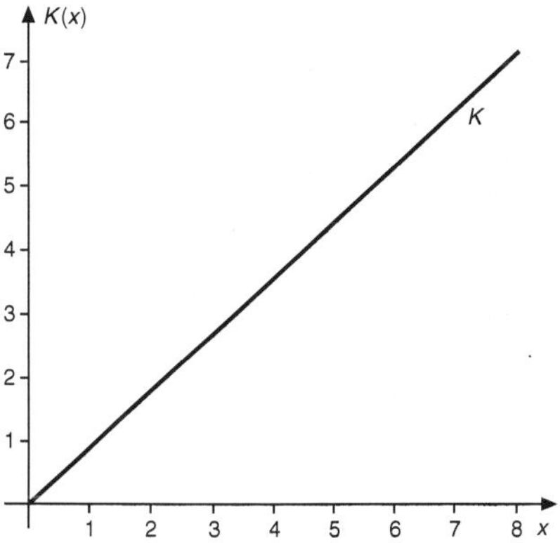

d) $V(U) = 0{,}1\,x$

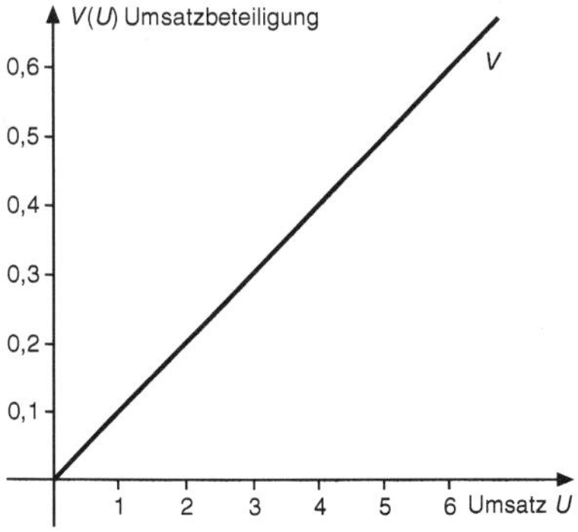

2 a) In einer Wertetabelle werden bestimmten x-Werten die entsprechenden Funktionswerte numerisch zugeordnet.

b) Eine Grafik, die den Zusammenhang zwischen den Zahlen des Definitionsbereiches und den Zahlen des Wertebereiches veranschaulicht.

c) Mithilfe der Funktionsgleichung kann zu jedem x-Wert der dazugehörige Funktionswert berechnet werden.

d) Eine Stelle ist ein x-Wert (= Wert auf der Abszissenachse).

e) Der Funktionsterm ist der Ausdruck (rechte Seite der Funktionsgleichung), mit dessen Hilfe der Funktionswert berechnet werden kann.

f) Interpolation ist die Berechnung von Funktionswerten, die zwischen bekannten Werten einer Funktion liegen.

g) Extrapolation ist die Bestimmung von Funktionswerten außerhalb eines Intervalls auf Grund der Kenntnis von Funktionswerten innerhalb dieses Intervalls.

h) Der Definitionsbereich umfasst alle Abszissenwerte, die in eine Funktion eingesetzt werden dürfen.

i) Der Wertebereich umfasst alle Funktionswerte, die eine Funktion annimmt.

j) An der Stelle $x = -2$ ist der Funktionswert 6.

k) Eine Funktion ist eine eindeutige Zuordnung. D. h. jedem Abszissenwert ist genau ein Funktionswert zugeordnet.

3

	Definitionsbereich	**Wertebereich**
a)	$D(f) = [-1; \infty)$	$W(f) = \mathbb{R}_+$
b)	$D(f) = \mathbb{R}_-$	$W(f) = \mathbb{R}_+$
c)	$D(f) = \mathbb{R}$	$W(f) = \mathbb{R}_+$
d)	$D(f) = [-2; 2]$	$W(f) = [0; 2]$
e)	$D(f) = [-3; 1{,}5]$	$W(f) = [-1; 1]$
f)	$D(f) = \mathbb{R}$	$W(f) = \mathbb{R}$

4 a) $f(x) = 4x - 4$

b) $f(x) = x^2 - 3x$

c) $f(x) = x$

d) $f(x) = (x - 3)^2$

5 a) $f(4) = 12$

b) $f(4) = 4$

c) $f(4) = 4$

d) $f(4) = 1$

6 Leseweise z. B. für a): Die Funktion f mit der Funktionsgleichung $f(x) = 3x - 4$ und dem Definitionsbereich der Funktion f von einschließlich -2 bis einschließlich 4.

a) $f(-2) = -10$

b) $f(-2) = -12$

c) $f(-2) = n.\,d.$

d) $f(-2) = 9$

7 a) $D_{\max}(f) = \mathbb{R}$
b) $D_{\max}(f) = \mathbb{R}^* = \mathbb{R}\setminus\{0\}$
c) $D_{\max}(f) = \mathbb{R}^*\setminus\{2\}$
d) $D_{\max}(f) = \mathbb{R}_+$

1.2 Lineare Funktionen

1.2.1 Bedeutung von *m* und *b* in $f(x) = m \cdot x + b$ (Von der Realsituation zur Funktionsgleichung)

1 a) Der Graph ist eine Gerade.
b) Die Funktionsgleichung lässt sich auf die Form $f(x) = mx + b$ bringen (Der Exponent bei der Variablen x ist 1: $f(x) = mx^1 + b$).

2 Alle Graphen sind Geraden.
a) Die Ordinatenachse wird bei 2 geschnitten ($S_{f(x)}$ (0/2)), die Steigung ist positiv $m = 2$.
b) Die Ordinatenachse wird bei -1 geschnitten ($S_{f(x)}$ (0/-1)), die Steigung ist negativ $m = -3$.
c) Die Ordinatenachse wird bei 3 geschnitten ($S_{f(x)}$ (0/3)), die Steigung ist negativ $m = -\frac{1}{2}$.
d) Die Ordinatenachse wird bei -4 geschnitten ($S_{f(x)}$ (0/-4)), die Steigung ist positiv $m = \frac{2}{3}$.
e) Die Gerade verläuft durch den Ursprung ($S_{x}/_{f(x)}$ (0/0)) und hat die Steigung $m = -1$.
f) Die Ordinatenachse wird bei -2 geschnitten ($S_{f(x)}$ (0/-4)), die Steigung ist positiv $m = 1$.
g) Die Gerade verläuft parallel zur Ordinatenachse und schneidet die Abszissenachse bei $x = -1$.
h) Die Gerade verläuft durch den Ursprung ($S_{f(x)}$ (0/0)) und hat die Steigung $m = 1{,}4$.

3 a) $K(x) = 0{,}57\,x$ $\quad K(35) = 0{,}57 \cdot 35 = 19{,}95$
b) $V(x) = 0{,}12 \cdot x$ $\quad V(570) = 0{,}12 \cdot 570 = 68{,}4$ (Liter)
$68{,}4 \cdot 108{,}4$ Cent $= 7415$ Cent $= 74{,}15$ EUR
c) $K(x) = 0{,}29\,x + 9{,}95$
d) $K(x) = 10000 + 3000\,x$; $D(K) = [0; 500]$
e) $K(x) = 0{,}8\,x + 5$; $D(K) = \mathbb{R}_+$
f) $K(t) = 22{,}5\,t + 1000$
g) $W(t) = -3125\,t + 25000$
h) $p_N(x) = -\frac{1}{5}x + 100$
i) **A**: $K(x) = 0{,}15\,x + 55$ $\quad$ **B**: $K(x) = 0{,}13\,x + 75$ $\quad$ **C**: $K(x) = 0{,}105\,x + 220$
j) $H(t) = -1{,}5\,t + 33$
k) $R(t) = -2{,}5\,t + 142$ $\quad$ (x in Bill. m^3)
l) $Z(t) = -2100\,t + 45000$
m) $K(t) = 10400\,t + 30200$ $\quad$ (t in Jahren)

1.2.2 Konstruktion des Funktionsgraphen einer linearen Funktion (Von der Gleichung zum Graphen)

a)

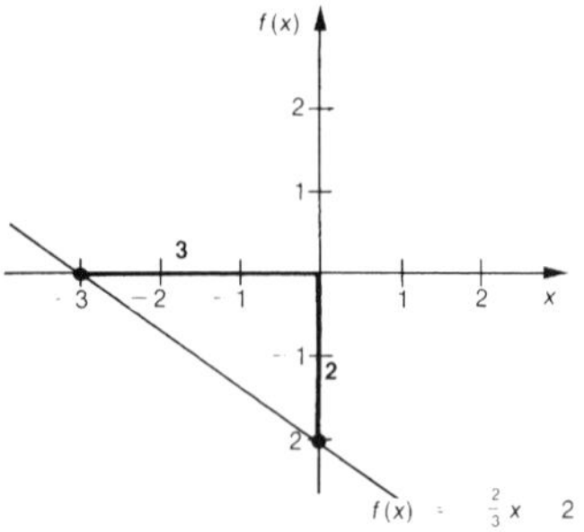

e)

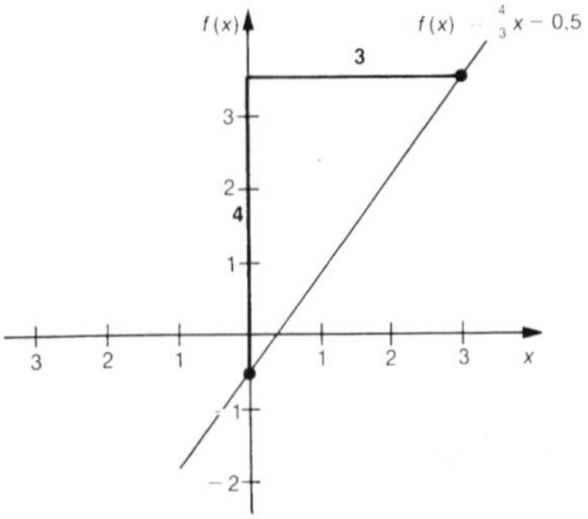

b)

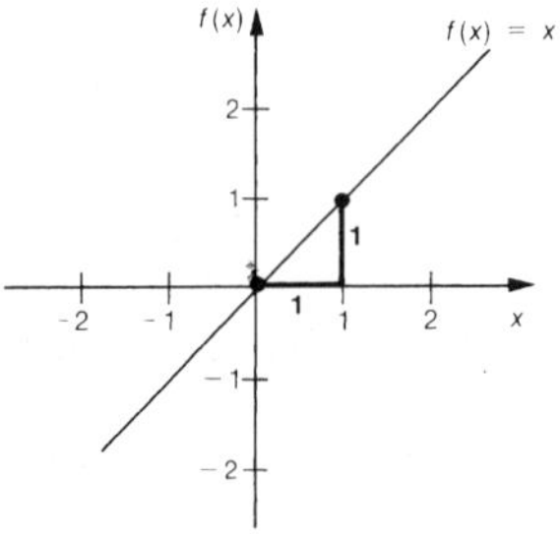

f)

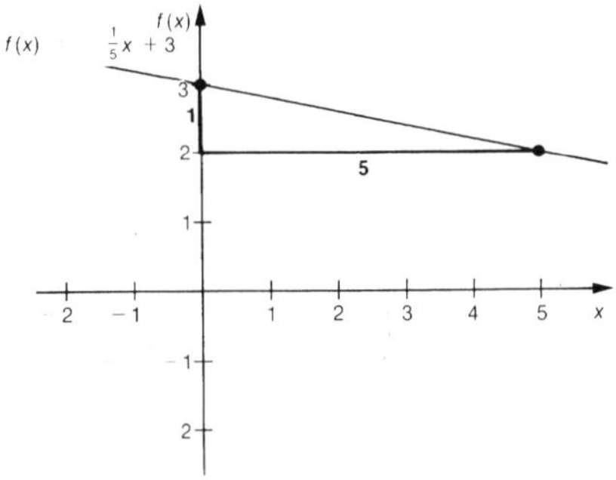

c)

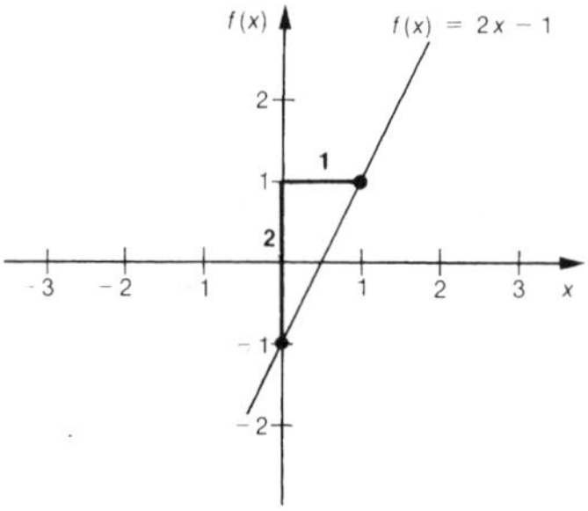

g)

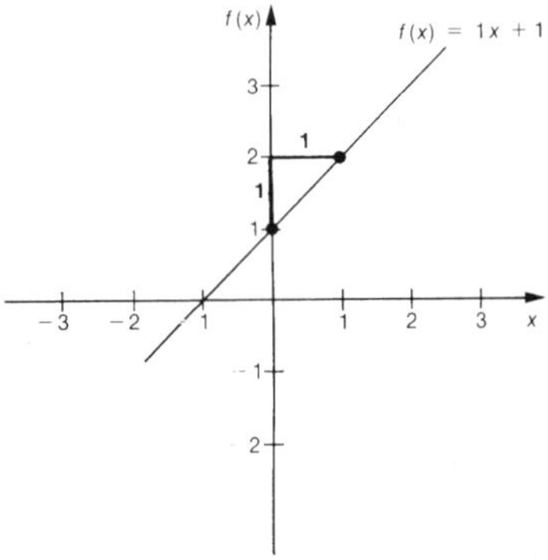

d)

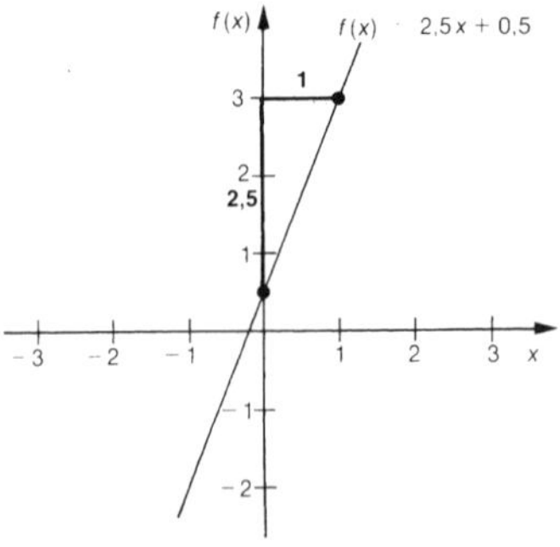

h)

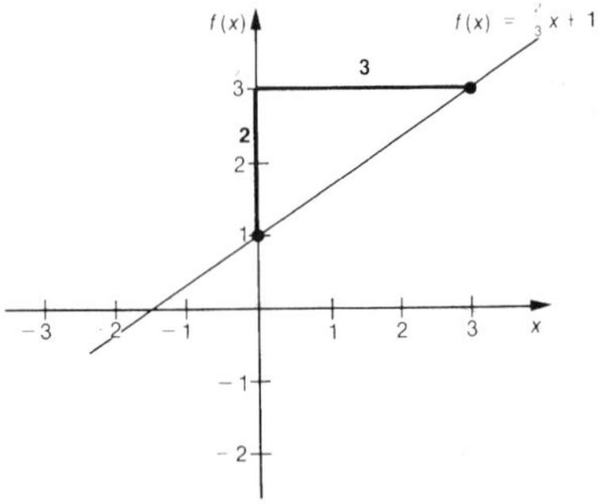

2 a)

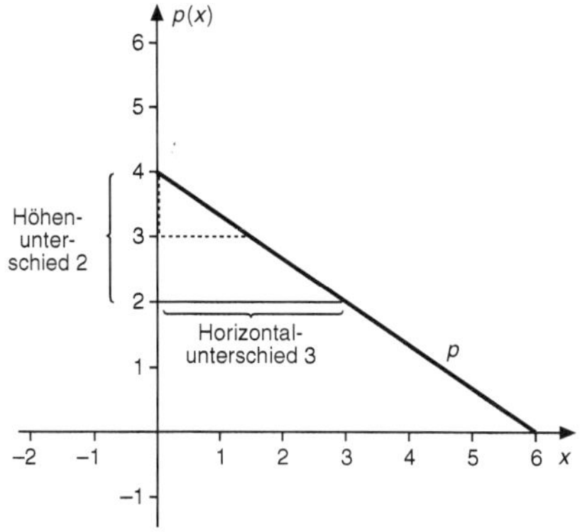

b) Mit sinkendem Preis nimmt die Nachfrage nach dem Gut zu und umgekehrt.
Z. B.: Wenn der Preis um eine GE sinkt, steigt die Nachfrage um $\frac{3}{2}$ ME.

3 Bedeutung des Verkehrszeichens: Maximale Steigung der Straße: 17%.

a) 17% sind aber nichts anderes als $0{,}17 = \frac{17}{100}$. Die Steigung der Straße beträgt also maximal $m = \frac{17}{100}$, d. h. es werden 17 m Höhenunterschied bei 100 m Horizontalunterschied bewältigt.

b) Die Steigung als Winkel ausgedrückt: $\tan\alpha = 0{,}17 \Leftrightarrow \alpha = \arctan 0{,}17 \approx 9{,}648°$.

c) Eine Steigung von 100% würde einen Winkel von $\tan\alpha = 1 \Rightarrow \alpha = 45°$ bedeuten.

4 a) Eine zusätzliche Produktionseinheit bedeutet: Horizontalunterschied = 1.
Eine Kostensteigerung um 120 GE bedeutet:
Höhenunterschied $= 120 \Rightarrow m = \frac{120}{1} = 120$.
Fixkosten sind die Kosten, die bei der Produktionsmenge Null entstehen. In diesem Fall ist also das Absolutglied $b = 3000 \Rightarrow \underline{\underline{K(x) = 120x + 3000.}}$

b)

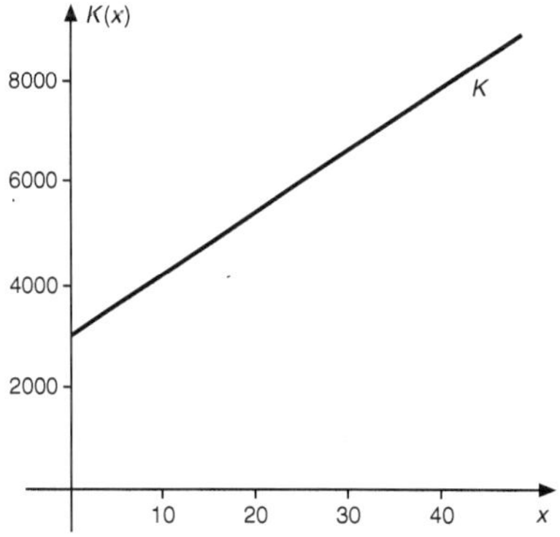

1.2.3 Bestimmung der Funktionsgleichung (Vom Graphen zur Gleichung)

1 a) $f(x) = -x$ e) $f(x) = -\frac{1}{2}x + 1$ i) $f(x) = -\frac{1}{3}x + \frac{1}{3}$
b) $f(x) = x$ f) $f(x) = \frac{1}{2}x + 2$ j) $f(x) = 6x - 1$
c) $f(x) = -2x$ g) $f(x) = -1{,}5x - 1{,}5$ k) $f(x) = -x + 1$
d) $f(x) = \frac{1}{3}x$ h) $f(x) = \frac{1}{2}x + 1$ l) $f(x) = \frac{1}{3}x + 1{,}5$

2 $P_1\,(0/2000)$ $P_2\,(15/1250)$
$m = \frac{1250 - 2000}{15 - 0} = -50$
$H(t) = -50t + 2000$

3 $P_1\,(130/190)$ $P_2\,(133/40)$
$m = \frac{40 - 190}{133 - 130} = -50$
$y = mx + b$
$190 = -50 \cdot 130 + b$
$b = 6690$
$H(s) = -50s + 6690$

4 a) $P_1\,(10/70)$ $P_2\,(25/175)$
$m = \frac{175 - 70}{25 - 10} = 7$
$y = mx + b$
$70 = 7 \cdot 10 + b$
$b = 0$
$t(s) = 7s$
b) $t(42{,}195) = 295{,}365 \approx$ 4 Std., 55 Min.

5 $P_1\,(100/21)$ $P_2\,(200/35)$ $P_3\,(300/49)$
$m = \frac{35 - 21}{200 - 100} = 0{,}14$
$y = mx + b$
$21 = 0{,}14 \cdot 21 + b$
$b = 7$
$K(x) = 0{,}14x + 7$

6 $P_1\,(20/5)$ $P_2\,(5/10)$
$m = \frac{10 - 5}{5 - 20} = -\frac{1}{3}$
$y = mx + b$
$5 = -\frac{1}{3} \cdot 20 + b$
$b = \frac{35}{3}$
$p_N(x) = -\frac{1}{3}x + \frac{35}{3}$

1.2.4 Weitere Anwendungsbeispiele

1 a) $f(-\frac{1}{3}) = -\frac{5}{12} = 0{,}41\overline{6}$
b) $x = 2$

2 a) $f(x) = -1250\,x + 15000$
b) $f(7) = 6250 \qquad f(8) = 5000$
c) $x = 4$, also am Ende des 4. Jahres

3 a) $K(x) = 200\,x + 100$
b) $x = 5$
c) $K(300) = 60100$

4 a) $K : K(t) = 30 - 4\,t$
b) $P_1\,(3/18)$: $K(3) = 18 \Rightarrow P_1 \in K$
$P_2\,(5/11)$: $K(5) = 19 \Rightarrow P_2 \notin K$

5 a) $f(x) = x + 1$
b) $f(x) = 2\,x + 2$

6 $K(x) = 100\,x + 200$

7 $G(x) = 125\,x - 310$

8 a) $K(x) = 0{,}13\,x + 9$
b) $b = 9$
c) $f(7000) = 919$
d) $x = 8520$

9 a) $f(x) = -\frac{1}{2}x - 1$

10 a) $K(x) = 0{,}49\,x + 4{,}95$
b) $b = 4{,}95$

11
a) $S_x\,(6/0)$ $S_{f(x)}\,(0/3)$
b) $S_x\,(\frac{2}{3}/0)$ $S_{f(x)}\,(0/-1)$
c) $S_x\,(-\frac{8}{3}/0)$ $S_{f(x)}\,(0/-2)$
d) $S_x\,(-1/0)$ $S_{f(x)}\,(0/2)$
e) $S_x\,(-3/0)$ $S_{f(x)}\,(0/-2)$
f) $S_x\,(0/0)$ $S_{f(x)}\,(0/0)$
g) $S_x\,(\frac{1}{2}/0)$ $S_{f(x)}\,(0/-1)$
h) $S_x\,(-0{,}2/0)$ $S_{f(x)}\,(0/0{,}5)$

12 $S_x\,(18/0)$ Sättigungsmenge ist 18. Bei einem Preis von 0 GE ist der Markt mit 18 ME gesättigt.
$S_p\,(0/12)$ Höchstpreis ist 12. Bei einem Preis von 12 GE erlischt die Nachfrage.

13 a) $p_A(x) = \frac{1}{2}x + 20$ $\quad p_N(x) = -\frac{1}{3}x + 40$

b)

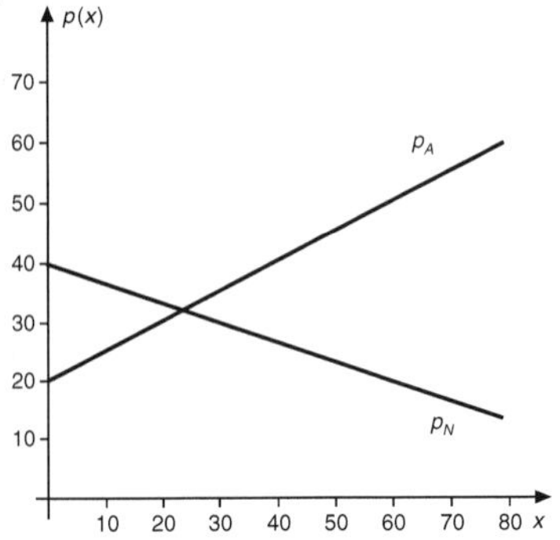

14 a) $p_A(x) = \frac{2}{10}x + 10 = 0{,}2\,x + 10$
$p_N(x) = -\frac{1}{20}x + 20 = -0{,}05\,x + 20$

b)

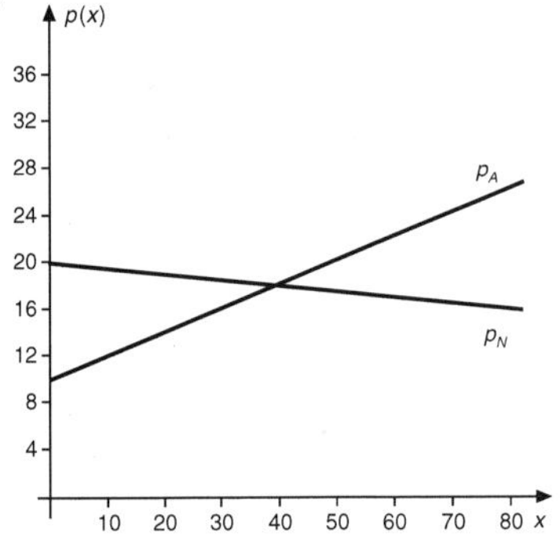

15 a) $Z(t) = 0{,}045 \cdot 15000 \cdot \mathrm{x}$ $\quad Z(8) = 5400$
b) $K(t) = 0{,}045 \cdot 15000 \cdot x + 15000$ $\quad K(8) = 20400$

c)

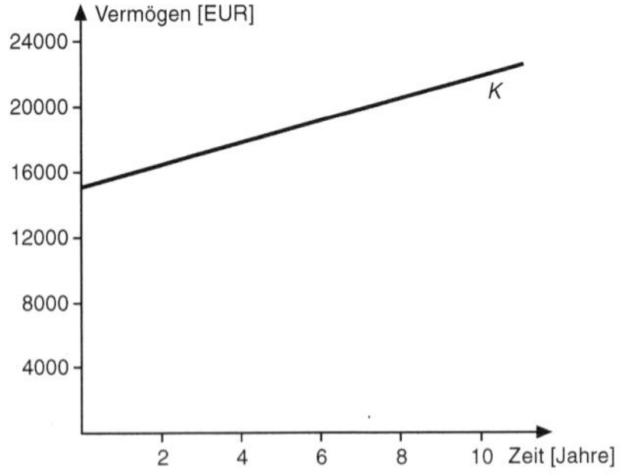

16 a) Zinsen pro Jahr = monatliche Zinsen · 12
$112{,}50 \cdot 12 = 1350$
$p = \frac{1350}{18000} = 0{,}075 = 7{,}5\,\%$
Der Zinssatz beträgt im ersten Jahr 7,5 %.
b) $S(t) = -1800\,t + 18000$
c) Die Hälfte des Darlehens sind 9000,00 EUR.
$S(t) = 9000$
$9000 = -1800\,t + 18000$
$-9000 = -1800\,t$
$t = 5$

17 a) AfA-Betrag $= \frac{45000}{8} = 5625{,}00$ EUR
b) $f(x) = -5625\,x + 45000$
c) $f(2) = -5625 \cdot 2 + 45000 = 33750$
$f(5) = -5625 \cdot 5 + 45000 = 16875$
d) $x = 4$

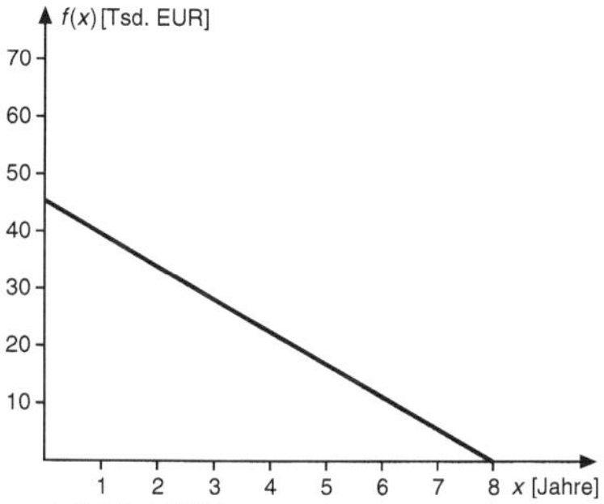

18 a) AfA-Betrag $= \frac{120000 - 300}{7} = 17100$
b) $f(x) = -17100\,x + 120000$
c) $f(2) = -17100 \cdot 2 + 120000 = 85800$
$f(5) = -17100 \cdot 5 + 120000 = 34500$
d) $f(x) = 68700$
$68700 = -17100\,x + 120000$
$-51300 = -17100\,x$
$x = 3$
Nach 3 Jahren beträgt der Buchwert der Maschine nur noch 68700,00 EUR.

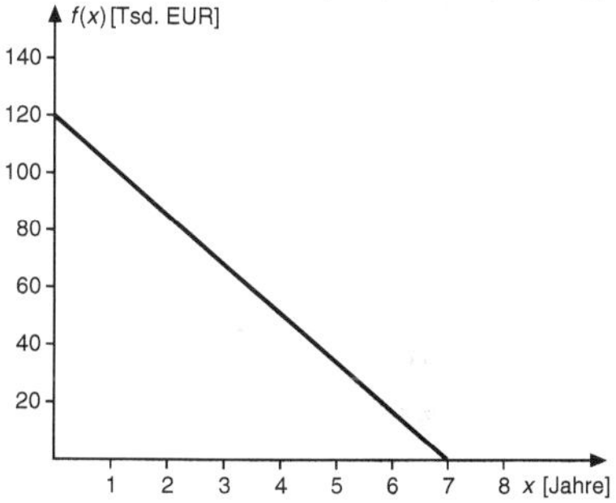

19 a) $g\colon y = -\frac{1}{3}x + \frac{17}{6}$
b) $D(g) = \left[-\frac{1}{2}; 4\right]$ $\quad W(g) = \left[\frac{3}{2}; 3\right]$
c) $M\left(\frac{x_1 + x_2}{2} / \frac{y_1 + y_2}{2}\right) \Rightarrow M\left(\frac{7}{4} / \frac{9}{4}\right)$
$h\colon f(x) = 3\,x - 3$

20 a) $g_a\colon y = \frac{3}{4}x - \frac{5}{2}$
b) 5 LE
c) $ms_c\colon f(x) = x + 1.$

21 a) $\overline{AB}$: $f(x) = -\frac{1}{5}x + 2\frac{1}{5}$ $D = [-4; 1]$, $W = [2; 3]$
$\overline{BC}$: $f(x) = \frac{5}{3}x + \frac{1}{3}$ $D = [-2; 1]$, $W = [-3; 2]$
$\overline{AC}$: $f(x) = -3x - 9$ $D = [-4; -2]$, $W = [-3; 3]$

b) $\overline{AB}$: $S_x(11/0) \notin D$ $S_y(0/2\frac{1}{5})$
$\overline{BC}$: $S_x(-\frac{1}{5}/0)$ $S_y(0/\frac{1}{3})$
$\overline{AC}$: $S_x(-3/0)$ $S_y(0/-9) \notin D$

c) $f(x) = -\frac{3}{5}x + \frac{3}{5}$

d) $D(\Delta) = [-4; 1]$
$W(\Delta) = [-3; 3]$

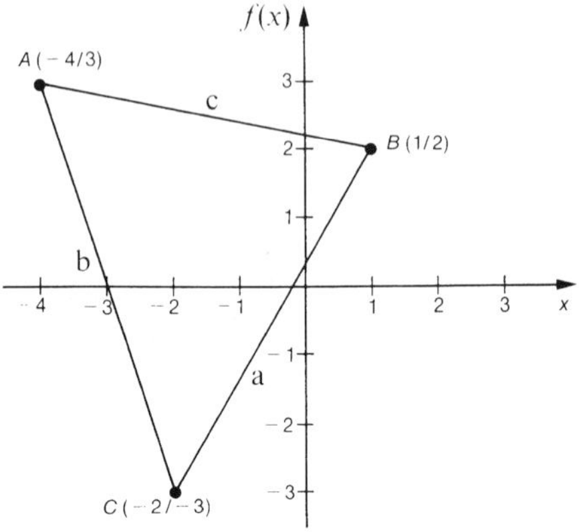

1.2.5 Schnittpunkt zweier Geraden (Lösungsverfahren für lineare Gleichungssysteme)

1 a) $L = \{(-42; -22)\}$; $g_1 \cap g_2 = S(-42/-22)$
b) $L = \{(-3; -3)\}$; $g_1 \cap g_2 = S(-3/-3)$
c) $L = \{(-\frac{1}{2}; -\frac{3}{4})\}$; $g_1 \cap g_2 = S(-\frac{1}{2}/-\frac{3}{4})$
d) $L = \{(5; 0)\}$; $g_1 \cap g_2 = S(5/0)$
e) $L = \{(x; y) \mid y = -\frac{4}{5}x + \frac{3}{5}\}$; $g_1 = g_2$
f) $L = \{(2; 13)\}$; $g_1 \cap g_2 = S(2/13)$
g) $L = \{(3; 1)\}$; $g_1 \cap g_2 = S(3/1)$
h) $L = \{(2; 1)\}$; $g_1 \cap g_2 = S(2/1)$
i) $L = \{(-1; -1)\}$; $g_1 \cap g_2 = S(-1/-1)$
j) $L = \{(3; -2)\}$; $g_1 \cap g_2 = S(3/-2)$

2 $A(-\frac{1}{11}/-\frac{14}{11})$ $B(-3{,}57/-3{,}2)$ $C(-0{,}86/-3{,}6)$

3 $(18; 27)$

4 $\frac{13}{19}$

5 a) $y = 0{,}17x + 20$
$\wedge\ y = 0{,}13x + 30$

b) $L = \{(250; 62{,}5)\} \Rightarrow S(250/62{,}5)$

c) Bis zu einem Verbrauch von 250 kWh ist Tarif *A* günstiger.
Bei einem höheren Verbrauch ist Tarif *B* günstiger und somit zu bevorzugen.

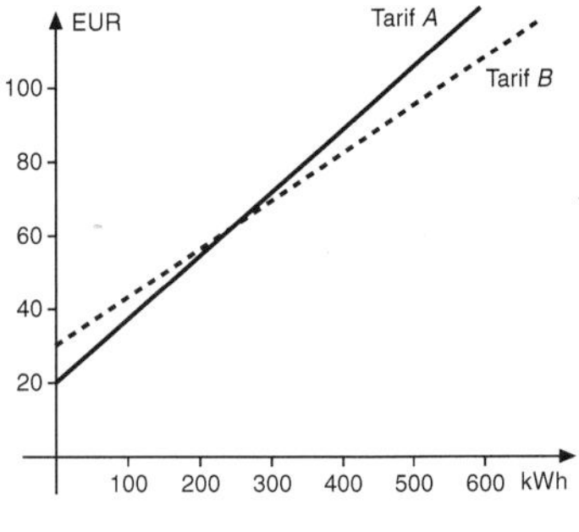

6 U: $K_U(x) = 0{,}5\,x + 2$
W: $K_W(x) = 0{,}4\,x + 3$

$K_U(x) = K_W(x)$
$0{,}5\,x + 2 = 0{,}4\,x + 3$
$\underline{x = 10}$

$\Rightarrow S\,(10/7)$

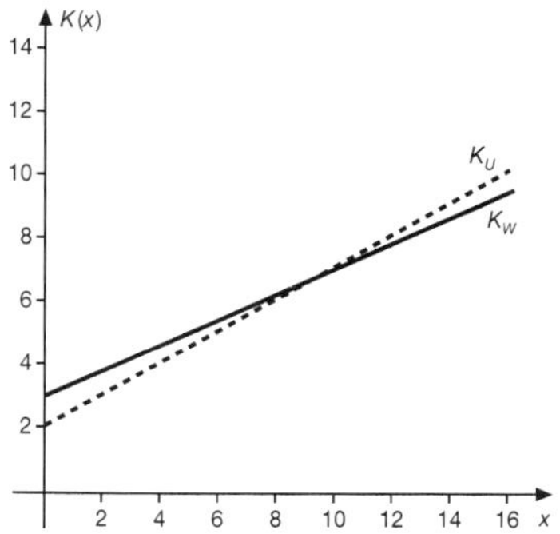

Interpretation:
Bis zu 10 gefahrenen Kilometern ist das Unternehmen U günstiger.
Bei 10 gefahrenen Kilometern sind die Kosten bei beiden Unternehmen mit 7,00 EUR gleich.
Bei mehr als 10 gefahrenen Kilometern ist das Unternehmen W zunehmend kostengünstiger.

7 Einkommen als Handelsvertreter:
E_V: $E_V(x) = 0{,}0825\,x$

Einkommen als Reisender:
E_R: $E_R(x) = 0{,}055\,x + 2000$

$E_V(x) = E_R(x)$
$0{,}0825\,x = 0{,}055\,x + 2000 \qquad /-0{,}055\,x$
$0{,}0275\,x = 2000 \qquad /:0{,}0275$

$\underline{x = 72727{,}\overline{27}}$

$\Rightarrow S\,(72727{,}\overline{27}/6000)$

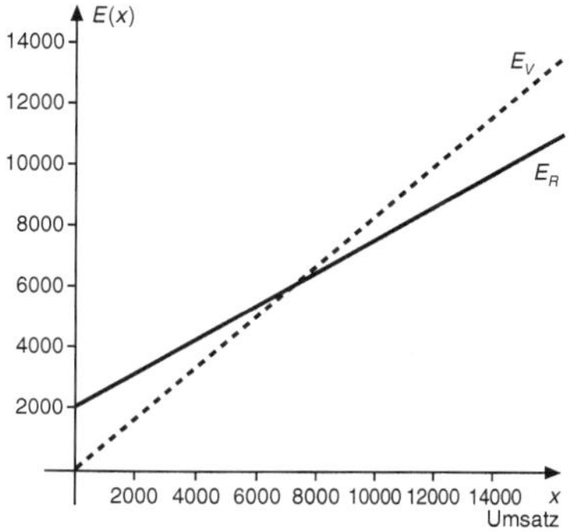

Das Einkommen ist bis zu einem Umsatz von ca. 72727,27 EUR als Handelsreisender höher. Bei einem Umsatz von ca. 72727,27 EUR (= Schnittstelle der beiden Geraden) ist es egal, ob er als Handelsreisender oder als Handelsvertreter arbeitet. Bei Umsätzen über ca. 72727,27 EUR ist das Einkommen als Handelsvertreter höher. Mit steigenden Umsätzen wird die Schere zwischen dem Einkommen des Handelsvertreters und des Handelsreisenden immer größer.

8 a) s. Abb.
b) Unter dem **Gleichgewichtspreis** versteht man den Preis, bei dem die nachgefragte und angebotene Gütermenge gleich groß sind (Ordinate des Schnittpunktes, hier $p = 100$).
Die **Gleichgewichtsmenge** ist die dem Gleichgewichtspreis entsprechende Gütermenge (Abszisse des Schnittpunktes, hier $x = 150$).

$S\,(150/100)$

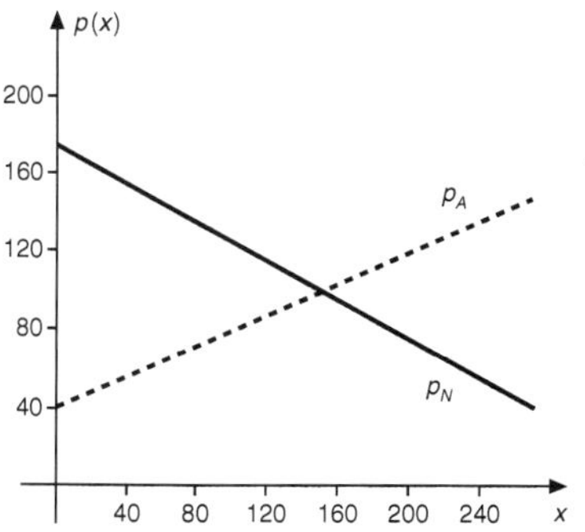

c) $p_A(x) = 70 \Rightarrow 70 = 0{,}4\,x + 40 \Leftrightarrow x = 75$
$p_N(x) = 70 \Rightarrow 70 = -0{,}5\,x + 175 \Leftrightarrow x = 210$
$\Rightarrow$ Nachfrageüberschuss: 135 ME
$p_A(x) = 120 \Rightarrow 120 = 0{,}4\,x + 40 \Leftrightarrow x = 200$
$p_N(x) = 120 \Rightarrow 120 = -0{,}5\,x + 175 \Leftrightarrow x = 110$
$\Rightarrow$ Angebotsüberschuss: 90 ME

9 a) s. Abb.

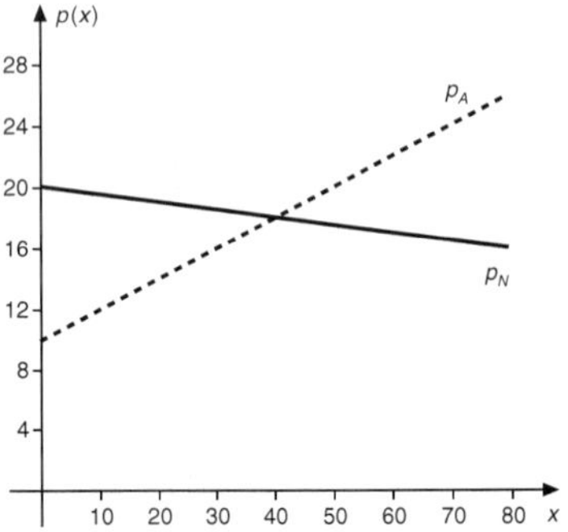

b) $p_A(x) = p_N(x)$
$10 + 0{,}2\,x = 20 - 0{,}05\,x$
$0{,}25\,x = 10$
$x = 40$
Die Gleichgewichtsmenge liegt bei $x = 40$.

$p_A(40) = 10 + 0{,}2 \cdot 40$
$p_A(40) = 18$

bzw.

$p_N(40) = 20 - 0{,}05 \cdot 40$
$p_N(40) = 18$
Der Gleichgewichtspreis liegt bei 18 Geldeinheiten (GE).

10 a) Angebotskurve: $p_A(x) = \frac{1}{2}x + 20$
Nachfragekurve: $p_N(x) = \frac{1}{3}x + b$
$p_A(24) = 32 \wedge A(x) = N(x)$
$p_N(24) = 32 \Rightarrow -\frac{1}{3} \cdot 24 + b = 32$
$b = 32 + \frac{24}{3}$
$b = 40$
$p_N(x) = -\frac{1}{3}x + 40$

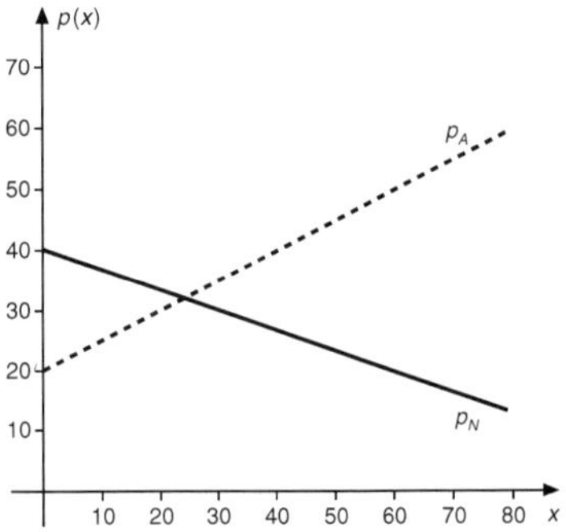

b) Bei einem Preis von 32 GE stimmen die angebotene und nachgefragte Menge überein (Gleichgewichtspreis).

11 a) $E(x) = K(x)$

$1500\,x = 800\,x + 6300$

$700\,x = 6300$

$x = 9$

Der Betrieb muss 9 Schreibtische verkaufen, damit die Erlöse die Kosten decken.

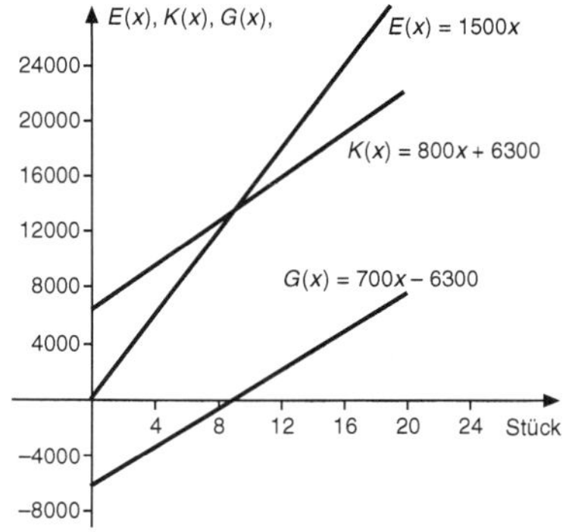

b) $E(9) = 1500 \cdot 9 = 13500$

Der Erlös beträgt 13500,00 EUR, wenn sich Erlöse und Kosten decken.

Der Gewinn ist gleich 0 EUR, weil weder Gewinn noch Verlust erwirtschaftet wird.

c) – mathematisch: Nullstelle der Gewinnfunktion, d. h. der Graph der Gewinnfunktion schneidet an dieser Stelle die Abszissenachse.

– wirtschaftlich: Gewinnschwelle oder Break-Even-Point, d. h. ab diesem „Punkt" macht der Betrieb Gewinn ($x > 9$), darunter Verlust ($x < 9$).

d) Der Gewinn errechnet sich aus der Differenz des erzielten Gewinns und der entstandenen Kosten zur gleichen Ausbringungsmenge. Die Funktionsgleichung der Gewinnfunktion lautet also:

$G(x) = E(x) - K(x)$

$G(x) = 1500\,x - (800\,x + 6300)$

$G(x) = 700\,x - 6300$

e) Die maximale Auslastung ist bei 20 Stück erreicht.

$G(20) = 700 \cdot 20 - 6300 = 7700$

Der Gewinn beträgt dann 7700,00 EUR.

12 a) $D(E) = [0; 4]$; $E(E) = [0; 3000]$ für Erlösfunktion

$D(K) = [0; 4]$; $W(K) = [1000; 2000]$ für Kostenfunktion

b)

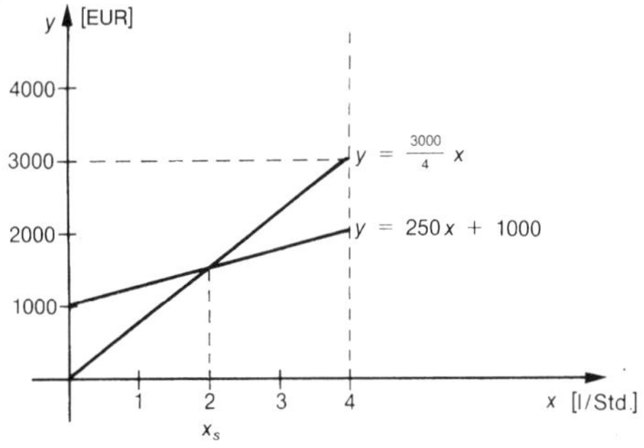

c) bis zu einer stündlichen Ausbringungsmenge von x_s arbeitet der Betrieb mit Verlust, weil die Erlöse geringer sind als die Kosten. Ab x_s arbeitet der Betrieb mit Gewinn.

d) $\frac{3000}{4}\,x = 250\,x + 1000 \Leftrightarrow 3000\,x = 1000\,x + 4000$

$2000\,x = 4000$

$\underline{x = 2}$

e) $f(2) = 1500$

f) bei $x = 4$

g) Erlöse: $f(4) = 3000$
Kosten: $f(4) = 2000$ $\Big\} \Rightarrow$ Gewinn $= 1000$

13 a) s. Abb.

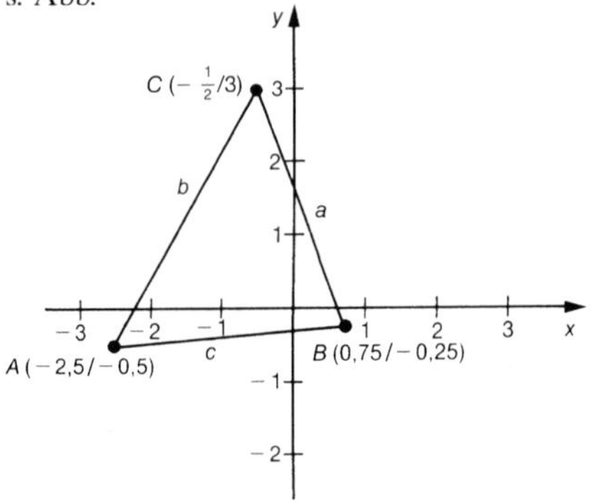

b) $C(-\frac{1}{2}/3)$

c) $c\colon y = \frac{1}{13}x - \frac{4}{13}$

d) $D(\Delta) = [-2\frac{1}{2};\ \frac{3}{4}]$

e) $W(\Delta) = [-\frac{1}{2};\ 3]$

f) $h_b\colon y = -\frac{4}{7}x + \frac{5}{28}$

g) $M_a(\frac{1}{8}/\frac{11}{8})$ mithilfe von $M\left(\frac{x_1 + x_2}{2} \middle| \frac{y_1 + y_2}{2}\right)$ $m_c\colon y = \frac{5}{13}x + \frac{69}{52}$

h) $S_y(0/\frac{17}{10})$ $S_x(\frac{17}{26}/0)$

i) $S_y(0/3\frac{7}{8})$ $S_x(-\frac{31}{14}/0)$

14 a) $y = -\frac{1}{2}x + 1$

b) $B(2/8)$

c) $h_c\colon y = -\frac{2}{3}x + 2$

d) $S_y(0/13)$ $S_x(5\frac{1}{5}/0)$

15 a) $A(1/0)$ $B(11/10)$ $C(2/7)$

b) $ms_a\colon y = -3x + 28.$

c) $h_c\colon y = -x + 9$

d) $s_b\colon y = \frac{13}{19}x + \frac{47}{19}$

e) $|\overline{AB}| = \sqrt{200}.$

16 a) $g_c\colon y = -\frac{1}{5}x + \frac{11}{5}$ $g_b\colon y = -3x - 9$ $g_a\colon y = \frac{5}{3}x + \frac{1}{3}.$

b) $ms_a\colon y = -\frac{3}{5}x - \frac{4}{5}$

c) $h_b\colon y = \frac{1}{3}x + \frac{5}{3}$

d) $s_c\colon y = 11x + 19$

1.2.6 Isokostengerade und Bilanzgerade

Isokostengerade

1 a) $K = p_x \cdot x + p_y \cdot y \Rightarrow y = \frac{p_x}{p_y} \cdot x + \frac{K}{p_y}$.

Die Steigung der Geraden beträgt

$m = -\frac{p_x}{p_y} = -\frac{5}{3} = -\frac{5}{3}$.

Das Absolutglied: $b = \frac{K}{p_y} = \frac{90}{3} = 30$.

$\Rightarrow K$: $\underline{\underline{y = -\frac{5}{3}x + 30}}$.

b)

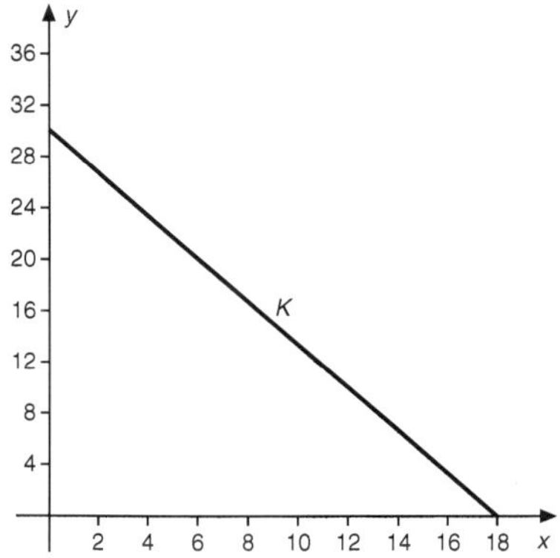

2 a) und b)

$K = p_x \cdot x + p_y \cdot y \Leftrightarrow y = -\frac{p_x}{p_y} \cdot x + \frac{K}{p_y}$.

Aus dem Absolutglied $\frac{K}{p_y} = \frac{25}{3}$ ergibt sich:

Kostensumme: $\underline{\underline{K = 25}}$

Preis für den Produktionsfaktor y: $\underline{\underline{p_y = 3}}$.

Somit lautet die Funktionsgleichung der Isokostengerade vorläufig:

$y = -\frac{p_x}{3} \cdot x + \frac{25}{3}$.

Durch Einsetzen der Koordinaten eines weiteren bekannten Punktes der Geraden (hier S_x (12,5/0) :) kann p_x berechnet werden:

$0 = -\frac{p_x}{3} \cdot 12{,}5 + \frac{25}{3}$

$12{,}5 \cdot p_x = 25$

$p_x = \frac{25}{125} = 2$

$\Rightarrow$ Preis für den Produktionsfaktor x: $\underline{\underline{p_x = 2}}$.

c) $\underline{\underline{K: y = -\frac{2}{3}x + \frac{25}{3}}}$

Bilanzgerade

(In der VWL auch häufig Budget- oder Einkommensgerade genannt.)

3 a) $C = p_x \cdot x + p_y \cdot y \Rightarrow y = -\frac{p_x}{p_y} \cdot x + \frac{C}{p_y}.$

Die Steigung der Geraden beträgt

$m = -\frac{p_x}{p_y} = -\frac{40}{50} = -\frac{4}{5} = -0{,}8.$

Das Absolutglied: $b = \frac{C}{p_y} = \frac{500}{50} = 10.$

Daraus ergibt sich die Gleichung der **Bilanzgerade** (mögliche Güterkombinationen)

$C\colon y = -\frac{4}{5}x + 10 = -0{,}8\,x + 10.$

b)

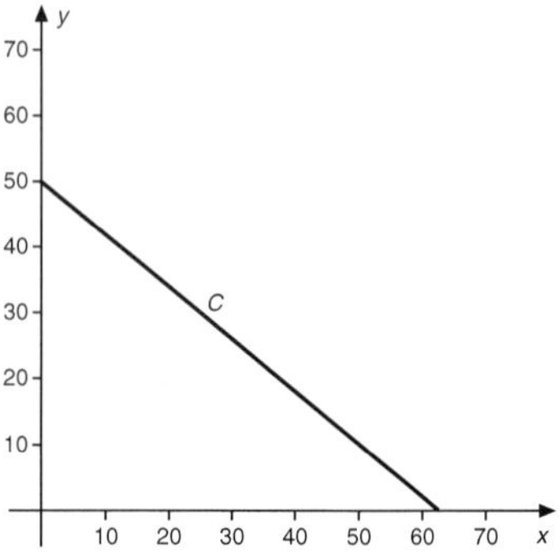

4 a) $C = p_x \cdot x + p_y \cdot y \Rightarrow y = -\frac{p_x}{p_y} \cdot x + \frac{C}{p_y}.$

Die Steigung der Geraden beträgt

$m = -\frac{p_x}{p_y} = -\frac{4}{7}.$

Also ist z. B.
$p_x = 4$ und
$p_y = 7.$

Diese Werte eingesetzt in die Gleichung

$y = -\frac{p_x}{p_y} \cdot x + \frac{C}{p_y}$

ergeben die vorläufige Gleichung:

$y = -\frac{4}{7} \cdot x + \frac{C}{7}.$

Nun werden für x und $f(x)$ die Koordinaten des Schnittpunktes S_x (70/0) mit der Abszissenachse eingesetzt:

$0 = -\frac{4}{7} \cdot 70 + \frac{C}{70} \quad C = 280$

Die Konsumsumme C beträgt für o. g. Preise: 280.

b) $C\colon y = -\frac{4}{7}x + 40$

s. Abb.

c)

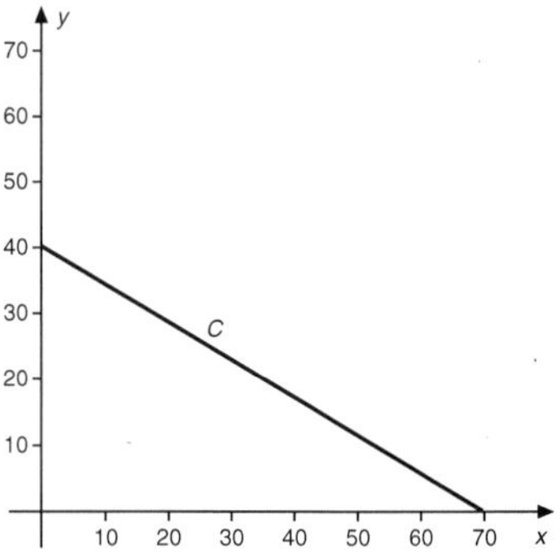

1.3 Quadratische Funktionen

1.3.1 Über- und unterproportionale Entwicklung der Funktionswerte

1.3.2 Normalparabel und ihre Symmetrieeigenschaft

1 a) In der quadratischen Funktion ist der größte Exponent bei x: 2.
In der linearen Funktion ist der größte Exponent bei x: 1.
b) lineare Funktion: Schaubild eine Gerade.
quadratische Funktion: Schaubild eine Parabel.
c) Wenn $a = 0$, handelt es sich nicht mehr um eine quadratische, sondern um eine lineare Funktion.

2 a)

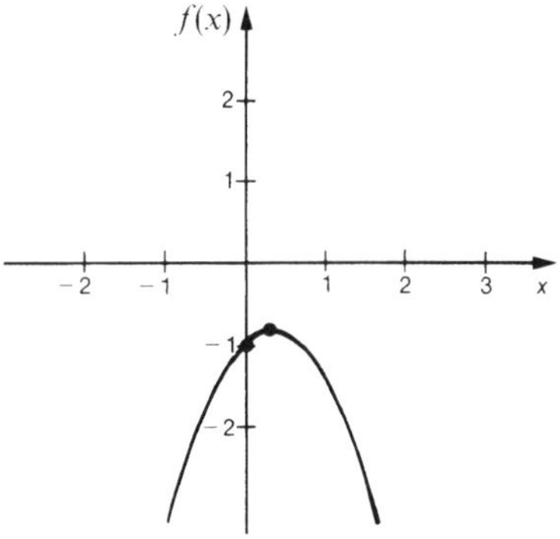

c)

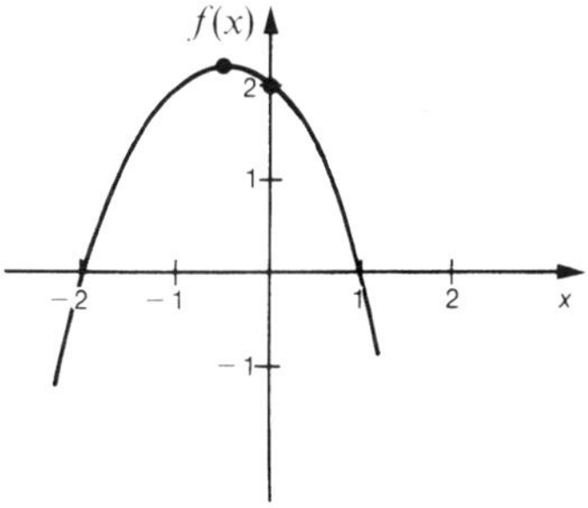

b)

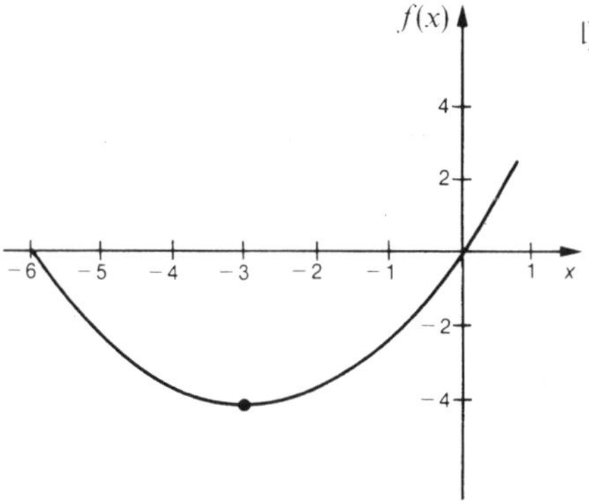

d)

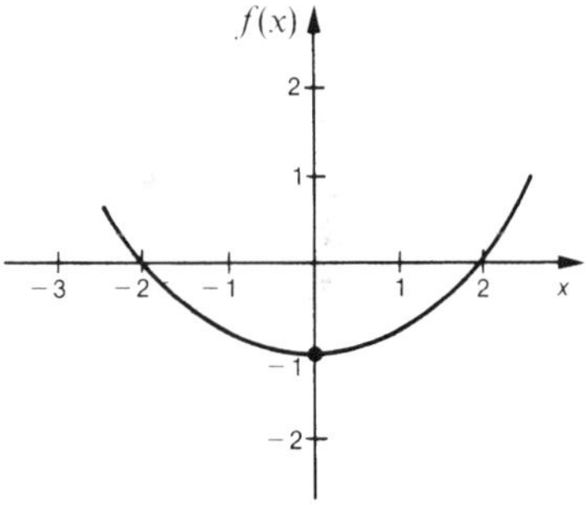

3

	Quadratglied	Linearglied	Absolutglied	*a*	*b*	*c*
a)	$-2x^2$	$+x$	-1	-2	1	-1
b)	$\frac{1}{2}x^2$	$3x$		$\frac{1}{2}$	3	0
c)	$-x^2$	$-x$	$+2$	1	-1	2
d)	$\frac{1}{4}x^2$		-1	$\frac{1}{4}$	0	-1

4 Progressiver Verlauf = linksgekrümmte Kurve = überproportionale Veränderung der Funktionswerte
Degressiver Verlauf = rechtsgekrümmte Kurve = unterproportionale Veränderung der Funktionswerte

1.3.3 Öffnung und Dehnung/Stauchung der Normalparabel

1

	Öffnung	**Stauchung** mit Faktor	**Dehnung** mit Faktor
a)	unten		$\frac{3}{2}$
b)	oben	0,7	
c)	oben		$\frac{4}{5}$
d)	unten	Normalparabel	

2 a) $f(x) = -2x^2$
b) $f(x) = 0{,}2x^2$
c) $f(x) = -x^2$
d) $f(x) = ax^2$, wobei $-1 < a < 0$

3 a) Jeder Funktionswert wird durch die Multiplikation mit einer Zahl, die größer als 1 ist, vergrößert. Dadurch wird die Parabel insgesamt gedehnt.
b) Jeder Funktionswert wird durch die Multiplikation mit einer Zahl, die zwischen 0 und 1 liegt, verkleinert. Dadurch wird die Parabel insgesamt gestaucht.

4 a) $f(x) = -\frac{1}{2}x^2$
b) $f(x) = 2x^2$
c) $f(x) = -3x^2$
d) $f(x) = \frac{1}{4}x^2$

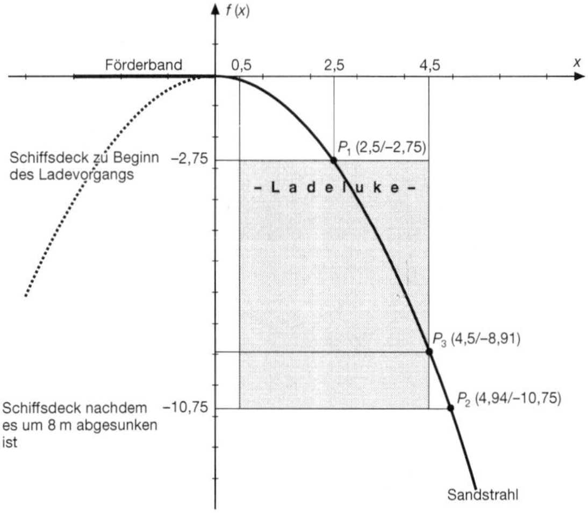

5 Funktionsgleichung des Sandstrahls:
$f(x) = ax^2$
$P_1\,(2{,}5/-2{,}75)$
Die Koordinaten des Punktes werden in die Funktionsgleichung eingesetzt:
$-2{,}75 = a \cdot 2{,}5^2$
$a = -0{,}44$
$\Rightarrow f(x) = -0{,}44\,x^2$
Wenn der Kahn um 6 + 2 Meter sinkt, sich die Ladeluke also 10,75 Meter unter dem Transportband befindet, trifft der Sandstrahl einen knappen halben Meter (= 0,443 m) neben die Ladeluke, $P_2(4{,}94/-10{,}75)$.
Die Ladeluke des Kahns dürfte sich höchstens 8,91 Meter unter dem Förderband befinden, $P_3(4{,}5/-8{,}91)$.

6 Ursprung des Koordinatensystems 2,5 m unter der Brückenmitte
$f(x) = ax^2 + c$
Aus $f(0) = 2{,}5$ folgt: $f(x) = ax^2 + 2{,}5$
$f(20) = 10{,}5$ eingesetzt in $f(x) = ax^2 + 2{,}5$
$\Rightarrow \underline{\underline{f(x) = \frac{1}{50}x^2 + \frac{5}{2} = 0{,}02\,x2 + 2{,}5}}$

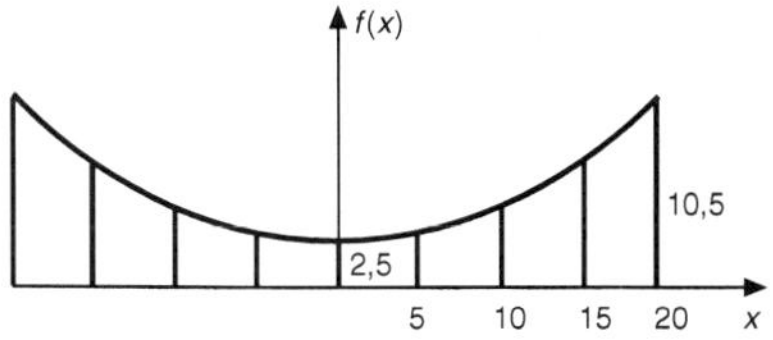

$f(0) = \frac{5}{3} = 2{,}5$
$f(5) = 3$
$f(10) = \frac{9}{2}$
$f(15) = 7$
$f(20) = \frac{21}{2}$
Summe: $f(0) + 2 \cdot f(5) + 2 \cdot f(10) + 2 \cdot f(15) + 2 \cdot f(20) = \underline{\underline{52{,}5\text{ m}}}$

7 $S(0/0)$; $P(50/-30)$
$f(x) = a \cdot x^2$
$-30 = a \cdot 50^2$
$a = -0{,}012$
$f(x) = -0{,}012 \cdot x^2$
$f(20) = -0{,}012 \cdot 20^2 = -4{,}8$
Die inneren Stützen sind 4,80 m lang.

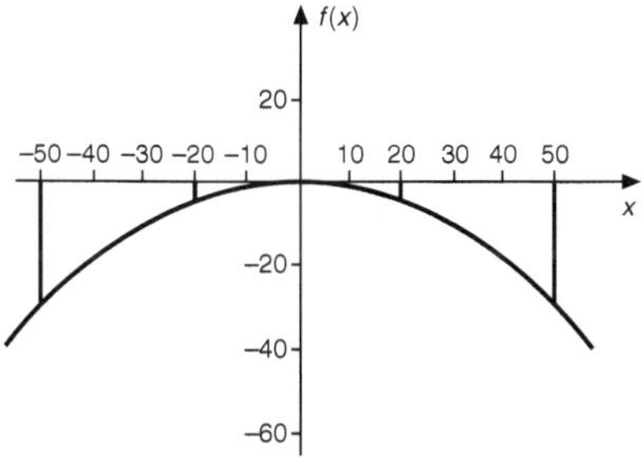

1.3.4 Verschiebung der Normalparabel

1

	Öffnung	Stauchung mit Faktor	Dehnung mit Faktor	$S(x/y)$	Verschiebung in x-Richtung um	Verschiebung in $f(x)$-Richtung um
a)	oben	$\frac{2}{3}$		$(0/-2)$		-2
b)	oben	$0{,}\overline{6}$		$(0/+1)$		$+1$
c)	unten	$\frac{1}{2}$		$(\frac{1}{2}/0)$	$+\frac{1}{2}$	
d)	oben		1,5	$(2/0)$	$+2$	
e)	unten		$\frac{5}{4}$	$(0/0)$		

2 a) $f(x) = (x - 1)^2$
b) $f(x) = -x^2 - 1$
c) $f(x) = 0{,}4\,(x + 2)^2$

3 a) $f(x) = \frac{1}{2}x2 - 1$
b) $f(x) = -2\,x2 + 2$
c) $f(x) = \frac{1}{4}x2 + 1$
d) $f(x) = -\frac{1}{2}(x - 1)^2$
e) $f(x) = 3\,(x + 1)^2$
f) $f(x) = -\frac{1}{3}(x + 2)^2$

4 $f_1(x) = -\frac{1}{12}x^2 + \frac{5}{2} = -0{,}08\overline{3}\,x^2 + 2{,}5$
$f_2(x) = \frac{1}{12}x^2 - \frac{5}{2} = -0{,}08\overline{3}\,x^2 - 2{,}5$

5 $P_1\,(0/80)$, $P_2\,(600/172)$

$f(x) = ax^2 + 80$

Die Koordinaten von P_2 eingesetzt:

$172 = a \cdot 600^2$

$a = 0{,}0002\overline{5}$

$\Rightarrow f(x) = 0{,}0002\overline{5}\,x^2 + 80$

(Je nach Lage des Koordinatensystems sind auch andere Gleichungen möglich, wobei der Dehnungs-/Stauchungsfaktor immer gleich bleibt.)

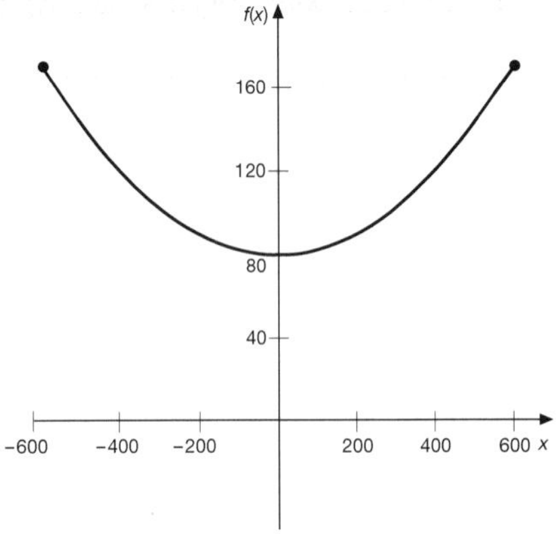

1.3.5 Scheitelpunktform

1 a) $f(x) = -2\,(x - 2)^2 + 2$

b) $f(x) = \frac{3}{4}\,(x + 2)^2 - 3$

c) $f(x) = -2\,(x + 1)^2 + 2$

d) $f(x) = \frac{1}{4}\,(x - 2)^2 + 1$

e) $f(x) = 3\,x^2 - 3$

f) $f(x) = \frac{1}{9}\,(x + 3)^2$

2 a) Nach unten geöffnete Normalparabel, die um 1 in x- und um -1 in $f(x)$-Richtung verschoben ist.

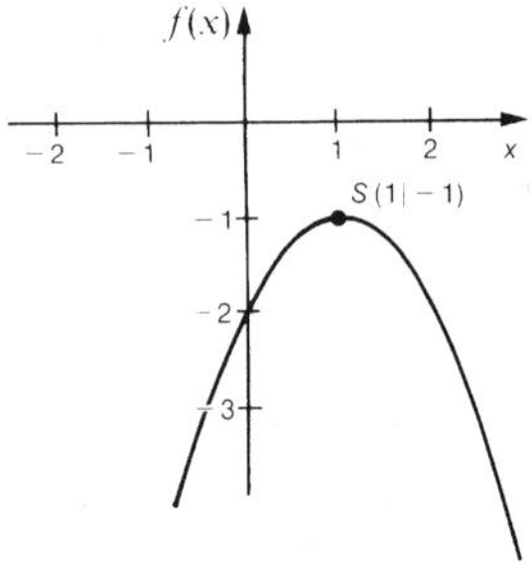

b) Mit dem Faktor 0,5 gestauchte, nach unten geöffnete Parabel. Verschiebung in x-Richtung: -2, Verschiebung in $f(x)$-Richtung: -3.

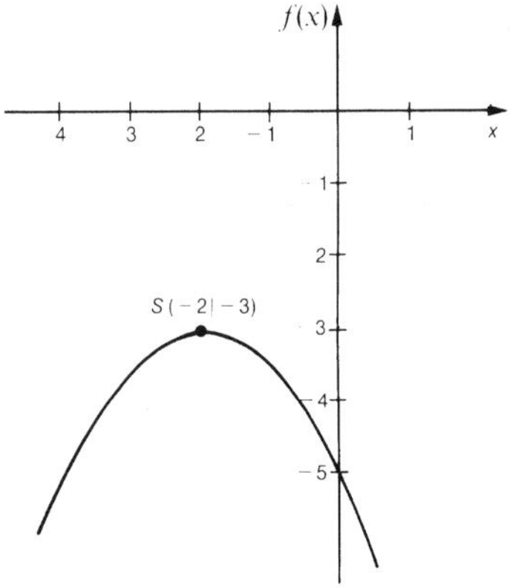

c) Mit dem Faktor $\frac{5}{4}$ in $f(x)$-Richtung gedehnte Parabel, um 2 in positive x-Richtung verschoben, nach oben geöffnet.

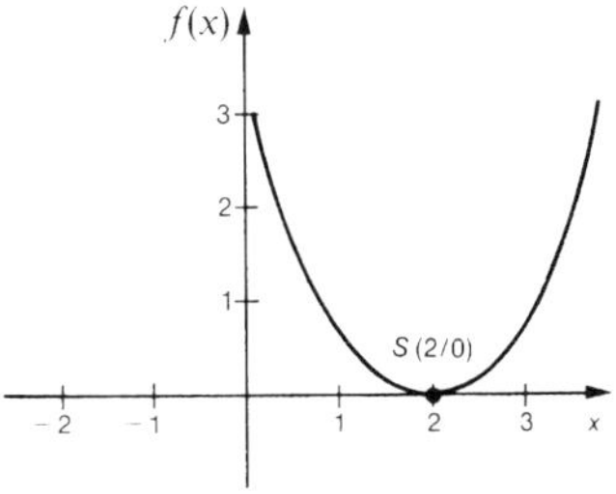

d) Mit dem Faktor 0,2 gestauchte Parabel, in x-Richtung um -1, in $f(x)$-Richtung um -1 verschoben, nach oben geöffnet.

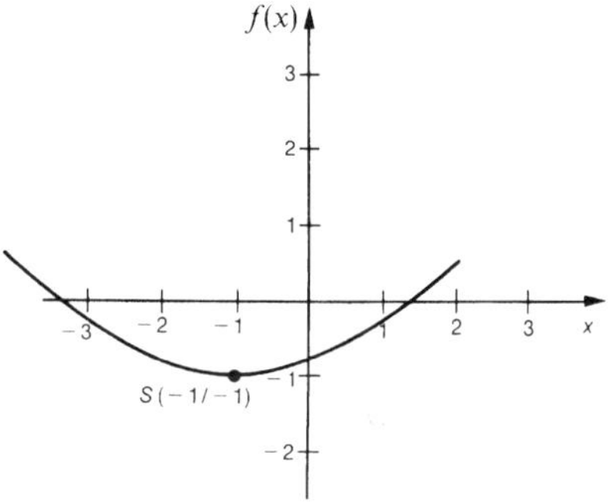

3 a) $f(x) = 0{,}5\,(x - 2)^2 + 1$
b) $f(x) = -3\,(x - 1)^2$

4

	$S\,(x/f(x))$	Öffnung	Dehnung/Stauchung
a)	$(-7/-4)$	oben	Normalparabel
b)	$(-3/-2)$	unten	Normalparabel
c)	$(2/1)$	oben	Stauchung
d)	$(0/0)$	unten	Stauchung
e)	$(-4/0)$	unten	Stauchung
f)	$(0/6)$	oben	Dehnung
g)	$(2/0)$	unten	Dehnung
h)	$(0/-1)$	unten	Stauchung
i)	$(-3/-7)$	unten	Normalparabel

5 $f(x) = a(x - u =)^2 + v$
Aus $S(20/2{,}5)$ folgt:
$f(x) = a(x - 20)^2 + 2{,}5$
Aus $P(40/10)$ folgt:
$10 = a(40 - 20)^2 + 2{,}5$
$10 = 400a + 2{,}5$
$a = 0{,}01875$
$\Rightarrow f(x) = 0{,}01875(x - 20)^2 + 2{,}5$

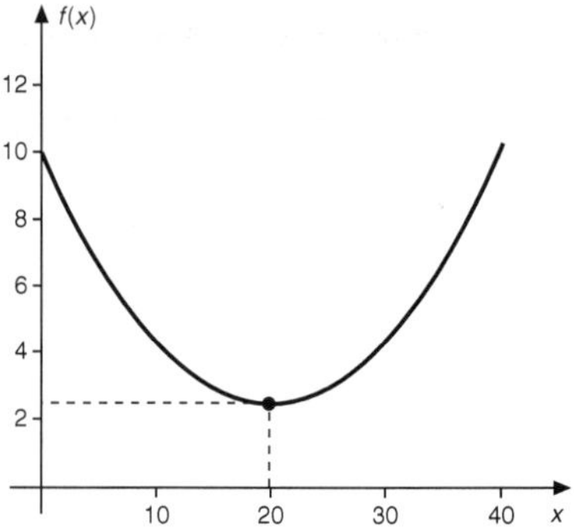

6 a) Parabel: $f(x) = \frac{6}{81}(x + 9)^2 - 6 = \frac{2}{27}x^2 + \frac{4}{3} = 0{,}\overline{074}\,x^2 + 1{,}\overline{3}\,x$
b) Gerade: $g(x) = \frac{4}{3}x$

7 a) Scheitelpunktform: $E(x) = (x - 5)^2 + 25$
Erlösmaximum bei $x = 5$
b) Maximale Erlöse: $E_{\max} = E(5) = 25$
c) $E(x) = 0$
$x_1 = 0$
$x_2 = 10$

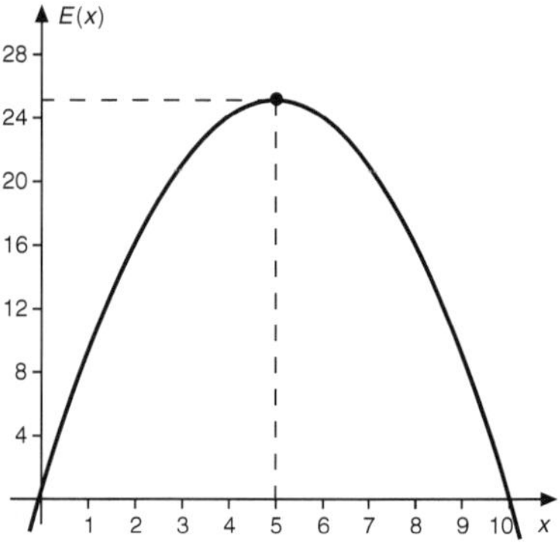

1.3.6 Polynomdarstellung – Scheitelpunktform

1 a) $f(x) = \frac{1}{2}x^2 - x + \frac{5}{4}$
b) $f(x) = -\frac{1}{4}x^2 - \frac{1}{4}x - \frac{19}{48} = -0{,}25x^2 - 0{,}25x - 0{,}3958\overline{3}$
c) $f(x) = -x^2 - \frac{1}{2}x + \frac{7}{16} = -x^2 - 0{,}5x + 0{,}4375$
d) $f(x) = \frac{2}{3}x^2 - \frac{4}{9}x + \frac{47}{270} = 0{,}\overline{6}\,x^2 - 0{,}\overline{4}\,x + 0{,}1\overline{740}$

2 a) $f(x) = -\frac{1}{2}(x - 4)^2 + 3;$ $S(4/3)$
b) $f(x) = 3(x + 2)^2 + 6;$ $S(-2/6)$
c) $f(x) = 2(x - 1)^2 - 2;$ $S(1/-2)$
d) $f(x) = 3(x - 2)^2 - 6;$ $S(2/-6)$
e) $f(x) = \frac{1}{2}(x + 3)^2 - 2;$ $S(-3/-2)$
f) $f(x) = -(x - 4)^2 - 1;$ $S(4/-1)$
g) $f(x) = \frac{1}{3}(x - 3)^2 + 1;$ $S(3/1)$

1.3.7 Nullstellenberechnung

1 a) $x_1 \approx 6{,}45$ $x_2 \approx 1{,}55$
b) $x_{1/2}$ = n. d.
c) $x_1 = 0$ $x_2 = 2$
d) $x_1 \approx 3{,}41$ $x_2 \approx 0{,}59$
e) $x_1 = -5$ $x_2 = -1$
f) $x_{1/2}$ = n. d.
g) $x_{1/2}$ = n. d.

2

	$S(x/f(x))$	Öffnung	Dehnung/Stauchung	Sx_1	Sx_2	$S_{f(x)}$
a)	(−2/1)	oben	Stauchung	–	–	(0/3)
b)	(−3/2)	oben	Stauchung	–	–	(0/5)
c)	(3/2)	unten	Dehnung	(2/0)	(4/0)	(0/−16)
d)	(−0,5/0,5)	unten	Dehnung	(−1/0)	(0/0)	(0/0)
e)	(0/3)	unten	Stauchung	(~ 2,74/0)	(~ −2,74/0)	(0/3)
f)	(−2,5/−1,25)	oben	Stauchung	(−5/0)	(0/0)	(0/0)
g)	(−1/−4)	oben	Normalparabel	(−3/0)	(1/0)	(0/−3)
h)	(3/0)	oben	Stauchung	(3/0)	–	(0/3)

3 a) Nullstellen der Erlösfunktion: $x_1 = 0$ $x_2 = 20$
Scheitelpunkt der Erlösfunktion: $S(10/100)$
Graph s. Abb.

b) $G(x) = -x^2 + 16x - 10$

c) Nullstellen der Gewinnfunktion:
$x_1 \approx 0{,}652$ $x_2 \approx 15{,}348$
Scheitelpunkt der Gewinnfunktion: $S(8/54)$

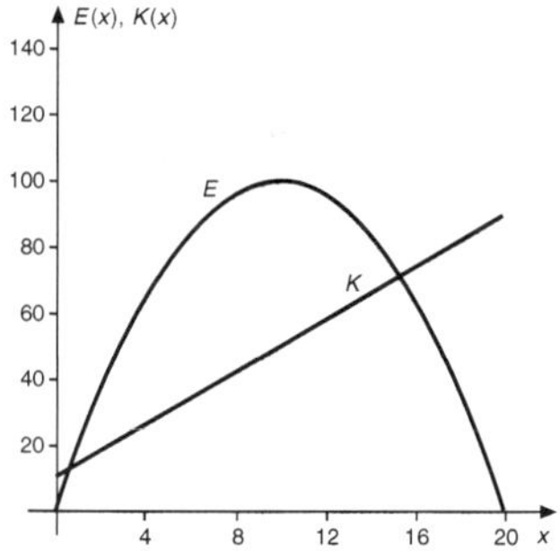

d) Graph s. Abb.

e) $x_1 \approx 0{,}652$ ist die Gewinnschwelle (Break-even-Point), $x_2 \approx 15{,}348$ ist die Gewinngrenze. Über dem Intervall zwischen den beiden Stellen wird Gewinn erwirtschaftet, außerhalb dieses Intervalls werden Verluste erwirtschaftet.
Alternativer Ansatz zur Berechnung dieser Stellen: $E(x) = K(x)$

f) Gewinnmaximale Produktionsmenge: $x = 8$
Maximaler Gewinn: $G_{\max} = 54$

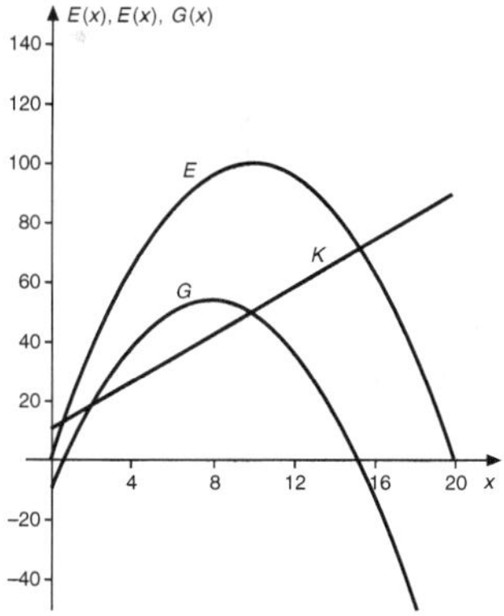

4 a) $f(x) = -\frac{1}{200}(x - 100)^2 + 30$
$\Rightarrow S(100/30) \Rightarrow$ Höhe: 30

b) $\left.\begin{matrix} x_{01} = 177{,}46 \\ x_{02} = 22{,}54 \end{matrix}\right\} \Rightarrow \overline{AB} = 154{,}92$

c) $y = \frac{1}{2}x - 20$

1.3.8 Linearfaktordarstellung

1 a) $f(x) = -3(x+1)(x-2) = -3x^2 + 3x + 6$

b) $f(x) = 2(x+1)^2 = 2x^2 + 4x + 2$

c) $f(x) = -x(x-3) = -x^2 + 3x$

2 a) $f(x) = -3(x - \frac{1}{2})^2 + 6{,}75$

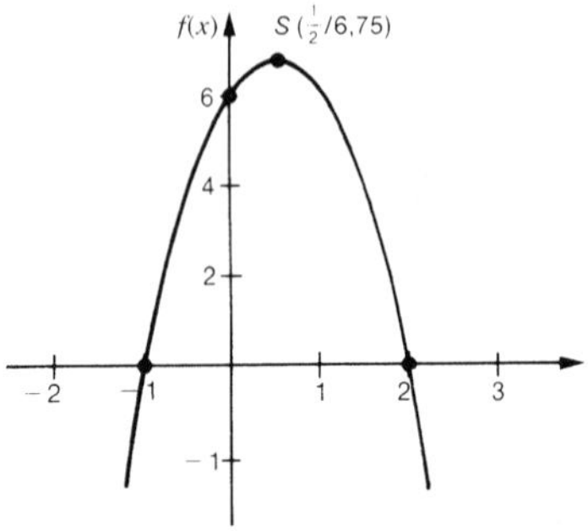

b) $f(x) = 2(x+1)^2$

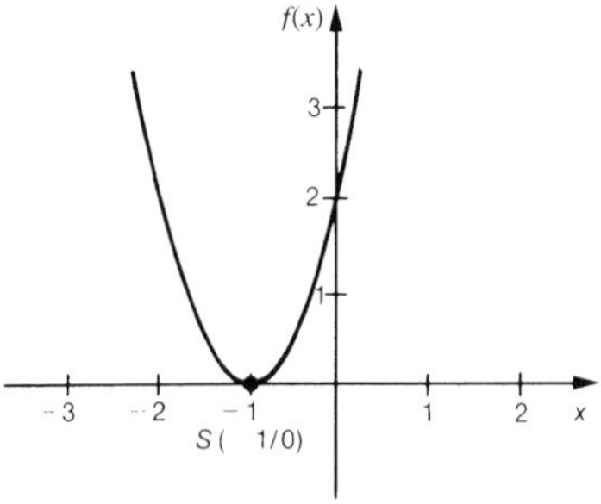

c) $f(x) = -(x - 1{,}5)^2 + 2{,}25$

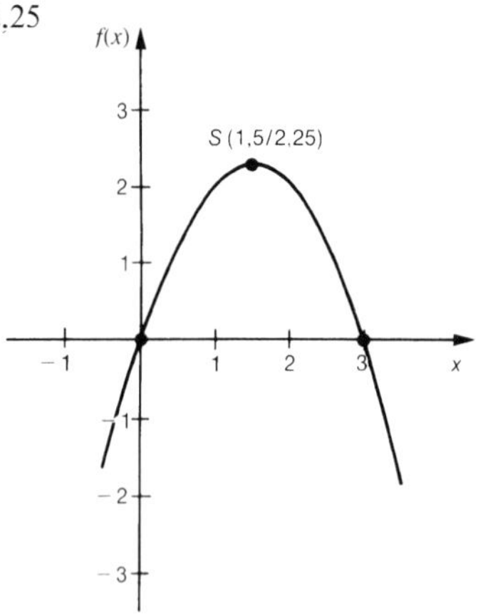

3 a) $f(x) = -(x - 1)(x - 4)$
b) $f(x) = -x^2 + 5x - 4$
c) $f(x) = -(x - 2,5)^2 + 2,25$

4

	a)	b)	c)
Polynom-darstellung	$f(x) = -2x^2 - 3x + 2$	$f(x) = 0,5x^2 - x - 4$	$f(x) = \frac{1}{4}x^2 + x + 1$
Linearfaktoren-darstellung	$f(x) = -2(x + 2)(x - \frac{1}{2})$	$f(x) = 0,5(x + 2)(x - 4)$	$f(x) = \frac{1}{4}(x + 2)^2$
Scheitelpunkt-formdarstellung	$f(x) = -2(x + \frac{3}{4})^2 + \frac{25}{8}$ $= -2(x + 0,75)^2 + 3,125$	$f(x) = 0,5(x - 1)^2 - 4,5$	$f(x) = \frac{1}{4}(x + 2)^2$

5 a) $f(x) = ax^2 + 45$ und $P(50/20)$
$20 = a \cdot 50^2 + 45$
$-25 = a \cdot 2500$
$a = -0,01$
$\Rightarrow f(x) = -0,01x^2 + 45$
$f(20) = -0,01 \cdot 20^2 + 45 = 41$
$f(30) = -0,01 \cdot 30^2 + 45 = 36$
$f(40) = -0,01 \cdot 40^2 + 45 = 29$
$f(60) = -0,01 \cdot 60^2 + 45 = 9$
b) Die Spannweite kann durch die Berechnung der Nullstellen des Funktionsgraphen bestimmt werden.
$0 = -0,01x^2 + 45$
$-45 = -0,01x^2$
$4500 = x^2$
$x_1 = 67,08 \vee x_2 = -67,08$
Die Spannweite ist in Höhe der Abszissenachse 134,16 m groß.
c) $f(x) = -0,01 \cdot (x - 67,08)(x + 67,08)$

1.3.9 Schnittprobleme

1 a) $x_1 = -\frac{5}{3}$ $x_2 = 2$
b) $x_1 = -2$ $x_2 = 3 \Rightarrow S_1(-2/4)$ $S_2(3/14)$
c) s. Abb.

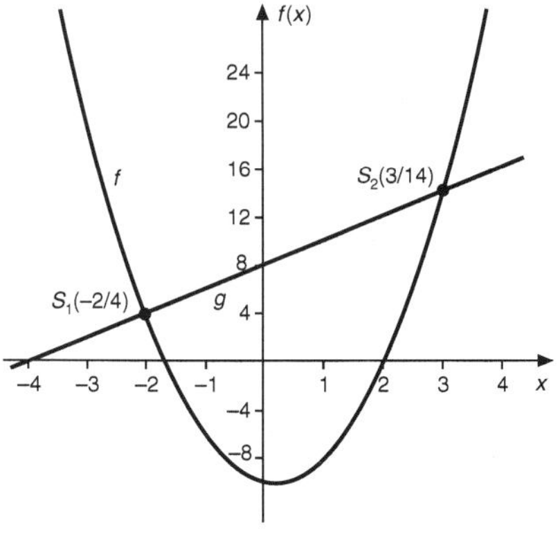

2 a) $f(x) = -\frac{1}{2}(x - 4)^2 + 3$
b) $S_{x1} \sim (6{,}45/0)$
$S_{x2} \sim (1{,}55/0)$
$S_{f(x)}\,(0/-5)$
c) $S_1\,(4/3)$
$S_2\,(7/-1{,}5)$

d)

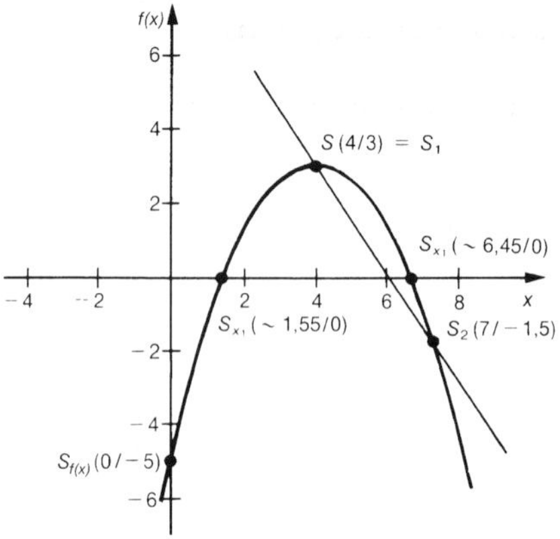

3 a) $S_{x1/2}$ = n. d.
$S_{f(x)}\,(0/11)$
b) $f(x) = (x - 3)^2 + 2$
c) $S_1\,(3/2)$
$S_2\,(7/18)$

d)

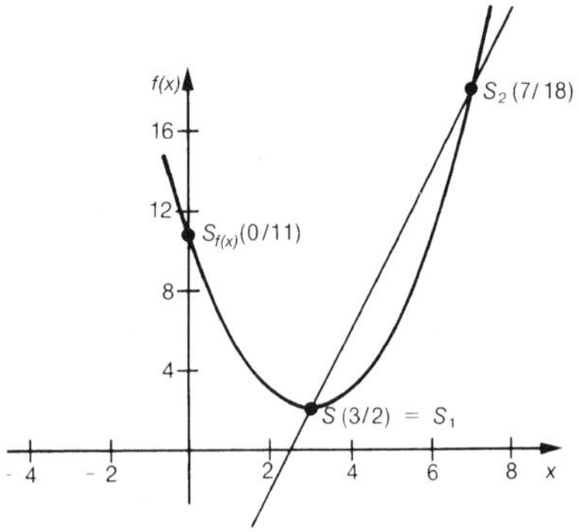

4 a) $S_1\,(2/8)$
$S_2\,(-\frac{1}{4}/-\frac{25}{16}) = (-0{,}25/\sim -1{,}563)$
b) $S_1\,(-6/3)$

5 Erlösfunktion: $f(x) = 50\,x$
Kostenfunktion: $f(x) = 0{,}15625\,(x + 40)^2 + 1750$
Schnittpunkte $S_1\,(80/4000)$
$S_2\,(160/8000)$

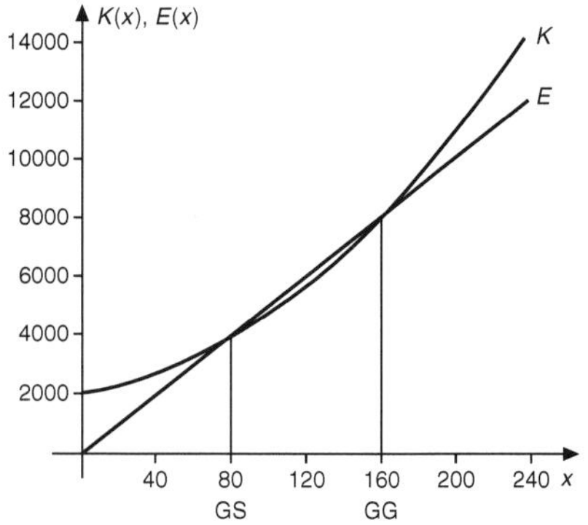

1.3.10 Anwendungen

1 a) $E(x) = 20x$; $D_{ök}(E) = [0; 100]$
b) bei $x_{\text{Kap}} = 100$
c) $E(100) = 2000$

2 a) $p(x) = -0{,}2x + 20$
b) $E(x) = -0{,}2x^2 + 20x$
c) $x = 50$
d) $E(50) = 500$
e) s. Abb.
f) $E(20) = 320$ $p(20) = 16$
g) $p(50) = 10$

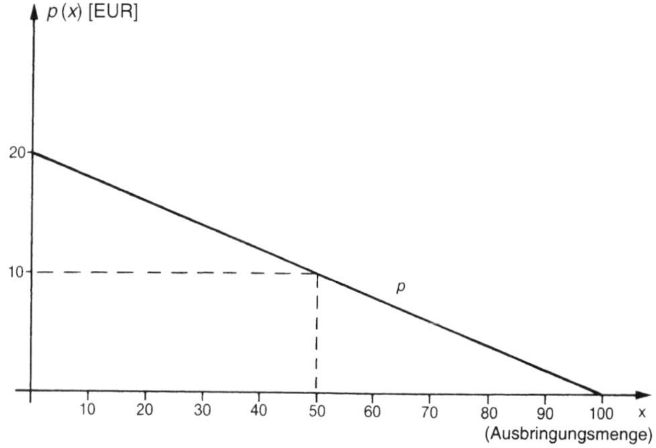

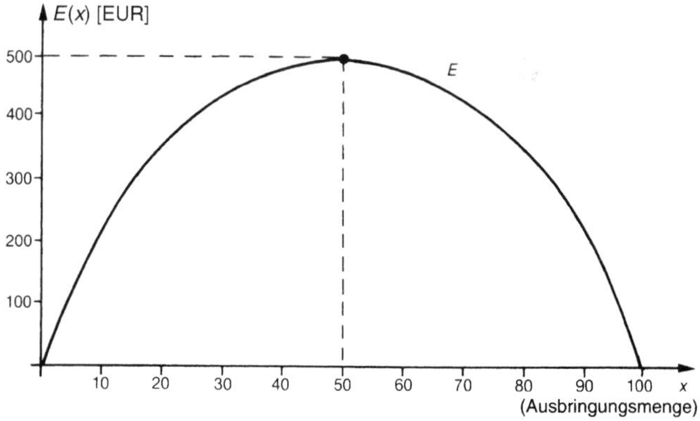

3 a) Polypol, weil die Erlösfunktion wegen der konstanten Preis-Absatz-Funktion linear ist.

b) s. Abb.

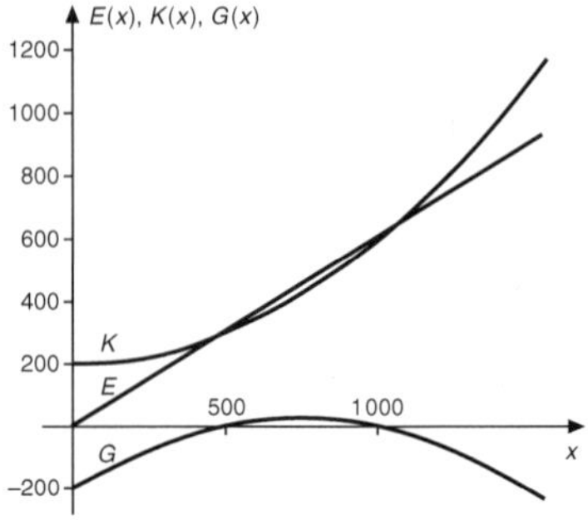

c) $E(x) = K(x)$
$0{,}6\,x = 0{,}0004\,x^2 + 200$
$x_1 = 500 \quad x_2 = 1000$
In den Schnittstellen sind die Kosten gleich den Erlösen, d. h. der Gewinn ist null.

d) $G(x) = E(x) - K(x)$
$G(x) = 0{,}6\,x - 0{,}0004\,x^2 - 200$
$G(x) = -0{,}0004\,x^2 + 0{,}6\,x - 200$

e) Scheitelpunktform:
$G(x) = -0{,}0004 \cdot (x - 750)^2 + 25$
Das Gewinnmaximum befindet sich bei $x = 750$.
Der maximale Gewinn beträgt 25 GE.

f) s. Abb.

g) Der Break-even-Point (die Gewinnschwelle) befindet sich bei $x = 500$.

4 a) Gesamtkostenfunktion:
$K(x) = K_v(x) + K_F$
$K(x) = \frac{1}{2}x^2 + 1{,}5\,x + 3{,}125$; $D(K) = [0; 4]$

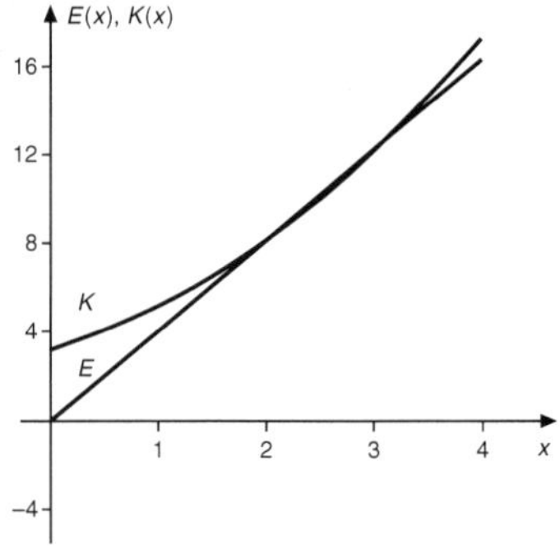

b) – Scheitelpunktform:
$K(x) = \frac{1}{2}(x + 1{,}5)^2 + 2$
$\Rightarrow$ Scheitelpunkt: $S(-1{,}5/2)$
– Achsenschnittpunkte:
S_x – $S_{K(x)}(0/3{,}125)$

c) Gewinnfunktion:
$G(x) = E(x) - K(x)$
$G(x) = \frac{1}{2}x^2 + 2{,}5625\,x - 3{,}125$
– Scheitelpunktform:
$G(x) = -\frac{1}{2}(x - 2{,}5625)^2 + 0{,}158203125$
$\Rightarrow$ Scheitelpunkt: $S(2{,}5625/0{,}158)$
– Achsenschnittpunkte:
$S_{x_1}(2/0)$ $S_{x_2}(3{,}125/0)$ $S_{G(x)}(0/-3{,}125)$

d) s. Abb.

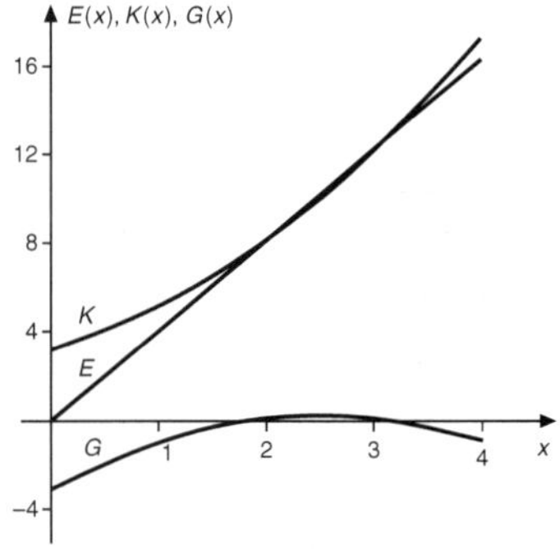

e) [0; 2]: Verluste
Bei $x = 2$ Kosten = Erlöse $\Rightarrow$ Gewinn = 0
(Break-even-Point oder Gewinnschwelle oder Nutzenschwelle)
(2; 3,125): Gewinne
Bei $x = 3{,}125$ Kosten = Erlöse $\Rightarrow$ Gewinn = 0
(Gewinn- oder Nutzengrenze)
[3,125; 4]: Verluste

f) Linearfaktordarstellung:
$G(x) = -\frac{1}{2} \cdot (x - 2) \cdot (x - 3{,}125)$

5 a) $K(x) = \frac{1}{50}x^2 + \frac{1}{5}x + 10$

$E(x) = x$

$G(x) = E(x) - K(x) = -\frac{1}{50}x^2 + \frac{4}{5}x - 10$

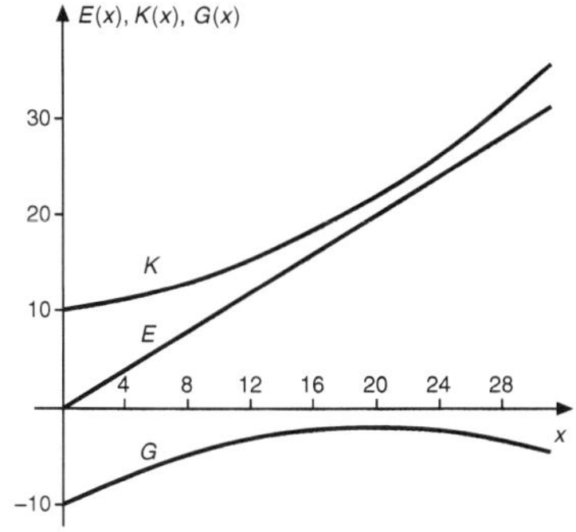

b) – Scheitelpunkt:

$K(x) = \frac{1}{50}(x + 5)^2 + 9{,}5$

$\Rightarrow S(-5/9{,}5)$

– Achsenschnittpunkte:

S_x – $S_{K(x)}(0/10)$

c) $K(x) = E(x)$

$\frac{1}{50}x^2 + \frac{1}{5}x + 10 = x$

$x^2 - 40x + 500 = 0$

$x_{1/2} = 20 \pm \sqrt{400 - 500}$

$x_{1/2} = n.\,d.$

d) $G(x) = -\frac{1}{50}x^2 + \frac{4}{5}x - 10$

e) – Scheitelpunkt:

$G(x) = -\frac{1}{50}(x - 20)^2 - 2$

$\Rightarrow S(20/-2)$

– Achsenschnittpunkte:

S_x – $S_{G(x)}(0/-10)$

f) Bei jeder Produktionsmenge werden Verluste erwirtschaftet. Bei einer Vergütung von 1,00 EUR/kWh Solarstrom wird beim Betrieb einer Photovoltaikanlage bei einer Erzeugung von 20 MWh Strom ein minimaler Verlust in Höhe von 2000,00 EUR erwirtschaftet.

6 a) Erlösfunktion: $E(x) = p(x) \cdot x$ $\quad E(x) = -3x^2 + 150x$

Gewinnfunktion: $G(x) = E(x) - K(x)$ $\quad G(x) = -3x^2 + 120x - 900$

b) Nullstellen der Erlösfunktion:

$E(x) = 0$

$0 = -3x^2 + 150x$

$x_1 = 0 \quad x_2 = 50$

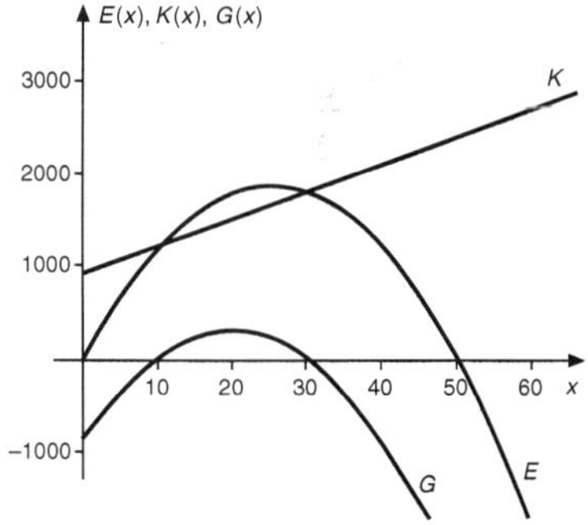

c) Scheitelpunktform der Erlösfunktion:

$E(x) = -3(x - 25)^2 + 1875 \Rightarrow S(25/1875)$

Maximaler Erlös: $E(25) = 1875$

Erlösmaximale Produktionsmenge: $x = 25$

d) s. Abb.

e) $G(x) = 0$

$-3x^2 + 120x - 900 = 0$

$x^2 - 40x + 300 = 0$

$x_1 = 10$ *Gewinnschwelle*

$x_2 = 30$ *Gewinngrenze*

f) Scheitelpunktform der Gewinnfunktion:

$G(x) = (x - 20)^2 + 300 \Rightarrow S(20/300)$

Die gewinnmaximale Ausbringungsmenge beträgt $x = 20$ ME.

Der maximale Gewinn beträgt: $G(20) = 300$ GE

g) s. Abb.

h) $C(20/90)$

D. h.: Bei der gewinnmaximalen Ausbringungsmenge $x = 20$ ME beträgt der Marktpreis $p = 90$ GE.

7 a) Nullstellen der Erlösfunktion: $x_1 = 0 \quad x_2 = 20$
Scheitelpunkt der Erlösfunktion: $S(10/100)$
Graph s. Abb.

b) $G(x) = -x^2 + 16x - 10$

c) Nullstellen der Gewinnfunktion: $x_1 \approx 0{,}652 \quad x_2 \approx 15{,}348$
Scheitelpunkt der Gewinnfunktion: $S(8/54)$

d) Graph s. Abb.

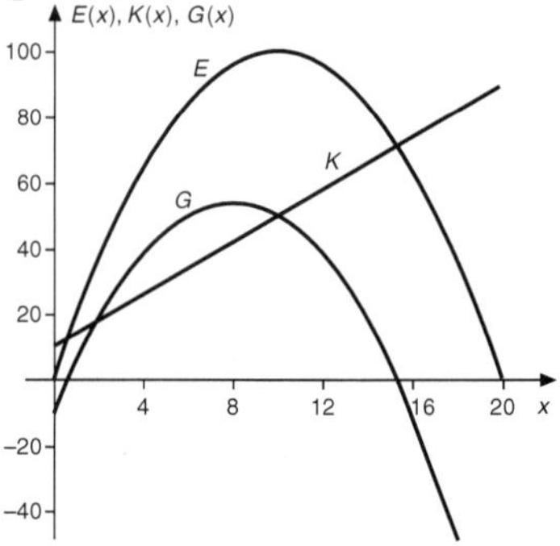

e) $x_1 \approx 0{,}652$ ist die Gewinnschwelle (Break-even-Point), $x_2 \approx 15{,}348$ ist die Gewinngrenze. Über dem Intervall zwischen den beiden Stellen wird Gewinn erwirtschaftet, außerhalb dieses Intervalls werden Verluste erwirtschaftet.
Alternativer Ansatz zur Berechnung dieser Stellen:
$E(x) = K(x)$

f) Gewinnmaximale Produktionsmenge: $x = 8$
Maximaler Gewinn: $G_{max} = 54$

g) Preisabsatzfunktion: $p(x) = \frac{E(x)}{x} = -x + 20$
$C(\sim 0{,}652/\sim 19{,}348)$ Marktpreis: $p = 19{,}35$ GE

8 a) Nullstellen der Erlösfunktion: $E(x) = 0$: $x_1 = 0 \wedge x_2 = 100$

b) Linearfaktordarstellung: $E(x) = -\frac{18}{9}x \cdot (x - 100)$

c) Scheitelpunktform: $E(x) = -2(x - 50)^2 + 5000 \quad \Rightarrow S(50/5000)$
Bei einer Produktion von $x = 50$ ME ergibt sich der maximale Erlös mit $E = 50000$ GE.

d) Gesamtkostenfunktion:
$K(x) = K_v + K_f \quad K(x) = \frac{2}{9} \cdot x^2 + \frac{28000}{9}$

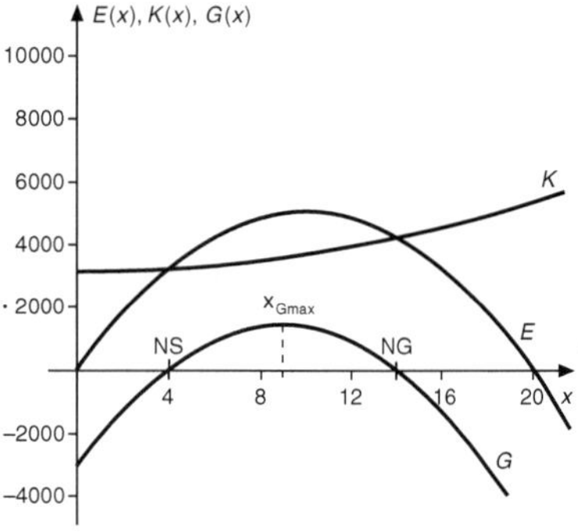

e) Gewinnfunktion: $G(x) = E(x) - K(x)$
$G(x) = -\frac{20}{9}x^2 + \frac{1800}{9}x - \frac{28000}{9}$

f) s. Abb.

g) $G(x) = 0 \quad x_1 = 20 \wedge x_2 = 70$
Die Gewinnschwelle befindet sich bei $x = 20$.
Die Gewinngrenze bei $x = 70$.

h) Scheitelpunktform:
$G(x) = -\frac{20}{9}(x - 45)^2 + \frac{12500}{9} \Rightarrow S(45/\frac{12500}{9})$
Der maximale Gewinn wird bei $x = 45$ ME erzielt.
Der maximale Gewinn beträgt:
$G(45) = 1388{,}8\overline{8}$ GE

i) Graph der Preisabsatzfunktion

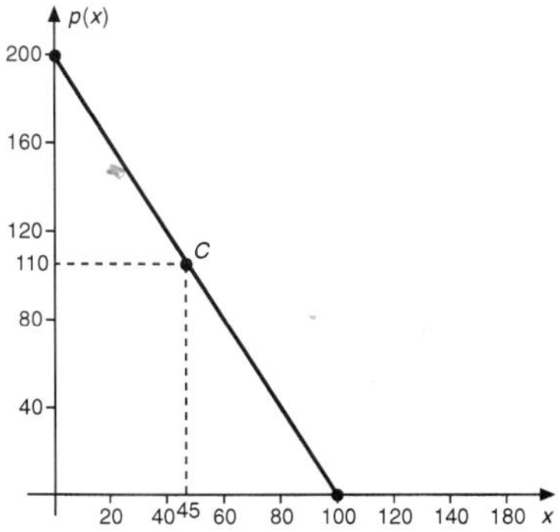

j) Cournot'scher Punkt:
Für die gewinnmaximale Ausbringungsmenge $x = 45$ ergibt sich der Marktpreis $p(45) = 110$
$\Rightarrow C(45/110)$
Das Unternehmen wird 45000 ME des Getränks produzieren und zu einem Preis von 110 GE/ME verkaufen.

9 a) *Angebotskurve:*
Scheitelpunkt $S(-1/1)$
Keine Schnittpunkte mit der Abszissenachse
Schnittpunkt mit der Ordinatenachse:
$S_{p(x)}(0/\frac{21}{20}) = (0/1{,}05)$
Nachfragekurve:
Scheitelpunkt $S(20/-1)$
Schnittpunkte mit der Abszissenachse:
$S_{x_1}(\sim 13{,}675/0)$
$S_{x_2}(\sim 26{,}325/0)$
Schnittpunkt mit der Ordinatenachse:
$S_{p(x)}(0/9)$

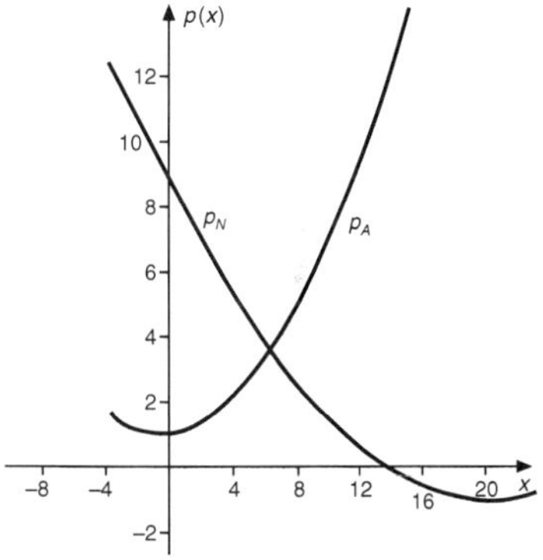

b) s. Abb.

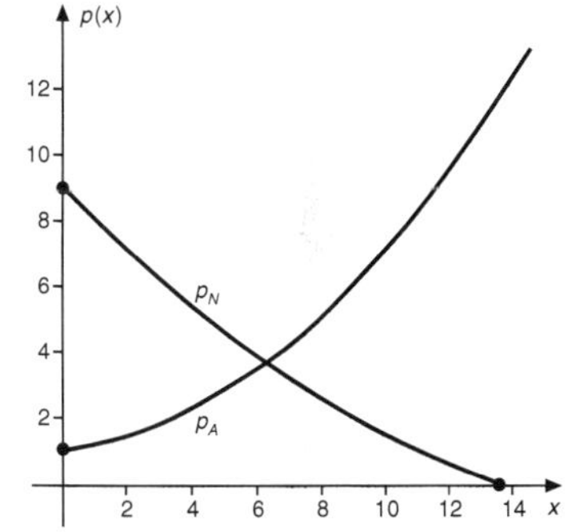

c) *Angebotskurve:* $D(p_A) = [0; \sim 13{,}675]$
Nachfragekurve: $D(p_N) = [0; \sim 13{,}675]$

d) *Angebotskurve:*
Ab einem Preis von 1,05 GE sind die Produzenten bereit, ihr Produkt anzubieten. Mit steigendem Preis bieten die Produzenten (zunehmend) mehr Ware an.
Nachfragekurve:
Die Konsumenten sind höchstens bereit, einen Preis von 9 GE zu zahlen. Mit sinkendem Preis fragen die Konsumenten (zunehmend) mehr Ware nach. Die maximale Nachfrage beträgt bei einem theoretischen Preis von 0 GE 13,675 ME.

e) $pA(x) = p_N(x)$
$\frac{1}{20}(x + 1)^2 + 1 = \frac{1}{40}(x - 20)^2 - 1$
$x_1 \approx -50{,}32 \notin D(p_A) \wedge \notin D(p_N)$
$x_2 \approx 6{,}32$
Gleichgewichtsmenge: $x = 6{,}32$
Gleichgewichtspreis: $p(6{,}32) = 3{,}68$
Marktgleichgewicht: $S(6{,}32/3{,}68)$

f) Angebotene Menge bei $p = 5$:

$5 = \frac{1}{20}(x + 1)^2 + 1$

$x_1 = 9{,}944 \notin D(p_A)$

$\underline{\underline{x_2 = 7{,}944}}$

Nachgefragte Menge bei $p = 5$:

$5 = \frac{1}{40}(x - 20)^2 + 1$

$x_1 = 35{,}492 \notin D(p_N)$

$\underline{\underline{x_2 = 4{,}508}}$

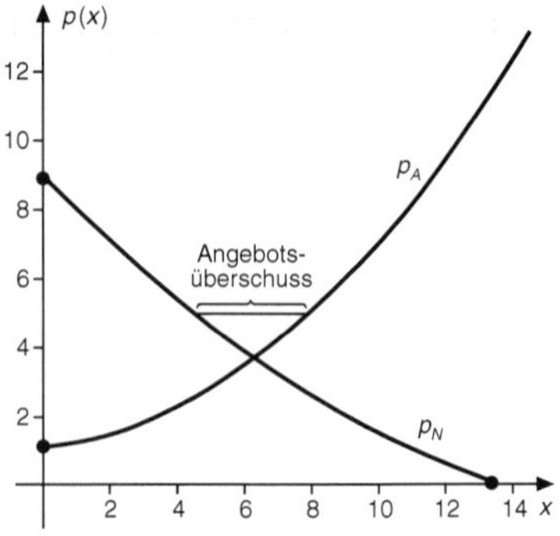

Bei einem Preis von $p = 5$ GE ist die angebotene Menge um 3,436 ME größer als die nachgefragte Menge. Um diesen Mindestpreis auf dem Markt zu garantieren, müsste der Staat in der Weise regulierend eingreifen, dass er diese Differenzmenge aufkauft und einlagert.

g) Angebotene Menge bei $p = 3$:

$3 = \frac{1}{20}(x + 1)^2 + 1$

$x_1 = 7{,}32 \notin D(p_A)$

$\underline{\underline{x_2 = 5{,}32}}$

Nachgefragte Menge bei $p = 3$:

$3 = \frac{1}{40}(x - 20)^2 + 1$

$x_1 = 32{,}649 \notin D(p_N)$

$\underline{\underline{x_2 = 7{,}351}}$

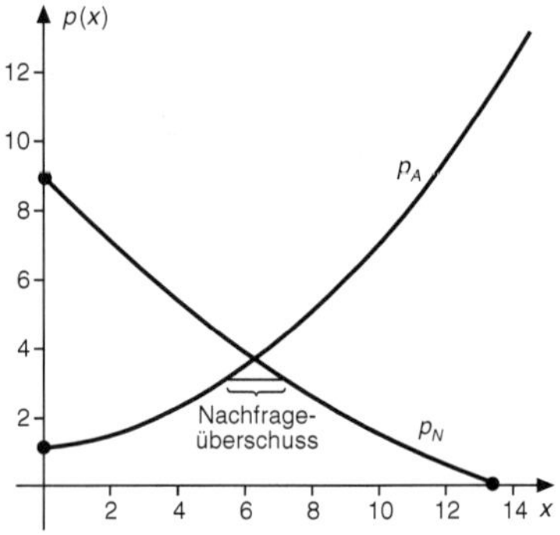

Bei einem Preis von $p = 3$ GE ist die nachgefragte Menge um 2,026 ME größer als die angebotene Menge. Um den Höchstpreis auf dem Markt zu garantieren, müsste der Staat in der Weise regulierend eingreifen, dass er diese Differenzmenge aus Lagerbeständen zusätzlich auf dem Markt anbietet.

10 a) *Angebotskurve:*

Scheitelpunkt $S(7{,}5/5{,}625)$

Schnittpunkt mit der Abszissenachse

$S_{x_1}(0/0)$ $S_{x_2}(15/0)$

Schnittpunkt mit der Ordinatenachse:

$S_{p(x)}(0/0)$

Nachfragekurve:

Scheitelpunkt $S(5/0)$

Schnittpunkte mit der Abszissenachse:

$S_{x_{1/2}}(5/0)$

Schnittpunkt mit der Ordinatenachse:

$S_{p(x)}(0/5)$

Graphen: s. Abb.

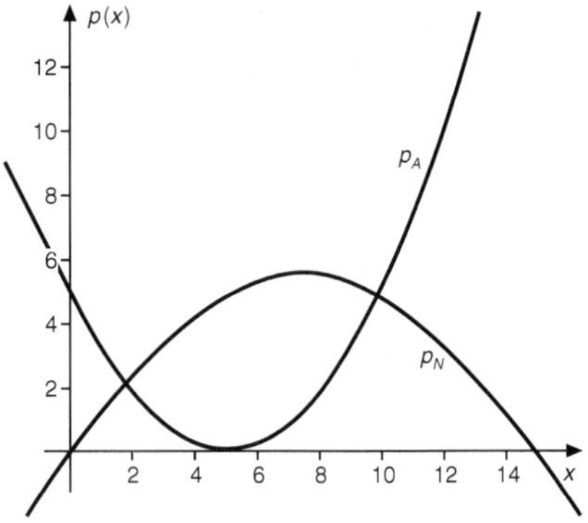

b) *Angebotskurve:* Die Anbieter sind bereit, das Gut anzubieten, sobald der Preis 0 GE überschreitet. Mit steigendem Preis bieten die Produzenten immer mehr Ware an. Die Zunahme des Angebots wird jedoch immer geringer.
Nachfragekurve: Die Nachfrager sind höchstens bereit, einen Preis von 5 GE zu zahlen. Mit sinkendem Preis fragen die Konsumenten (zunehmend) mehr Ware nach. Bei einem Preis von 0 GE ist die maximale Nachfrage mit 5 ME erreicht.

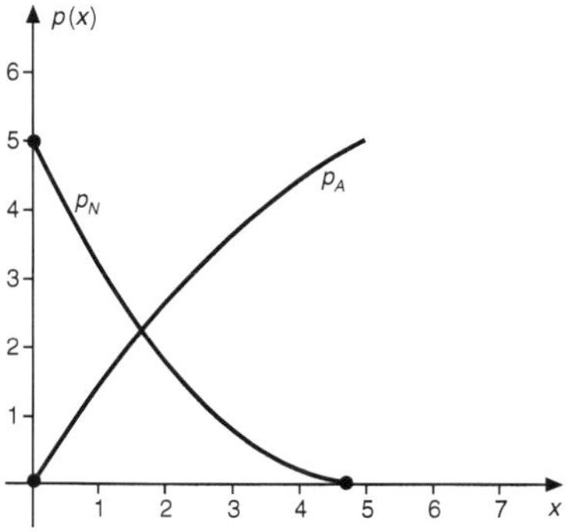

c) $p_A(x) = p_N(x)$
$-0{,}1\,x^2 + 1{,}5\,x = 0{,}2\,x^2 - 2\,x + 5$
$x_1 = 10 \notin D(p_A) \wedge D(p_N)$
$x_2 = \frac{5}{3}$
Gleichgewichtsmenge: $x = \frac{5}{3} = 1{,}\overline{6}$
Gleichgewichtspreis: $p\left(\frac{5}{3}\right) = \frac{20}{9} = 2{,}\overline{2}$
Marktgleichgewicht: $S\left(\frac{5}{3}/\frac{20}{9}\right) = (1{,}\overline{6}/2{,}\overline{2})$

d) Angebotene Menge bei $p = 2$:
$2 = -0{,}1\,x^2 + 1{,}5\,x$
$x_1 = 13{,}521 \notin D(p_A)$
$\underline{\underline{x_2 = 1{,}479}}$
Nachgefragte Menge bei $p = 5$:
$5 = \frac{1}{40}(x - 20)^2 + 1$
$x_1 = 8{,}162 \notin D(p_N)$
$\underline{\underline{x_2 = 1{,}838}}$
Bei einem Preis von $p = 2$ GE ist die nachgefragte Menge um 0,358 ME größer als die angebotene Menge. Um den Höchstpreis auf dem Markt zu garantieren, müsste der Staat in der Weise regulierend eingreifen, dass er diese Differenzmenge (aus Lagerbeständen) zusätzlich auf dem Markt anbietet.

e) Angebotene Menge bei $p = 3$:
$3 = \frac{1}{20}(x + 1)^2 + 1$
$x_1 = 12{,}623 \notin D(p_A)$
$\underline{\underline{x_2 = 2{,}377}}$
Nachgefragte Menge bei $p = 3$:
$5 = \frac{1}{40}(x - 20)^2 + 1$
$x_1 = 8{,}873 \notin D(p_N)$
$\underline{\underline{x_2 = 1{,}127}}$

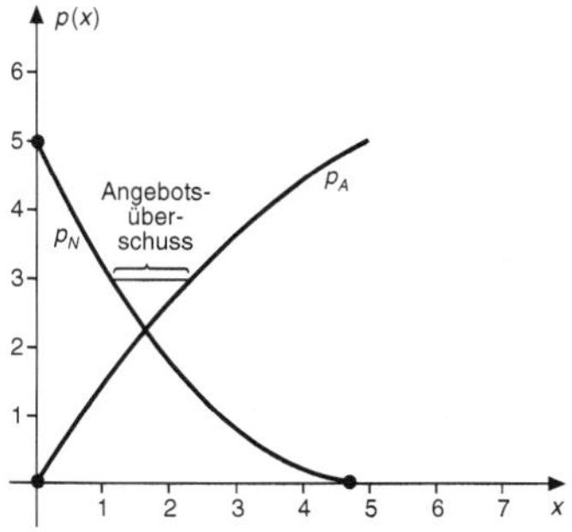

Bei einem Preis von $p = 3$ GE ist die angebotene Menge um 1,25 ME größer als die nachgefragte Menge. Um diesen Mindestpreis auf dem Markt zu garantieren, müsste der Staat in der Weise regulierend eingreifen, dass er diese Differenzmenge aufkauft und einlagert.

1.4 Potenzfunktionen

1.4.1 $f(x) = x^n$ mit geraden Exponenten

1.4.2 $f(x) = x^n$ mit ungeraden Exponenten

1.4.3 $f(x) = ax^n$

1 a) Verlauf von $+\infty$ nach $+\infty$

$D(f) = \mathbb{R}$

$W(f) = \mathbb{R}_+$

achsensymmetrisch zur Ordinatenachse

keine Dehnung/Stauchung

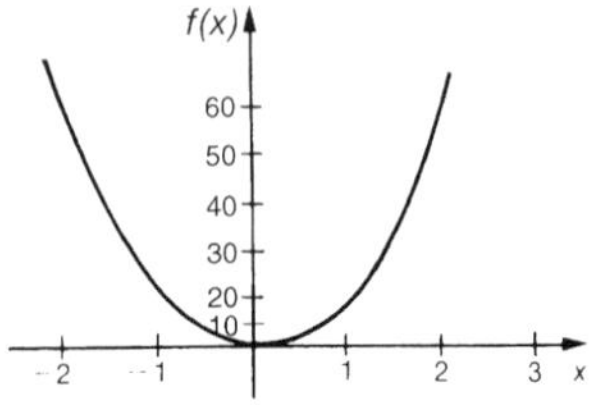

b) Verlauf von $+\infty$ nach $-\infty$

$D(f) = \mathbb{R}$

$W(f) = \mathbb{R}$

punktsymmetrisch zum Ursprung

gedehnt

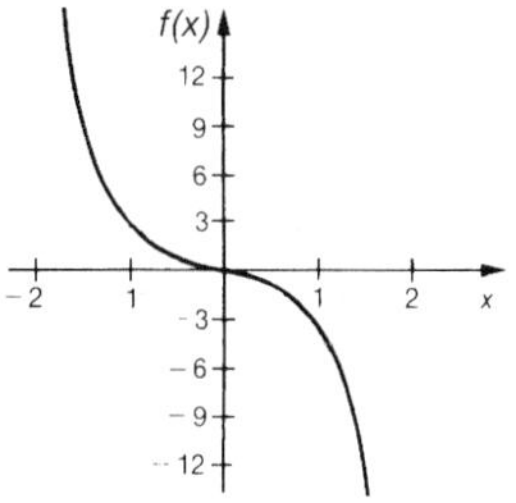

c) Verlauf von $-\infty$ nach $-\infty$

$D(f) = \mathbb{R}$

$W(f) = \mathbb{R}_-$

achsensymmetrisch zur Ordinatenachse

gestaucht

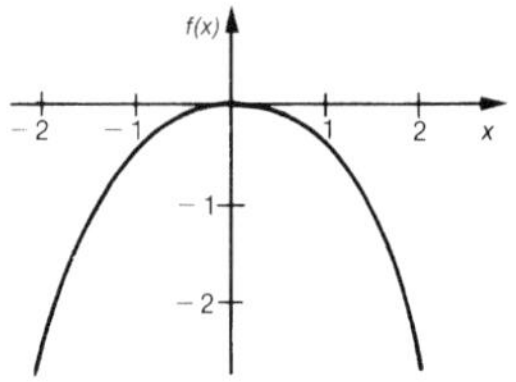

d) Verlauf von $+\infty$ nach $+\infty$

$D(f) = \mathbb{R}$

$W(f) = \mathbb{R}_+$

achsensymmetrisch zur Ordinatenachse

gedehnt

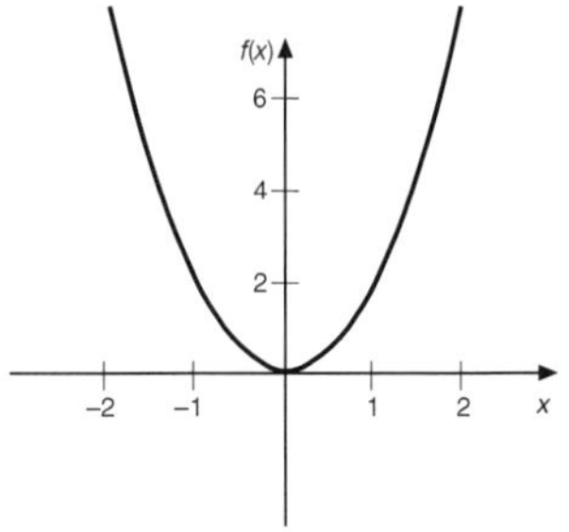

e) Verlauf von $-\infty$ nach $+\infty$

$D(f) = \mathbb{R}$

$W(f) = \mathbb{R}$

punktsymmetrisch zum Ursprung

gestaucht

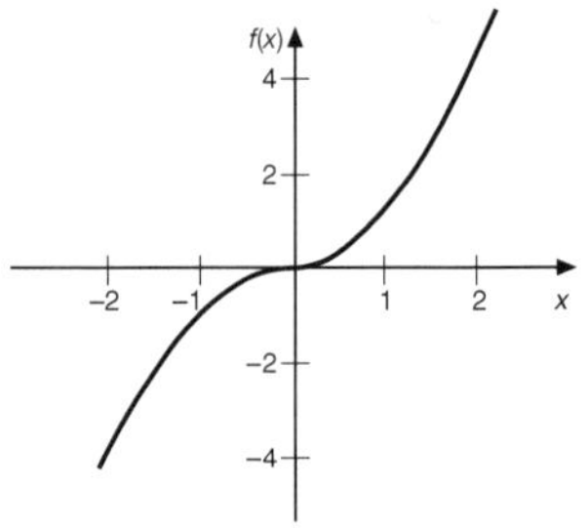

f) Verlauf von $+\infty$ nach $-\infty$
$D(f) = \mathbb{R}$
$W(f) = \mathbb{R}$
punktsymmetrisch zum Ursprung
gestaucht

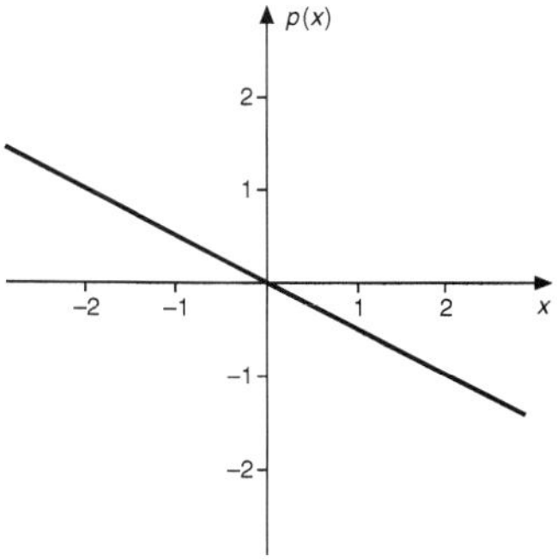

2 a)

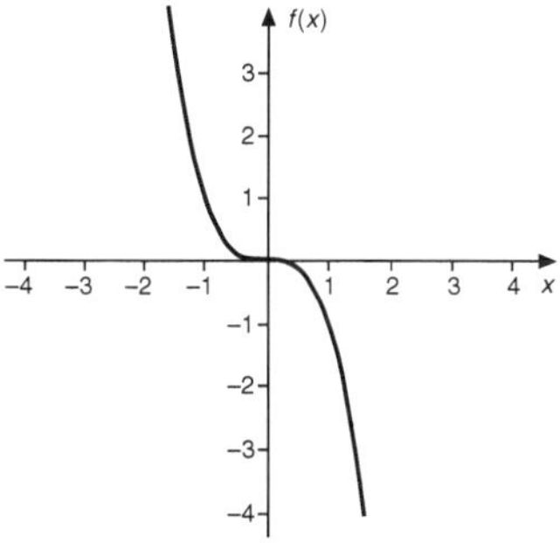

c)

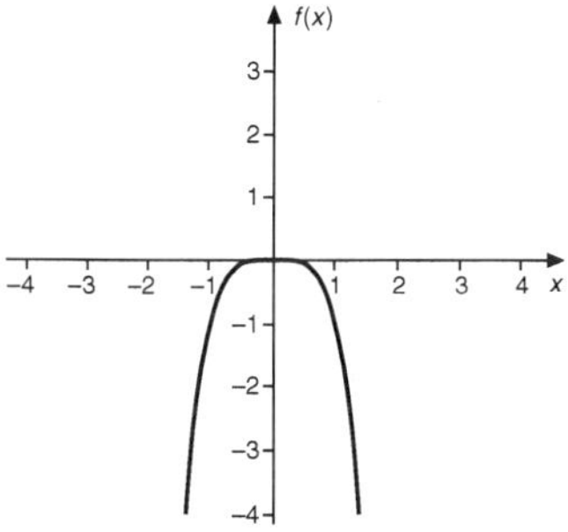

b)

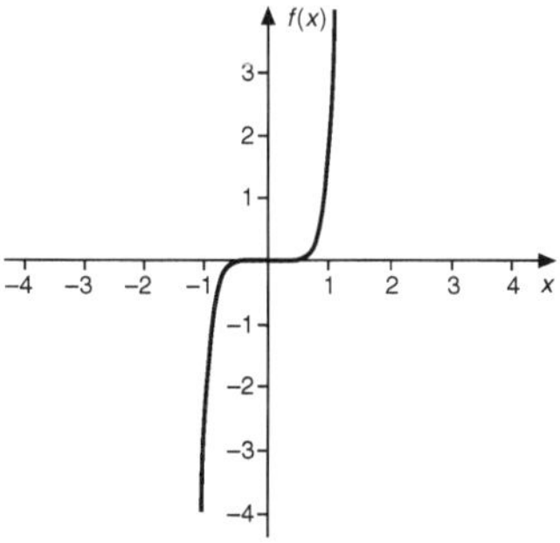

d)

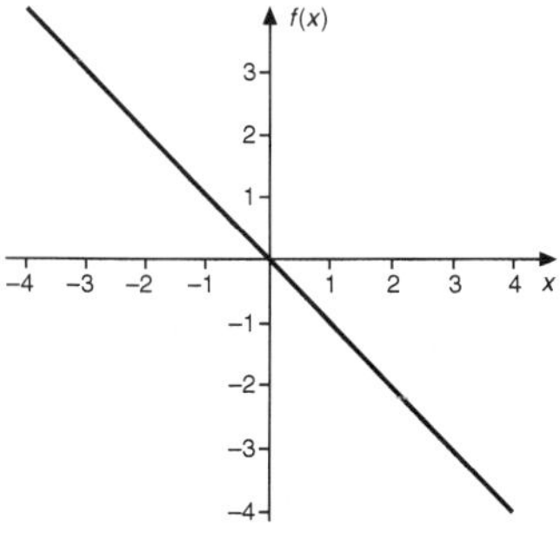

3 a) In $f(x) = x^n + b$ bewirkt b eine Verschiebung in $f(x)$-Richtung.
b) In $f(x) = (x - u)^n$ bewirkt u eine Verschiebung in x-Richtung.
c) $f(x) = -\frac{1}{3}(x + 1)^3 + 1$ $f(x) = 2(x - 2)^3 - 1$

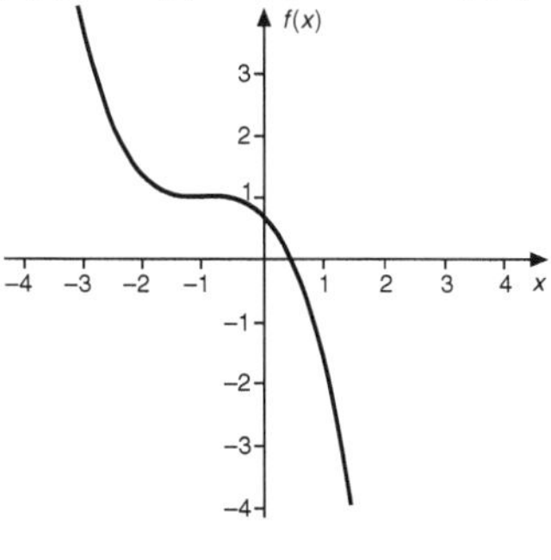

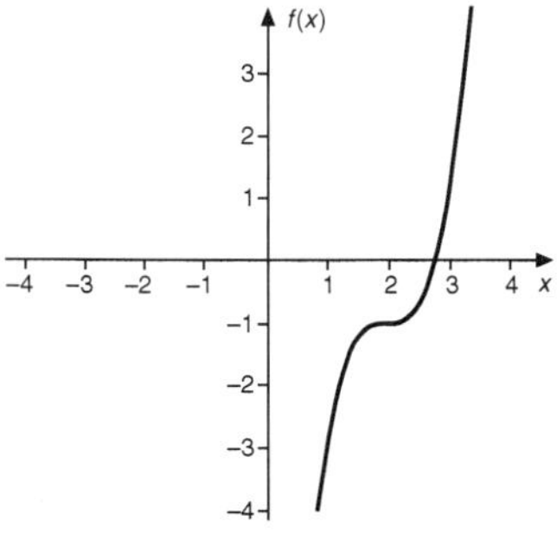

1.5 Ganzrationale Funktionen mit $n \leq 4$

1.5.1 Ganzrationale Funktionen als Summe von Potenzfunktionen (Polynomform)

1

a)	$f(x) = \underbrace{-2x^3}_{\text{Glied 3. Grades}} + \underbrace{4x^2}_{\text{Quadrat-glied}} + \underbrace{2x}_{\text{Linear-glied}} + \underbrace{1}_{\text{Absolut-glied}}$	Ganzrationale Funktion 3. Grades
b)	$f(x) = \underbrace{-3x^3}_{\text{Glied 3. Grades}} - \underbrace{4x^2}_{\text{Quadrat-glied}} + \underbrace{x}_{\text{Linear-glied}} - \underbrace{5}_{\text{Absolut-glied}}$	Ganzrationale Funktion 3. Grades
c)	$f(x) = \underbrace{-x^4}_{\text{Glied 4. Grades}} - \underbrace{x}_{\text{Quadrat-glied}} + \underbrace{2}_{\text{Linear-glied}}$	Ganzrationale Funktion 4. Grades
d)	$f(x) = \underbrace{-3x^4}_{\text{Glied 4. Grades}} + \underbrace{x^3}_{\text{Quadrat-glied}} - \underbrace{4}_{\text{Linear-glied}}$	Ganzrationale Funktion 4. Grades

1.5.2 Verlauf des Graphen für $x \mapsto \pm\infty$

1

	von …	nach …
a)	$-\infty$	$-\infty$
b)	$-\infty$	$+\infty$
c)	$-\infty$	$+\infty$
d)	$-\infty$	$-\infty$
e)	$+\infty$	$-\infty$
f)	$+\infty$	$-\infty$

2

	von …	nach …
a)	$+\infty$	$-\infty$
b)	$+\infty$	$+\infty$
c)	$-\infty$	$+\infty$
d)	$+\infty$	$+\infty$
e)	$+\infty$	$+\infty$
f)	$+\infty$	$-\infty$

1.5.3 Linearfaktordarstellung

1 a) $f(x) = x^2(x-2)$

$= \underline{\underline{x^3 - 2x^2}}$

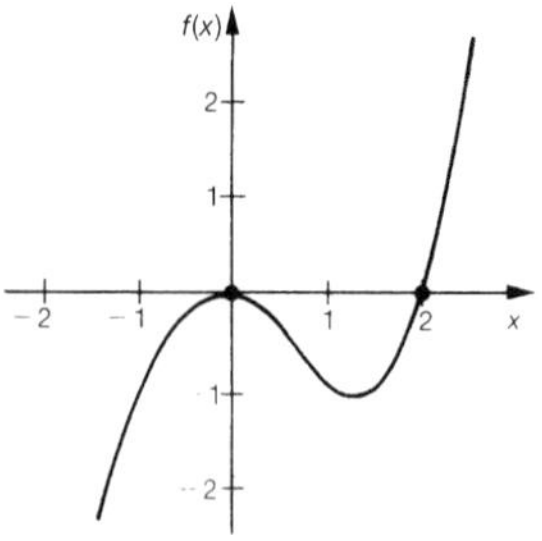

b) $f(x) = -(x+2)x^2(x-1)$

$= \underline{\underline{-x^4 - x^3 + 2x^2}}$

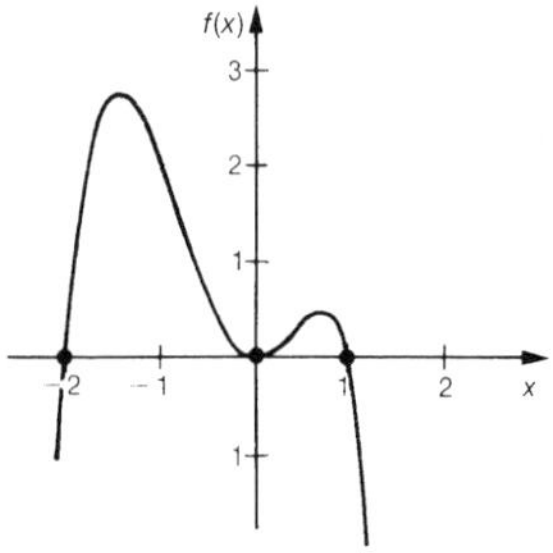

c) $f(x) = -x(x-1)(x-3)^2$
$= \underline{\underline{-x^4 + 7x^3 - 15x^2 + 9x}}$

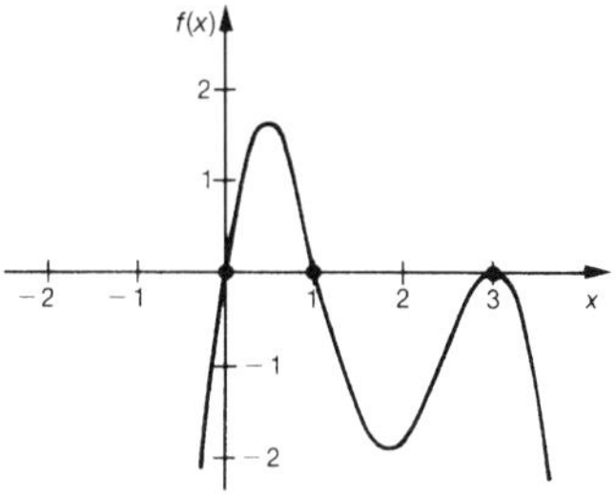

d) $f(x) = (x+3)(x+1)(x-2)$
$= \underline{\underline{x^3 + 2x^2 - 5x - 6}}$

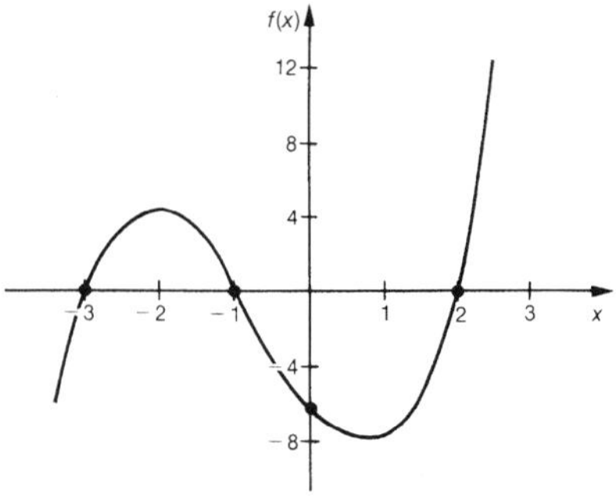

e) $f(x) = (x+2)\,x\,(x-2)(x-3)$
$= \underline{\underline{x^4 - 3x^3 - 4x^2 + 12x}}$

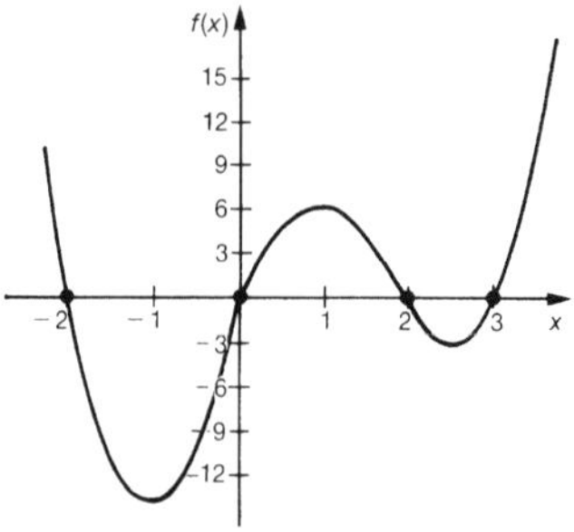

f) $f(x) = 2(x+1)x^2(x-1)(x-2)$
$= \underline{\underline{2x^5 - 4x^4 - 2x^3 + 4x^2}}$

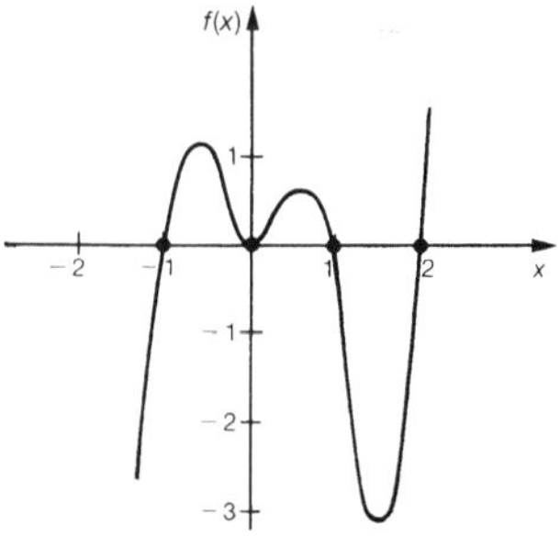

g) $f(x) = -3(x+3)(x-1)^2(x-3)^2$
$= \underline{\underline{-3x^5 + 15x^4 + 6x^3 - 126x^2 + 189x - 81}}$

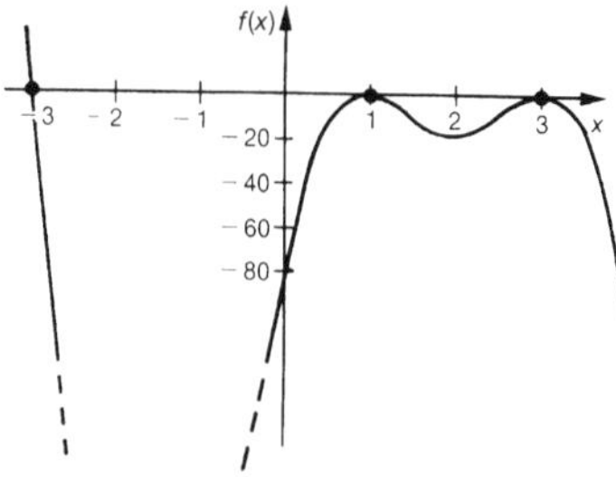

h) $f(x) = -(x + 2)^2 x^2 (x - 2)^2$
$= \underline{\underline{x^6 + 8x^4 - 16x^2}}$

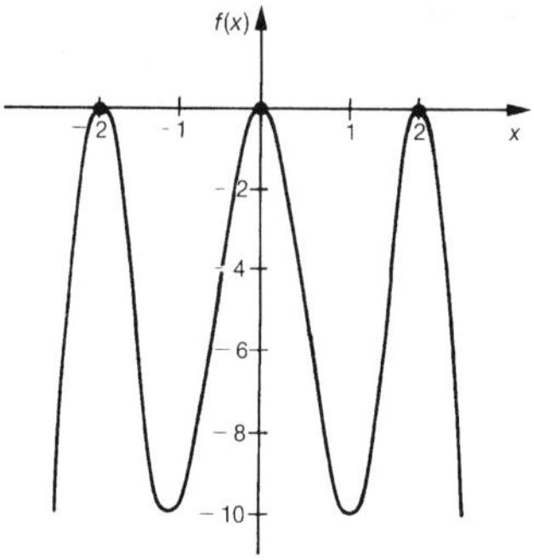

2 – Eine lineare Funktion ist 1. Grades:
Sie kann entweder keine Nullstellen haben (wenn parallel zur Abszissenachse), oder 1 Nullstelle, wenn die Abszissenachse geschnitten wird.
– Eine quadratische Funktion kann 0,1 oder 2 Nullstellen haben (s. Bild).

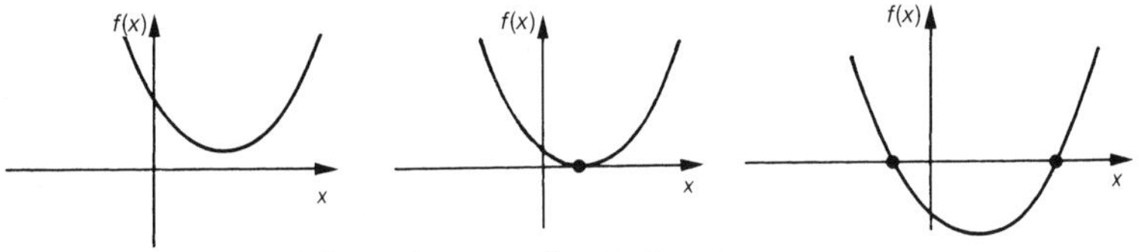

3 a) $f(x) = -1\,(x + 1)(x + 2)\,x = -x^3 - 3x^2 - 2x$
b) $f(x) = (x + 1)\,x^2 (x - 1)(x - 2) = x^5 - 2x^4 - x^3 + 2x^2$
c) $f(x) = -1\,(x + 1)(x - 1)(x - 2)\,x = -x^4 + 2x^3 + x^2 - 2x$
d) $f(x) = -1\,(x + 3)(x + 1)\,x^2 (x - 2)^2 = -x^6 + 9x^4 - 4x^3 - 12x^2$

1.5.4 Nullstellenberechnung

1 a) $x_{01/02} = \pm\sqrt{3} \approx \pm 1{,}73$
$x_{03/04} = \pm\sqrt{5} \approx \pm 2{,}24$
(Substitutionsverfahren)

b) $x_{01} = 0$
$x_{02/03} = 1$
(Ausklammern)

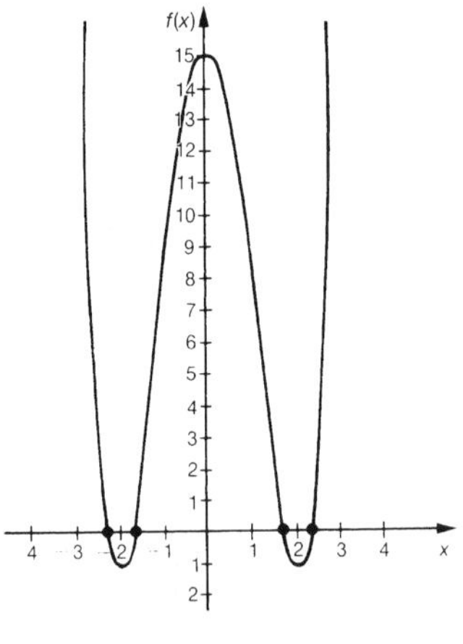

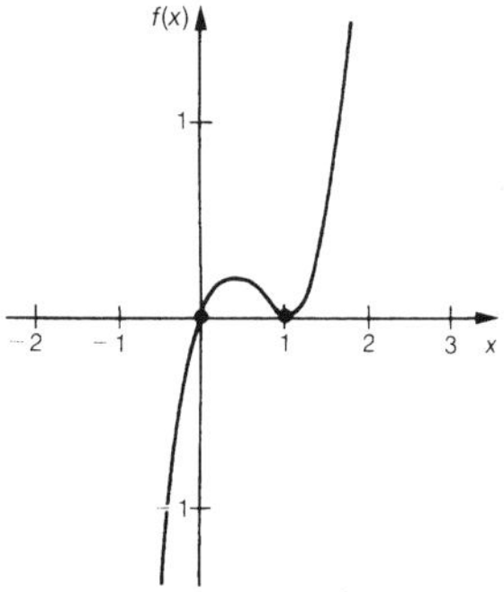

c) $x_{01/02} = 0$
$x_{03} = -2$
$x_{04} = -4$
(Ausklammern)

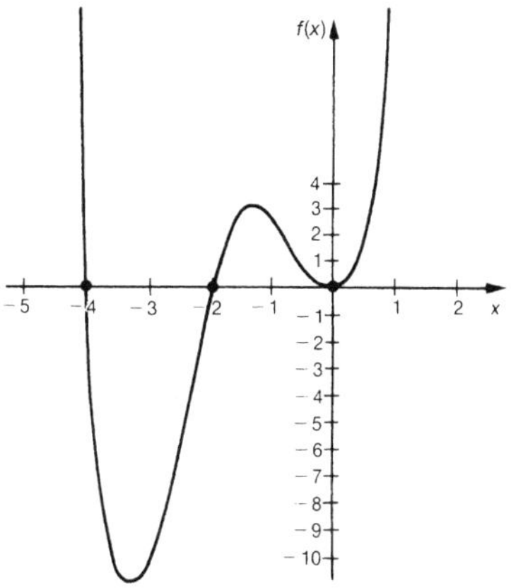

d) $x_{01} = 2$
$x_{02} = 3$
$x_{03} = 4$
(Polynomdiv.)

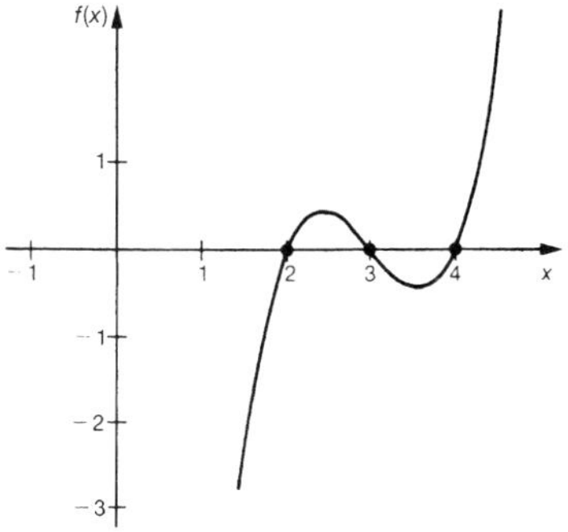

e) $x_{01} = -3$
$x_{02} = -2$
$x_{03} = 1$
(Polynomdiv.)

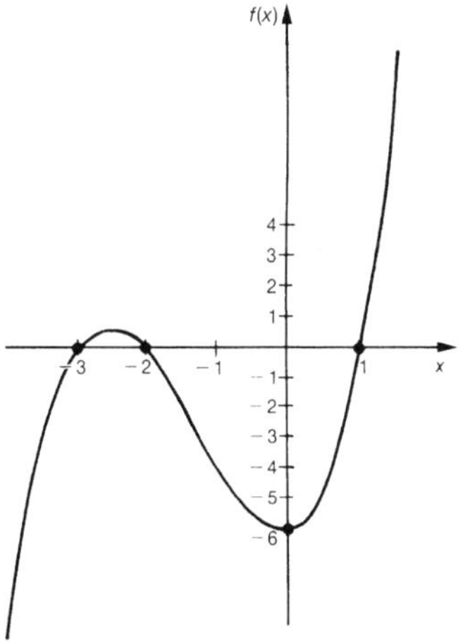

f) $x_{01} = -5$
$x_{02} = -4$
$x_{03} = 2$
(Polynomdiv.)

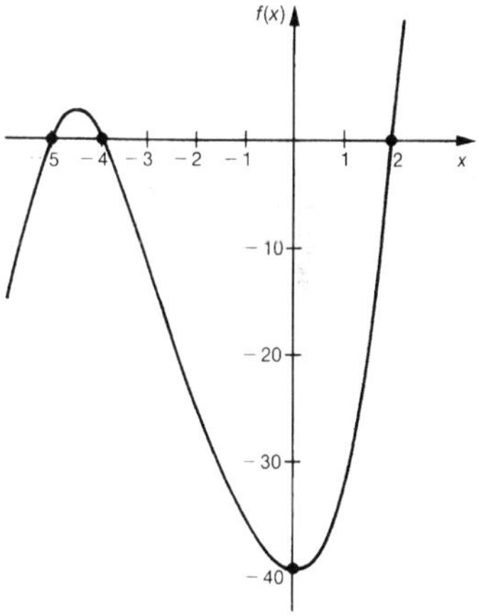

g) $x_{01} = -1$
$x_{02} = 0$
$x_{03} = 1$
(Ausklammern)

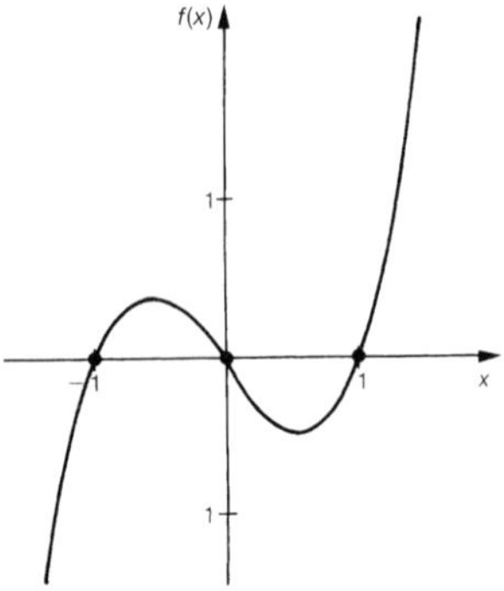

h) $x_{01/02} = \pm 2$
$x_{03/04} = \pm 1$
(Substitutionsverfahren)

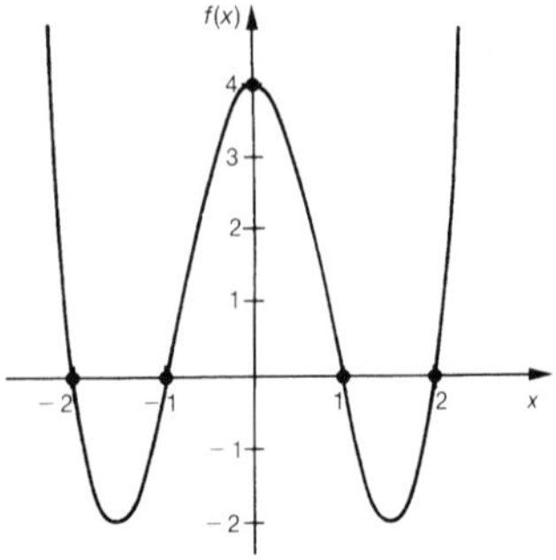

i) $x_{01} = -1$
$x_{02} = 0{,}5$
$x_{03} = 1{,}5$
(Polynomdiv.)

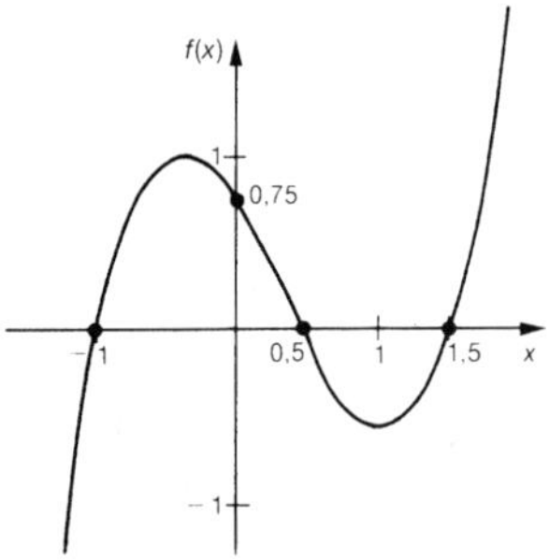

j) $x_{01} = -3$
$x_{02} = 2$
$x_{02} = -1$
$x_{03} = 4$
(Polynomdiv.)

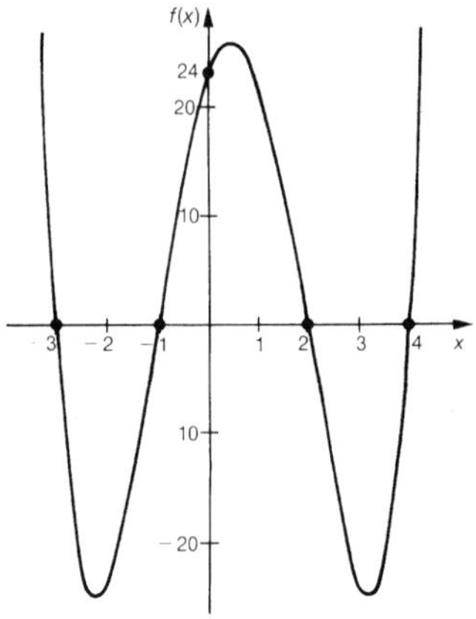

k) $x_{01} = 0$
$x_{02/03} = \pm 3$
(Ausklammern)

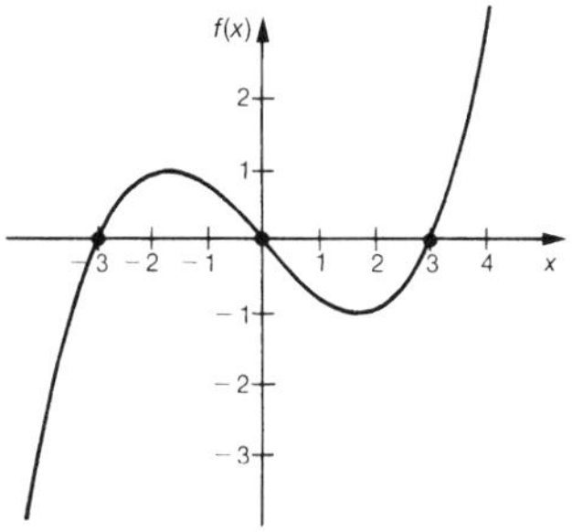

l) $x_{01} = 0$
$x_{02} = 1$
$x_{03} = 2$
$x_{04} = 3$
(Ausklammern
und Polynomdiv.)

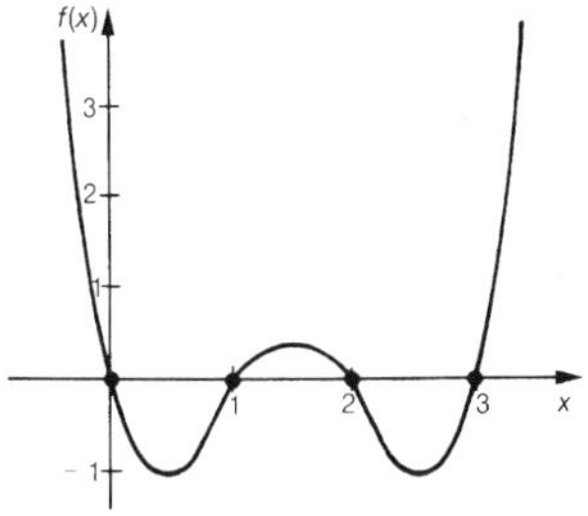

m) $x_{01/02} = 0$
$x_{03} \approx 4{,}61$
$x_{04} \approx -2{,}61$
(Ausklammern)

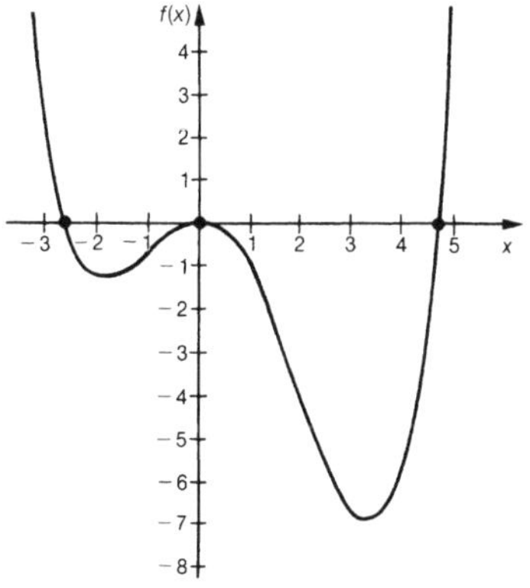

n) $x_{01/02} = 1$
$x_{03} = -2$
$x_{04} = -3$
(Polynomdiv.)

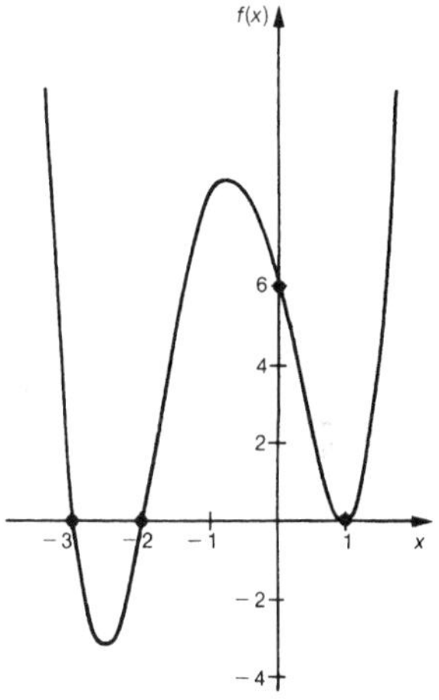

1.5.5 Symmetrie

1 a) achsensymmetrisch zur Ordinatenachse
b) kein Symmetrieverhalten erkennbar
c) kein Symmetrieverhalten erkennbar
d) achsensymmetrisch zur Ordinatenachse
e) punktsymmetrisch zum Ursprung
f) achsensymmetrisch zur Ordinatenachse
g) kein Symmetrieverhalten erkennbar
h) punktsymmetrisch zum Ursprung
i) kein Symmetrieverhalten erkennbar
j) punktsymmetrisch zum Ursprung
k) achsensymmetrisch zur Ordinatenachse
l) achsensymmetrisch zur Ordinatenachse
m) kein Symmetrieverhalten erkennbar
n) achsensymmetrisch zur Ordinatenachse

1.5.6 Anwendungen der ganzrationalen Funktionen

1 a) Nullstellen:

$P(x) = 0$

$0 = -0{,}5\,x^2\,(x - 6)$

$x_{1,2} = 0$

$x_3 = 6$

Linearfaktordarstellung: $P(x) = -0{,}5x^2\,(x - 6)$

b) Für $x \to \infty$: $P(x) \to +\infty$ Für $x \to +\infty$: $P(x) \to \infty$

c) $D_{\max}(P) = \mathbb{R}$ $D_{ök}(P) = [0; 6]$

d)

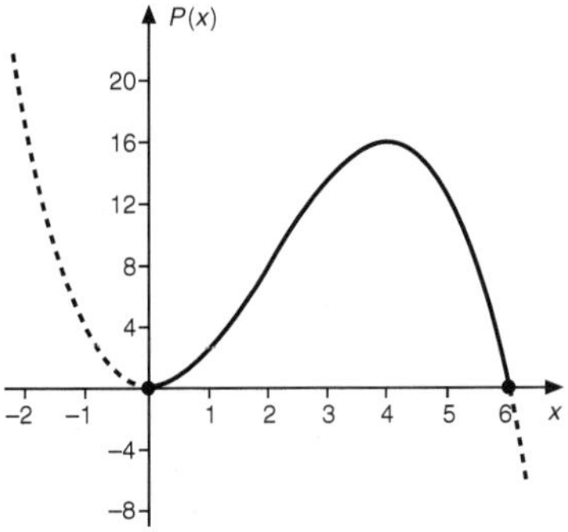

e) Durch den vermehrten Einsatz des Kunstdüngers steigen die Weizenerträge zunächst progressiv (überproportional) bis zur Faktoreinsatzmenge $x = 2$. Danach steigen die Erträge nur noch degressiv (unterproportional). Ab einer bestimmten Einsatzmenge des Kunstdüngers (hier $x = 4$) beginnen die Erträge mit jedem weiteren Düngereinsatz zu sinken und werden schließlich null (hier bei $x = 6$).

f) $(2) = -0{,}5 \cdot 2^3 + 3 \cdot 2^2 = \underline{\underline{8}}$

g) $16 = -0{,}5\,x^3 + 3\,x^2$

$-0{,}5\,x^3 + 3\,x^2 - 16 = 0$

$x^3 - 6\,x^2 + 32 = 0$

$x_1 = -2 \notin D_{ök}$

$\underline{\underline{x_2 = 4}}$

2 a) Für $x \to -\infty$: $K(x) \to -\infty$ Für $x \to +\infty$: $K(x) \to +\infty$

b) $K(x) = 0$

Durch Probieren: $x_1 = -1$; keine weiteren Lösungen $\Rightarrow S_x(-1/0)$

$K(0) = 8{,}25$ $S_{K(x)}(0/8{,}25)$

c) $K(x) = \frac{1}{4}(x^2 - 9\,x + 33)(x + 1)$

d) $K(\frac{2}{3}) \approx 11{,}435$ $K(2) = 14{,}25$ $K(4) = 16{,}25$

e) 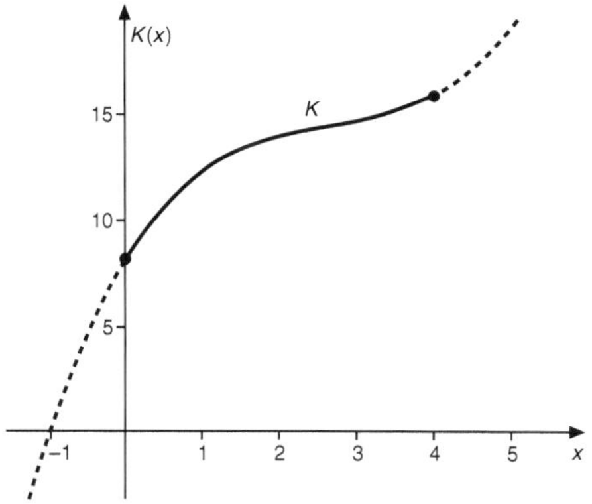

f) Die Fixkosten betragen 8,25 GE. Bei steigender Ausbringungsmenge steigen die Kosten zunächst degressiv (bis $x = \frac{8}{3}$) und dann progressiv. Begründung: Ertragsgesetz. An der Kapazitätsgrenze bei $x = 4$ betragen die Kosten 16,25 GE.

3 a) $D_{max} = \mathbb{R}$ $D_{ök} = [0; 7]$

b) – Für $D_{max} = \mathbb{R}$:
Für $x \to -\infty$: $G(x) \to \infty$
Für $x \to \infty$: $G(x) \to -\infty$
– Für $D_{ök} = [0; 7]$:
Für $x \to 0$: $G(x) \to -3$
Für $x \to 7$: $G(x) \to -10$

c) $S_{x_{01}}(-3/0)$ $S_{x_{02}}(2/0)$?
$S_{x_{03}}(5/0)$ $S_{G(x)}(0/-3)$

d) $G(x) = -\frac{1}{10}(x + 3)(x - 2)(x - 5)$

e) s. Abb.

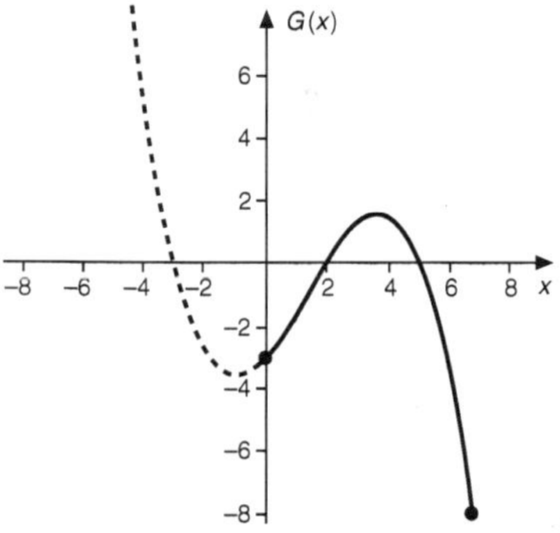

f) $G(\frac{11}{3}) = \frac{40}{27} \approx 1{,}481$

g) $-3 = -0{,}1\,x^3 + 0{,}4\,x^2 + 1{,}1\,x - 3$
$x_1 = 0$ $x_2 = 2 - \sqrt{15} \approx -1{,}873 \notin D_{ök}$ $x_3 = 2 + \sqrt{15} \approx 5{,}873$

h) Wegen der Fixkosten in Höhe von 3 GE ist der Verlust (= negativer Gewinn) 3 GE, wenn nicht produziert wird. Bei zunehmenden Produktionsmengen steigt der Gewinn. Unter der Produktionsmenge $x = 2$ bleibt der Gewinn aber noch negativ. Bei $x = 2$ ist der Gewinn null (Break-even-Point oder Gewinnschwelle), danach ist er positiv bis unter $x = 5$. Bei $x = 3{,}\overline{6}$ ME wird der maximale Gewinn realisiert, der ~ 1,48 GE beträgt. Bei einer Produktionsmenge von $x = 5$ ist der Gewinn wieder null (= Gewinngrenze), danach wird er immer stärker negativ, bis er an der Kapazitätsgrenze −10 GE beträgt.

4 a) $D_{max} = \mathbb{R}$ $D_{ök} = [0; 8]$

b) $S_x(\approx -0{,}45/0)$ $S_{K(x)}(0/18)$

c) – Für $D_{max} = \mathbb{R}$: Für $x \to -\infty$: $K(x) \to -\infty$ Für $x \to \infty$: $K(x) \to \infty$
– Für $D_{ök} = [0; 8]$: Für $x \to 0$: $K(x) \to 18$ Für $x \to 8$: $K(x) \to 170$

d) $K(x) = E(x) \Rightarrow \quad x^3 - 10x^2 + 15x + 18 = 0$
Durch Probieren $x_1 = 3$
Aus der Polynomdivision folgt $x^2 - 7x - 6 = 0$
$x_2 = 7{,}772$
$x_3 = -0{,}772 \notin D_{ök}$

e) $G(x) = E(x) - K(x)$
$G(x) = 20x - (x3 - 10x^2 + 35x + 18)$
$G(x) = -x^3 + 10x^2 - 15x - 18$

f) Aus $G(x) = 0$ oder aus a):
Im Bereich $3 < x < 7{,}772$
wird mit Gewinn produziert.
Im Bereich $0 < x < 3$ oder $7{,}772 < x \leq 8$
wird mit Verlust produziert.
Gewinnschwelle: $x = 3$.
Gewinngrenze: $x = 7{,}772$

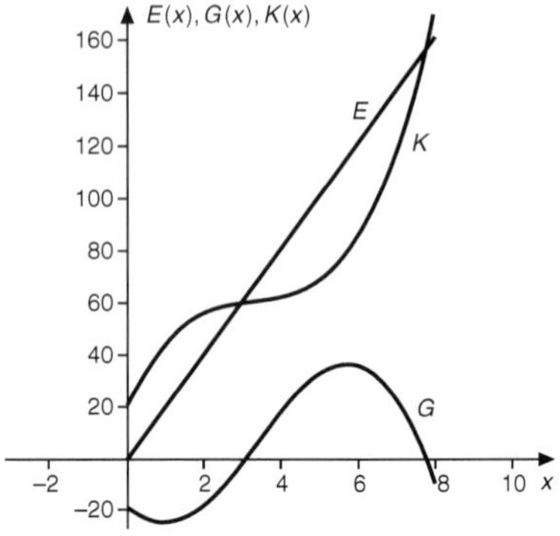

g) s. Abb.

h) Fixe Kosten $K(0) = 18$ GE
Funktionsgleichungen für Gesamtkosten (fix und variabel):
$K(x) = x^3 - 10x^2 + 35x + 18$
Variable Gesamtkosten:
$K_v(x) = x^3 - 10x^2 + 35x$
Variable Stückkosten (K_v: x)
$k_v(x) = x^2 - 10x + 35$
Der Graph der Funktion der variablen Stückkosten ist eine Parabel 2. Grades. Der Scheitelpunkt ist ein Minimum und stellt die minimalen variablen Stückkosten dar. Dieser Punkt ist das Betriebsminimum. Der Verkaufspreis kann kurzfristig bis auf die minimalen variablen Stückkosten gesenkt werden (kurzfristige Preisuntergrenze), wenn man auf die vorübergehende Deckung der fixen Kosten verzichtet.

5 a) $E(x) = -7x^2 + 49x$
$K(x) = x^3 - 6x^2 + 15x + 32$
$G(x) = -x^3 - x^2 + 34x - 32$

b)

	D_{max}		$D_{ök}$	
E	Für $x \to -\infty$: Für $x \to \infty$:	$E(x) \to -\infty$ $E(x) \to -\infty$	Für $x \to 0$: Für $x \to 7$:	$E(x) \to 0$ $E(x) \to 0$
K	Für $x \to -\infty$: Für $x \to \infty$:	$K(x) \to -\infty$ $K(x) \to \infty$	Für $x \to 0$: Für $x \to 7$:	$K(x) \to 32$ $K(x) \to 186$
G	Für $x \to -\infty$: Für $x \to \infty$:	$G(x) \to \infty$ $G(x) \to -\infty$	Für $x \to 0$: Für $x \to 7$:	$G(x) \to -32$ $G(x) \to -186$

c) E: $S_{x_1/E(x)}(0/0)$ $\quad S_{x_2}(7/0)$
K: $S_x(\approx -1{,}305/0)$ $\quad S_{K(x)}(0/32)$
G: $S_{x_1}(\approx -6{,}745/0)$ $\quad S_{x_1}(1/0)$ $\quad S_{x_2}(\approx 4{,}745/0)$ $\quad S_{G(x)}(0/-32)$

d) 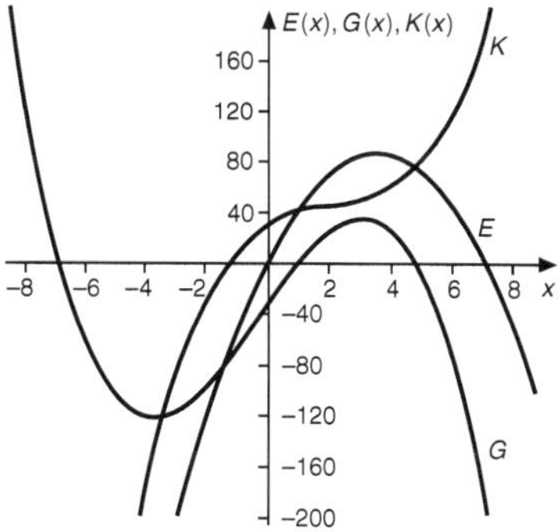

e) $x_{E_{max}} = 3{,}5 \quad E_{\max} = 85{,}75$

f) $x = 1$

g) $G_{\max} = G(-\frac{1}{3} + \frac{1}{3}\sqrt{103}) \approx 34{,}025$

h) $p(-\frac{1}{3} + \frac{1}{3}\sqrt{103}) \approx 27{,}65$

6 a) $D_{\max}(A) = \mathbb{R}$
Nullstellen durch Ausklammern:
$t_{1/2} = 0;\ t_2 = 12$
$\Rightarrow D_{ök}(A) = [0;\ 12]$

b) $\lim\limits_{x \to -\infty} A(t) =$ „∞“ $\qquad \lim\limits_{x \to \infty} A(t) =$ „$-\infty$“

c) $A(4) = \frac{2560}{63} \approx 40{,}64$ [ME/Tag]

d) $A(t) = \frac{5120}{63} \Rightarrow t_1 = -4 \notin D_{ök}(A)\ t_2 = 8$

e) s. Abb.

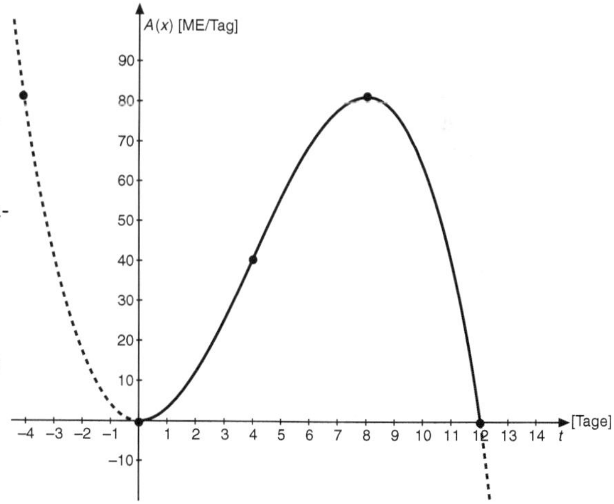

f) Die ersten 4 Tage nach Erscheinen der Zeitschrift nimmt der tägliche Absatz zunächst progressiv und danach degressiv zu. Nach 4 Tagen werden ca. 41 ME/Tag abgesetzt. 8 Tage nach Erscheinen der Zeitschrift ist ihr Absatz mit ca. 81 ME/Tag maximal, danach sinkt er und wird 12 Tage nach Einführung des Produktes null.

2 Differenzialrechnung

2.1 Grenzwerte von Funktionen

1 a) $\lim\limits_{x \to -\infty} (\frac{1}{2}x^2 + 1) = „\infty“$

$\lim\limits_{x \to \infty} (\frac{1}{2}x^2 + 1) = „\infty“$

b) $\lim\limits_{x \to -\infty} (-2x^3 + x^2) = „\infty“$

$\lim\limits_{x \to \infty} (-2x^3 + x^2) = „-\infty“$

c) $\lim\limits_{x \to -\infty} (3x^4 + 2x) = „\infty“$

$\lim\limits_{x \to \infty} (3x^4 + 2x) = „\infty“$

d) $\lim\limits_{x \to -\infty} (-\frac{1}{2}x + 2) = „\infty“$

$\lim\limits_{x \to \infty} (-\frac{1}{2}x + 2) = „-\infty“$

e) $\lim\limits_{x \to -\infty} (-2x^2 + 3x) = „-\infty“$

$\lim\limits_{x \to \infty} (-2x^2 + 3x) = „-\infty“$

f) $\lim\limits_{x \to -\infty} (x^3 + 4) = „-\infty“$

$\lim\limits_{x \to \infty} (x^3 + 4) = „\infty“$

g) $\lim\limits_{x \to -\infty} (-2x^4 + x^3) = „-\infty“$

$\lim\limits_{x \to \infty} (-2x^4 + x^3) = „-\infty“$

h) $\lim\limits_{x \to -\infty} (3x - 4) = „-\infty“$

$\lim\limits_{x \to \infty} (3x - 4) = „\infty“$

2 a) $\lim\limits_{x \to 4} (\frac{1}{2}x^2 + 1) = 9$

b) $\lim\limits_{x \to -1} (-2x^3 + x^2) = 3$

c) $\lim\limits_{x \to 0} (3x^4 + 2x) = 0$

d) $\lim\limits_{x \to 1} (-\frac{1}{2}x + 2) = 1{,}5$

e) $\lim\limits_{x \to 2} (-2x^2 + 3x) = -2$

f) $\lim\limits_{x \to 0} (x^3 + 4) = 4$

g) $\lim\limits_{x \to -1} (-2x^4 + x^3) = -3$

h) $\lim\limits_{x \to 0} (3x - 4) = -4$

3 a) $\lim\limits_{x \to \infty} x = „\infty“$

b) $\lim\limits_{x \to 0} x = 0$

c) $\lim\limits_{x \to -\infty} 3 = 3$

d) $\lim\limits_{x \to 0} 1 = 1$

e) $\lim\limits_{h \to 0} (12 + h) = 12$

f) $\lim\limits_{a \to 0} (3a + 4b) = 4b$

g) $\lim\limits_{h \to 0} (2h^2 + 3h + 1) = 1$

h) $\lim\limits_{a \to 1} (a^2 + 4a) = 5$

2.2 Ableitung

2.2.1 Steigung eines Funktionsgraphen (zeichnerisches Differenzieren)

1 a) Von P_0 bis ausschließlich P_2 positive Steigung.
Zwischen P_2 und P_4 negative Steigung.
Zwischen P_4 und P_6 positive Steigung.
Von ausschließlich P_6 bis P_8 negative Steigung.
Größte Steigung in P_5.
Kleinste Steigung in P_8.
Die Steigung ist null in P_2, P_4 und P_6.

b) Von P_1 bis ausschließlich P_4 negative Steigung.
Zwischen P_4 und P_8 positive Steigung.
Zwischen P_8 und P_{10} negative Steigung.
Von ausschließlich P_{10} bis P_{11} positive Steigung.
Größte Steigung in P_6.
Kleinste Steigung zwischen P_2 und P_3.
Die Steigung ist null in P_4, P_8 und P_{10}.

2 In P_1: $m \approx 0{,}2$ In P_6: $m = 0$
In P_3: $m \approx 0{,}4$ In P_7: $m \approx -0{,}2$
In P_4: $m \approx 0{,}5$ In P_8: $m = 0$
In P_5: $m \approx 0{,}6$ In P_9: $m \approx 0{,}16$

3 a) $m = 2$

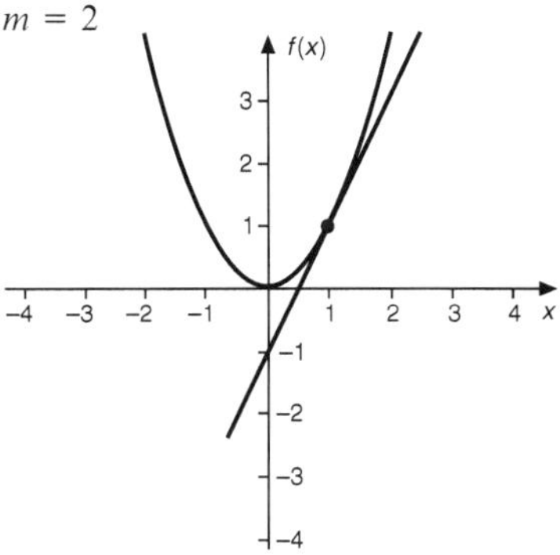

c) $m = 2$

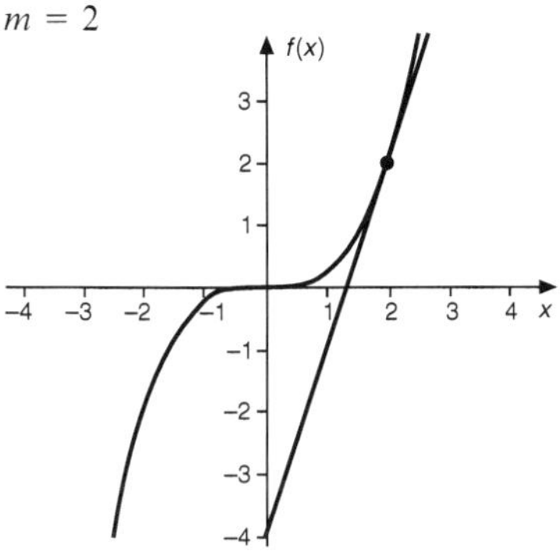

b) $m = 3$

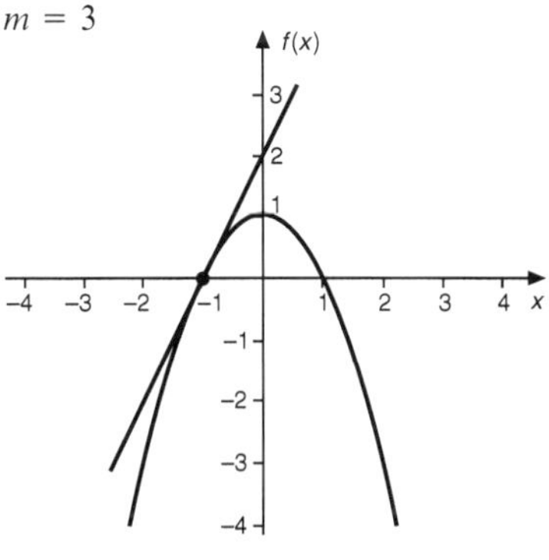

d) $m = -1$

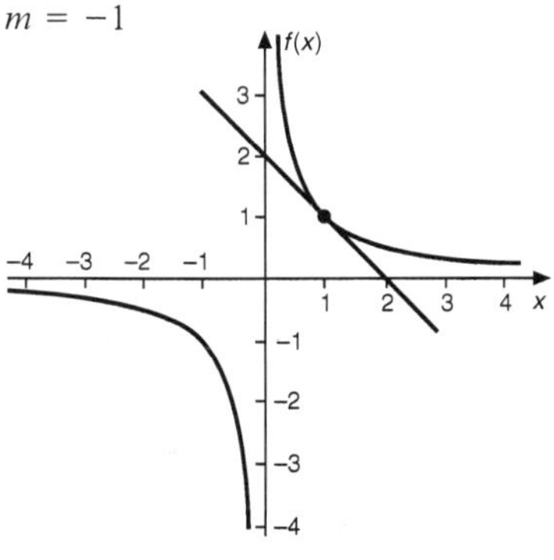

2.2.2 Durchschnittliche Steigung eines Funktionsgraphen (mittlere Änderungsrate)

1 Mittlere Steigung: $m_s = \frac{f(b) - f(a)}{b - a}$

a) $m_s = \frac{1375 - 100}{4500 - 0} \approx 15{,}839$

b) $m_s = \frac{1000 - 1375}{7000 - 4500} \approx -0{,}15$

c) $m_s = \frac{1100 - 1000}{6000 - 3000} = 0{,}0\overline{3}$

d) $m_s = \frac{325 - 200}{1500 - 1000} = 0{,}25$

2 a) $P_1\,(0/0)$ $P_2\,(2/4)$ $m_s = \frac{4}{2} = 2$

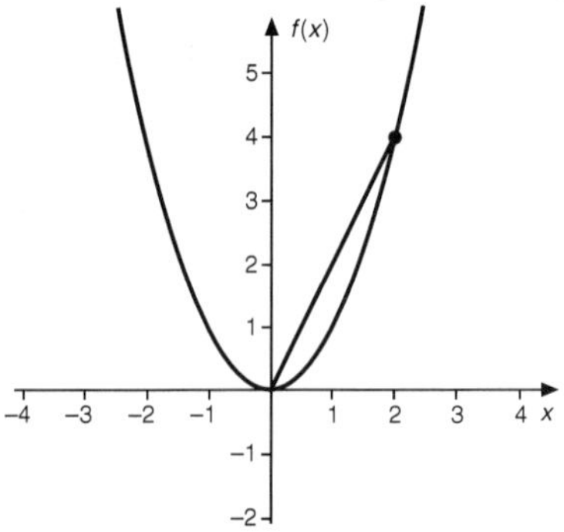

b) $P_1\,(-1/\frac{3}{4})$ $P_2\,(3/\frac{15}{4})$ $m_s = \frac{3}{4}$

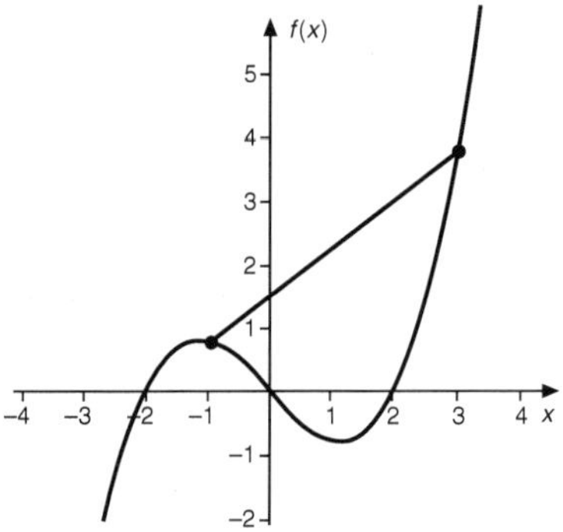

c) $P_1\,(1) - 2/0$ $P_2\,(3/0)$ $m_s = 0$

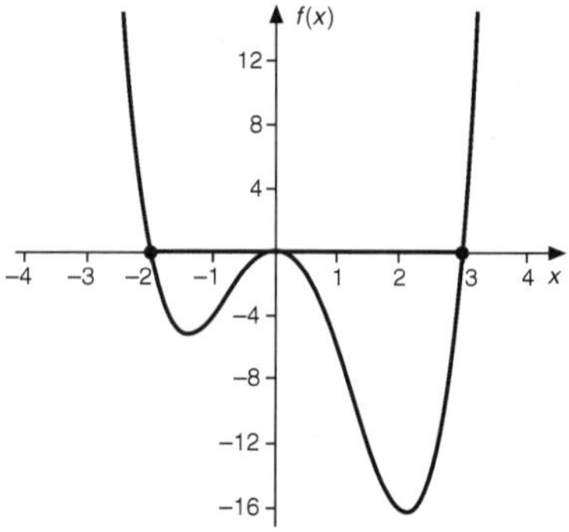

d) $P_1\,(-2/\frac{5}{3})$ $P_2\,(4/-\frac{1}{3})$ $m_s = \frac{-2}{6} = -\frac{1}{3}$

Die mittlere Änderungsrate entspricht bei einer Geraden der Steigung der Geraden.

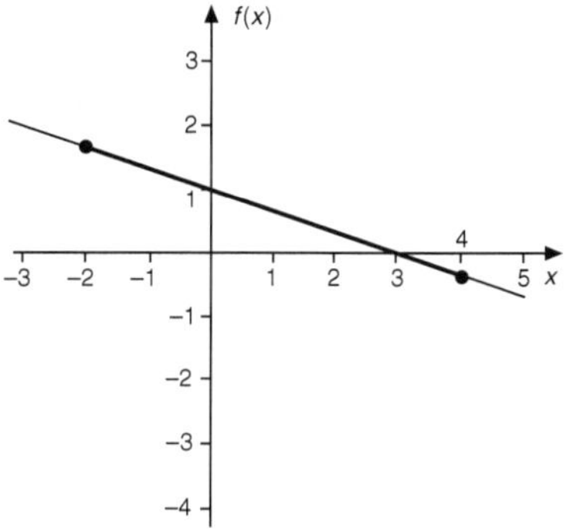

3 a) $m_s = \frac{2{,}7 - 1{,}4}{1 - 0} = 1{,}3$

Bei einer Ausweitung der Produktionsmenge von $x = 0$ auf $x = 1$ ME/Periode steigen die Gesamtkosten (durchschnittlich) um 1 300,00 EUR/ME.

b) $m_s = \frac{4{,}2 - 1{,}4}{2 - 0} = 1{,}4$

Bei einer Ausweitung der Produktionsmenge von $x = 0$ auf $x = 2$ ME/Periode steigen die Gesamtkosten durchschnittlich um 1400,00 EUR/ME.

c) $m_s = \frac{12{,}2 - 1{,}4}{6 - 0} = 1{,}8$

Bei einer Ausweitung der Produktionsmenge von $x = 0$ auf $x = 6$ ME/Periode steigen die Gesamtkosten durchschnittlich um 1 800,00 EUR/ME.

4 a) $m_s = \frac{0{,}81 - 0}{1 - 0} = 0{,}81$

In der ersten Stunde seit Beginn der Messung steigt der Pegelstand (durchschnittlich) um 0,81 Meter/Std.

b) $m_s = \frac{2{,}56 - 0}{2 - 0} = 1{,}28$

In den ersten beiden Stunden seit Beginn der Messung steigt der Pegelstand durchschnittlich um 1,28 Meter/Std.

c) $m_s = \frac{0{,}96 - 0}{1 - 0} = 0{,}96$

In den ersten sechs Stunden seit Beginn der Messung steigt der Pegelstand durchschnittlich um 0,96 Meter/Std.

5 a) $m_s = \frac{4{,}905 - 0}{1 - 0} = 4{,}905$

In der ersten Sekunde beträgt der zurückgelegte Weg des Gegenstandes (durchschnittlich) 4,905 Meter/Sek., das sind 17,658 Kilometer/Std.

b) $m_s = \frac{78{,}48 - 0}{4 - 0} = 19{,}62$

In den ersten vier Sekunden beträgt der zurückgelegte Weg des Gegenstandes durchschnittlich 19,62 Meter/Sek., das sind 70,632 Kilometer/Std.

c) $m_s = \frac{176{,}58 - 0}{6 - 0} = 29{,}43$

In den ersten sechs Sekunden beträgt der zurückgelegte Weg des Gegenstandes durchschnittlich 29,43 Meter/Sek., das sind 105,948 Kilometer/Std.

2.2.3 Steigung eines Funktionsgraphen an einer bestimmten Stelle (momentane Änderungsrate)

1	a) $f'(0) = 0$	$t_0(x) = 100$
	b) $f'(1\,500) = 0{,}3$	$t_2(x) = 0{,}3\,x - 125$
	c) $f'(2000) = 0{,}4$	$t_3(x) = 0{,}4\,x - 300$
	d) $f'(2500) = 0{,}5$	$t_4(x) = 0{,}5\,x - 525$
2	a) $f'(-1) = -2$	d) $f'(1) = 3$
	b) $f'(2) = -8$	e) $f'(-1) - -3$
	c) $f'(0) = 0$	f) $f'(1) = 6$
3	a) $t(x) = -2x - 1$	d) $t(x) = 3x - 2$
	b) $t(x) = -8x + 8$	e) $t(x) = -3x - 2$
	c) $t(x) = 1$	f) $t(x) = 6x - 3$

4 (1) $f'(0) = 0$
$t(x) = 1$

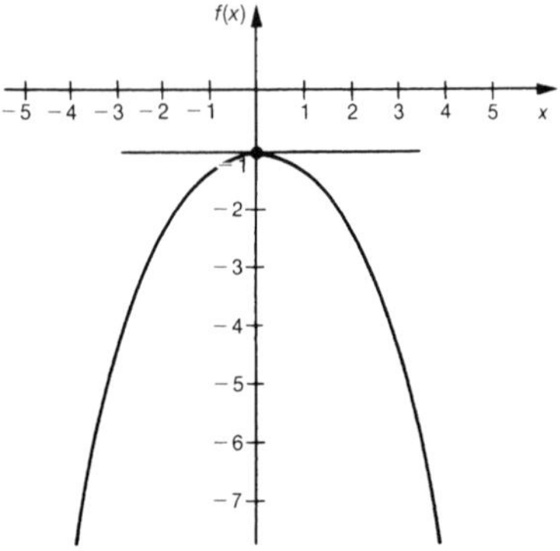

(2) $f'(1) = \frac{3}{2}$
$t(x) = \frac{3}{2}x + \frac{5}{4}$

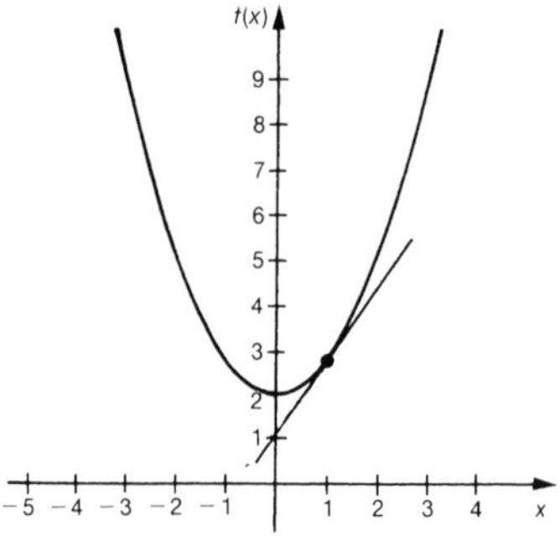

(3) $f'(-1) = 3$
$t(x) = 3x + 1$

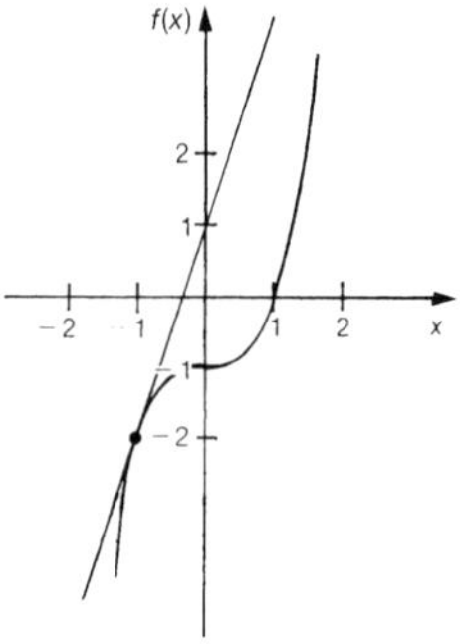

(4) $f'(2) = 1$
$t(x) = x - 1$

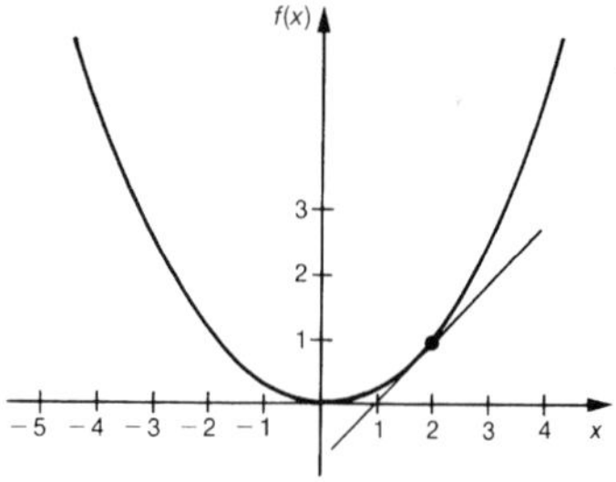

(5) $f'(-2) = -12$
$t(x) = -12x - 13$

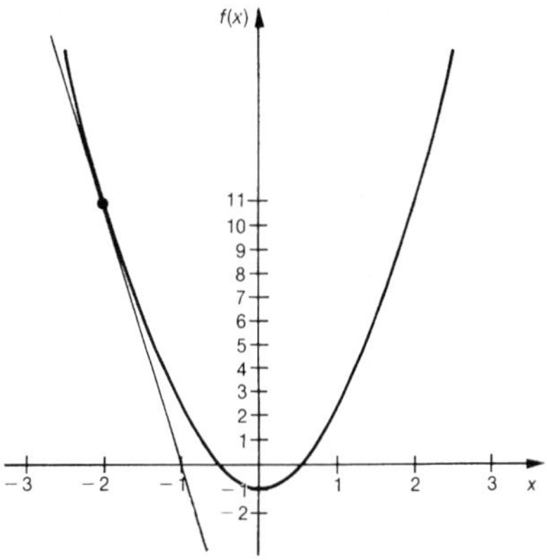

(6) $f'(3) = 3$
$t(x) = 3x$

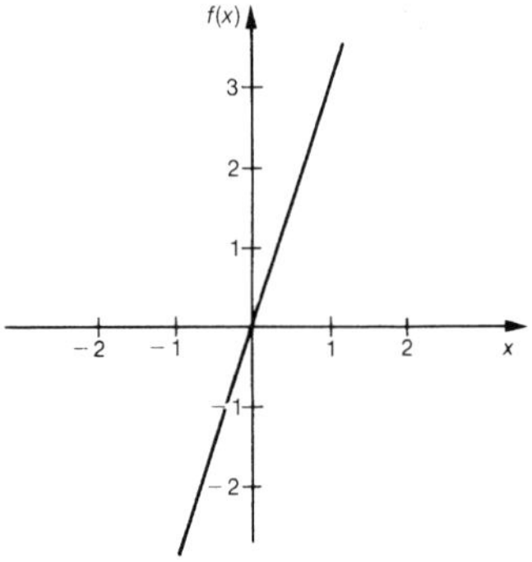

5 a) $f'(0) = 2$
b) $x_{01} = 0 \; f'(0) = 2$
$x_{02} = 4 \; f'(4) = -2$
c) $f'(2) = 0$
d) a) $f'(0) = 2$ heißt: bei $x = 0$ beträgt die Steigung der Funktion 2.
c) $f'(2) = 0$ heißt: bei $x = 2$ beträgt die Steigung der Funktion 0.

6 $f(x) = -(x-2)(x+2) = -x^2 + 4$
$f'(-2) = 4 \qquad g(x) = 4x + 8$
$f'(2) = -4 \qquad g(x) = -4x + 8$

7 $f(x) = \frac{2}{10}x^2 \qquad f'(1) = \frac{4}{10} = \frac{2}{5} \qquad g(x) = \frac{2}{5}x - \frac{1}{5};\ D(g) = [1; \infty)$

2.2.4 Steigung eines Funktionsgraphen an einer beliebigen Stelle (Ableitungsfunktion)

1 Die Übungsaufgabe 1 sollte als Vorbereitung für die Herleitung der Potenzregel in Abschnitt 2.3 auf jeden Fall gerechnet werden. In Abschnitt 2.3 kann dann auf diese Ergebnisse zurückgegriffen werden.

a) $f'(x) = 3x^2$
$f'(-2) = 12$
$f'(1) = 3$
$f'(3) = 27$

b) $f'(x) = 4x^3$
$f'(-2) = -32$
$f'(1) = 4$
$f'(3) = 108$

c) $f'(x) = 1$
$f'(-2) = 1$
$f'(1) = 1$
$f'(3) = 1$

d) $f'(x) = x$
$f'(-2) = -2$
$f'(1) = 1$
$f'(3) = 3$

e) $f'(x) = 6x^2$
$f'(-2) = 24$
$f'(1) = 6$
$f'(3) = 54$

f) $f'(x) = 3$
$f'(-2) = 3$
$f'(1) = 3$
$f'(3) = 3$

2 a) $f'(x) = 2x$
$f'(1) = 2$
$f'(2) = 4$
$f'(3) = 6$

b) $f'(x) = -3x^2$
$f'(1) = -3$
$f'(2) = -12$
$f'(3) = -27$

c) $f'(x) = -x + 1$
$f'(1) = 0$
$f'(2) = -1$
$f'(3) = -2$

d) $f'(x) = 3$
$f'(1) = 3$
$f'(2) = 3$
$f'(3) = 3$

2.2.5 Anwendungsbezogene Bedeutung der Änderungsraten

1 a)

t	s
0	0
18	41
20	41
40	94
42	94
56	129
58	129
77	167

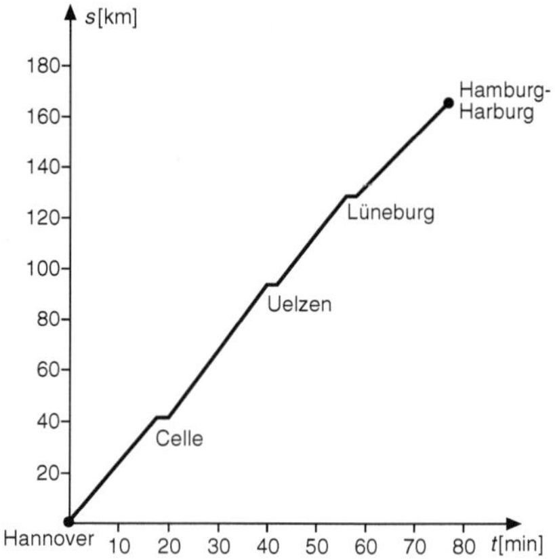

b) v (Hannover – Harburg) =
$\frac{167}{77} \approx 2{,}169\,\frac{\text{km}}{\text{min}} \approx \underline{\underline{130\,\frac{\text{km}}{\text{h}}}}$

c) v (Hannover – Celle) =
$\frac{41}{18} \approx 2{,}2\overline{7}\,\frac{\text{km}}{\text{min}} \approx \underline{\underline{136{,}\overline{6}\,\frac{\text{km}}{\text{h}}}}$

v (Celle – Uelzen) =
$\frac{53}{20} \approx 2{,}65\,\frac{\text{km}}{\text{min}} \approx \underline{\underline{159\,\frac{\text{km}}{\text{h}}}}$

v (Uelzen – Lüneburg) =
$\frac{35}{16} \approx 2{,}1875\,\frac{\text{km}}{\text{min}} \approx \underline{\underline{131{,}25\,\frac{\text{km}}{\text{h}}}}$

v (Lüneburg – Harburg) =
$\frac{38}{19} = 2\,\frac{\text{km}}{\text{min}} \approx \underline{\underline{120\,\frac{\text{km}}{\text{h}}}}$

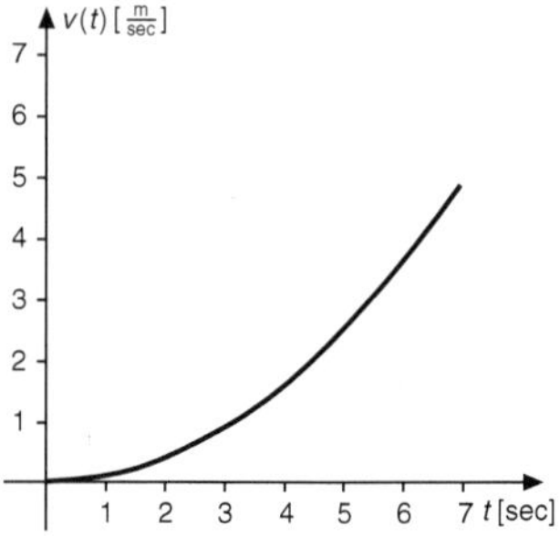

2 a) $s'(30) = 294{,}3\ [\frac{\text{m}}{\text{sec}}]$ bzw. $1059{,}48\ [\frac{\text{km}}{\text{h}}]$

b) $s = \frac{9{,}81}{2}\,t^2 \quad s = 100 \quad \Rightarrow 100 = \frac{9{,}81}{2}\,t^2 \quad t \doteq 4{,}52$

$s'(4{,}52) = 44{,}29\ [\frac{\text{m}}{\text{sec}}]$ bzw. $159{,}44\ [\frac{\text{km}}{\text{h}}]$

c) $m_s = \frac{100}{4{,}52} = 22{,}15\ [\frac{\text{m}}{\text{sec}}]$ bzw. $79{,}74\ [\frac{\text{km}}{\text{h}}]$

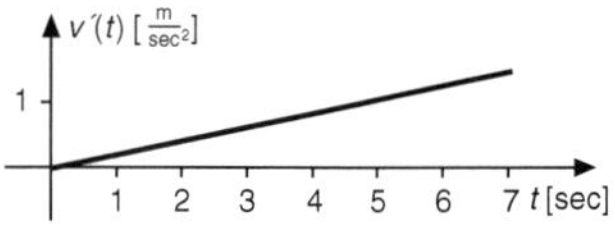

3 a) Mit zunehmender Zeit steigt die Geschwindigkeit des Flugkörpers überproportional.

b) $v'(t) = 0{,}2\,t$

c) s. Abb.

d) Die momentane Änderungsrate gibt an, wie sich die Geschwindigkeit zu einem Zeitpunkt verändert. Die Veränderung der Geschwindigkeit ist nichts anderes, als die Beschleunigung b: $v' = b$.
Die Einheit für die Beschleunigung ergibt sich aus

$$\frac{\text{Höhenunterschied}}{\text{Horizontalunterschied}} \text{ der Geraden} = \frac{\frac{\text{m}}{\text{sec}}}{\text{sec}} = \frac{\text{m}}{\text{sec}^2}.$$

Die Beschleunigung des startenden Flugkörpers nimmt über dem Intervall [0; 7] konstant mit $0{,}2 \frac{\text{m}}{\text{sec}^2}$ zu.

4 a) Über den gesamten betrachteten Zeitraum nimmt die Menge des weltweit verbrauchten Öls laufend zu. Mit zunehmender Zeit nähert sich der Gesamterölverbrauch einer Obergrenze, weil die Erdölreserven begrenzt sind.

b) s. Abb.

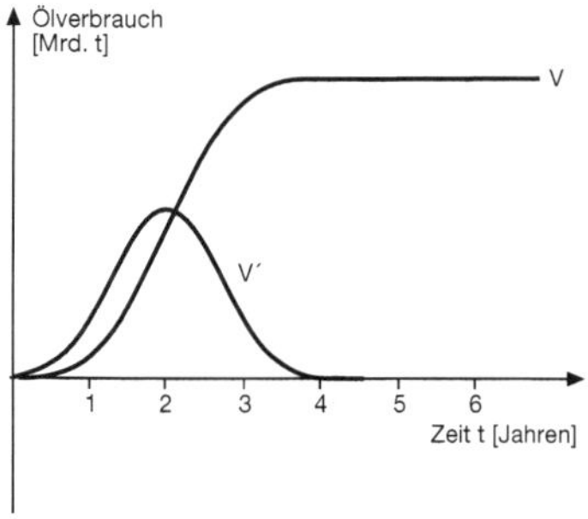

c) Momentane Änderungsrate

$$= \text{Verbrauch in } \frac{\text{Mengeneinheiten}}{\text{Zeiteinheit}} = \frac{\text{Mrd. t}}{\text{Jahr}}$$

zu einem bestimmten Zeitpunkt (Jahresverbrauch).

d) Die ersten 200 Jahre steigt Ölverbrauch/Jahr an. Zum Zeitpunkt $t = 200$ ist die Verbrauchsgeschwindigkeit am größten. Danach sinkt der Jahresverbrauch und nähert sich im Zeitablauf null, weil immer weniger Ölreserven zur Verfügung stehen.

5 a) Die Zahl der Grippekranken nimmt seit Ausbruch der Krankheit zum Zeitpunkt $t = 0$ bis zum Ende der 10. Woche zu und danach wieder ab. Zum Ende der 15. Woche ist der Krankenstand wieder auf null abgesunken.

b) s. Abb.

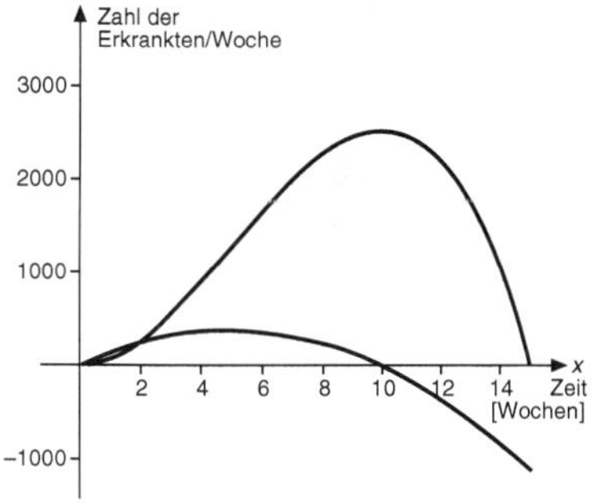

c) Die Ableitungsfunktion gibt an, wie stark bzw. wie schnell sich die Grippe ausweitet, also die Wachstumsgeschwindigkeit des Krankenstandes.

d) Die Ausbreitungsgeschwindigkeit der Grippewelle ist zum Ende der 5. Woche am größten.

6 a) $E'(x) = -2x + 4$

b) s. Abb.

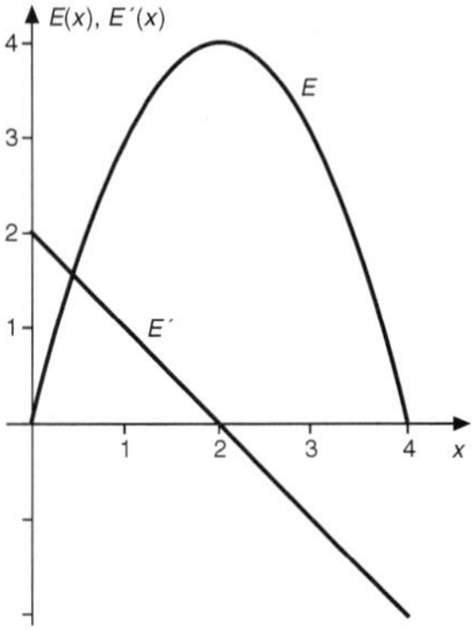

c) Die Erlöse steigen bis zur Produktionsmenge $x = 2$ und fallen danach auf null bei $x = 4$.

d) Momentane Änderungsrate = Grenzerlöse (Veränderungstendenz der Erlöse bei einer bestimmten Produktionsmenge)

e) Über dem Intervall [0; 4] nehmen die Grenzerlöse, d. h. die zusätzlichen Erlöse mit jeder infinitesimal zusätzlich produzierten Einheit, konstant ab. Über dem Intervall [0; 2) sind die Grenzerlöse noch positiv, bei $x = 2$ sind die Grenzerlöse null und über dem Intervall (2; 4] sind sie negativ.

f) $E'(1) = 2$
Wenn bei der Produktionsmenge $x = 1$ die Produktion ausgeweitet wird, erhöhen sich die Erlöse um 2 $[\frac{GE}{ME}]$.
$E'(4) = -4$
Wenn bei der Produktionsmenge $x = 4$ die Produktion ausgeweitet wird, verringern sich die Erlöse um 4 $[\frac{GE}{ME}]$.

7 a) Steiggeschwindigkeit des Wasserstandes

b) Die sog. **Grenzsteuer** gibt an, wie viel GE zusätzliche Steuern vom Steuerpflichtigen gezahlt werden müssen, wenn sich das Einkommen um eine beliebig kleine GE erhöht.

c) Wachstumsgeschwindigkeit der Bakterien zu einem Zeitpunkt.

d) Abkühlungsgeschwindigkeit der Flüssigkeit zu einem Zeitpunkt.

e) Änderungstendenz des Luftdrucks in einer bestimmten Höhe.

f) Steiggeschwindigkeit zu einem Zeitpunkt.

g) Fluggeschwindigkeit zu einem Zeitpunkt.

h) Wachstumsbeschleunigung zu einem Zeitpunkt.

i) Fahrtgeschwindigkeit zu einem Zeitpunkt.

j) Zeitliche Verkehrsdichte (Autos/Stunde)

8 a) Die Teuerungsrate zeigt die Veränderung der Verbraucherpreise und ist somit die Ableitung der Funktion, die die Verbraucherpreise angibt.

b) s. Abb.

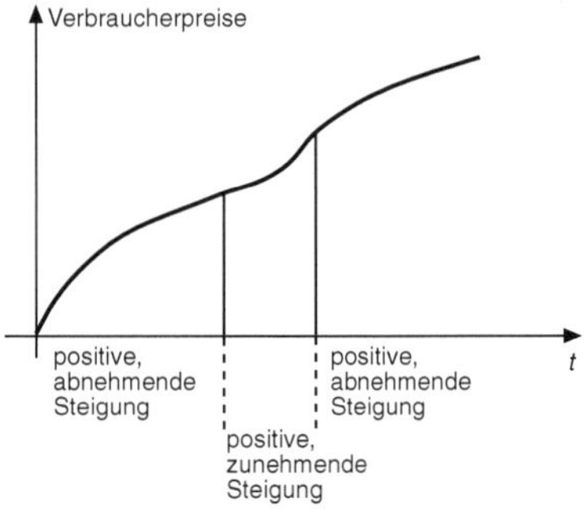

9

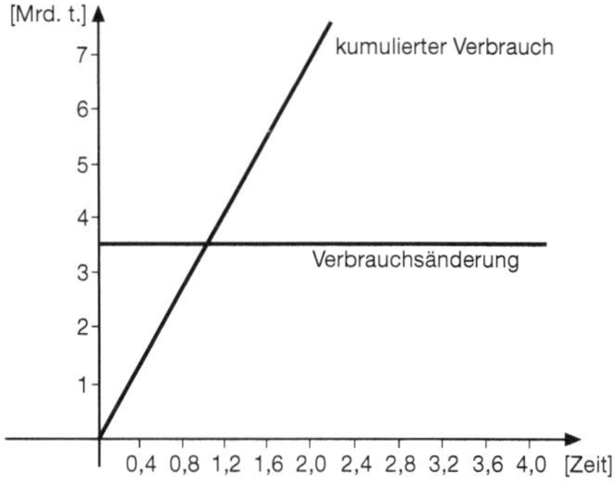

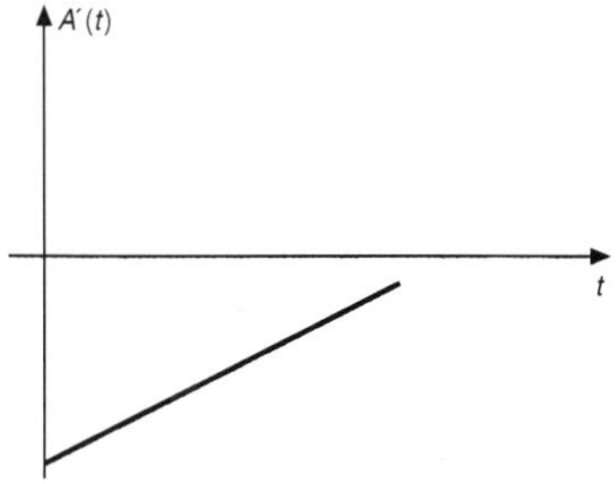

10 Bisher zunehmende, jetzt abnehmende, aber immer noch positive Steigung.

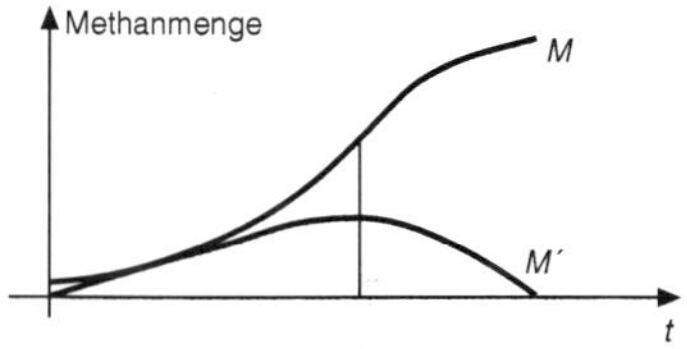

11 Der Welt-Jahresölverbrauch gibt an, um wie viel Mrd. t sich der kumulierte Verbrauch jeweils ändert. Diese Veränderung ist die Ableitung des kumulierten Verbrauchs.

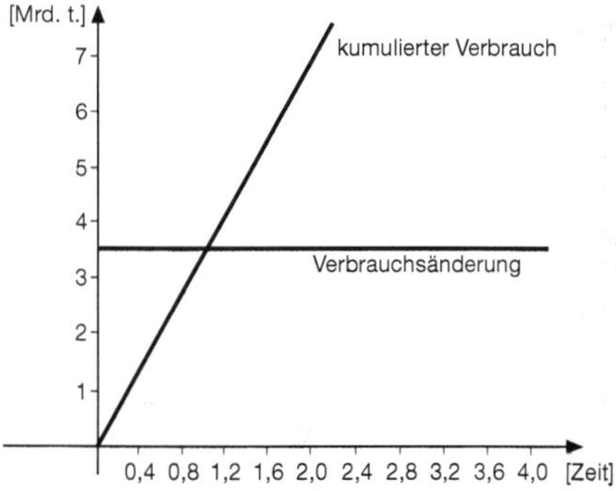

12 Die Prozentzahlen geben die Veränderungen der Preise, also die Änderungsraten an. Der vorliegende Graph ist also der Graph der Ableitungsfunktion.

2.3 Ableitungsregeln

Potenz- und Faktorregel

1 a) $f'(x) = 5x^4;\ f'(2) = 80$
b) $f'(x) = 6x^5;\ f'(\frac{1}{2}) = \frac{3}{16} = 0{,}1875$
c) $f'(x) = 0;\ f'(0) = 0$
d) $f'(x) = 0;\ f'(10) = 0$

2 a) $f'(x) = 12x^3;\ f'(-1) = -12$
b) $f'(x) = \frac{3}{2}x^2;\ f'(\frac{1}{3}) = -\frac{1}{6}$
c) $f'(x) = \frac{1}{2}x;\ f'(0{,}25) = \frac{1}{8}$
d) $f'(x) = -x^2;\ f'(-\frac{1}{3}) = -\frac{1}{9}$

3 a) $f'(x) = 9x^2;\qquad f'(2) = 36;\qquad t\colon f(x) = 36x - 48$

b) $f'(x) = 1{,}5\,x^2$; $f'(0) = 0$; $t: f(x) = 0$
c) $f'(x) = 6\,x^2$; $f'(1) = 6$; $t: f(x) = 6\,x - 4$
d) $f'(x) = -\frac{1}{2}x$; $f'(4) = \frac{1}{2}$ $t: f(x) = \frac{1}{2}x + \frac{1}{4}$

4 a) $f'(x) = x$; $x_a = 7$
b) $f'(x) = 6\,x^2$ $x_{a_{1/2}} = \pm 2$
c) $f'(x) = -8\,x$ $x_a = -\frac{1}{16}$
d) $f'(x) = 3\,x^3$ $x_a \approx 2{,}08$

5 a) $f'(x) = \frac{1}{2}x$; $x_a = 4$
b) $f'(x) = -x^2$; $x_{a_{1/2}} = \pm 1$

6 $s'(t) = 9{,}81\,t$
a) $s'(2) = 19{,}62\,[\frac{m}{sec}]$ $s'(3) = 29{,}43\,[\frac{m}{sec}]$ $s'(4) = 39{,}24\,[\frac{m}{sec}]$
b) Die Geschwindigkeit des fallenden Körpers nimmt konstant (linear) zu.
c) $s'(t) = 25$ $9{,}81\,t = 25 \Leftrightarrow t = 2{,}548$ [sec]
d) $100\,\frac{km}{h} = 27{,}\overline{7}\,\frac{m}{sec}$ $t = 2{,}83$ [sec]

7 $K_v'(x) = \frac{3}{10}x^2$
a) $K_v'(1) = 0{,}3$ $K_v'(2) = 1{,}2$ $K_v'(3) = 2{,}7$
b) Die Zunahme der variablen Kosten wird mit jeder Ausweitung der Produktion immer stärker (progressive (quadratische) Zunahme).
c) Variable Grenzkosten $K_v'(x) = 10{,}8$
$x_1 = -6 \notin D(K_v)$
$x_2 = 6$

Summen- und Differenzregel

1 a) $f'(x) = 3\,x^2 + 2\,x - 1$
b) $f'(x) = 45\,x^4 + 8\,x^3 + 20\,x + 8$
c) $f'(x) = 12\,x^3 - 36\,x^2 + 6$
d) $f'(x) = -12\,x^2 + 2\,x$
e) $f'(x) = -4\,x + 3$
f) $f'(x) = 3\,x^2 - 1$

2 a) $f'(x) = 8\,x^3 - 3$
b) $f'(x) = -2\,x^3 + \frac{2}{3}x$
c) $f'(x) = -x^2 + 1{,}\overline{3}\,x + 1$
d) $f'(x) = -3{,}6$
e) $f'(x) = 5{,}2\,x$
f) $f'(x) = -3{,}6\,x^2 + 0{,}8\,x + 0{,}3$

3 a) bei $x = 0{,}25$ d. h.: $f'(0{,}25) = 0$
b) $S\,(0{,}25/0{,}6875)$
c) $f'(x) = -\frac{2}{3}x + \frac{1}{6}$
$f'(\approx 1{,}686) \approx -0{,}957$
$f'(\approx -1{,}186) \approx 0{,}957$

4 $f'(x) = 3\,x^2 - 8\,x + 3$
$S_{x_1}(0/0) \Rightarrow f'(0) = 3$ $t_1: f(x) = 3\,x$
$S_{x_2}(1/0) \Rightarrow f'(1) = -2$ $t_2: f(x) = -2\,x + 2$
$S_{x_3}(3/0) \Rightarrow f'(3) = 6$ $t_3: f(x) = 6\,x - 18$

5 $\left.\begin{array}{l} f'(x) = x - 3 \\ S\,(3/2) \end{array}\right\} f'(x) = 0$

6 $f'(x) = 9x^2 + x$

$f'(2) = 38$

$t: f(x) = 38x - 56$

7 $E(x) = -3x^2 + 36x$

$E'(x) = -6x + 36$

a) $E'(0) = 36$

b) $E'(6) = -36 + 36 = 0$

c) Grafisch: Steigung des Graphen von $E(x)$ an den Stellen $x = 0$ bzw. $x = 6$.
Wirtschaftlich: Punktuelle Änderungsrate des Gesamterlöses bei Erhöhung der Produktionsmenge um eine beliebig kleine Einheit, d. h. zu Beginn der Produktion steigt der Gesamterlös um 36 GE, wenn die Produktionsmenge erhöht wird. Eine Erhöhung der Produktionsmenge $x = 6$ um eine beliebig kleine Einheit bewirkt keine Veränderung des Gesamterlöses.

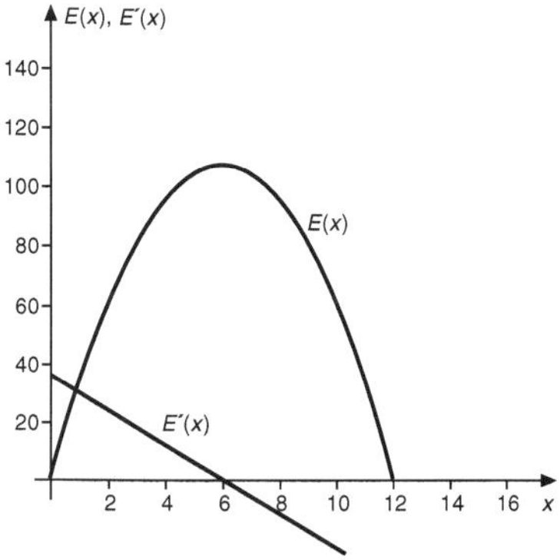

8 a) $K'(20) = 700$ [GE/ME]

b) Bei $x = 10$ oder $x = 70$ beträgt der Kostenanstieg 1450 GE/ME.
Bei $x = 40$ ist der Kostenstieg am geringsten.

9 a) $N(x) = -\frac{1}{500}x^2 + \frac{1}{5}x$

b) $N'(x) = -\frac{1}{250}x + \frac{1}{5}$
Mit zunehmenden Konsum des Gutes sinkt der Grenznutzen dieses Gutes für den Verbraucher (1. Gossensche Gesetz).

c) An der Stelle $x = 50$ erreicht der Nutzen sein Maximum. Der Grenznutzen ist bei einem Verbrauch von 50 ME null, weil der zusätzliche Konsum einer zusätzlichen infinitesimalen kleinen Einheit dieses Gutes dem Verbraucher keinen zusätzlichen Nutzen stiftet.

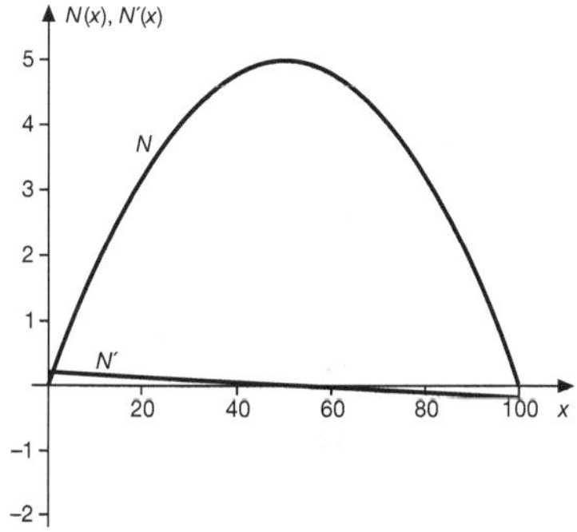

d) $N'(0) = \frac{1}{5}$

e) $N'(45) = \frac{1}{50}$

f) $N'(x) = 2 \Rightarrow x = -450 \notin D_{ök}$

$N'(x) = 0 \Rightarrow x = 50$

Bei einem Konsum von 50 ME bewirkt eine (beliebig kleine) Änderung der Konsummenge keine Nutzenänderung.

2.4 Höhere Ableitungen und deren Graphen

1 a) $f'(x) = 16x^3 - 3x^2 + 1$, $f''(x) = 48x^2 - 6x$, $f'''(x) = 96x - 6$,
$f^{(4)}(x) = 96$

b) $f'(x) = -\frac{3}{2}x^2 + 4x$, $f''(x) = -3x + 4$, $f'''(x) = -3$

c) $f'(x) = 3x^2 + \frac{3}{2}x^2 - 2x + 2$, $f''(x) = 9x^2 + 3x - 2$, $f'''(x) = 18x + 3$,
$f^{(4)}(x) = 18$

d) $f'(x) = 4x + 16x^3$, $f''(x) = 4 + 48x^2 - 6x$, $f'''(x) = 96x - 6$,
$f^{(4)}(x) = 96$

2 Die Steigung der 1. Ableitungsfunktion bei x_a ist $f''(x_a)$.

a) $f''(1) = 12$

b) $f''(-1) = -2$

c) $f''(0) = -4$

d) $f''(-2) = 72$

3 a)

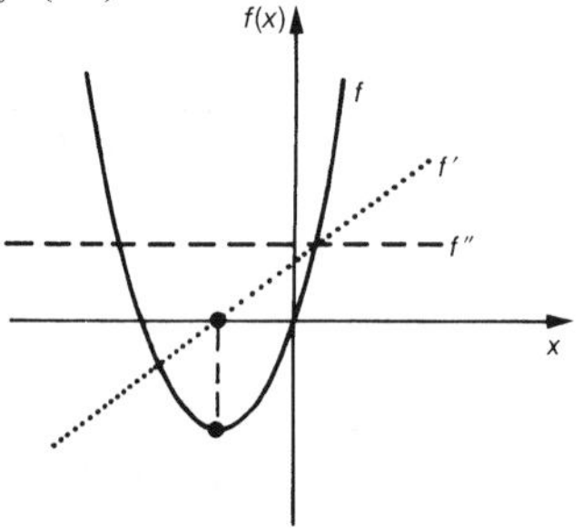

b)

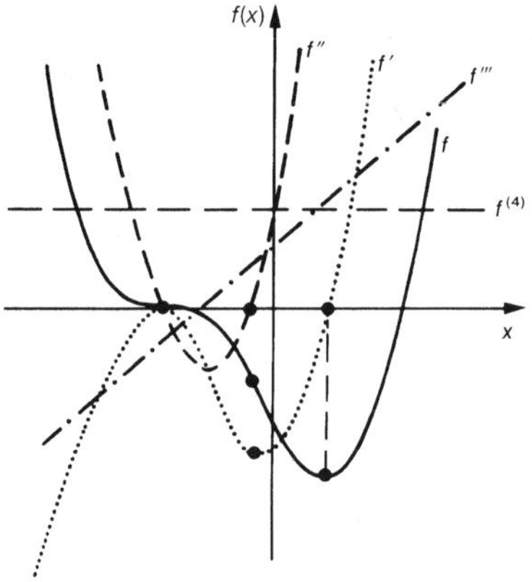

c)

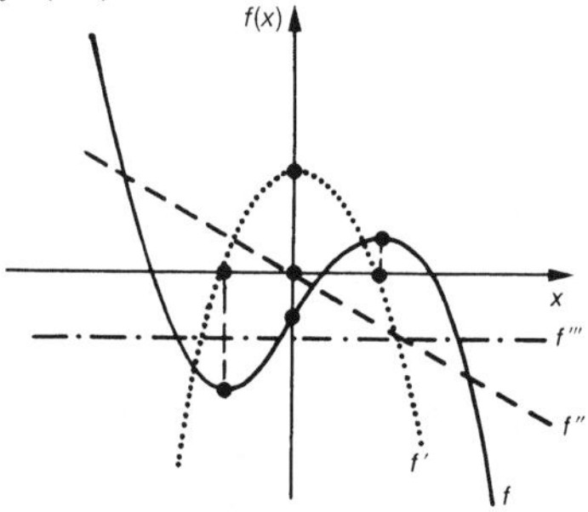

d)

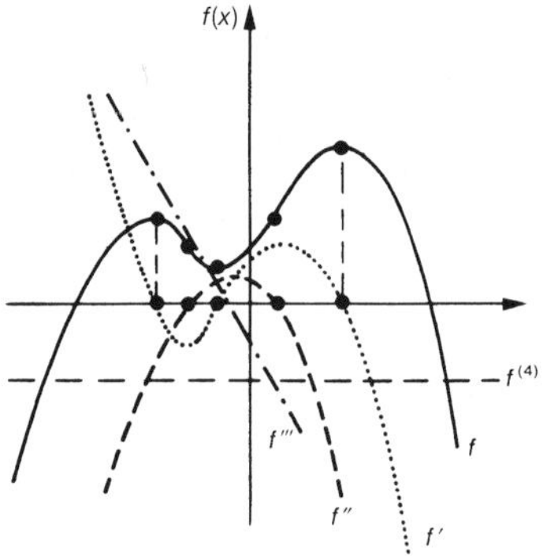

4 a)

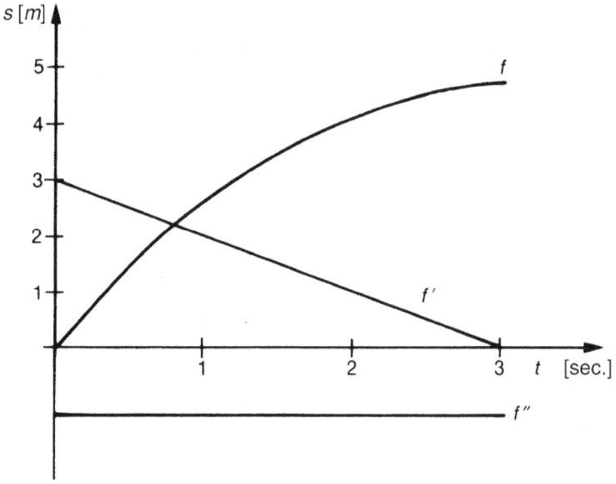

s: $s(t) = -0{,}5\,t^2 + 3\,t$

s': $s'(t) = -t + 3$

s'': $s''(t) = -1$

b) $s'(2{,}8) = 0{,}2\,\frac{\text{m}}{\text{sec}}$

c) $s''(2) = -1\,\frac{\text{m}}{\text{sec}^2}$

5 a) $P'(x) = -3x^2 + 24x + 6$
$P''(x) = -6x + 24$

b) Die **1. Ableitung** der Produktionsfunktion heißt Grenzproduktivitätsfunktion. Sie gibt an, um wie viel Outputeinheiten die Produktion zu- oder abnimmt, wenn die Einsatzmenge des Produktionsfaktors um eine infinitesimal kleine Einheit erhöht wird.

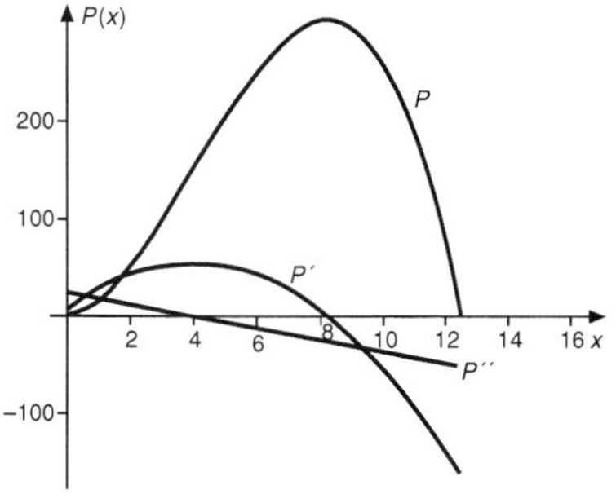

Die Grenzproduktivität ist über dem Intervall [0; 8,24] positiv. Mit jeder zusätzlichen Einsatzmenge des Produktionsfaktors nimmt also die Produktion zu. Über dem Intervall [8,24; 12,48] nimmt die Produktion mit jedem zusätzlichen Einsatz des Produktionsfaktors ab, weil die Grenzproduktivität über diesem Intervall negativ ist.
Die **2. Ableitung** der Produktionsfunktion zeigt die **Veränderung der Grenzproduktivität**. Über dem Intervall [0; 4) ist die 2. Ableitung positiv, d. h. die Grenzproduktivität nimmt zu. Der Graph der Produktionsfunktion verläuft dann progressiv.
Über dem Intervall (4; 12,48] ist die 2. Ableitung negativ, d. h. die Grenzproduktivität nimmt ab. Der Graph der Produktionsfunktion verläuft dann degressiv.

6 a) $K'(x) = x^2 - 6x + 10$

b) Die **1. Ableitung** der Kostenfunktion heißt **Grenzkostenfunktion**. Sie gibt an, um wie viel GE die Kosten der Produktion zu- oder abnehmen, wenn die Produktionsmenge um eine infinitesimal kleine ME erhöht wird.

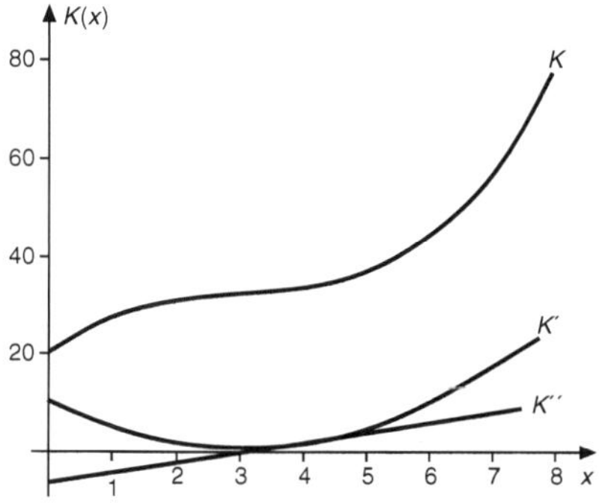

Die Grenzkosten sind über dem gesamten Definitionsbereich positiv. Mit jeder Steigerung der Produktion nehmen also die Kosten der Produktion zu.
Die **2. Ableitung** der Kostenfunktion zeigt die Veränderung der Grenzkosten. Über dem Intervall [0; 3) ist die 2. Ableitung negativ, d. h. die Grenzkosten nehmen ab. Der Graph der Kostenfunktion verläuft dann degressiv.
Über dem Intervall (3; 8] ist die 2. Ableitung positiv, d. h. die Grenzkosten nehmen zu. Der Graph der Produktionsfunktion verläuft dann progressiv.

7 $f'(t)$: Preisveränderung (Preisanstieg in %)
$f''(t)$: Geschwindigkeit des Preisanstiegs

8 $A'(t)$: Veränderung (Zu- oder Abnahme) der Arbeitslosigkeit
$A''(t)$: Geschwindigkeit der Veränderung der Arbeitslosigkeit

9 1. Ableitung: Steigung der Funktion, die die Methangasmenge im Zeitablauf angibt.
2. Ableitung: Veränderung der Steigung der Funktion, die die Methangasmenge im Zeitablauf angibt.

2.5 Funktionsanalyse

2.5.1 Extrempunkte

1 a) $H(-2/3)$
b) $H(0/0)$, $T(2/-\frac{4}{3})$
c) $T(3/-2{,}5)$, $H(-1/2\frac{5}{6})$
d) $H(2{,}5/2{,}25)$
e) $T(0/-1)$, $H(-4/31)$
f) $H(0/0)$, $T(4/-32)$
g) $H(0/0)$, $T_{1/2}(\pm\sqrt{2}/-4)$
h) $T(0/-8)$, $H(2/-4)$

2 a) $R_1(-3/-3)$: abs. Tiefpunkt
$H(-2/0)$: rel. Hochpunkt
$T(-\frac{2}{3}/\frac{-32}{27})$: rel. Tiefpunkt

b) $R_1(-4/11)$: abs. Hochpunkt
$T(-2/-9)$: rel. Tiefpunkt
$H(0/-5)$: rel. Hochpunkt
$R_2(2/-25)$: abs. Tiefpunkt

c) $R_1(-3/27)$: rel. Tiefpunkt
$H(-2/44)$: abs. Hochpunkt
$T(3/-81)$: abs. Tiefpunkt
$R_2(4/-64)$: rel. Hochpunkt

d) $R_1(-2/-7)$: abs. Tiefpunkt
[(0/1) ist ein Sattelpunkt]
$R_2(1/2)$: abs. Hochpunkt

e) $T(0/-1)$: abs. Tiefpunkt

f) $R_{1/2}(\pm 3/-45)$: rel. Tiefpunkte
$H_{1/2}(\pm\sqrt{2}/4)$: rel. Hochpunkte
$T(0/0)$: rel. Tiefpunkt

3 a) $x_{\max} = 8$
b) $x_{\min.\,1} = 0$, $x_{\min.\,2} = 12$
c) $G(8) = 100$
d) $G(0) = G(12) = -100$

4 a) $x_1 \approx -0{,}0247 \notin D(P)$
$x_2 \approx 2{,}025$
b) $f(2{,}025) \approx 2{,}151$

5 a) $x_1 = -5 \notin D(v)$
$x_2 = 3$
b) $f(3) = 2$

2.5.2 Wendepunkte

1 a) $W(-1/1\frac{1}{3})$
b) $W_{1/2}(\pm\sqrt{2}/-5)$
c) $W(1/\frac{2}{3})$
d) $W_1(2/-4)$, $W_2(-1)-\frac{3}{4})$
e) $W(0/0)$
f) $W_{1/2}(\pm 2/-5)$
g) $W(0/2)$
h) keine Wendepunkte
i) $W(0/0)$
j) $W(\frac{1}{2}/-16{,}5)$
k) $W(\frac{3}{2}/-\frac{9}{2})$
l) $W(-1/\frac{2}{3})$

2 a) [0; 2,025)
b) $f''(x) = 0 \quad x_W = 1$
$f'(1) = \frac{63}{40} = 1{,}575\ [\frac{ME_{output}}{ME_{input}}]$
c) [0; 1)
d) (1; 2,025)

3 a) $K''(x) = 0 \quad x_W = 2$
Degressiver Gesamtkostenanstieg: [0; 2)
Progressiver Gesamtkostenanstieg: (2; 7]
b) $K(2) = 15$

4 a) (0; 5): steigender Absatz
(5; 10): fallender Absatz
[0; ≈2,11): Linkskrümmung (progressiv steigender Absatz)
(≈2,11; 5): Rechtskrümmung (degressiv steigender Absatz)
(5; ≈7,89): Rechtskrümmung (progressiv fallender Absatz)
(≈7,89; 10]: Linkskrümmung (degressiv fallender Absatz)
b) $x = 5$
c) $x_{W_1} \approx 2{,}11$
d) $x_{W_2} \approx 7{,}89$
e) $A'(2{,}11) \approx 192{,}45 \quad A'(7{,}89) \approx -192{,}45$
f) $A(2{,}11) \approx 277{,}15 \quad A'(7{,}89) \approx 277{,}15$

2.5.3 Vermischte Anwendungen zur Funktionsanalyse

Erlöse, Kosten, Gewinne

1 $D_{ök}(K) = [0; 12]$
R_1 (0/100) ist linker Randtiefpunkt
R_2 (12/964) ist rechter Randhochpunkt
Keine Symmetrie erkennbar.
$S_K(0/0)$
$S_x(\sim -2{,}17/0)$
$K'(x) = 3x^2 - 16x + 24$
$K''(x) = 6x - 16$
$K'''(x) = 6$
Keine Extrempunkte
$W(2{,}\overline{6}/126{,}\overline{074})$
$W(K) = [100; 964]$

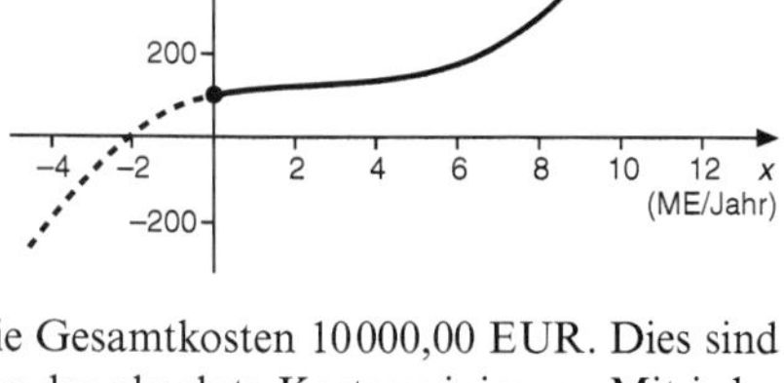

Bei der Produktionsmenge $x = 0$ betragen die Gesamtkosten 10000,00 EUR. Dies sind die Fixkosten der Produktion und gleichzeitig das absolute Kostenminimum. Mit jeder zusätzlich produzierten ME steigen die Gesamtkosten an. Bei einer Produktion von 12000 ME (an der Kapazitätsgrenze) sind die Kosten mit 96400,00 EUR maximal. Bis zu einer Produktionsmenge von 2666,66 ME steigen die Kosten degressiv an. Die Kosten betragen bei dieser Produktionsmenge 12607,40 EUR, die Kostenzuwächse sind bei dieser Produktionsmenge am geringsten. Bei darüber hinausgehenden Produktionsmengen steigen die Kosten der Produktion progressiv an.

2 a) $K(x) = 500\,x + 4000$; $D_{ök}(K) = [0; 90]$

b) $K_v(x) = 500\,x$; $D_{ök}(K_v) = [0; 90]$

$K_f = 4000$; $D_{ök}(K_f) = [0; 90]$

$k(x) = 500 + \frac{4000}{x}$; $D_{ök}(k) = (0; 90]$

$k_v(x) = 500$; $D_{ök}(k_v) = (0; 90]$

$k_f(x) = \frac{4000}{x}$; $D_{ök}(k_f) = (0; 90]$

$K'(x) = 500$; $D_{ök}(K') = [0; 90]$

c) s. Abb.

d) (1) $k(90) = 544{,}44$

(2) $K(90) = 49000$

(3) $k_v(90) = 500$

(4) $K'(90) = 500$

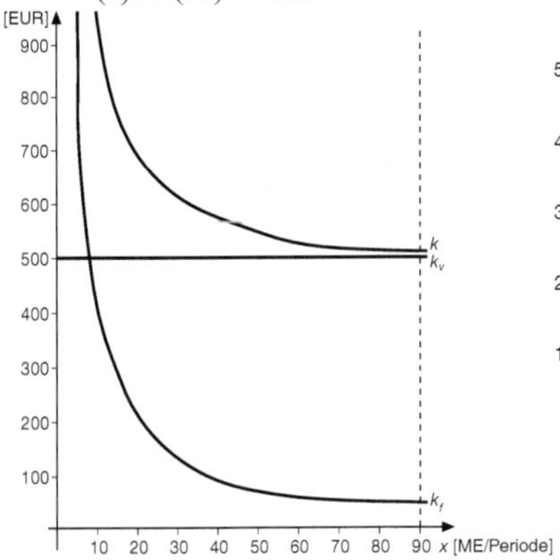

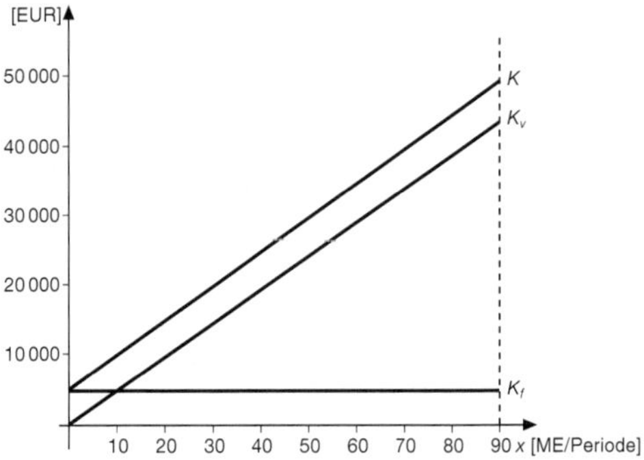

3 a) $K_v(x) = \frac{1}{100}x^3 - x^2 + 50\,x$; $D_{ök}(K_v) = [0; 100]$

$K_f = 720$; $D_{ök}(K_f) = [0; 100]$

$k(x) = \frac{1}{100}x^2 - x + 50 + \frac{720}{x}$; $D_{ök}(k) = (0; 100]$

$k_v(x) = \frac{1}{100}x^2 - x + 50$; $D_{ök}(k_v) = (0; 100]$

$k_f(x) = \frac{720}{x}$; $D_{ök}(k_f) = (0; 100]$

$K'(x) = \frac{3}{100}x^2 - 2\,x + 50$; $D_{ök}(K') = [0; 100]$

b) s. Abb.

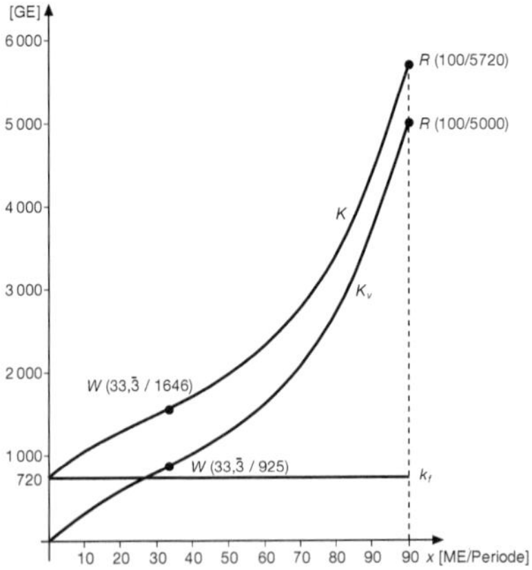

c) BO: $x = 60$
BM: $x = 50$
LPU: 38
KPU: 25

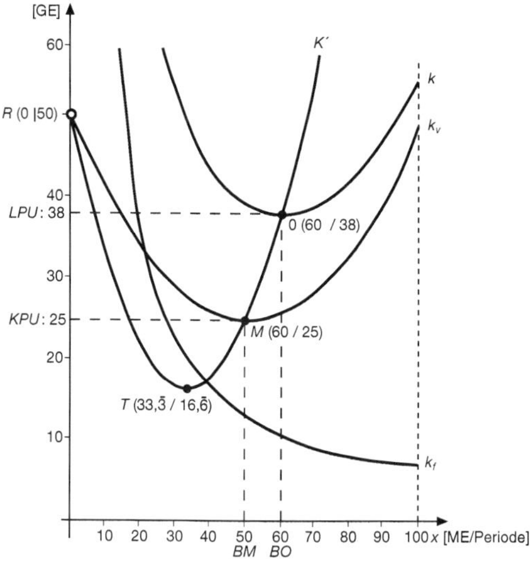

4 $G(x) = -x^3 + 10\,x^2 - 15\,x - 18$

$D_{ök}(G) = [0;\,9]$

$R_1\,(0/-18)$ ist linker Randhochpunkt

$R_2\,(9/-72)$ ist rechter Randtiefpunkt

Keine Symmetrie erkennbar.

$S_G\,(0/-18)$

$S_{x_1}\,(\sim -0{,}772/0) \notin D_{ök}(G) \quad S_{x_2}\,(3/0) \quad S_{x_3}\,(7{,}772/0)$

$G'(x) = -3\,x^2 + 20\,x - 15$

$G''(x) = -6\,x + 20$

$G'''(x) = -6$

$T \sim (\underline{0},8\overline{61}/-24{,}14) \quad H \sim (5{,}805/36{,}288)$

$W(3{,}\overline{3}/6{,}\overline{074})$

$W(G) = [-72;\,\approx 5{,}805]$

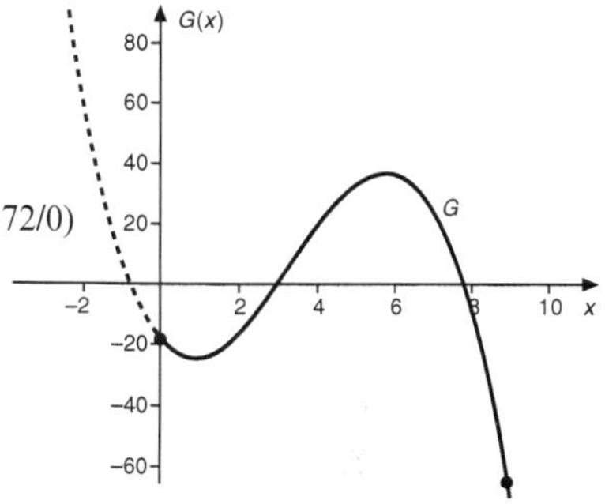

Ausgehend von einer Produktionsmenge von null fallen die negativen Gewinne zunächst bei steigender Produktion, bis sie bei einer Produktion von 861,00 Liter mit 24140,00 EUR minimal sind (Verlust). Bei weiterer Ausweitung der Produktion steigen die Gewinne progressiv bis zur Produktionsmenge 3333,33 Liter und dann degressiv. Bei einer Produktionsmenge von 3333,33 Liter sind die Gewinnzuwächse am größten. Ab einer Produktion von 3000,00 Liter sind die Gewinne positiv. Bei einer Produktion von 5805,00 Litern sind die Gewinne mit 36288,00 EUR maximal. Danach fallen die Gewinne wieder, werden ab einer Produktion von 7772,00 Litern wieder negativ und erreichen ihr absolutes Minimum an der Kapazitätsgrenze bei einer Produktion von 9000,00 Litern mit einem Verlust von 72000,00 EUR.

5 a) $K(x) = 3000\,x + 30000$

b) $E(x) = 5000\,x$

c) $G(x) = 2000\,x - 30000$

d) s. Abb.

e) maximaler Gewinn bei $x_{Kap} = 100$

$G_{max} = G(100) = 170000$

f) NS: $x = 15$

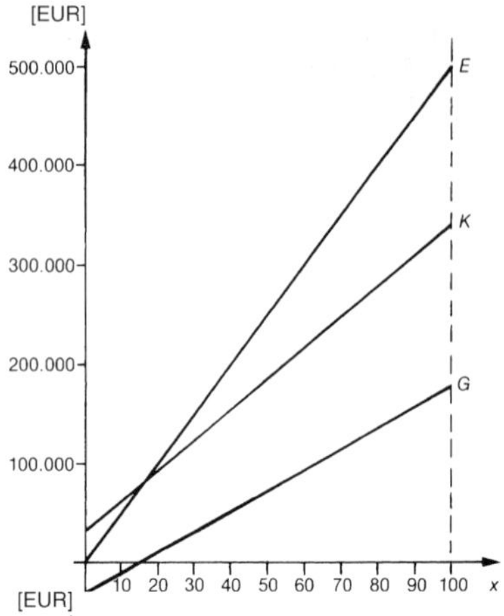

6 a) $E(x) = -50x^2 + 5000x$

b) $K(x) = 600x + 68000$

c) $G(x) = -50x^2 + 4400x - 68000$

d) s. Abb.

e) $x_c = 44$

f) $G_{max} = G(44) = 28800$

g) $p_c = 2800$

h) NS: $x = 20$

NG: $x = 68$

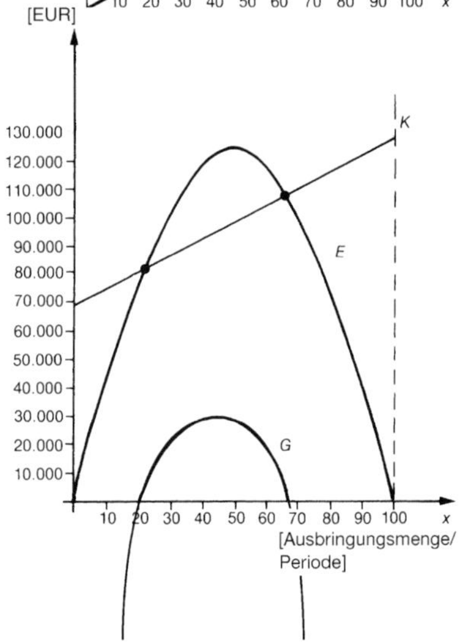

7 a) $K(x) = \frac{1}{2}x^3 - 60x^2 + 2500x + 40000$

b) $p(x) = -70x + 7000 \Rightarrow E(x) = -70x^2 + 7000x$

c) Erlösmaximum (50/175000)

Kostenmaximum (100/190000)

d) $G(x) = -\frac{1}{2}x^3 - 10x^2 + 4500x - 40000$

$x_c \approx 48{,}51$

$p_c \approx 3604{,}3$

$G_{max} \approx 97685{,}45$

e) $K'(x) = \frac{3}{2}x^2 - 120x + 2500$

$K'(48{,}51) \approx 208{,}63$

f) $k(x) = \frac{1}{2}x^2 - 60x + 2500 + \frac{40000}{x}$

$k(48{,}51) \approx 1590{,}58$

g) BO: $x \approx 68{,}52$
BM: $x = 60$
LPU: $\approx 1\,320{,}07$
KPU: 700

h) $x_w = 40$

i) NS: $x \approx 9{,}2$
NG: $x = 80$

j, k) s. Abb.

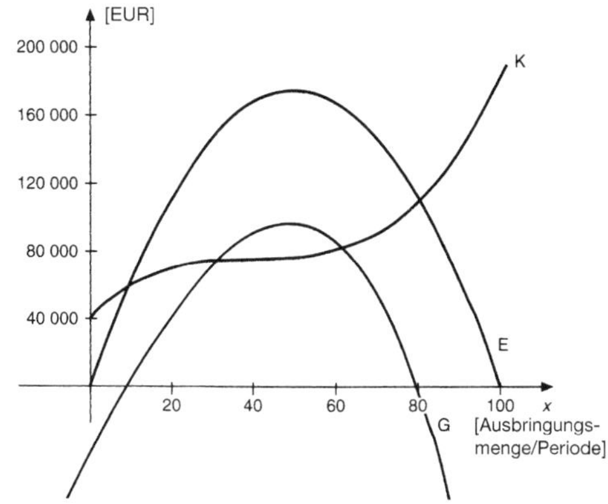

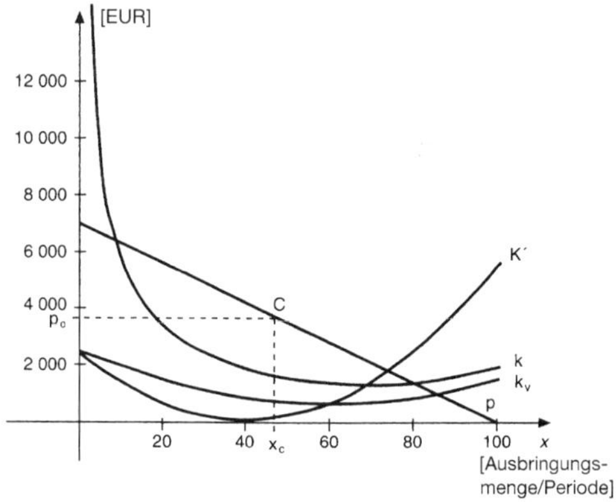

Erlöse, Kosten, Gewinne

8 a) $D_{\max}(K) = \mathbb{R} \quad D_{ök}(K) = [0;\, 5{,}5]$

b) $E(x) = 17\,x$

c) s. Abb.

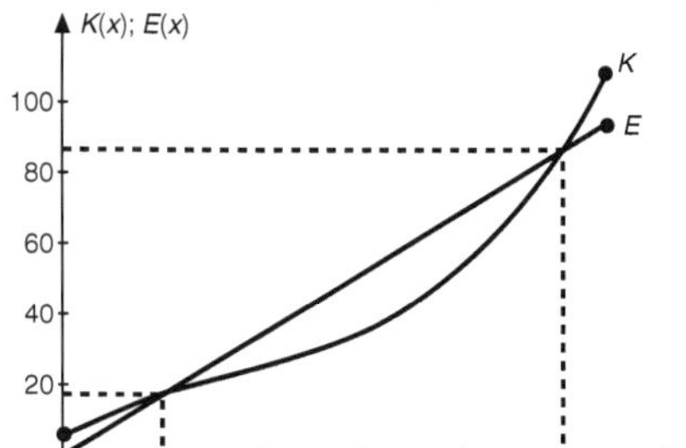

d) $S_1(-1/-17) \notin D_{ök}(K)$; $S_2(1/17)$; $S_3(5/85)$
Bei einer Produktionsmenge von einer ME/Monat bzw. von fünf ME/Monat sind die Produktionskosten genau so hoch wie die daraus entstehenden Erlöse, d. h., der Gewinn ist bei diesen Produktionsmengen null. Bei $x = 1$ betragen die Kosten und die Erlöse jeweils 17 GE, bei $x = 5$ betragen sie jeweils 85 GE.

e) $G(x) = -x^3 + 5x^2 + x - 5$

f) $G(x) = 0$
GS: $x = 1$ Ab dieser Produktionsmenge wird Gewinn erwirtschaftet.
GG: $x = 5$ Bis zu dieser Produktionsmenge wird Gewinn erwirtschaftet.

g) 18 Seitenleitwerke/Jahr entsprechen $\frac{18}{12} = 1{,}5$ Seitenleitwerke/Monat.
$G(1{,}5) = 4{,}375$

h) $G'(x) = 0$
$x_1 \approx -0{,}097 \notin D_{\ddot{o}k}(K)$
$x_2 \approx 3{,}431$ gewinnmaximale Produktionsmenge
$G(3{,}431) \approx 16{,}9$ maximaler Gewinn

Elastizitäten

9 a) $e_{f(x);\,x}(x) = \frac{f'(x) \cdot x}{f(x)} = \frac{-0{,}4 \cdot x}{-0{,}4x + 5}$ $e_{f(x);\,x}(1) \approx -0{,}087$
Ändert sich der x-Wert an der Stelle $x = 1$ um eine beliebig kleine Einheit, bewirkt dies eine gegenläufige Änderung des Funktionswertes um das 0,087-Fache.

b) $e_{f(x);\,x}(x) = \frac{15x^2 \cdot x}{5x^3} = 3$ $e_{f(x);\,x}(1) = 3$
Ändert sich der x-Wert an der Stelle $x = 1$ um um eine beliebig kleine Einheit, bewirkt dies eine gleichläufige Änderung des Funktionswertes um das 3-Fache.

c) $e_{f(x);\,x}(x) = \frac{8e^{4x} \cdot x}{2e^{4x}} = 4x$ $e_{f(x);\,x}(1) = 4$
Ändert sich der x-Wert an der Stelle $x = 1$ um um eine beliebig kleine Einheit, bewirkt dies eine gleichläufige Änderung des Funktionswertes um das 4-Fache.

d) $e_{f(x);\,x}(x) = \frac{(1 - 5x)\,2e^{-5x} \cdot x}{2xe^{-5x}} = 1 - 5x$ $e_{f(x);\,x}(1) = -4$
Ändert sich der x-Wert an der Stelle $x = 1$ um um eine beliebig kleine Einheit, bewirkt dies eine gegenläufige Änderung des Funktionswertes um das 4-Fache.

10 a) $e_{x;\,p}(p) = \frac{-10p}{-10p + 120} \Rightarrow e_{x;\,p}(5) - \frac{5}{7} \approx -0{,}714$

b) $-\frac{6}{3} = \frac{-10p}{-10p + 120} \Rightarrow p = 8$

11 a) $e_{x;\,p}(p) = \dfrac{-2e^{-\frac{1}{5}p}}{10e^{-\frac{1}{5}p}} = -\dfrac{p}{5} \quad \Rightarrow e_{x;\,p}(9) = -\frac{9}{3} = -1{,}8$

b) $-\frac{4}{5} = -\frac{p}{5} \Leftrightarrow p = 4 \quad \Rightarrow x = 4{,}49$

12 a) $e_{x;\,p}(p) = \frac{x'(p) \cdot p}{x(p)} = \frac{-0{,}4p}{-0{,}4p + 20} = -1 \Leftrightarrow p = 25$ oder:
$e_{x;\,p}(x) = \frac{p(x)}{p'(x) \cdot x} = \frac{-2{,}5x + 50}{-2{,}5x} = -1 \Leftrightarrow x = 10$

fließende Nachfrage:	$p = 25$	oder: $x = 10$
elastische Nachfrage:	$p \in (25;\,50)$	oder: $x \in (0;\,10)$
unelastische Nachfrage:	$p \in (0;\,25)$	oder: $x \in (10;\,20)$

b) $p(x) = 50 - 2{,}5x \Leftrightarrow x(p) = -0{,}4p + 20$
$E = p \cdot x \Rightarrow E(p) = p \cdot x(p) = p \cdot (-0{,}4p + 20) = -0{,}4p^2 + 20p$ mit
$e_{E;\,p}(p) = \frac{E'(p) \cdot p}{E(p)} = \frac{(-0{,}8p + 20) \cdot p}{-0{,}4p^2 + 20p} = \frac{20 - 0{,}8p}{20 - 0{,}4p} = -5 \Rightarrow p = 42{,}86$

13 a) $e_{x;p}(p) = \dfrac{x'(p) \cdot p}{x(p)} = \dfrac{-\frac{10}{p} \cdot p}{-10 \ln(\frac{p}{120})} = \dfrac{1}{\ln(\frac{p}{120})} > -1 \quad \Rightarrow p > 44{,}15$

b) $p(x) = 120\, e^{\frac{-1}{10x}} \Leftrightarrow x(p) = -10 \ln(\frac{p}{120})$

$E = p \cdot x \Rightarrow E(p) = p \cdot x(p) = p \cdot (-10 \ln(\frac{p}{120})) = -10\, p \ln(\frac{p}{120})$

$e_{E;p}(p) = \dfrac{E'(p) \cdot p}{E(p)} = \dfrac{(-10 \ln(\frac{p}{120}) - 10) \cdot p}{-10\, p \ln(\frac{p}{120})} = \dfrac{-10 \ln(\frac{p}{120}) - 10}{-10 \ln(\frac{p}{120})} = -5 \Rightarrow p = 101{,}58$

14 a) $D(p) = [0;\, 8]$

b) $e_{x;p}(x) = \dfrac{-0{,}1\, x^2 + 6{,}4}{-0{,}2\, x^2}$

c) $e_{x;p}(x) = \dfrac{32}{x^2} - \dfrac{1}{2} = -1 \Rightarrow x = \frac{8}{3}\sqrt{3} \approx 4{,}619$

fließende Nachfrage: $x \approx 4{,}619$
elastische Nachfrage: $(0;\, 4{,}619)$
unelastische Nachfrage: $(4{,}619;\, 8)$

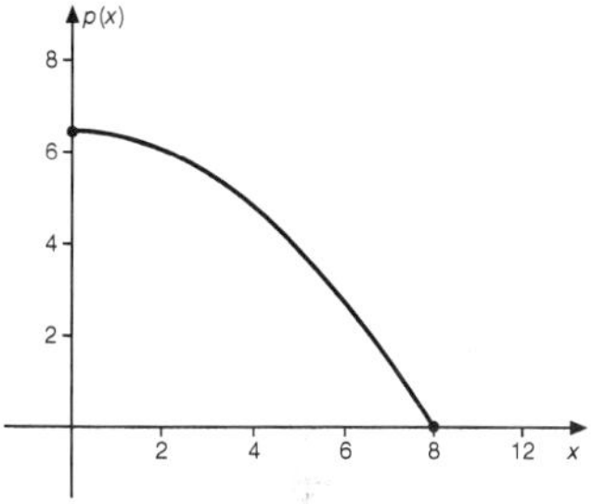

Sonstige anwendungsbezogene Funktionen

15 a) $D_{max}(B) = \mathbb{R}$

$\lim\limits_{t \to -\infty} B(t) = „\infty“ \quad \lim\limits_{t \to -\infty} B(t) = „-\infty“$

$S_{t1}(\approx 6{,}29/0)$; $S_{t2}(10/0)$; $S_{t3}(\approx 19{,}7/0)$

$S_B(0/62\,000)$

$H(16/10\,800)$

$W(4\,400)$

$W(B) = \mathbb{R}$

Graph: s. Abb.

b) $D_{sinnvoll}(B) = [10;\, 19{,}7]$

Graph: s. Abb.

c) $B(19{,}5) = 1\,306{,}25 \approx 1\,306$

d) $t_3 \approx 19{,}7$ entspricht 19:42 Uhr

e) Um 16:00 Uhr befinden sich 10800 Besucher im Park.

f) Um 12:00 Uhr mit einem Zuwachs von 2400 Besuchern/Std.

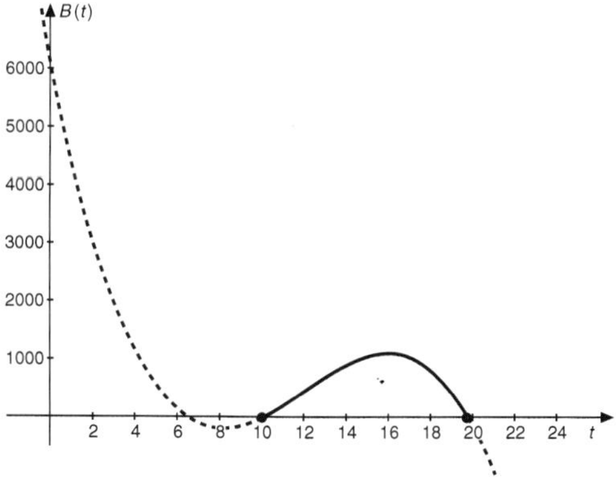

g) [10; 12): progressiv wachsende Besucherzahlen
(12; 16]: degressiv wachsende Besucherzahlen
[16; ≈ 19,7]: progressiv abnehmende Besucherzahlen

16 a) $H(0) = 550$

Der normale Wasserstand der Elbe beträgt in Hitzacker 550 cm.

b) $H'(t) = \frac{2}{3}t^3 - 13\,t^2 + \frac{160}{3}\,t$

$H''(t) = 2\,t^2 - 26\,t + \frac{160}{3}$

notwendige Bedingung: $H'(t) = 0$

$t_1 = 0$; $t_2 \approx 5{,}87$ und $t_3 \approx 13{,}63 \notin D(H)$

hinreichende Bedingung: $H''(t_E) \neq 0$

$T(0/550)$ ist hier nicht von Bedeutung.

Hochpunkt $H(5{,}87/790{,}26)$

Am 8. 4. 2006 wurde in Hitzacker der Höchststand mit ca. 790 cm erreicht.

c) $H''(t) = 2\,t^2 - 26\,t + \frac{160}{3}$

$H'''(t) = 4\,t - 26$

notwendige Bedingung: $H''(t) = 0$

$t_1 = 2{,}55$ und $t_2 = 10{,}45 \notin D(H)$

hinreichende Bedingung: $H'''(t_W) \neq 0$

$H'''(2{,}55) \approx -15{,}8 \neq 0 \Rightarrow$ Wendepunkt $W(2{,}55/658{,}59)$

Am 5. 4. 2006 nahm das Hochwasser am stärksten zu. Zu diesem Zeitpunkt hatte die Elbe in Hitzacker einen Wasserstand von ca. 659 cm. Die Anstiegsgeschwindigkeit zu diesem Zeitpunkt betrug ca. 62,5 cm/Tag.

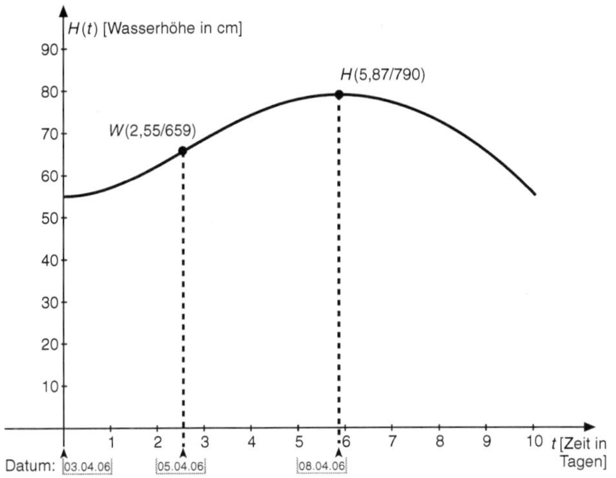

17 a) Von einer Produktionsmenge von 4 t ohne Düngung ausgehend steigen die Erträge zunächst progressiv bis zu einer Düngemenge von ca. 0,5 t. Bei weiterem Düngereinsatz steigen die Erträge weiter, aber nur noch degressiv, bis sie bei einer Düngereinsatzmenge von 1 t mit 12 t maximal sind. Danach fallen die Erträge mit zunehmender Düngermenge progressiv, bis sie bei einer Düngermenge von 2 t auf null sinken.

b) $E(0) = 4$

c) Notwendige und hinreichende Bedingung: $E''(D) = 0 \wedge E'''(D) \neq 0$
$D_{W_1} \approx 0{,}431$; $D_{W_2} \approx 1{,}712$
$W_1 \approx (0{,}431/7{,}6)$; $W_2 \approx (1{,}712/4{,}465)$
Bei einem Düngereinsatz von ca. 431 kg steigt der Ertrag am stärksten.
$m_S = \frac{\Delta E}{\Delta D} = \frac{8{,}806 - 7{,}6}{0{,}531 - 0{,}431} = 1{,}206$

Ausgehend von einer Düngermenge von 0,431 t steigen die Erträge um 1,206 t, wenn die Düngermenge um 0,1 t erhöht wird.

d) notwendige und hinreichende Bedingung: $E'(D) = 0 \wedge E''(D) \neq 0$
$D_1 \approx 2{,}214$; $D_2 = 0$; $D_3 = 1$
$H(1/12)$

e) $E(D) = 0$
$D_1 \approx 2{,}395 \notin D(E)$ $D_2 = 2$

18 a) $R(x) = -\frac{1}{2}x^3 + \frac{3}{2}x^2$; $D_{\max}(R) = \mathbb{R}$
$\lim_{x \to -\infty} f(x) = „\infty“$, $\lim_{x \to \infty} f(x) = „-\infty“$
kein Symmetrieverhalten erkennbar
$S_{x_{1/2}}(0/0)$; $S_{x_3}(3/0)$
$T(0/0)$; $H(2/2)$
$W(1/1)$
$W(R) = \mathbb{R}$
Graph: s. Abb.

b) $D_{\text{sinnvoll}}(R) = [0; 3]$
Wird das Medikament nicht verabreicht ($x = 0$) ist auch keine Reaktion des Körpers auf das Medikament festzustellen ($R = 0$).
Bis zur Gabe von 1 ME steigt die Reaktion des Körpers auf das Medikament überproportional (progressiv).
Ab 1 ME steigt die Reaktion des Körpers weiter, aber unterproportional (degressiv).
Bei 2 ME ist die Reaktion am stärksten.
Bei einer weiteren Erhöhung der Dosis sinkt die Körperreaktion progressiv und wird schließlich bei 3 ME null.

c) $R'(x) = -\frac{3}{2}x^2 + 3x$ ist eine nach unten geöffnete Parabel mit
$S_{x_1}(0/0)$; $S_{x_2}(2/0)$; $H(1/1)$

d) R' gibt die Änderungsrate von R an. Dies ist hier die *Veränderung* der Reaktion des Versuchstieres auf das Medikament oder, anders ausgedrückt, die *Empfindlichkeit* des Körpers auf das Medikament.
Die Steigung von R ist am größten im Wendepunkt $W(1/1)$. Das bedeutet, dass der Körper bei 1 ME am empfindlichsten reagiert, die Veränderung der Reaktion dann am größten ist.

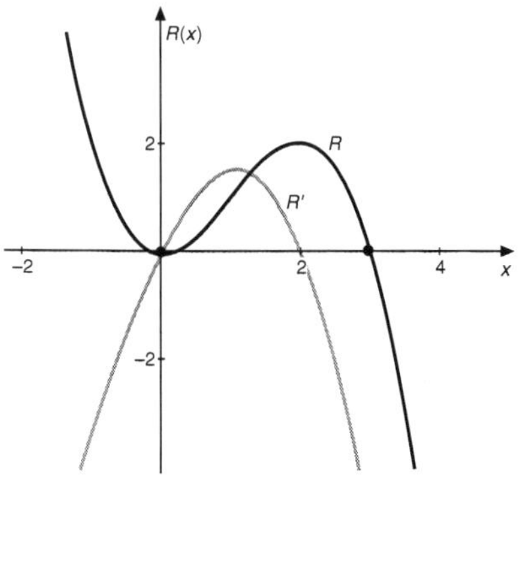

19 $D_{ök}(P) = [0; \approx 61{,}98]$
$R_1\,(0/0)$ ist linker Randtiefpunkt
$R_2\,(\approx 61{,}98/0)$ ist rechter Randtiefpunkt
Keine Symmetrie erkennbar.
$S_P\,(0/-18)$
$S_{x_1}(\approx -1{,}984/0) \quad S_{x_2}(0/0) \quad S_{x_3}(\approx 61{,}98/0)$
$P'(x) = -0{,}3\,x^2 + 12\,x + 12{,}3$
$P''(x) = -0{,}6\,x + 12$
$P'''(x) = -0{,}6$
$T(-1/-6{,}2) \notin D(P) \quad H(41/3698{,}2)$
$W(20/1846)$
$W(P) = [0; 3698{,}2]$

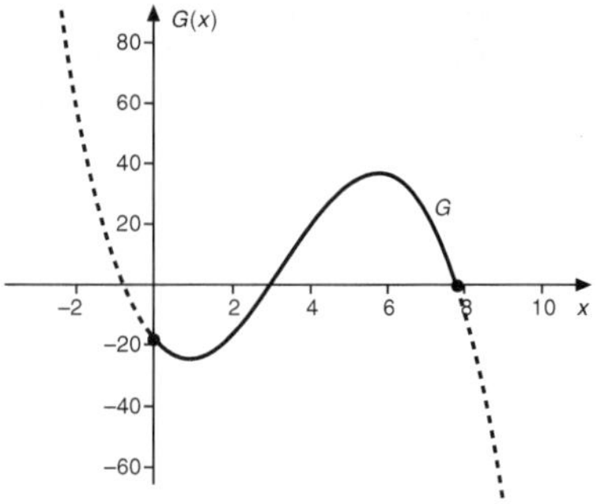

Mit steigendem Einsatz des Produktionsfaktors wächst die Produktion zunächst progressiv bis zu einem Faktoreinsatz von 20000,00 EUR. Der Produktionszuwachs ist am stärksten bei einem Faktoreinsatz von 20000,00 EUR. Es werden dann 1846 t produziert. Danach wächst die Produktion bei vermehrtem Einsatz des Produktionsfaktors nur noch degressiv, bis sie bei einem Faktoreinsatz von 41000,00 EUR mit 3698,2 t maximal ist. Wird der Faktoreinsatz weiter gesteigert, nimmt die Produktion (degressiv) ab, bis sie schließlich bei einem Faktoreinsatz von 61980,00 EUR wieder null wird.

20 $D(G) = [0; 5]$
$R_1\,(0/-1)$ ist linker Randtiefpunkt
$R_2\,(5/1{,}5)$ ist rechter Randhochpunkt
Keine Symmetrie erkennbar
$S_G\,(0/-1)$
$G'(t) = \frac{3}{2}t^2 - 8\,t + 8$
$G''(t) = 3\,t - 8$
$G'''(t) = 3$
$H\left(\frac{4}{3}/\frac{101}{27}\right) \approx (1{,}\bar{3}/3{,}741) \quad T(4/-1)$
$W(2{,}6/\approx 1{,}3703)$
$W(G) = [0; \approx 3{,}741]$

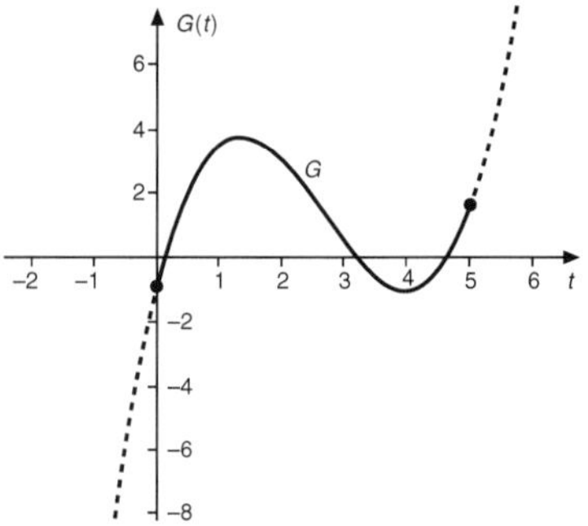

Der Verlust (Investitionskosten) im Zeitpunkt $t = 0$ beträgt 10000,00 EUR. Die Gewinne des Unternehmens steigen 1 Jahr und 17 Wochen lang degressiv. Der größte Gewinn mit 37410,00 EUR wird nach einem Jahr und 17 Wochen erzielt. Danach fallen die Gewinne degressiv, bis sie nach 4 Jahren wieder steigen. Der größte Verlust beträgt 10000,00 EUR/Woche und tritt nach 4 Jahren ein. Der Gewinnrückgang ist nach 2 Jahren und 8 Monaten am stärksten. Zum Ende des Beobachtungszeitraums (nach 5 Jahren) betragen die Gewinne 15000,00 EUR.

21 a) $D_{ök}(U) = [0; 8]$

R_1 (0/0) ist linker Randtiefpunkt

R_2 (8/7,$\bar{1}$) ist rechter Randtiefpunkt

Kein Symmetrieverhalten erkennbar

$S_U(0/0)$ $S_{t_{1/2}}(0/0)$ $S_{t_2}(9/0) \notin D_{ök}(U)$

$U'(t) = 2t - \frac{1}{3}t^2$

$U''(t) = 2 - \frac{2}{3}t$

$U'''(t) = -\frac{2}{3}$

$T(0/0)$ $H(6/12)$

$W(3/6)$

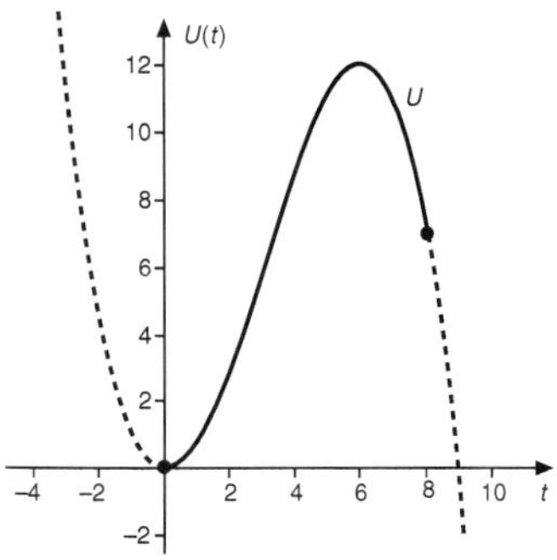

b) Von null ausgehend steigen die Tagesumsätze 6 Jahre lang, bis sie dann ein Maximum von 12000,00 EUR/Tag erreichen. Danach fallen die Tagesumsätze wieder, bis sie im 8. Jahr nach Einführung des Produktes 7111,11 EUR/Tag betragen. Der Anstieg der Tagesumsätze ist zunächst progressiv. Drei Jahre nach Einführung ist der Anstieg der Tagesumsätze maximal. Danach verändern sich die Tagesumsätze degressiv.

22 $D_{ök}(A) = [0; 12]$

R_1 (0/205) ist linker Randtiefpunkt

R_2 (12/176,2) ist rechter Randhochpunkt

Kein Symmetrieverhalten erkennbar

$S_A(0/205)$ $S_t(\approx -8/0) \notin D_{ök}(A)$

$A'(t) = 0{,}45\,t^2 - 4\,t$

$A''(t) = 0{,}9\,t - 4$

$A'''(t) = 0{,}9$

$H(0/205)$ $T(8{,}\bar{8}/\approx 152{,}325)$

$W(4{,}\bar{4}/178{,}663)$

$W(A) = [\approx 152{,}325; 205]$

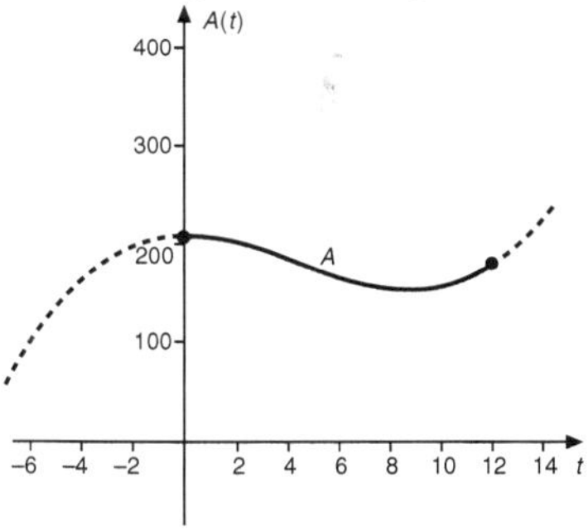

Zu Beginn des Jahres betrug der Monatsabsatz des Produktes X 205000 Stück. Dies war das absolute Absatzmaximum des Jahres. Bis zum neunten Monat gingen die Absatzzahlen zurück, danach stiegen sie wieder. Zum Ende des Jahres betrug der Monatsabsatz des Produktes X 176200 Stück. Das Absatzminimum im 9. Monat betrug 152325 Stück. Bis zum 5. Monat fielen die Absatzzahlen zunehmend. Im 5. Monat war der Absatzrückgang am stärksten. Danach wurden die Absatzrückgänge immer schwächer. Die Trendwende der fallenden Absatzzahlen war also im 9. Monat.

23 a) $D(s) = [0; 50]$
$R_1\ (0/0)$ ist linkes Randminimum
$R_2\ (50/\approx 29{,}792)$ ist rechtes Randmaximum
Kein Symmetrieverhalten erkennbar.
$S_s\ (0/0)$
$S_{t_1}\ (\approx -2{,}328/0) \quad S_{t_2}\ (0/0) \quad S_{t_3}\ (\approx 77{,}328/0)$
$s'(t) = -\frac{1}{800}x^2 + \frac{1}{16}x + \frac{3}{40}$
$s''(t) = -\frac{1}{400}x + \frac{1}{16}$
$s'''(t) = -\frac{1}{400}$
$T \approx (-1{,}172/-0{,}044) \quad H \approx (51{,}173/29{,}836)$
$W(25/\approx 14{,}896)$
$W(s) = [0; \approx 29{,}792]$

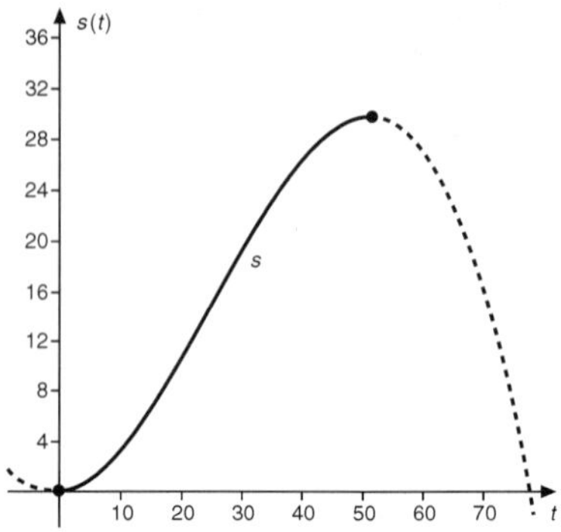

Insgesamt nimmt die zurückgelegte Strecke natürlich zu. Anfänglich (bis zur 25. Minute) wächst der zurückgelegte Weg progressiv, ab der 25. Minute nur noch degressiv. Nach 50 Minuten hat der Radfahrer $\sim 29{,}792$ km zurückgelegt.

b) Nach 14,896 km beträgt die maximale Geschwindigkeit ($s'(25) = v(25)$
$0{,}85625\ \frac{\text{km}}{\text{min}} = 51{,}375\ \frac{\text{km}}{\text{h}}$.

2.6 Funktionssynthese

1 a) $f(x) = ax^2 + bx + c$
$f(0) = -5$
$f(7) = -1{,}5$
$f'(7) = -3$
$\underline{\underline{f(x) = -\frac{1}{2}x^2 + 4x - 5}}$

b) $f(x) = ax^2 + bx + c$
$f(2{,}5) = 0$
$f(-1{,}5) = 0$
$f(0) = -1{,}5$
$\underline{\underline{f(x) = 0{,}4x^2 - 0{,}4x - 1{,}5}}$

c) $f(x) = ax^2 + bx + c$
$f(2) = 0$
$f'(2) = 9$
$f(-\frac{1}{4}) = 0$
$\underline{\underline{f(x) = 4x^2 - 7x - 2}}$

2 $f(x) = ax^3 + bx^2 + cx + d$
$f(-1) = 2$
$f(1) = 2$
$f(2) = 83$
$f(3) = 290$
$\underline{\underline{f(x) = 9x^3 + 9x^2 - 9x - 7}}$

3 $f(x) = x^3 + ax^2 + bx + c$
$f(-3) = -12$
$f(2) = 8$
$f(0) = 0$
$\underline{\underline{f(x) = x^3 + x\ \text{hw}x^2 - 2x}}$

4 $f(x) = ax^3 + bx^2 + cx + d$
$f(3) = 0$
$f'(3) = 0$
$f(4) = 3$
$f(1) = 4$
$\underline{\underline{f(x) = \frac{2}{3}x^3 - \frac{11}{3}x^2 + 4x + 3}}$

5 $f(x) = ax^3 + bx^2 + cx + d$
$f'(2) = 38$
$f'(-\frac{1}{9}) = 0$
$f'(0) = 0$
$f(0) = 1$
$\underline{\underline{f(x) = 3x^3 + \frac{1}{2}x^2 + 1}}$

6 $f(x) = ax^3 + bx^2 + cx + d$
$f(-2) = 0$
$f'(-2) = 0$
$f(-1) = -2$
$f''(-1) = 0$
$\underline{\underline{f(x) = x^3 + 3x^2 - 4}}$

7 $f(x) = ax^4 + bx^2 + c$
$f(0) = 0$
$f(2) = 3$
$f'(2) = 0$
$\underline{\underline{f(x) = -\frac{1}{4}x^4 + 2x^2}}$

8 $f(x) = ax^4 + bx^3 + cx^2 + d$
$f'(0) = 0$
$f''(0) = 0$
$f'(\frac{3}{2}) = 0$
$f(1) = -1$
$\underline{\underline{f(x) = x^4 - 2x^3}}$

9 $f(x) = ax^4 + bx^2 + c$
$f(0) = 4$
$f(2) = 0$
$f''(-1) = 0$
$\underline{\underline{f(x) = \frac{1}{2}x^4 - 3x^2 + 4}}$

10 $f(x) = x^3 + bx^2 + cx$
$f'(1) = 0$
$f''(2) = 0$
$\underline{\underline{f(x) = x^3 - 6x^2 + 9x}}$

11 $f(x) = ax^4 + bx^3 + cx^2 + d$
$f(2) = 0$
$f'(2) = 0$
$f''(0) = 0$
$f''(1{,}5) = 0$
$\underline{\underline{f(x) = \frac{1}{4}x^4 - \frac{3}{4}x^3 + x}}$

12 $f(x) = ax^3 + bx^2 + cx + d$
$f(\frac{1}{2}) = 0$
$f''(\frac{1}{2}) = 0$
$f(-1) = 0$
$f(2) = 0$
$f(0) = 2$
$\underline{\underline{f(x) = 2x^3 - 3x^2 - 3x + 2}}$

13 $f(x) = ax^5 + bx^3 + cx$
$f(1) = 8$
$f'(1) = 0$
$f''(1) = 0$
$\underline{\underline{f(x) = 3x^5 - 10x^3 + 15x}}$

14 $f(x) = ax^4 + bx^3 + cx^2 + d$
$f(1) = 0$
$f'(1) = 0$
$f''(1) = 0$
$f(-2) = 4{,}5$
$f'(-2) = 0$
$\underline{\underline{f(x) = -\frac{1}{6}x^4 + x^2 - \frac{4}{3}x + \frac{1}{2}}}$

15 $K(x) = ax^3 + bx^2 + cx + d$
$K'(x) = 3ax^2 + 2bc + c$
$K''(x) = 6ax + 2b$

$K(0) = 12{,}5 \quad \Rightarrow d = 12{,}5$
$K''(\frac{8}{3}) = 0 \quad \Rightarrow 0 = 16a + 2b$
$K'(1) = 2{,}75 \quad \Rightarrow 2{,}75 = 3a + 2b + c$
$K(7) = 42{,}25 \quad \Rightarrow 42{,}25 = 343a + 49b + 7c + 12{,}5$

$\underline{\underline{K(x) = 0{,}25x^3 - 2x^2 + 6x + 12{,}5}}$ $D_{ök} = [0; 7]$

16 $K(x) = ax^3 + bx^2 + cx + d$

$K'(x) = 3\,ax^2 + 2\,bc + c$

$K''(x) = 6\,ax + 2\,b$

$K(0) = 20 \quad \Rightarrow d = 20$

$K(3) = 56 \quad \Rightarrow 56 = 27\,a + 9\,b + 3\,c + d$

$K''(3) = 0 \quad \Rightarrow 0 = 18\,a + 2\,b$

$K'(1) = 15 \quad \Rightarrow 15 = 3\,a + 2\,b + c$

$K(8) = 196 \quad \Rightarrow 196 = 512\,a + 64\,b + 8\,c + d$

$\underline{\underline{K\colon K(x) = x^3 - 9\,x^2 + 30\,x + 20;}}\quad D_{ök}(K) = [0;\,8]$

17 a) $p(x) = -\frac{1}{3}x + 5066\frac{2}{3}$

b) $E(x) = -\frac{1}{3}x^2 + 5066\frac{2}{3}x$

c) $E(x) = -\frac{1}{3}x^2 + 5066\frac{2}{3}x$

$E'(x) = -\frac{2}{3}x + 5066\frac{2}{3}$

$E'(x) = 0$

$\Rightarrow x = 7600$

$p(7600) = 2533{,}32$

18 a) $p(x) = -\frac{1}{10}x + 10$

$E(x) = -\frac{1}{10}x^2 + 10\,x$

$K(x) = 2\,x + 120$

$G(x) = E(x) - K(x)$

$G(x) = -\frac{1}{10}x^2 + 8\,x - 120$

b) $G'(x) = -\frac{1}{5}x + 8 = 0 \quad G''(x) = -\frac{1}{5} < 0 \Rightarrow H(40/40)$

$x_{G_{max}} = 40$

$G_{\max} = G(40) = 40$

c) $p(x_{G_{max}}) = p(40) = 6$

d) s. Abb.

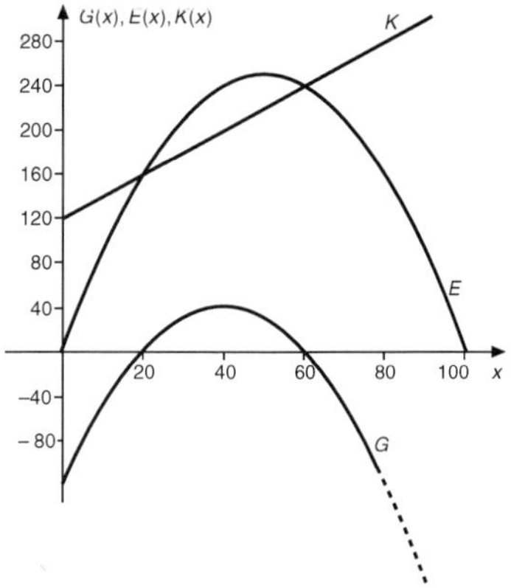

19 a) $G(x) = ax^3 + bx^2 + cx + d$

$G'(x) = 3\,ax^2 + 2\,bx + c$

$G(2) = 0 \;\Rightarrow\; 0 = 2^3\,a + 2^2\,b + 2\,c + d$

$G(7) = 0 \;\Rightarrow\; 0 = 7^3\,a + 7^2\,b + 7\,b + d$

$G'(5) = 0 \;\Rightarrow\; 0 = 3 \cdot 5^2\,a + 2 \cdot 5\,b + c$

$G(5) = 20 \Rightarrow 20 = 5^3\,a + 5^2\,b + 5\,c + d$

$\underline{\underline{G(x) = -\frac{5}{9}x^3 + \frac{40}{9}x^2 - \frac{25}{9}x - \frac{70}{9}}}$

c) $K(x) = E(x) - G(x)$

$K(x) = -3\,x^2 + 36\,x - (-\frac{5}{9}x^3 + \frac{40}{9}x^2 - \frac{25}{9}x - \frac{70}{9})$

$K(x) = \frac{5}{9}x^3 - \frac{67}{9}x^2 + \frac{349}{9}x + \frac{70}{9}$

b) $E(x) = ax^2 + bx + c$

$E'(x) = 2ax + b$

$E'(6) = 0 \quad \Rightarrow 0 = 2 \cdot 6a + b$

$E(12) = 0 \quad \Rightarrow 0 = 12^2 a + 12b + c$

$E(0) = 0 \quad \Rightarrow 0 = c$

$E(6) = 108 \Rightarrow 108 = 36a + 6b + c$

$\underline{\underline{E(x) = -3x^2 + 36x}}$

d)

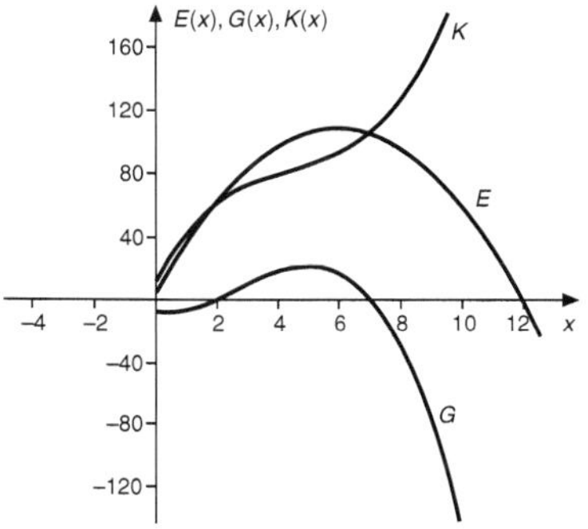

20 a) s. Abb. unten

b) Gesucht ist wegen der 4 gegebenen Bedingungen eine ganzrationale Funktion 3. Grades.
Es sind zunächst 2 Verläufe denkbar:
1) von $-\infty$ nach ∞ oder
2) von ∞ nach $-\infty$
Bei der ersten Möglichkeit lässt sich jedoch der geforderte orthogonale Übergang in P_3 nicht realisieren.

$g(x) = a \cdot x^3 + b \cdot x^2 + c \cdot x + d$

$g(-1) = 1 \qquad 1 = -a + b - c + d$
$g(0) = 0 \quad \Rightarrow \quad 0 = d \qquad a = -1{,}25$
$g(1) = 1 \qquad 1 = a + b + c + d \qquad b = 1$

$g'(1) = -\frac{1}{f'(1)} = -\frac{1}{2} = -0{,}5 \quad -0{,}5 = 3 \cdot a + 2 \cdot b + c \quad c = 1{,}25$

$\Rightarrow g(x) = -1{,}25x^3 + x^2 + 1{,}25x$

c) Achsenschnittpunkte:
$S_{x_1} \approx (-0{,}68/0) \quad S_{x_2/g(x)}\,(0/0) \quad S_{x_3} \approx (1{,}48/0)$
Extrempunkte:
$T \approx (-0{,}37/-0{,}26) \quad H \approx (0{,}9/1{,}02)$
Wendepunkt:
$W \approx (0{,}26/0{,}38)$

d) s. Abb.

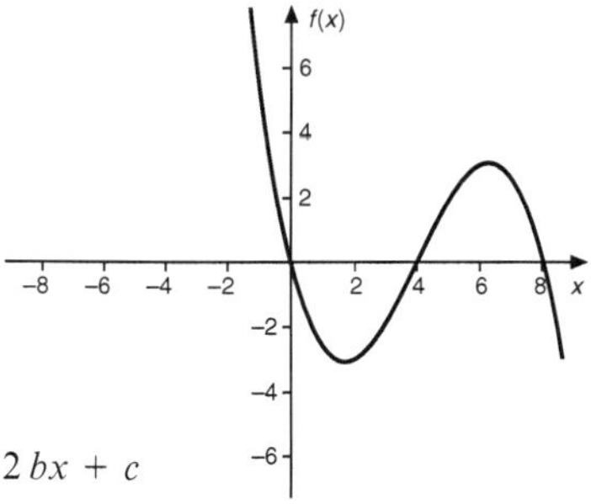

21 a) $f_{\text{links}}(x) = -4x; \quad D_{f_{\text{links}}} = [-1; 0]$
$f_{\text{rechts}}(x) = 2x - 8; \quad D_{f_{\text{rechts}}} = [4; 6]$

b) $f(x) = ax^3 + bx^2 + cx + d \quad f'(x) = 3ax^2 + 2bx + c$

$f(0) = 0 \quad \Rightarrow 0 = d$
$f(4) = 0 \quad \Rightarrow 0 = 64a + 16b + 4c$
$f'(0) = -4 \Rightarrow -4 = c$
$f'(4) = 2 \quad \Rightarrow 2 = 48a + 8b + c$

$\Bigg\}\ \underline{\underline{f(x) = \frac{1}{88}x^3 + \frac{3}{2}x^2 - 4x}}$

c) $D_{\max}(f) = \mathbb{R}$

$\lim\limits_{x \to -\infty} f(x) = „\infty“, \ \lim\limits_{x \to \infty} f(x) = „-\infty“$

Kein Symmetrieverhalten erkennbar

$S_{x_1/f(x)}(0/0) \quad S_{x_2}(4/0) \quad S_{x_3}(8/0)$

$T(1{,}69/-3{,}08) \quad H(6{,}31/3{,}08)$

$W(4/0)$

$W(f_{\max}) = \mathbb{R}$

d) s. Abb.

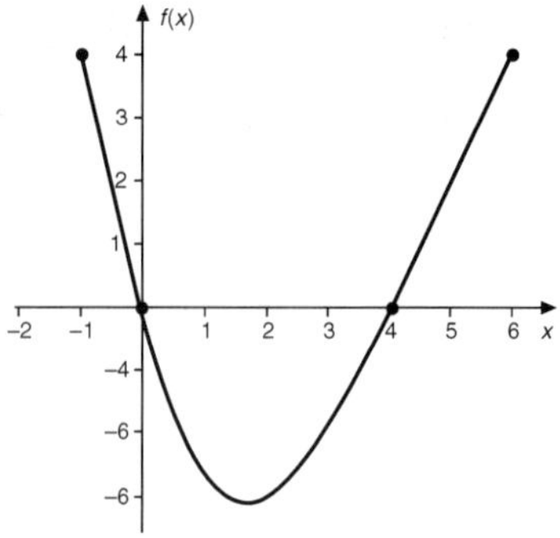

22 a) $E(t) = at^3 + bt^2 + ct + d$

$E(0) = 0$

$E''(6) = 0$

$E(6) = 72$

$E(12) = 144$

$E'(12) = 0$

$E(t) = -\frac{1}{6}t^3 + 3t^2$

b) $E(5) = 54{,}1\overline{6} \approx 54$ Personen

c) $E(t) = 100$

$\Rightarrow t_1 \approx 7{,}6$, d. h. ca. Mitte der 15. KW

$t_2 \approx 15{,}5$, d. h. ca. Mitte der 23. KW

d) $E(t) = 0 \Rightarrow t = 18$, d. h. zu Beginn der 26. KW oder zum Ende der 25. KW.

e) $E'(6) = 18$ [Personen/Woche]

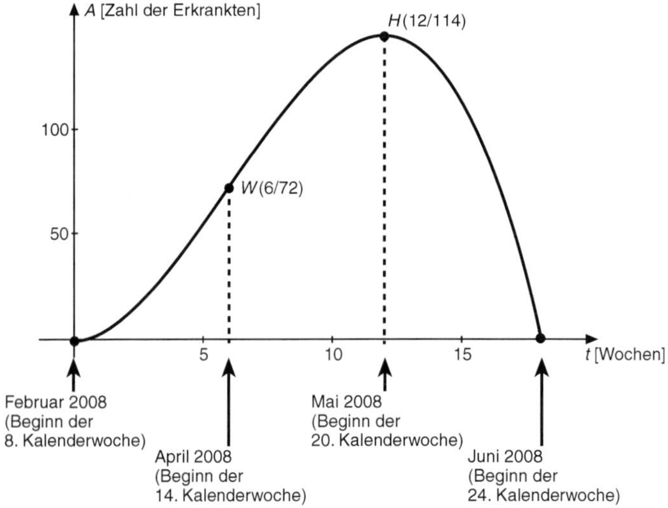

2.7 Optimierungsprobleme

1 • Hauptbedingung: V = Grundfläche · Höhe = $l \cdot b \cdot x$
Nebenbedingung: $l = 16 - 2x$, $b = 10 - 2x$
Zielfunktion: $V(x) = (16 - 2x)(10 - 2x) = 4x^3 - 52x^2 + 160x$

• Nullstellen: $x_1 = 0$; $x_2 = 5$; $x_3 = 8$
$D_{\text{sinnvoll}}(V) = (0; 5)$

• Extrempunkte: $H(2/144)$ $T(\frac{20}{3}/-\frac{1600}{27}) \notin D_{\text{sinnvoll}}$
$V_{\max} = 144$
$x = 2$

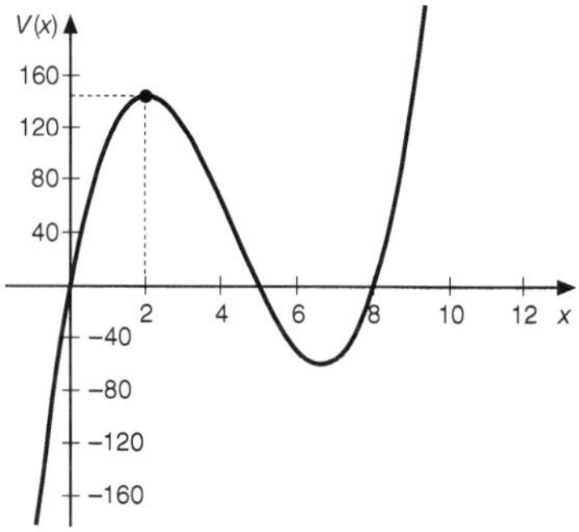

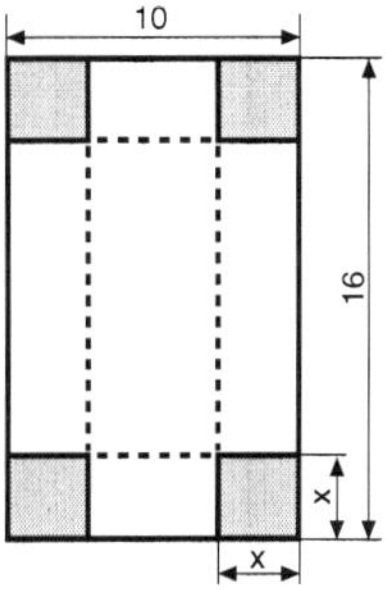

2 • Hauptbedingung: $F = x^2 + y^2$ Nebenbedingung: $x + y = 12 \Leftrightarrow y = 12 - x$
Zielfunktion: $F(x) = x^2 + (12 - x^2)^2 = 2x^2 - 24x + 144$

• $D_{\text{sinnvoll}}(F) = (0; 12)$
• Extrempunkte: $T(6/72)$
$F_{\min} = 72$
$x = y = 6$

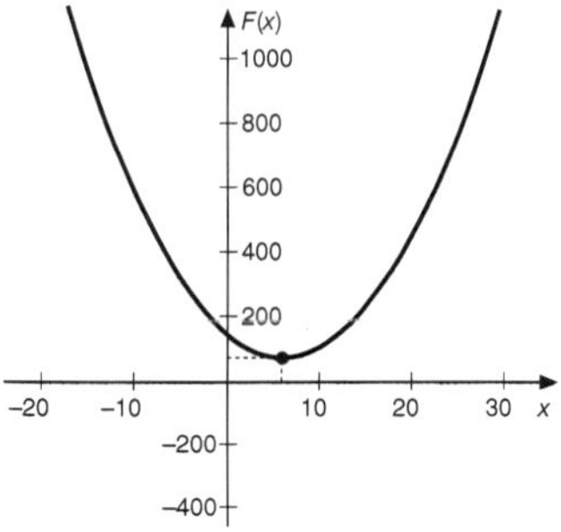

3 • Hauptbedingung: $F_\Delta = \frac{g \cdot h}{2}$ Nebenbedingung: $x + y = 23 \Leftrightarrow y = 23 - x$

Zielfunktion: $F(x) = \frac{x(23 - x)}{2} = -\frac{1}{2}x^2 + \frac{23}{2}x$

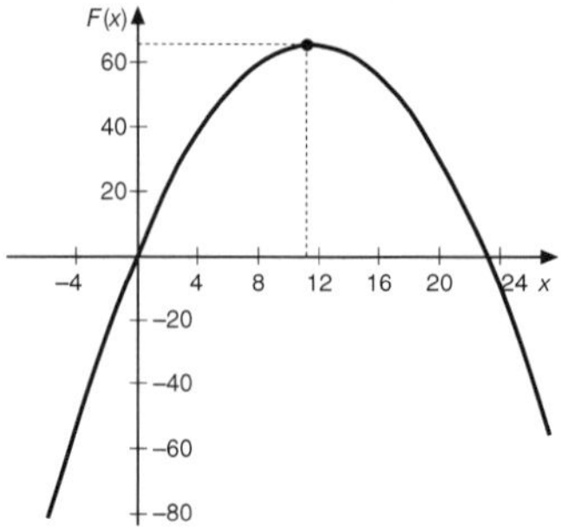

• Nullstellen: $x_1 = 0$; $x_2 = 23$

$D_{\text{sinnvoll}}(F) = (0; 23)$

• Extrempunkte: $H(\frac{23}{2}/66{,}125)$

$F_{\max} = 66{,}125$

$x = y = 11{,}5$

4 • Hauptbedingung: $V = x^2 \cdot y$

Nebenbedingung: $8x + 4y = 144 \Leftrightarrow y = 36 - 2x$

Zielfunktion: $V(x) = x^2(36 - 2x) = 36x^2 - 2x^3$

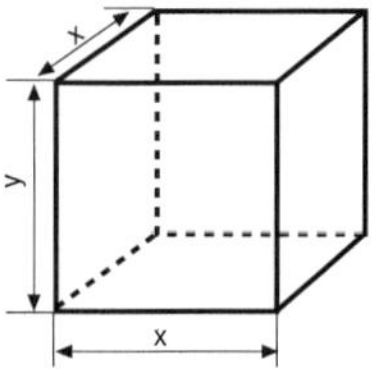

• Nullstellen: $x_{1/2} = 0$; $x_3 = 18$

$D_{\text{sinnvoll}}(V) = (0; 18)$

• Extrempunkte: $T(0/9)$ $H(12/1\,728)$

Wertebereich: $W(V) = \mathbb{R}$

$V_{\max} = 1728$

$x = y = 12$

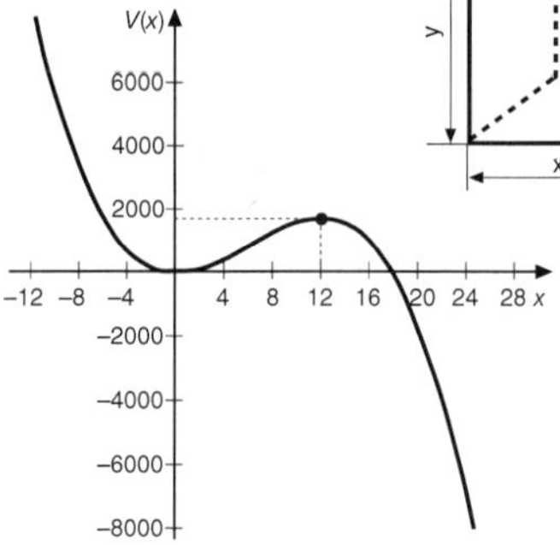

5 • Hauptbedingung: $V = a \cdot b \cdot x$ Nebenbedingung: $a = 500 - 2x$

$b = 400 - x$

Zielfunktion:

$V(x) = (500 - 2x) \cdot (400 - x) \cdot x$

$V(x) = 2x^3 - 1300x^2 + 200000x$

• Nullstellen: $x_1 = 0$; $x_2 = 250$; $x_3 = 333{,}3$

$D_{\text{sinnvoll}}(V) = (0; 250)$

• Extrempunkte:

$H(100/9000000)$ $T(333{,}\overline{3}/-3703703)$

$V_{\max} = 9000000\ \text{mm}^3 = 9\ \text{dm}^3 = 9$ Liter

$x = 100$

$a = 300$

$b = 300$

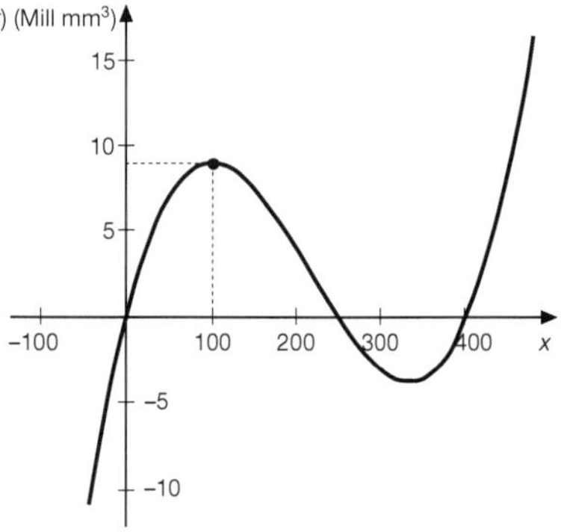

6 • Hauptbedingung: $F = x \cdot y$
Nebenbedingung: $U = 400 = 2x + 2y \Leftrightarrow y = 200 - x$
Zielfunktion: $F(x) = x \cdot (200 - x) = 200x - x^2$
• Nullstellen: $x_1 = 0$; $x_2 = 200$
$D_{sinnvoll}(F) = (0; 200)$
• Extrempunkte: $H(100/10000)$
$F_{max} = 10000$
$x = y = 100$

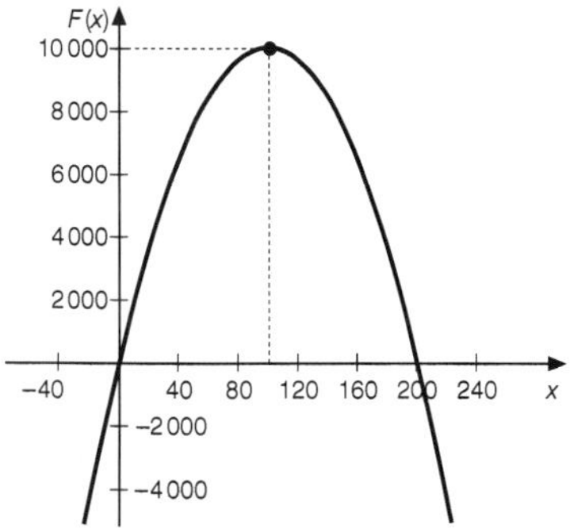

7 • Hauptbedingung: $V = l \cdot b \cdot h$
Nebenbedingung: $l + b + h = 90$
$b = \frac{2}{3} l$
Zielfunktion: $V(l) = -\frac{10}{9} l^3 + 60 l^2$
• Nullstellen: $l_{1/2} = 0$; $l_3 = 54$
$D_{sinnvoll}(V) = (0; 54)$
• Extrempunkte: $T(0/0)$ $H(36/25920)$
$V_{max} = 25920$
$l = 36$
$b = 24$
$h = 30$

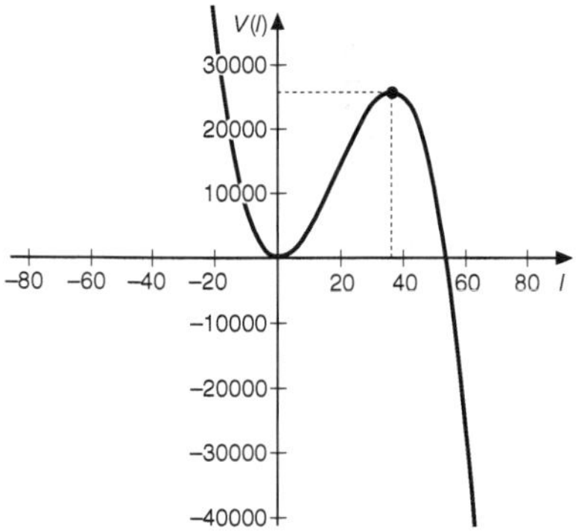

8 • Hauptbedingung: $V = \pi \cdot r^2 \cdot h$
Nebenbedingungen:
Funktionsgleichung des Daches (rechts): $h = -\frac{8}{5} r + 8$
Zielfunktion:
$V(r) = \pi r^2 (8 - \frac{8}{5} r)$
$V(r) = 8\pi r^2 - \frac{8\pi}{5} r^3$
• Nullstellen: $r_{1/2} = 0$; $r_3 = 5$
$D_{sinnvoll}(V) = (0; 5)$

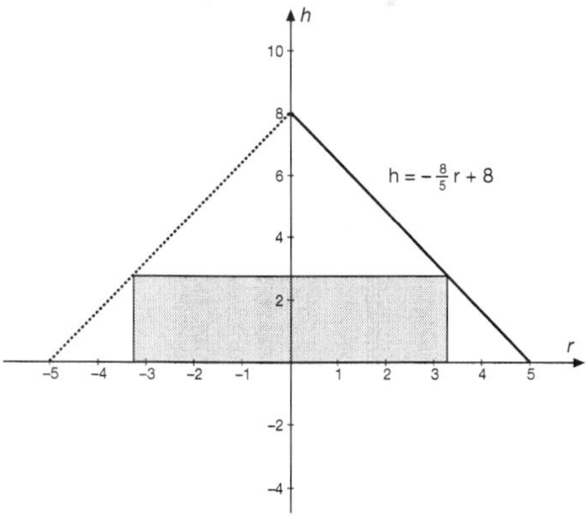

- Extrempunkte: $T(0/0)$ $H(\frac{10}{3}/\frac{800}{27}\pi) \approx (3{,}\overline{3}/93{,}08)$
  $V_{max} = 93{,}08$
  $r = \frac{10}{3}$
  $h = \frac{8}{3}$

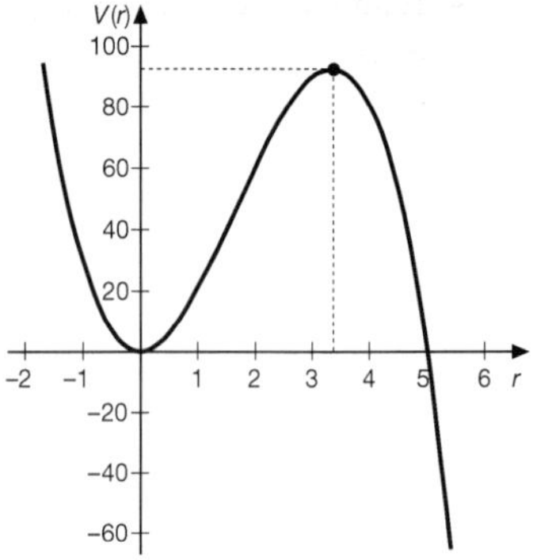

9
- Hauptbedingung: $F = x \cdot 2r$
  Nebenbedingung: $400 = 2x + 2\pi r$
  Zielfunktion: $F(\mathrm{r}) = 400r - 2\pi r^2$
- Nullstellen: $r_{1/2} = 0$; $r_3 \approx 63{,}662$
  $D_{sinnvoll}(F) = (0; \frac{200}{\pi}) = (0; \pm 63{,}662)$
- Extrempunkte: $H(\frac{100}{\pi}/\frac{20000}{\pi}) \approx (31{,}831/6366{,}198)$
  $F_{max} = \approx 6366{,}198$
  $r = \frac{100}{\pi} \approx 31{,}831$
  $x = 100$

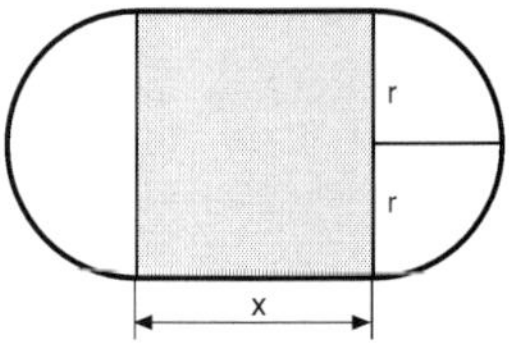

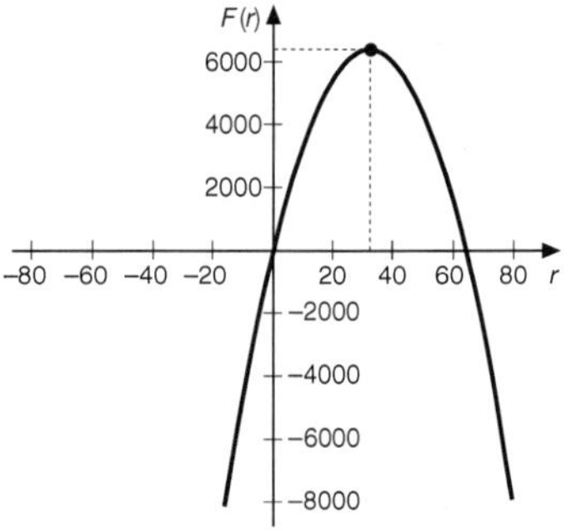

10
- Hauptbedingung: $A = x \cdot y$
  Nebenbedingung: $y = -\frac{2}{5}x + 2$
  Zielfunktion:
  $A(x) = x \cdot y = x \cdot (-\frac{2}{5}x + 2) = -\frac{2}{5}x^2 + 2x$
- Nullstellen: $x_1 = 0$; $x_2 = 5$
  $D_{sinnvoll}(A) = (0; 5)$

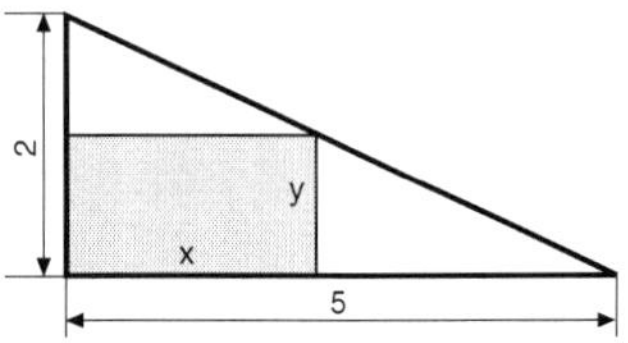

- Extrempunkte: $H(2{,}5/2{,}5)$
  $A_{max} = 2{,}5$
  $x = 2{,}5$
  $y = 2{,}5$

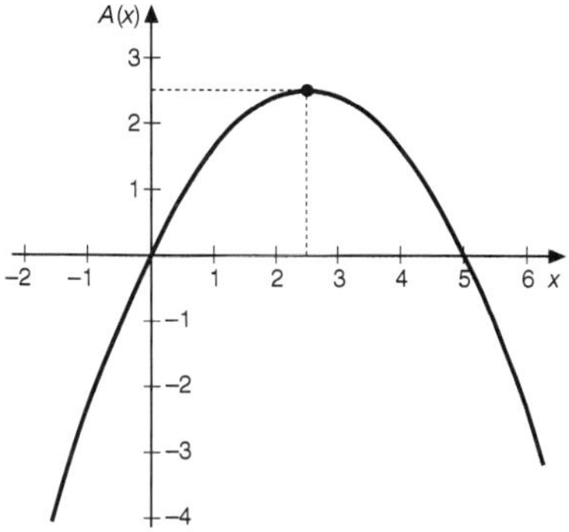

11 • Hauptbedingung: $T = \frac{1}{6} \cdot b \cdot h^2$
  Nebenbedingung: $d^2 = 60^2 = b^2 + h^2$ (Pythagoras)
  Zielfunktion:
  $T(b) = \frac{1}{6} \cdot b \cdot (3600 - b^2)$
  $T(b) = -\frac{1}{6} b^3 + 600\, b;$
- Nullstellen: $b_{1/2} = 0;\ b_{3/4} = \pm 60$
  $D_{sinnvoll}(T) = (0;\, 60)$
- Extrempunkte: $T(-34{,}641/-13856{,}4)$
  $H(34{,}641/13856{,}4)$
  $T_{max} = 13856{,}4$
  $h = 48{,}989$
  $b = 34{,}641$

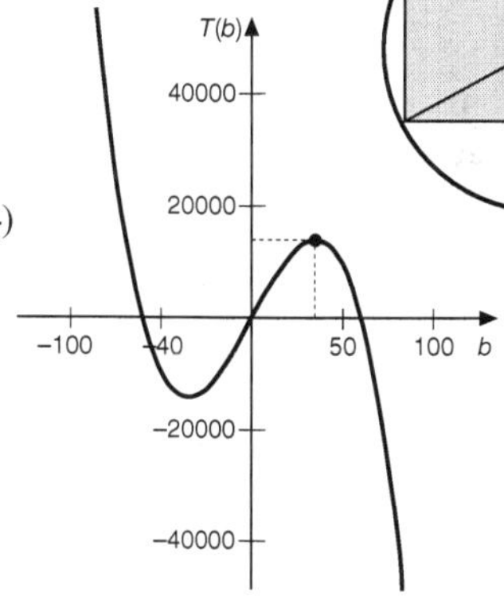

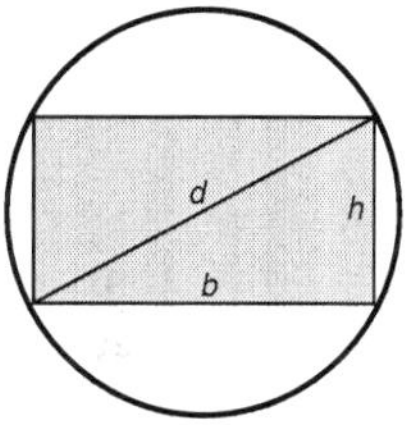

12 • Hauptbedingung: $A = x \cdot y$
  Nebenbedingung: $y = -\frac{2}{3}x + 4$
  (Funktionsgleichung des Daches rechts, vgl. auch Übungsaufgabe 20, S. 95)
  Zielfunktion: $A(x) = -\frac{2}{3}x^2 + 4x$
- Nullstellen: $x_1 = 0;\ x_2 = 6$
  $D_{sinnvoll}(A) = (0;\, 6)$
- Extrempunkt: $H(3/6)$
  $V_{max} = 6 \cdot 2 \cdot 10 = 120$
  $x = 3$
  $y = 2$
  Maximale Wohnfläche $= 6 \cdot 10 = 60$

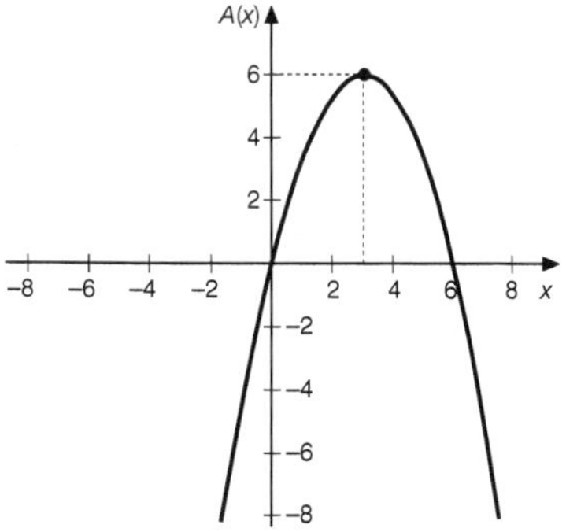

13 • Hauptbedingung: $A = 2x \cdot y$
Nebenbedingung: $y = \frac{1}{25}x^4 - \frac{2}{3}x^2 + \frac{9}{5}$
Zielfunktion: $A(x) = \frac{2}{25}x^5 - \frac{4}{3}x^3 + \frac{18}{5}x$
• Nullstellen: $x_1 = 0$; $x_{2/3} \approx -3{,}64$; $x_{4/5} \approx \pm 18{,}4$
$D_{\text{sinnvoll}}(A) = (0;\ 1{,}84)$
• Extrempunkte: $H_1(-3/5{,}76)$ $H_2(1/2{,}35)$
$T_1(-1/2{,}35)$ $T_2(3/-5{,}76)$
$A_{max} = 2{,}35$
$x = 1$
$y = 1{,}17\overline{3}$

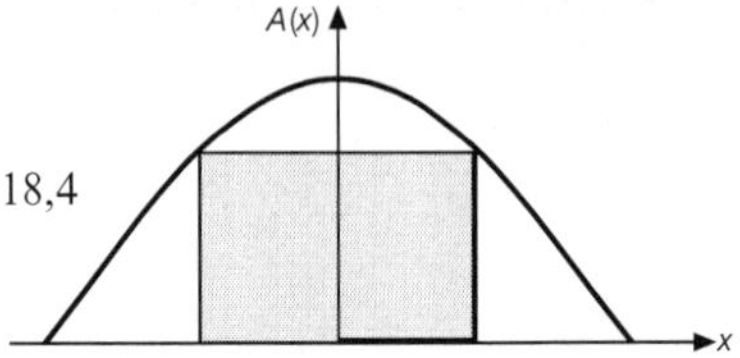

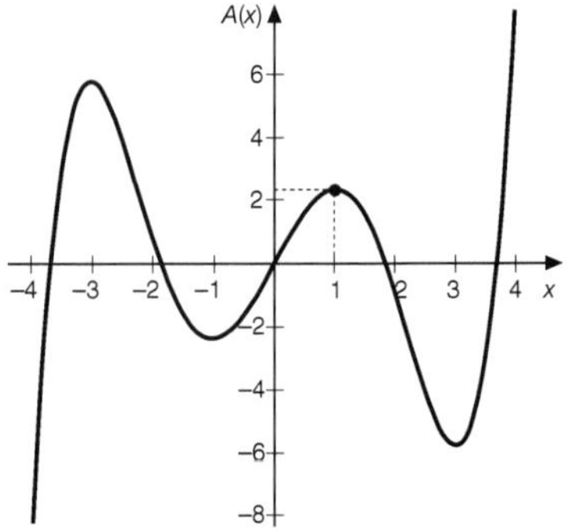

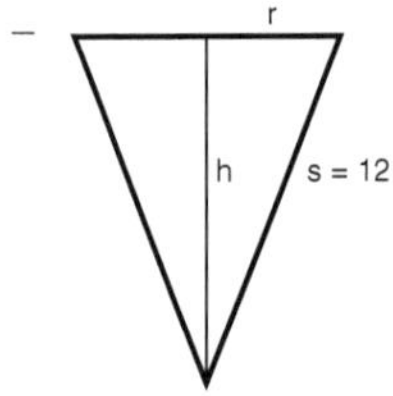

14 • Hauptbedingung: $V_{Kegel} = \frac{\pi}{3}r^2 h$
Nebenbedingung: $r^2 + h^2 = s^2$
$r^2 = 144 - h^2$
Zielfunktion: $V(\text{h}) = \frac{\pi}{3}(144 - h^2) \cdot h$
$= -\frac{\pi}{3}h^3 + 48\,\pi h$
$= -1{,}047\,h^3 + 150{,}8\,h$
• Nullstellen: $h_1 = -12$; $h_2 = 0$; $h_3 = 12$
$D_{\text{sinnvoll}}(V) = (0;\ 12)$
• Extrempunkte:
$T(-6{,}928/-696{,}562)$ $H(6{,}928/696{,}562)$
$V_{max} = 696{,}5$
$h = 6{,}928$
$r = 9{,}8$

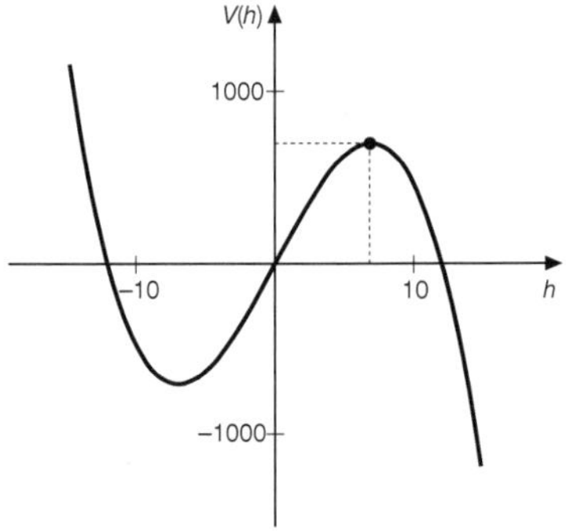

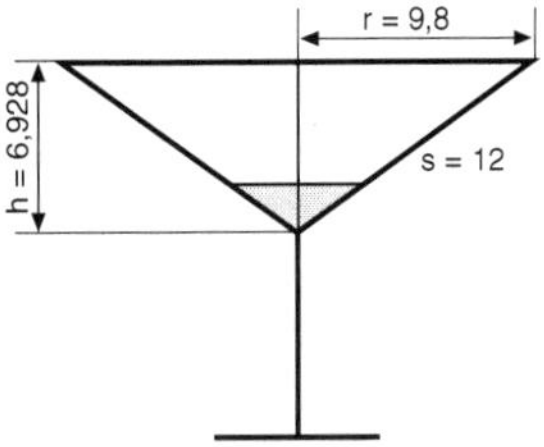

15 • Hauptbedingung: $A = 2x \cdot y$

Nebenbedingung: $y = -\frac{8}{81}x^2 + 8$

Zielfunktion: $A(x) = -\frac{16}{81}x^3 + 16x$

• Nullstellen: $x_{1/2} = \pm 9$; $x_3 = 0$

$D_{\text{sinnvoll}}(A) = (0; 8)$

• Extrempunkte:

$H(5{,}2/55{,}43)$ $T(-5/55{,}43)$

$A_{\max} = 55{,}43$

$x = 5{,}2$

$y = 5{,}33$

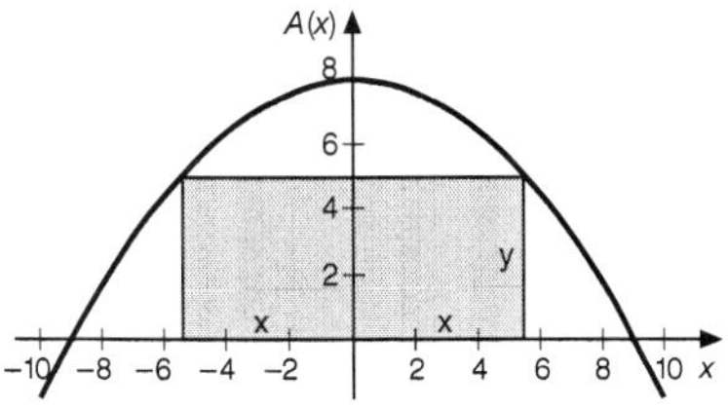

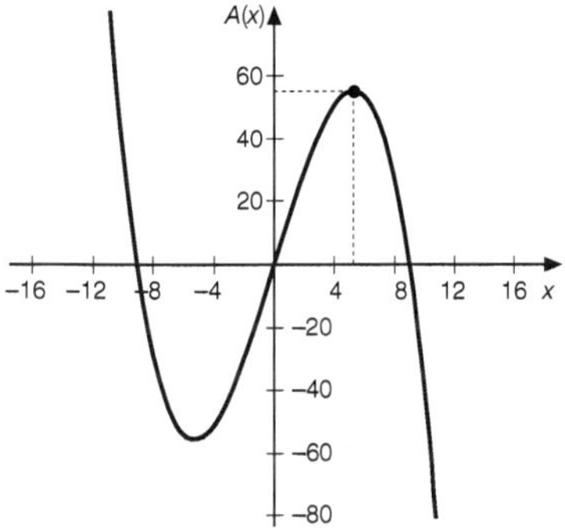

16 • Hauptbedingung: $V = h \cdot b \cdot t$

Nebenbedingungen: $32 = 0{,}7 + 2 \cdot b + 2 \cdot t$

$33 = 1{,}6 + h + t$

Zielfunktion: $V(t) = (31{,}4 - t) \cdot (15{,}65 - t) \cdot t$

$V(t) = (491{,}41 - 47{,}05 \cdot t + t^2) \cdot t$

$V(t) = t^3 - 47{,}05 \cdot t^2 + 491{,}41 \cdot t$

• Nullstellen: $t_1 = 0$; $t_2 = 15{,}65$; $t_3 = 31{,}4$

$D_{\text{sinnvoll}}(V) = (0; 15{,}65)$

• Extrempunkte:

$H(6{,}619/1481{,}314)$ $T(24{,}748/1497{,}746)$

$V_{\max} = 1481{,}314$

$t = 6{,}619$

$b = 9{,}031$

$h = 24{,}781$

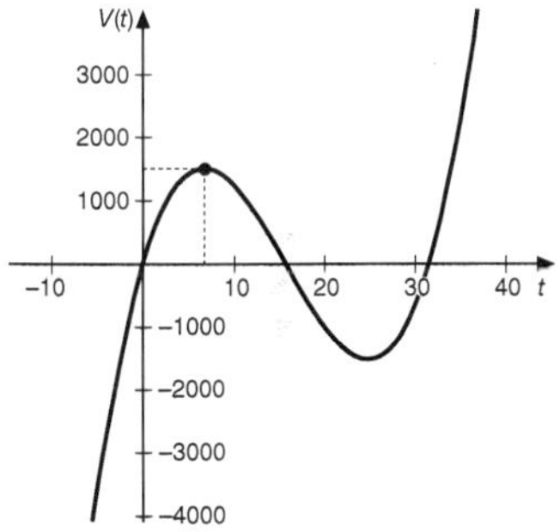

Das maximal mögliche Volumen, das aus der Folie erstellt werden kann, ist kleiner als 1,5 Liter. Es werden aber trotzdem 1,5 Liter abgefüllt, weil die Seiten der Verpackung etwas nachgeben und in das leicht bauchige Pack dann tatsächlich 1,5 Liter passen.

17 I)

- Hauptbedingung: $F = x \cdot y$
  Nebenbedingung: $y = (4 - x^2)$
  Zielfunktion: $F(x) = x \cdot (4 - x^2) = 4x - x^3$
- Nullstellen: $x_1 = 0;\ x_{2/3} = \pm 2$
  $D_{\text{sinnvoll}}(F) = (0; 2)$
- Extrempunkte:
  $T(-\frac{2}{3}\sqrt{3}/-\frac{16}{9}\sqrt{3}) \approx (-1{,}15/-3{,}079)$
  $H(\frac{2}{3}\sqrt{3}/\frac{16}{9}\sqrt{3}) \approx (1{,}15/3{,}079)$
  $F_{\max} = \frac{16}{9}\sqrt{3} \approx 3{,}079$
  $x = \frac{2}{3}\sqrt{3} \approx 1{,}15$
  $y = \frac{8}{3} = 2{,}\overline{6}$

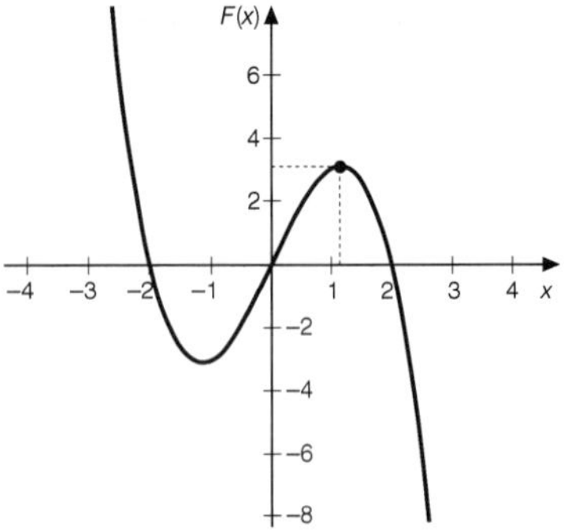

II)

- Hauptbedingung: $U = 2x \cdot 2y$
  Nebenbedingung: $y = 4 - x^2$
  Zielfunktion: $U(x) = 2x + 2(4 - x^2) = 2x + 8 - 2x^2$
  $U(x) = -2x^2 + 2x + 8$
- Nullstellen: $x_1 = -1{,}562;\ x_2 = 0;\ x_3 = 2{,}562$
  $D_{\text{sinnvoll}}(U) = (0; 2{,}562)$
- Extrempunkt: $H(\frac{1}{2}/\frac{17}{2})$
  $U_{\max} = 8{,}5$
  $x = 0{,}5$
  $y = 3{,}75$

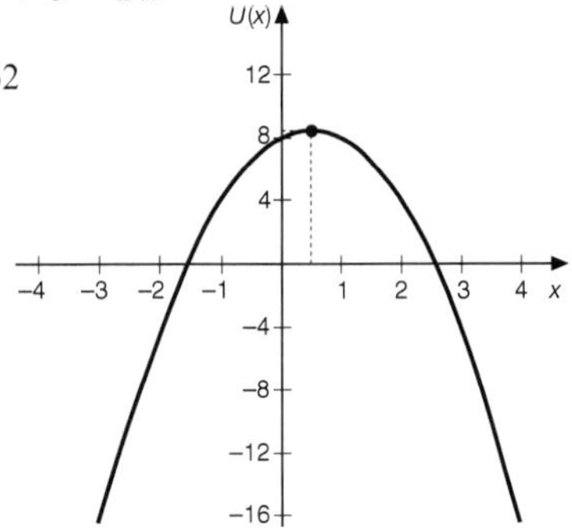

18
- Hauptbedingung: $F = a \cdot b$
  Nebenbedingung: $3a + 2b = 75 \Leftrightarrow b = \frac{75 - 3a}{2}$
  Zielfunktion: $F(a) = -\frac{3}{2}a^2 + \frac{75}{2}a$
- Nullstellen: $a_1 = 0;\ a_2 = 25$
  $D_{\text{sinnvoll}}(F) = (0; 25)$
- Extrempunkt: $H(12{,}5/234{,}375)$
  $F_{\max} = 234{,}375$
  $a = 12{,}5 \quad b = 18{,}75$

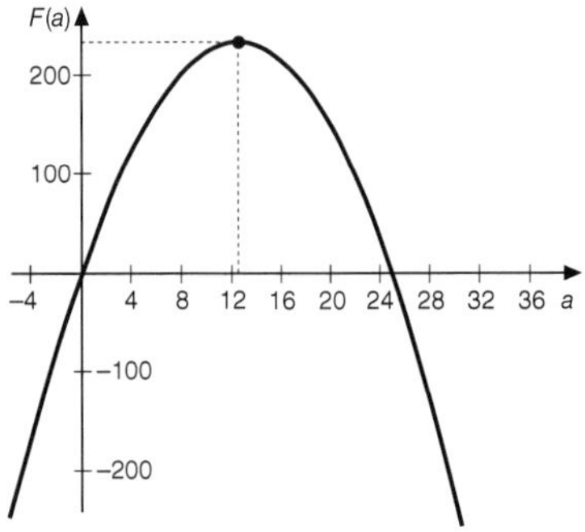

19 • Hauptbedingung: $V = h \cdot b \cdot t$

Nebenbedingungen: $156 = 2b + 2t + 4 \Leftrightarrow b = 76 - t$

$101 = h + \frac{5}{3}t + 1 \Leftrightarrow h = 100 - \frac{5}{3}t$

Zielfunktion: $V(t) = \frac{5}{3}t^3 - \frac{680}{3}t^2 + 7600\,t$

• Nullstellen: $t_1 = 0$; $t_2 = 60$; $t_3 = 76$

$D_{\text{sinnvoll}}(V) = (0; 60)$

• Extrempunkte: $H\,(22{,}2/75244{,}6)$

$T\,(68{,}466/7278{,}26)$

$V_{max} = 75244{,}6$

$t = 22{,}2$

$b = 53{,}8$

$h = 63$

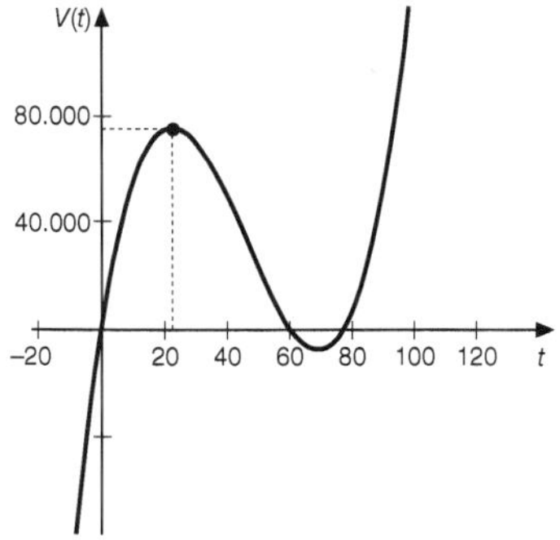

20 a) Neue Variablen: $x = \frac{b}{2}$; $y = h$

Hauptbedingung: $A = x \cdot y$

Nebenbedingung: $y = -\frac{2}{3}x + 4$

Zielfunktion: $A\,(x) = -\frac{2}{3}x^2 + 4\,x$

$D_{\text{sinnvoll}}(A) = (0; 6)$, weil A Nullstellen: $x = 0$ und bei $x = 6$ hat.

b) Extrempunkt: $H\,(3/6)$

Für $x = \frac{b}{2}$ und $y = h = 2$ beträgt die maximale halbe Fensterfläche 6 m².

Das ganze Fenster ist dann doppelt so groß: 12 m².

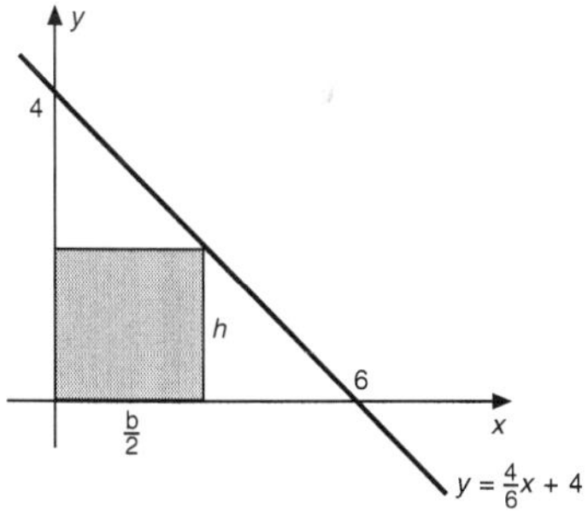

3 Integralrechnung

3.1 Einführung in die Integralrechnung

3.1.1 Stammfunktion – unbestimmtes Integral

1 a) $F(x) = -\frac{1}{6}x^3 + C$
b) $F(x) = \frac{2}{5}x^5 + C$
c) $F(x) = -\frac{1}{12}x^4 + C$
d) $F(x) = -\frac{1}{24}x^6 + C$
e) $F(x) = -2x + C$
f) $F(x) = C$
g) $F(x) = \frac{1}{2}x^2 + 3x + C$
h) $F(x) = -x^2 + \frac{1}{8}x^4 + C$
i) $F(x) = -\frac{1}{25}x^5 + 3x + C$
j) $F(x) = \frac{3}{5}x^5 - 2x^4 + 2x + C$
k) $F(x) = -\frac{1}{8}x^4 + \frac{1}{12}x^3 - \frac{1}{2}x^2 - x + C$
l) $F(x) = \frac{1}{25}x^5 - \frac{1}{4}x^4 + x^3 + x^2 - 3x + C$

2 a) $F(x) = \frac{1}{5}x^5 - \frac{3}{2}x^2 + 4x + C$
b) $F(x) = x^2 - x + C$
c) $F(x) = 2x + C$
d) $F(x) = x + C$
e) $F(x) = \frac{a}{4}x^4 + C$
f) $F(x) = x - 2x^2 + \frac{2}{3}x^3 + C$
g) $F(x) = \frac{1}{4}x^2 + C$
h) $F(x) = \frac{1}{2}x^2 + C$
i) $F(x) = -x^4 + \frac{2}{3}x^3 + C$
j) $F(x) = -\frac{1}{4}x^2 + \frac{1}{3}x^3 + C$
k) $F(x) = 0{,}1x^4 + x^3 + C$
l) $F(x) = -\frac{1}{8}x^4 + \frac{2}{3}x^3 - 3x^2 + 12x + C$

3 $E(x) = -5x^2 + 45x$

4 $P(x) = -0{,}1x^3 + 6x^2 + 150x$

5 $G(x) = -0{,}15x^2 + 18x - 300$

3.1.2 Flächeninhaltsfunktion

1 a) $I(3) = 12$

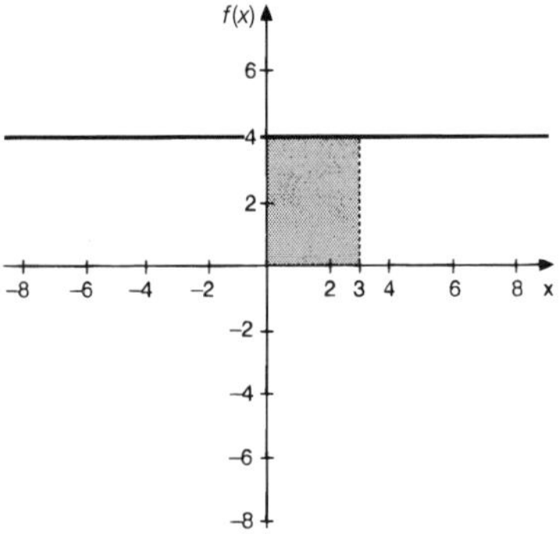

b) $I(1{,}5) = 5{,}625$

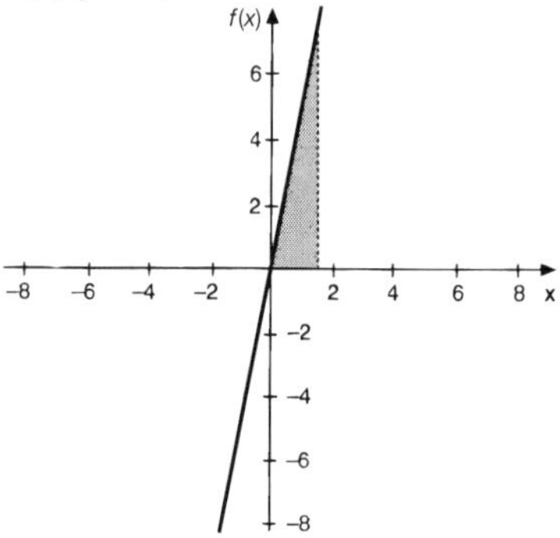

c) $I(2{,}25) = 5{,}7656$

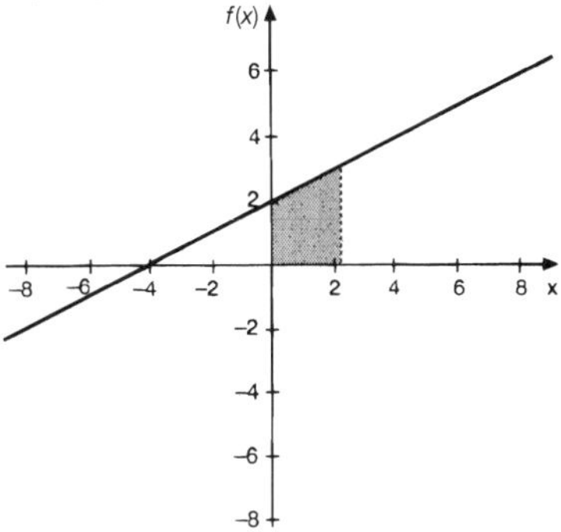

d) $I(0{,}75) = 2\,\frac{37}{64} \approx 2{,}578125$

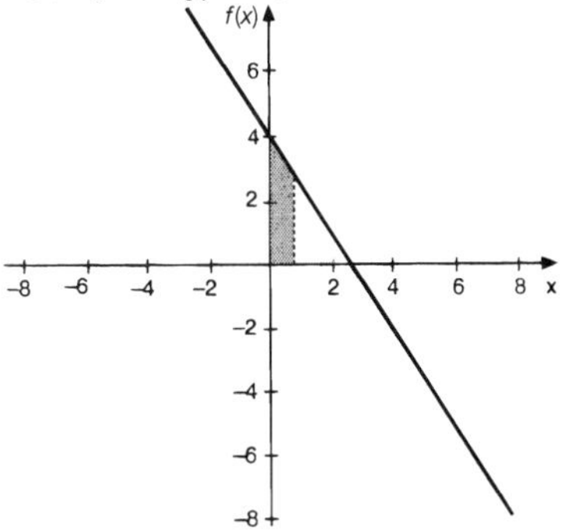

e) $I(2) = \frac{20}{3} = 6{,}\overline{6}$

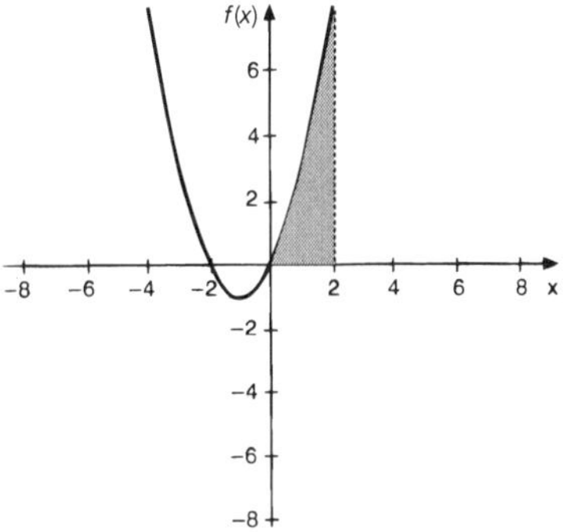

f) $I(1{,}5) = \frac{33}{16} \approx 2{,}0625$

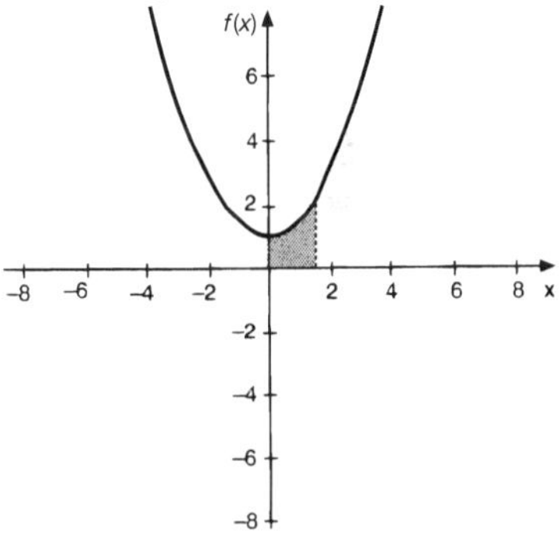

g) $I(3) = \frac{105}{4} = 26{,}25$

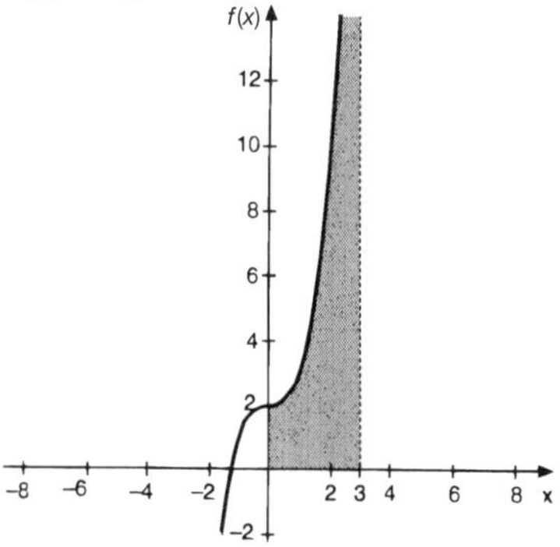

h) $I(4) = 16$

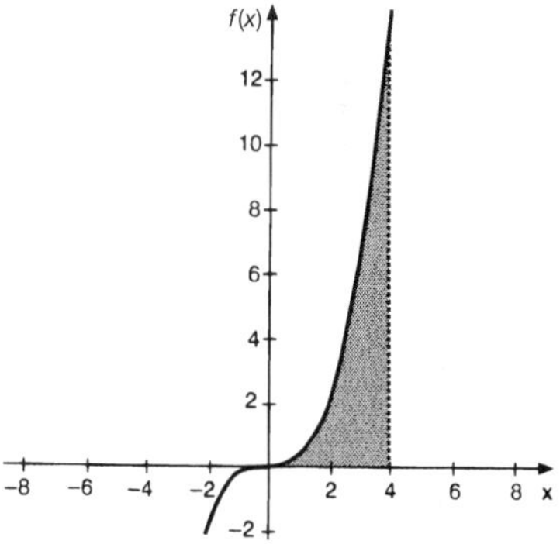

i) $I(1{,}2) \approx 0{,}876356$

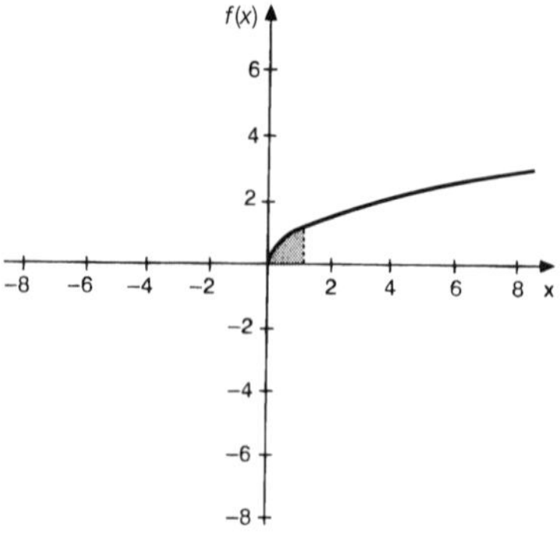

j) $I(3) = 6\sqrt{3} \approx 10{,}3923$

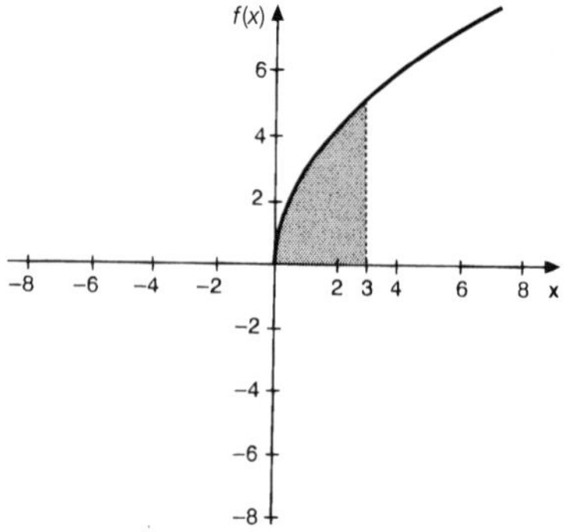

k) $I(3) = 33$

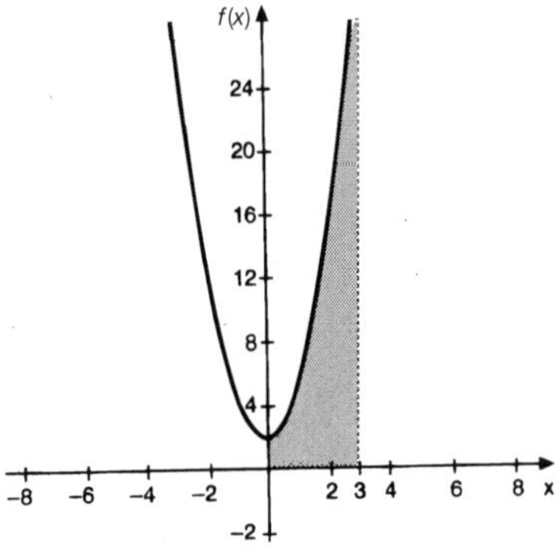

l) $I(1) = \frac{31}{8} = 3{,}875$

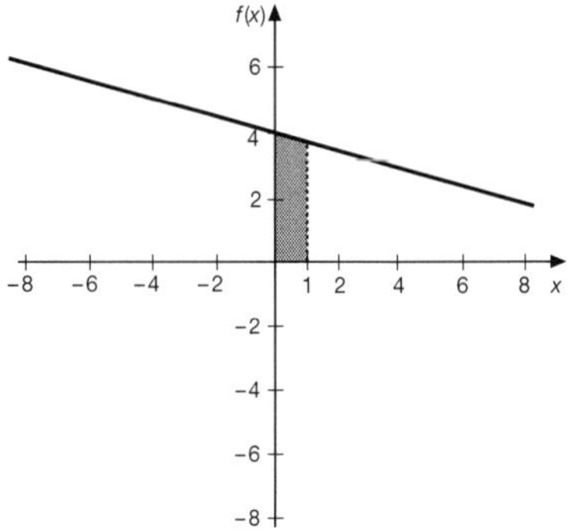

3.1.3 Das bestimmte Integral

1 a) $9,\overline{3}$
b) $41,\overline{6}$
c) 158
d) 13,5
e) $46,\overline{6}$
f) 33
g) 134
h) $3,\overline{3}$
i) 14,4
j) 6
k) 134
l) 4

2 a) $30,\overline{6}$
b) $33,\overline{3}$
c) 36
d) 6

3.2 Anwendungen der Integralrechnung

3.2.1 Das Integral als Flächenmaß

Fläche oberhalb der Abszissenachse

Fäche unterhalb der Abszissenachse

1 a) $I = 4$

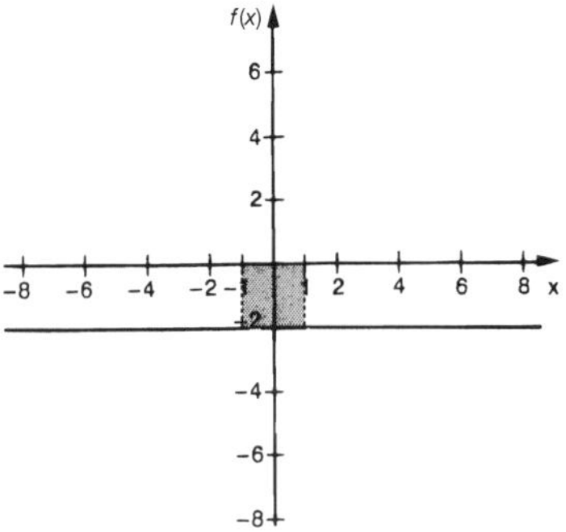

b) $I = 20$

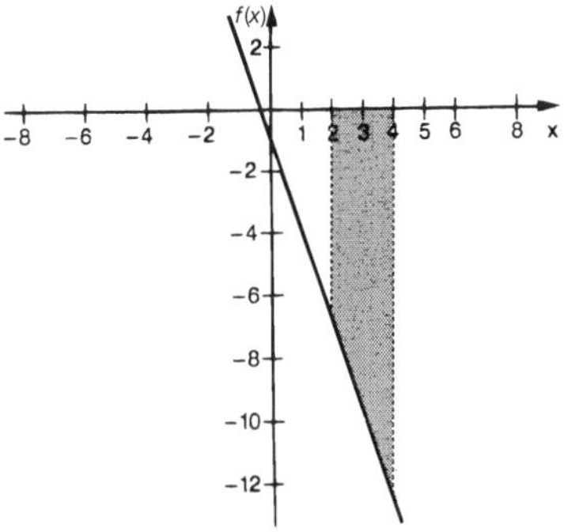

c) $I = 4$

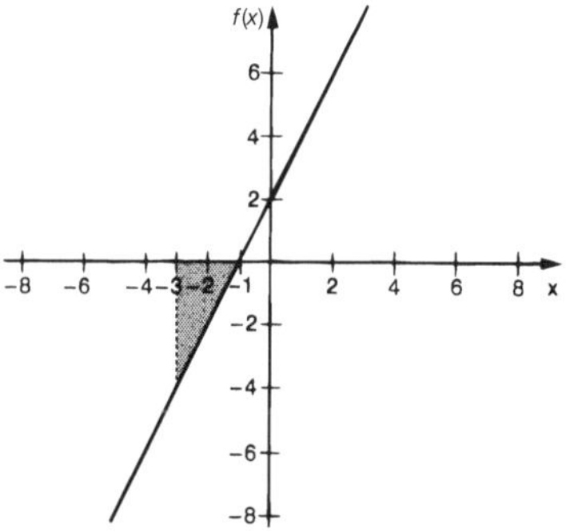

b) $I = 25$

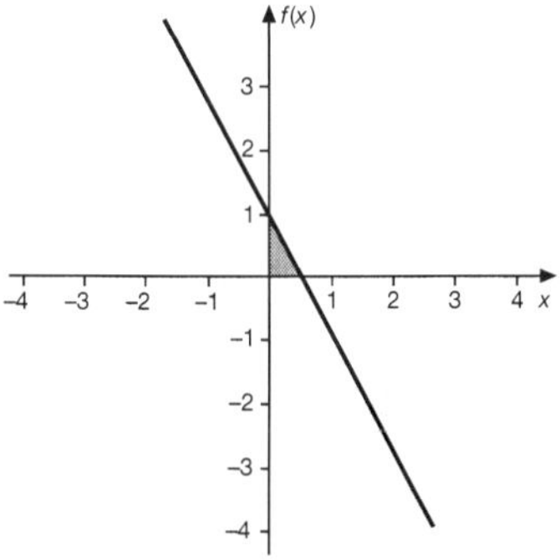

e) $I = \frac{8}{3} = 2,\overline{6}$

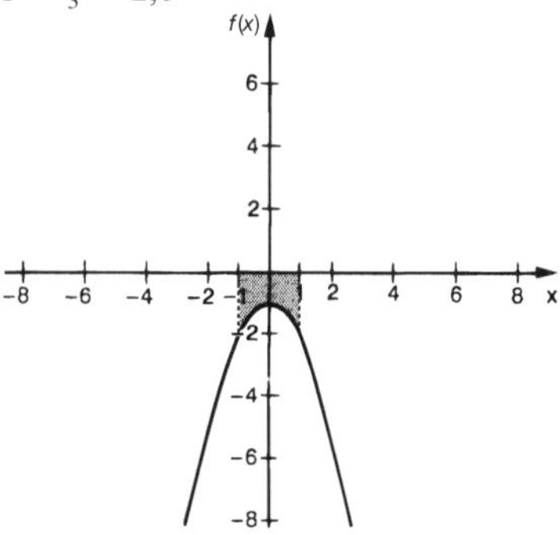

f) $I = 21$

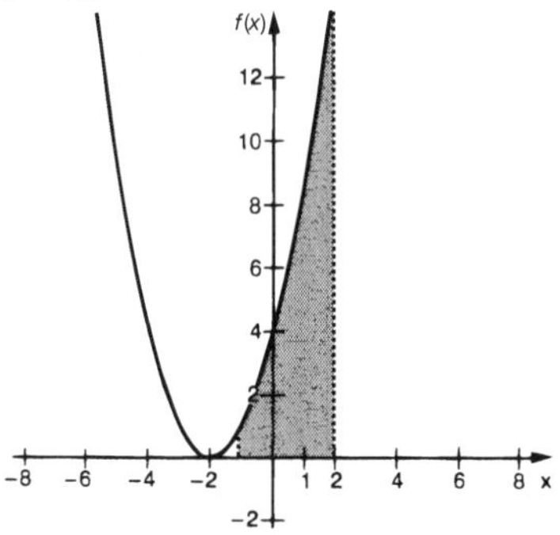

g) $I = \frac{4}{3} = 1,\overline{3}$

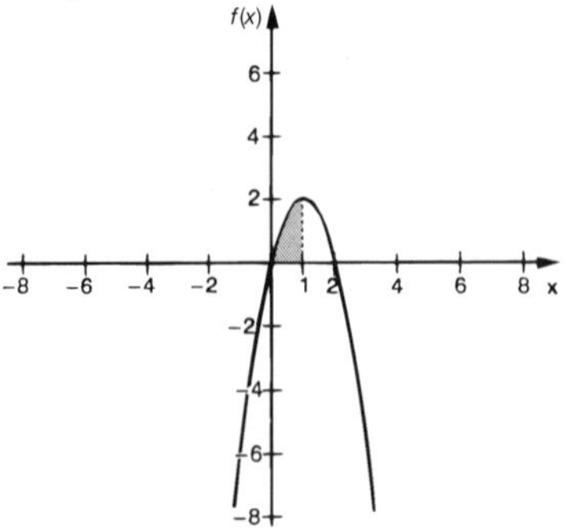

h) $I = \frac{58}{3} = 19,\overline{3}$

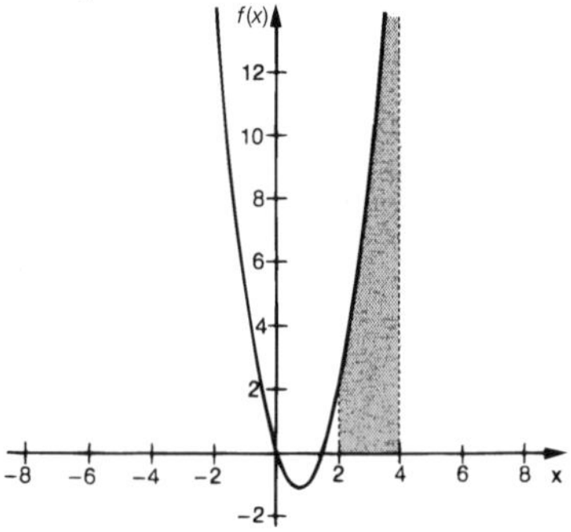

i) $I = 3,\overline{8}$

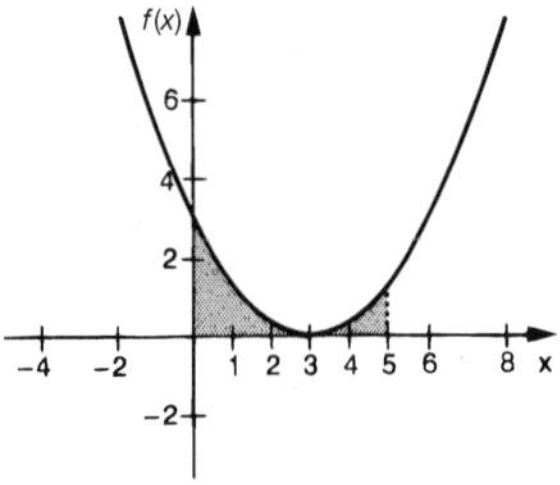

j) $I = 13,\overline{6}$

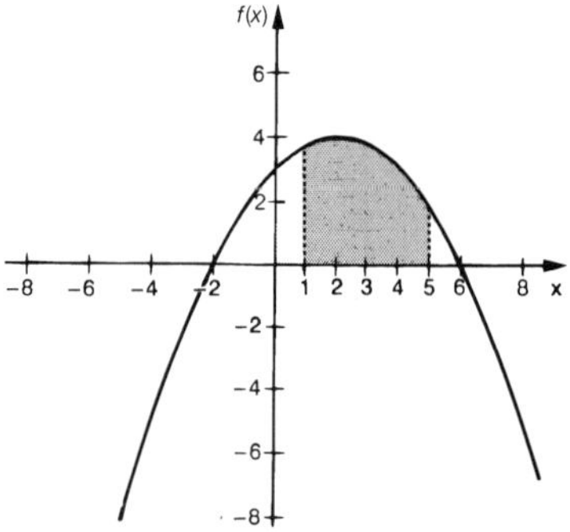

k) $I = \frac{41}{6} = 6,8\overline{3}$

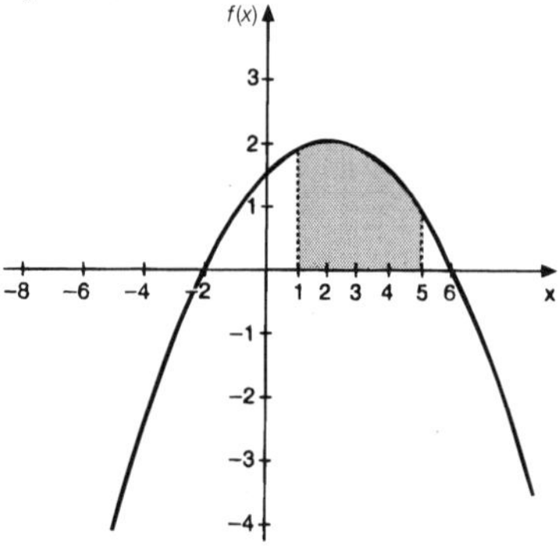

l) $I \approx 2,593$

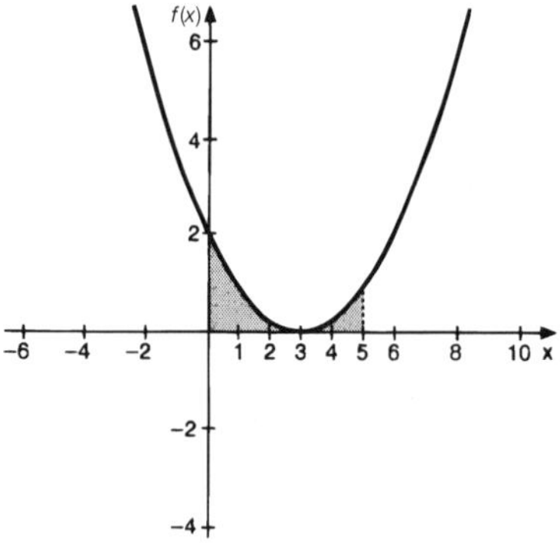

m) $I = 4{,}75$

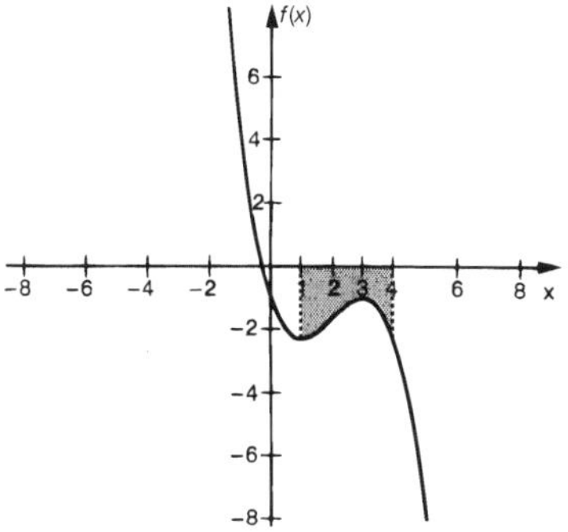

n) $I = \frac{265}{64} = 4{,}140625$

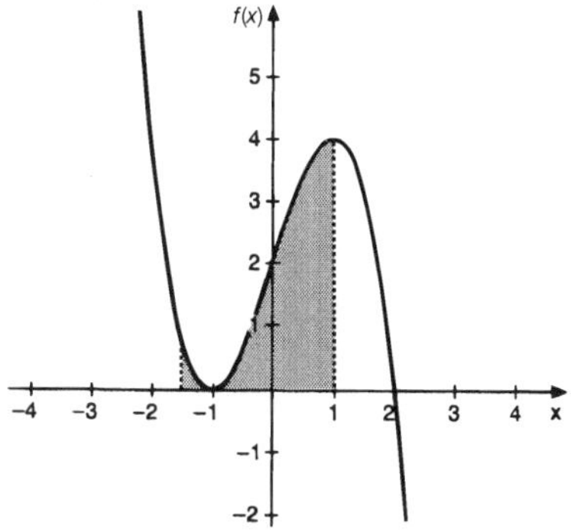

o) $I = 4{,}75$

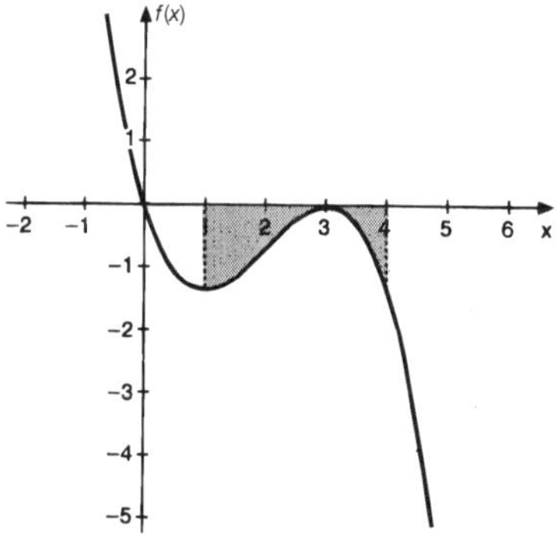

p) $I = 8{,}5\overline{3}$

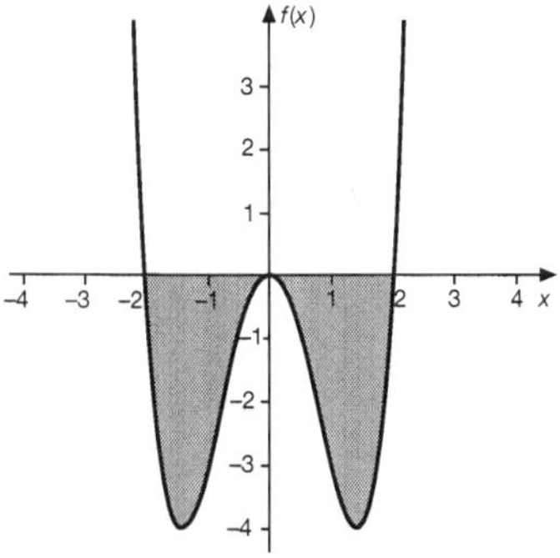

Fläche z. T. oberhalb und z. T. unterhalb der *x*-Achse

2 a) $I = 2{,}5$

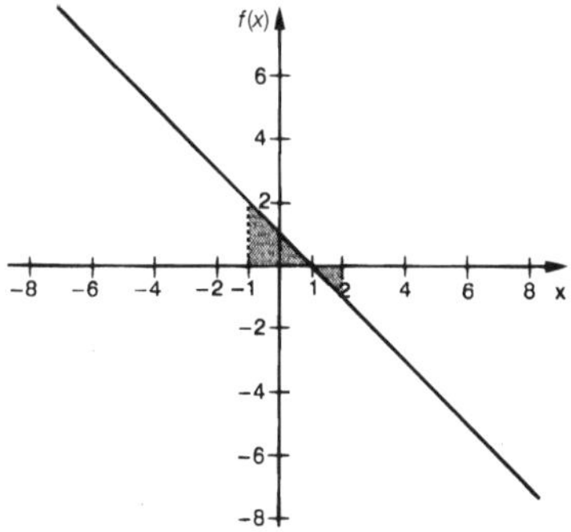

b) $I = \frac{8}{3} = 2{,}\overline{6}$

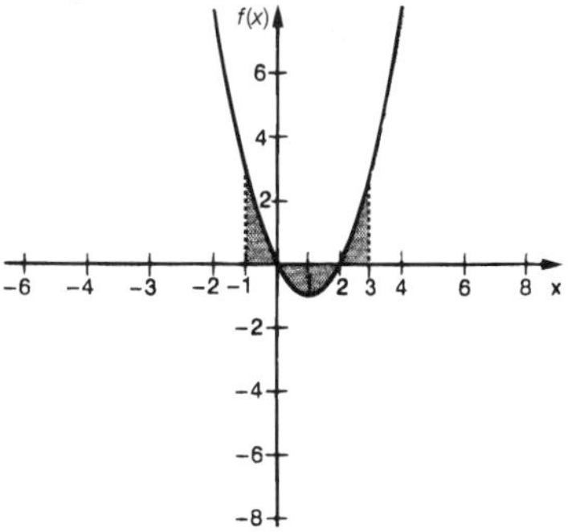

c) $I = \frac{16}{3} = 5{,}\overline{3}$

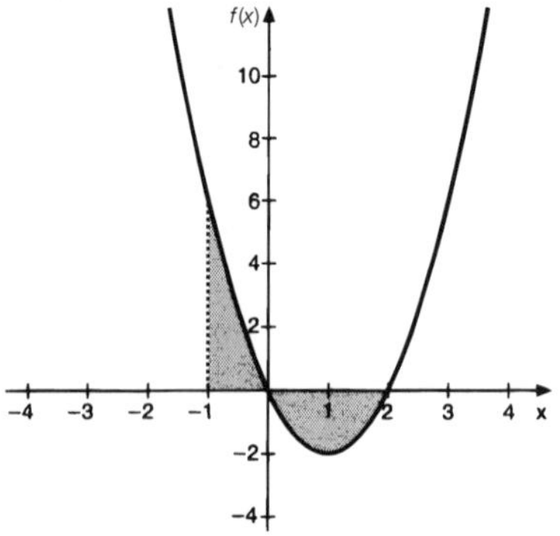

d) $I = \frac{23}{3} = 7{,}\overline{6}$

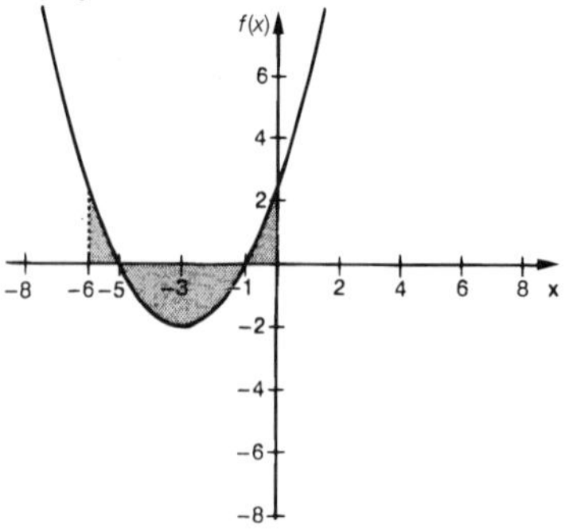

e) $I = 8{,}5$

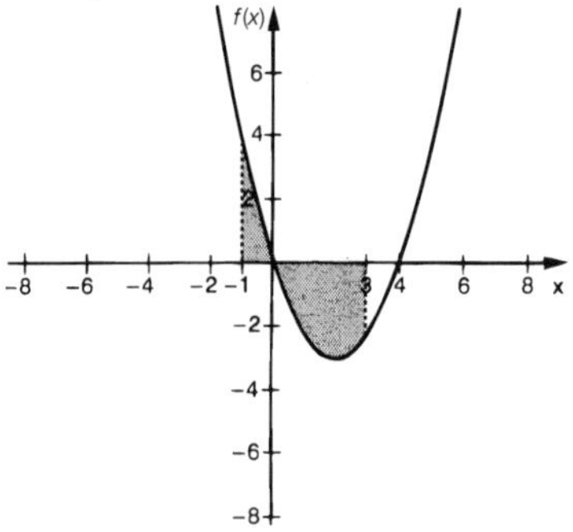

f) $I = \frac{17}{3} = 5{,}\overline{6}$

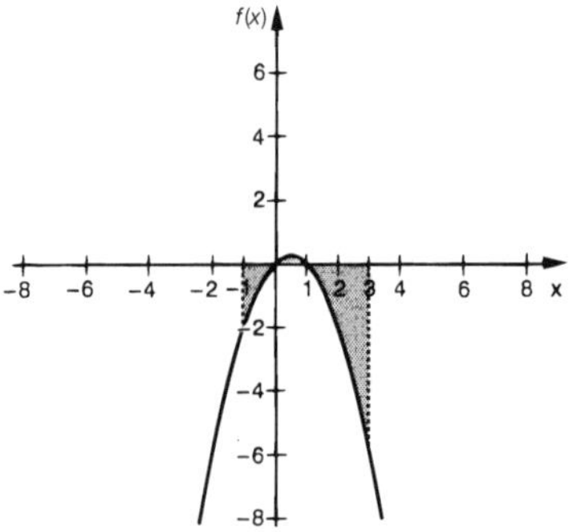

g) $I = \frac{34}{3} = 11{,}\overline{3}$

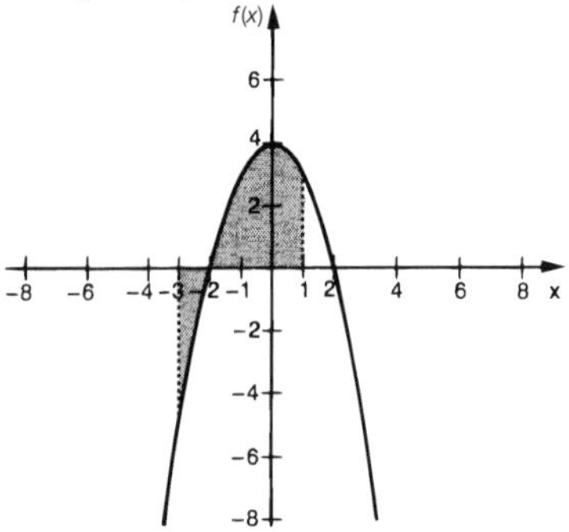

h) $I = \frac{35}{6} = 5{,}8\overline{3}$

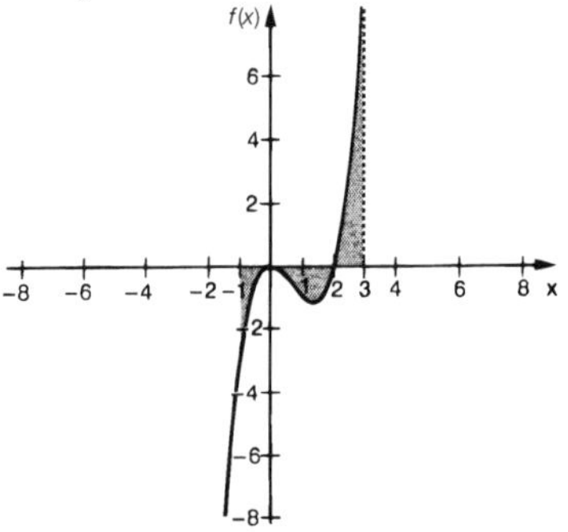

i) $I = 8{,}5$

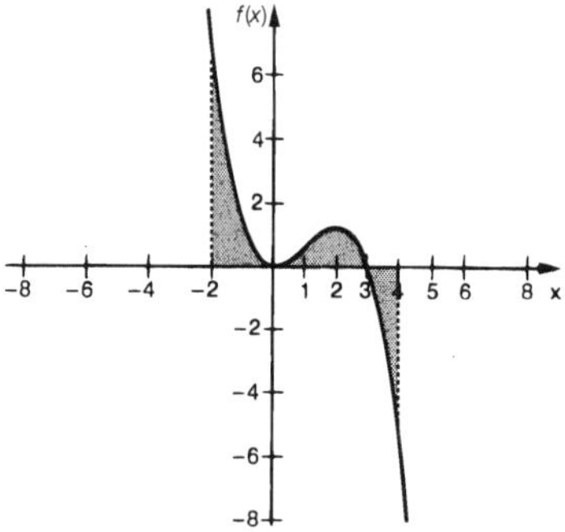

j) $I = 16$

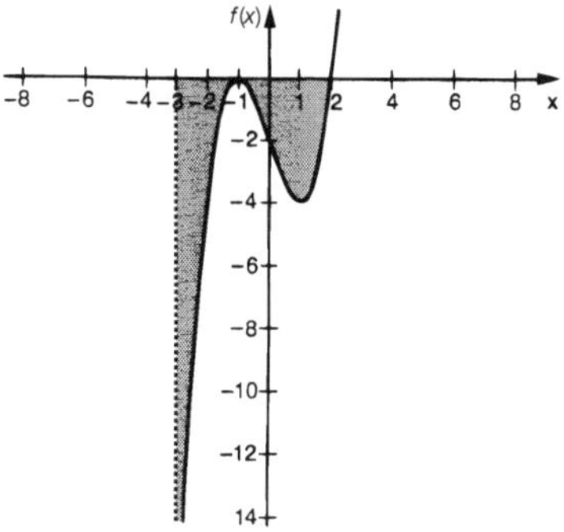

3 a) 3 b) 0 c) $-8{,}\overline{3}$ d) $\frac{2}{3} = 0{,}\overline{6}$ e) 0,4 f) 0

4 a) $f(x) = -\frac{1}{8}x^2 - 2$
$I = 288$

b) $f(x) = -\frac{1}{3}x^2 + 20$
$I = 266{,}6$

c) $f(x) = -\frac{1}{40}x^2 - 10$
$I = 533{,}3$

d) $f(x) = \frac{1}{2}(x + 4)^2 = \frac{1}{2}x^2 + 4x + 8$
$I = 10{,}6$

5 $I = (100 \cdot 100) - \left| \int\limits_{-40}^{40} (0{,}05625\,x^2 - 90)\,dx \right|$

$I = 10000 - 4800 \Rightarrow V = \underline{\underline{520000\ \text{cm}^3}}$

6 $I = (10 \cdot 4) - \int\limits_{-2}^{2} (-\frac{3}{4}x^2 + 3)\,dx$

$I = 40 - 8 = 32 \Rightarrow V = 5 \cdot 32 = \underline{\underline{160\ \text{m}^3}}$

7 $I = 6 \cdot 6 + \int\limits_{-2}^{0} (x^2 + 2)\,dx + \int\limits_{0}^{2} (\frac{1}{2}x + 2)\,dx$

$= 36 + 6\frac{2}{3} + 5 = \underline{\underline{47\frac{2}{3}}}$

8 $I = (6{,}5 \cdot 5) - (\frac{2 \cdot 5}{2}) - \left| \int\limits_{-2,5}^{2,5} (0{,}48\,x^2 - 3)\,dx \right|$

$= 32{,}5 - 5 - |-10| = 17{,}5$

$\Rightarrow V = 17{,}5 \cdot 8 = \underline{\underline{140\ \text{m}^3}}$

Flächen zwischen Funktionsgraphen

9 a) $I = 2$

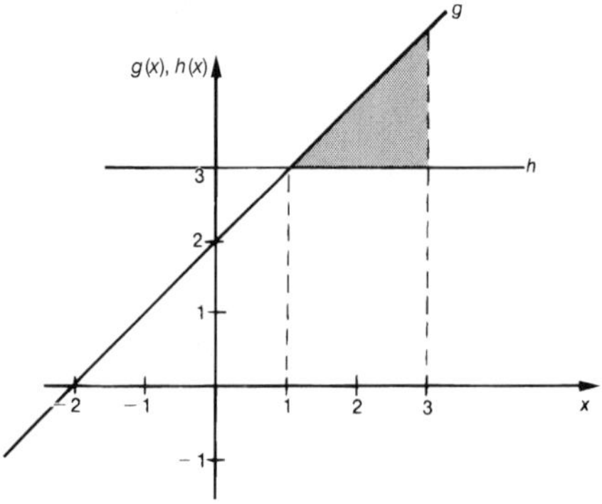

b) $I = \frac{63}{8} = 7{,}875$

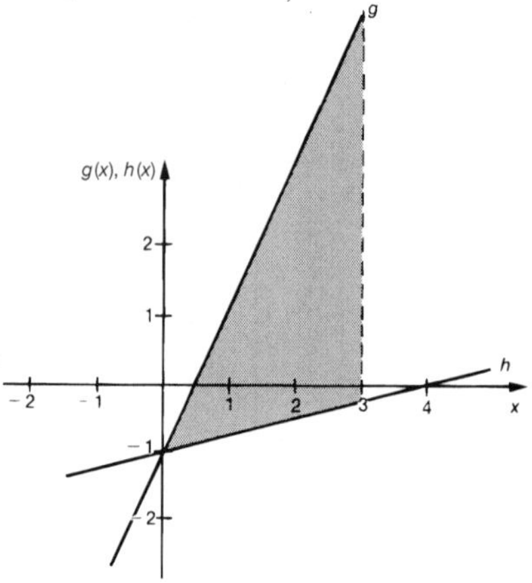

c) Integrationsgrenzen: 0,25; 2
$I = 6{,}125$

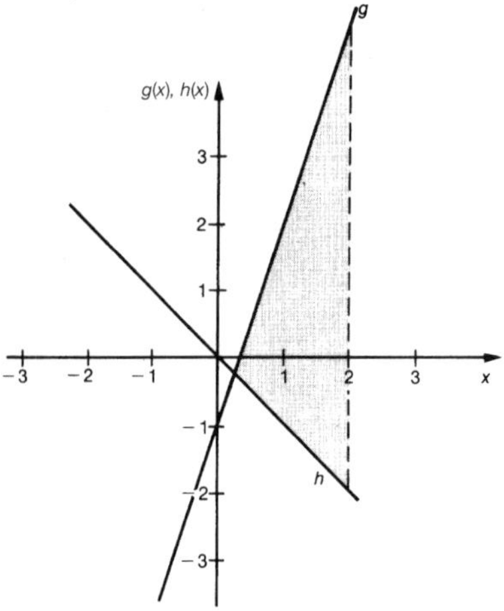

d) Integrationsgrenzen: −1; 2
$I = 4{,}5$

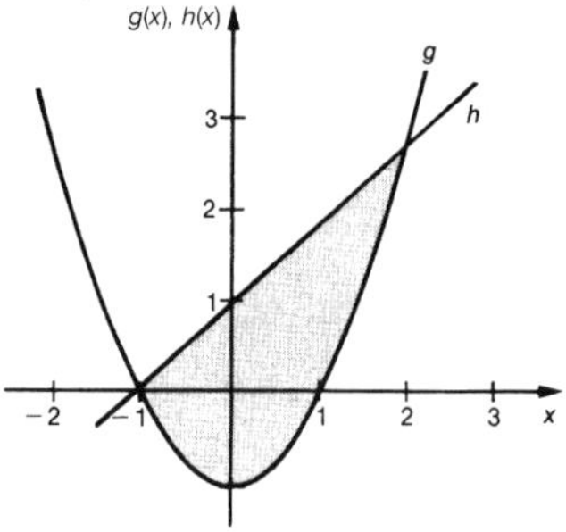

e) Integrationsgrenzen: -1; $1{,}5$

$I = 5\frac{5}{24} \approx 5{,}208$

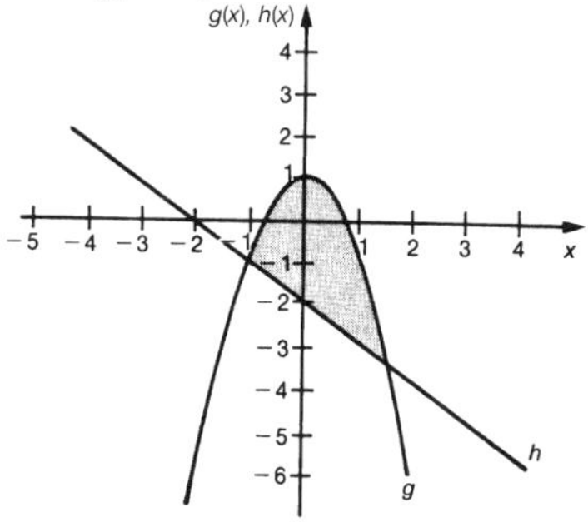

f) $I = 0{,}25$

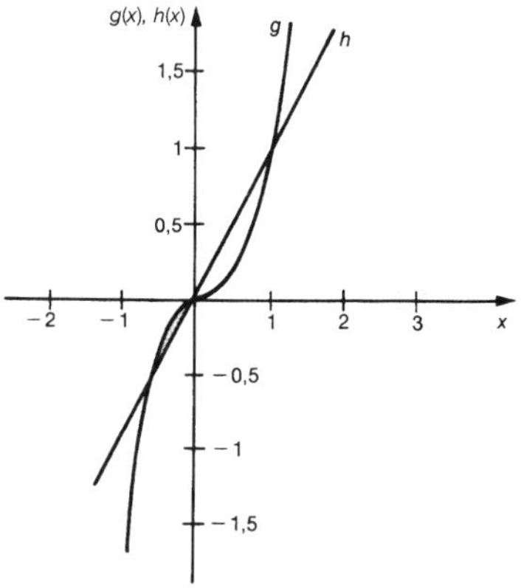

10 a) Integrationsgrenzen: -1; 1

$I = \frac{4}{3}$

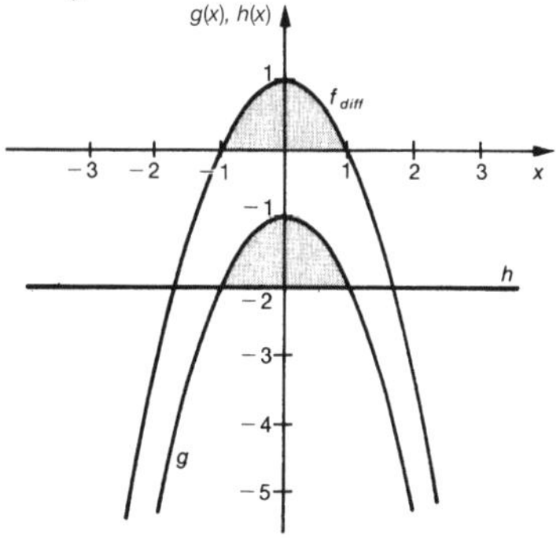

b) Integrationsgrenzen: 0; 2

$I = \frac{4}{3}$

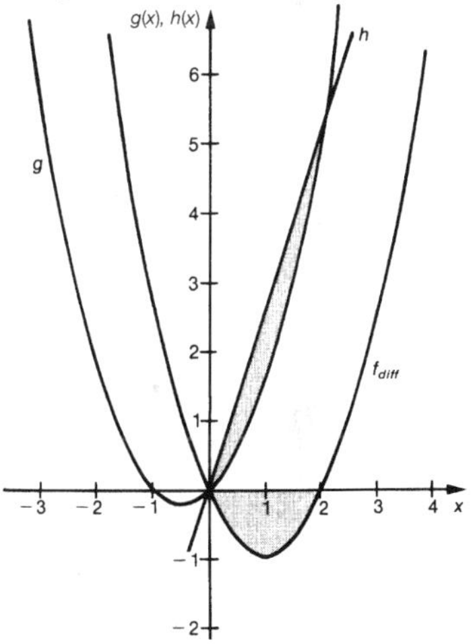

c) Integrationsgrenzen: -1; 1

$I = \frac{4}{3}$

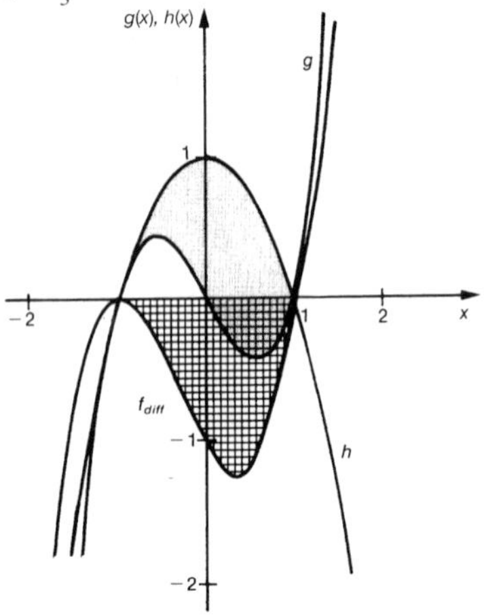

d) Integrationsgrenzen: 0; 1

$I = \frac{1}{12} \approx 0{,}08\overline{3}$

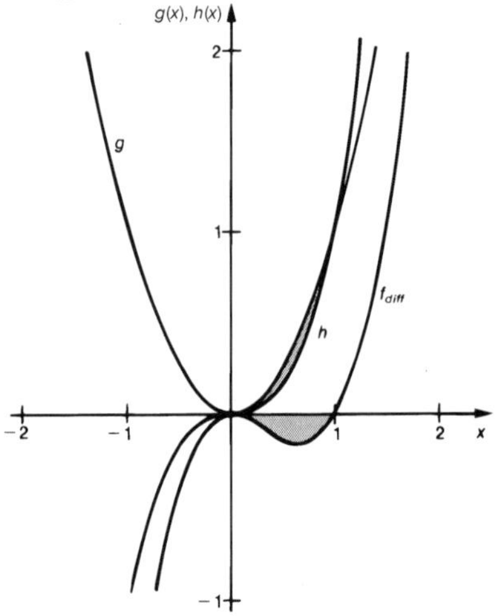

e) Integrationsgrenzen: $-\frac{4}{3}$; 4

$I \approx 18{,}96$

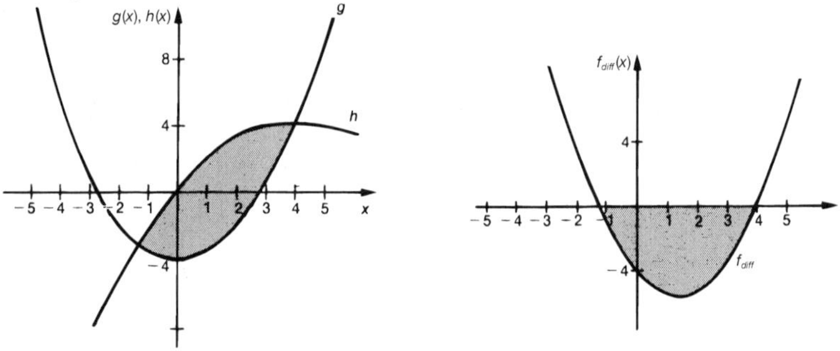

f) Integrationsgrenzen: -2; 0 und 0; 2
$I = 8$

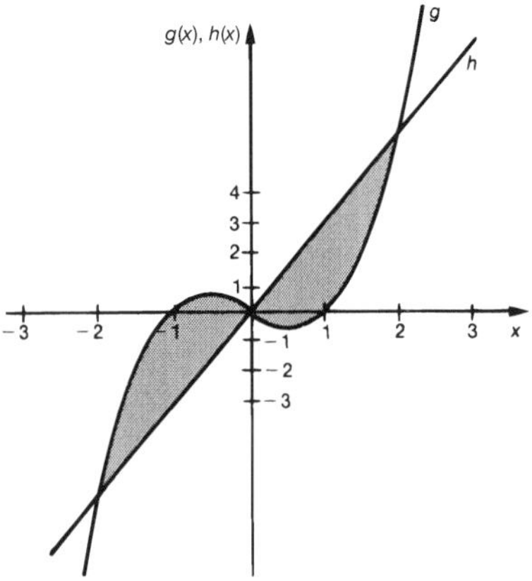

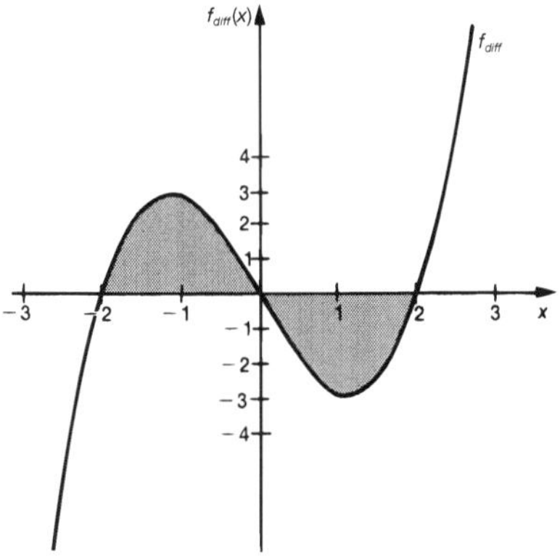

11 a) $I = 2$

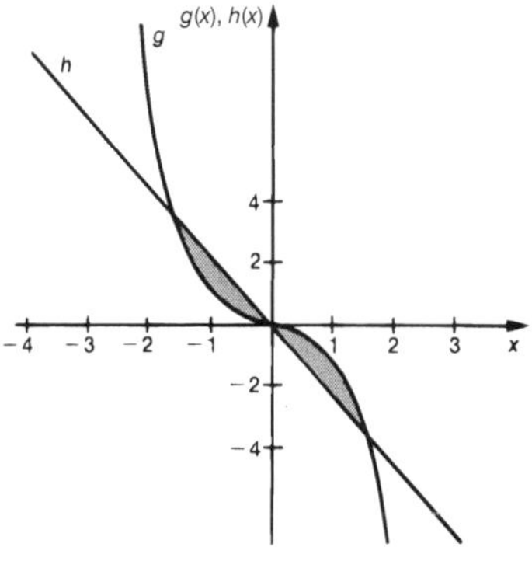

b) $I = 6{,}75$

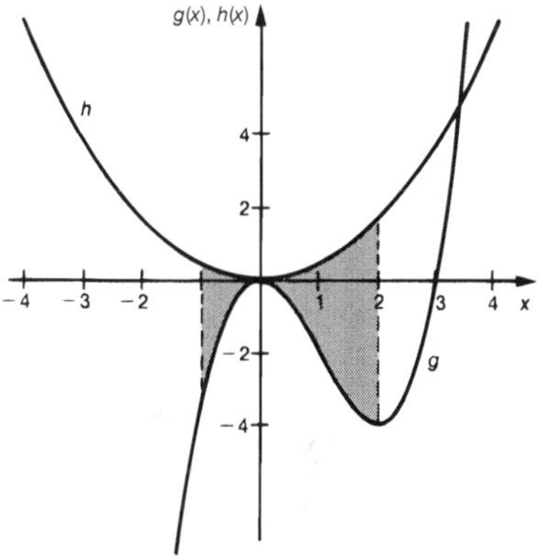

c) $I = 20{,}5$

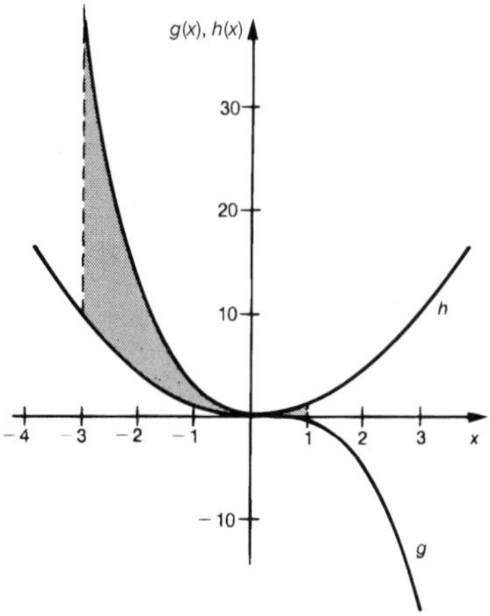

d) $I = 7{,}\overline{6}$

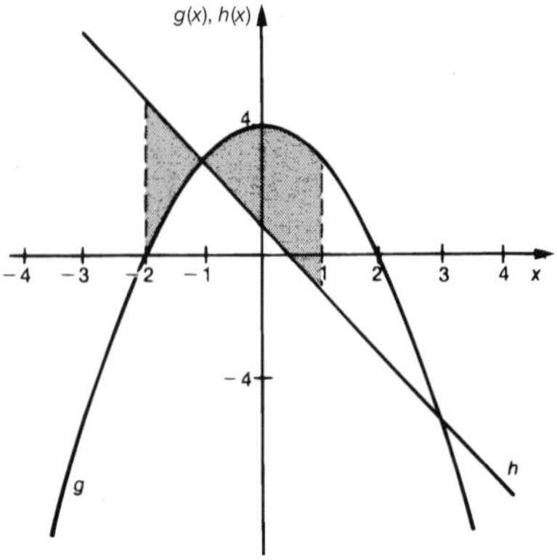

e) $I = 3{,}5$

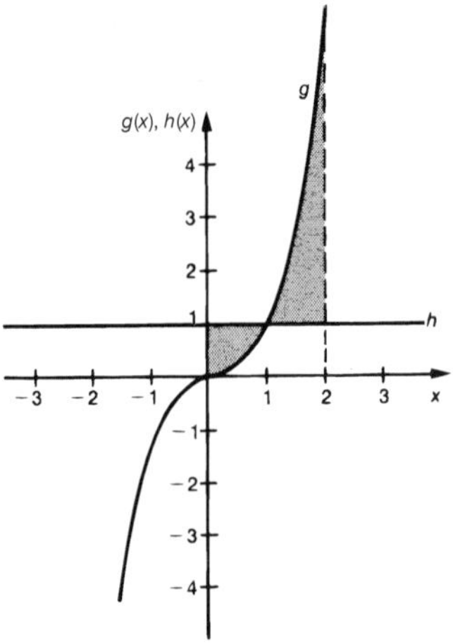

f) $I = \frac{1}{12} = 0{,}08\overline{3}$

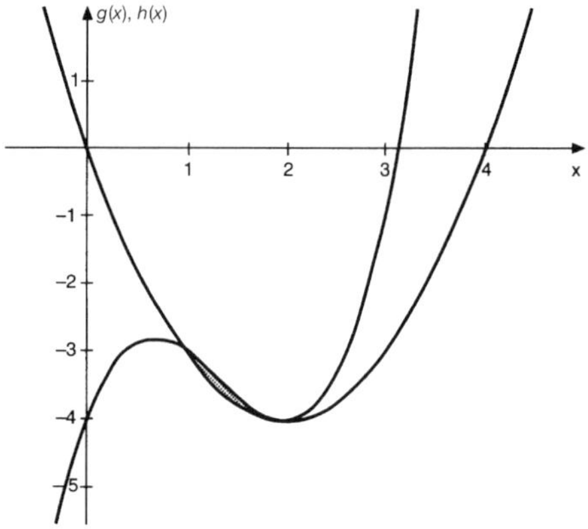

3.2.2 Integralfunktion

1 a) $I_2(x) = \int\limits_2^x (t^2 + t)\,dt = \frac{1}{3}x^3 + \frac{1}{2}x^2 - \frac{14}{3}$

b) $I_{\frac{1}{2}}(x) = \frac{1}{4}x^4 + \frac{2}{3}x^3 - \frac{19}{192}$

c) $I_2(x) = \frac{1}{16}x^4 + x^2 - 5$

d) $I_1(x) = \frac{1}{15}x^5 + \frac{2}{3}x^3 - \frac{11}{15}$

Die Integralfunktionen geben jeweils die Maßzahl der Fläche zwischen dem Funktionsgraphen von f und der Abszissenachse über dem Intervall $[a; x]$ an.

2 a) $x = 1 \vee x = -1$

b) $x = -6 \vee x = 2$

c) $x = 6 \vee x = -2$

d) $x = -1 \vee x = 1$

Die Flächenbilanz der Flächen zwischen dem Graphen und der Abszissenachse über dem Intervall $[a; x_0]$ ist null.

3 a) $R_0(t) = \int_0^t 36000\,dx = 36000\,t$

b) $R_0(45) = 36000 \cdot 45 = 1620000$ [EUR]

c) $R_4(10) = \int_4^{10} 36000\,dt = 216000$ [EUR]

4 a) $I_0(t) = \int_0^t 0{,}1\,x^2\,dx = [\frac{1}{30}x^3]_0^t = \frac{1}{30}t^3$

b) Im 1. Jahr: $I_0(1) = \int_0^1 0{,}1\,x^2\,dx = [\frac{1}{30}x^3]_0^1 = 0{,}0\overline{3}$ [Mrd. EUR] $= 33{,}\overline{3}$ [Mill. EUR]

Im 2. Jahr: $I_0(2) = \int_1^2 0{,}1\,x^2\,dx = [\frac{1}{30}x^3]_1^2 = 0{,}2\overline{3}$ [Mrd. EUR] $= 233{,}\overline{3}$ [Mill. EUR]

In den ersten 2 Jahren: $I_0(2) = \int_0^2 0{,}1\,x^2\,dx = [\frac{1}{30}x^3]_0^2 = 0{,}2\overline{6}$ [Mrd. EUR] $= 266{,}\overline{6}$ [Mill. EUR]

c) $I_0(t) = \int_0^t 0{,}1\,x^2\,dx = 2$

$2 = \frac{1}{30}t^3$

$t = \sqrt[3]{60} \approx 3{,}91$

d. h. knapp 4 Jahre

5 a) $E_0(t) = \int_0^t (20 + 4\,x)\,dx = [20\,x + 2\,x^2]_0^t = 20\,t + 2\,t^2$

$E_0(4) = 112$, d. h.,

112000 Stück sind insgesamt in den ersten 4 Wochen entnommen worden.

b) $B(t) = 400 - \int_0^t (20 + 4\,x)\,dx = -2\,t^2 - 20\,t + 400$

$B(6) = 208$

$B(t) = 0$

$-2\,t^2 - 20\,t + 400 = 0$

$t_1 = -20 \notin D(B)$

$t_2 = 10$

D. h., nach 10 Wochen ist das Lager geleert.

6 a) $D_{\text{sinnvoll}}(k) = [0;\ 11{,}25]$
Graph: s. Abb.

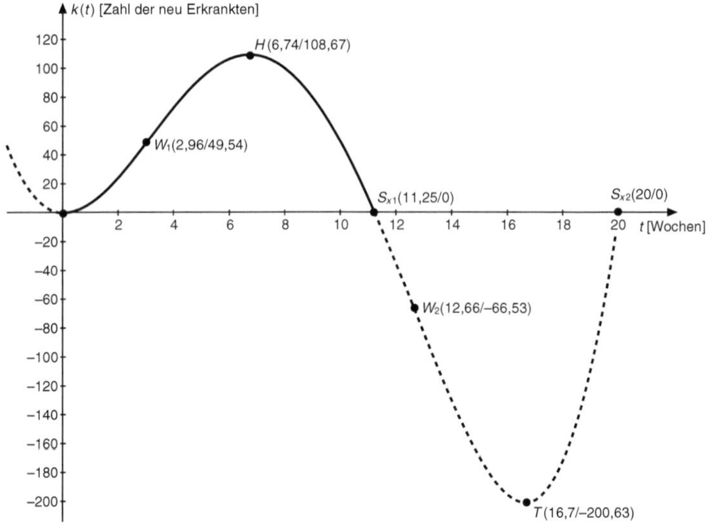

b) In den (knapp) ersten drei Wochen steigt die Zahl der neu Erkrankten je Woche progressiv an, danach – bis ca. Ende der siebenten Woche – degressiv. Nach 6,74 Wochen ist die Zahl der wöchentlich neu Erkrankten mit 109 Pers./Woche am größten. Danach sinkt die Zahl der neu Erkrankten, bis nach 11,25 Wochen keine Neuerkrankungen mehr auftreten.

c) s. Abb.

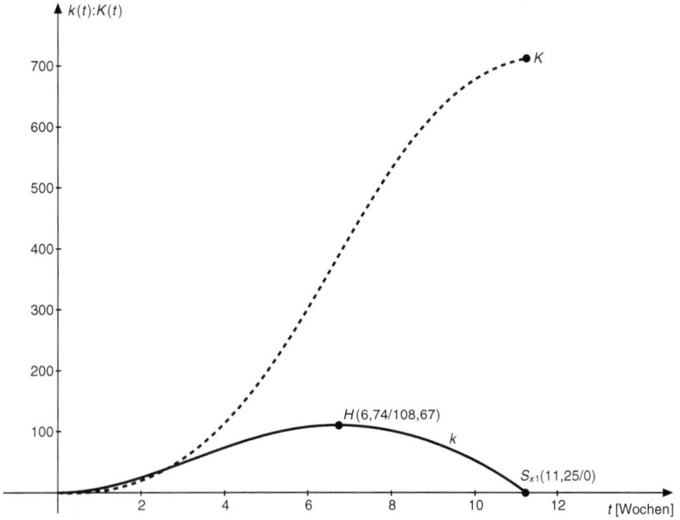

d) $K_0(t) = \int_0^t (0{,}04\,x^4 - 1{,}25\,x^3 + 9\,x^2)\,dx$

$= 0{,}008\,t^5 - 0{,}3125\,t^4 + 3\,t^3$

$K_0(4) = 120{,}19$

e) $K_3(8) = 460{,}51$

f) $K_0(11{,}25) = 707{,}46$

7 a)

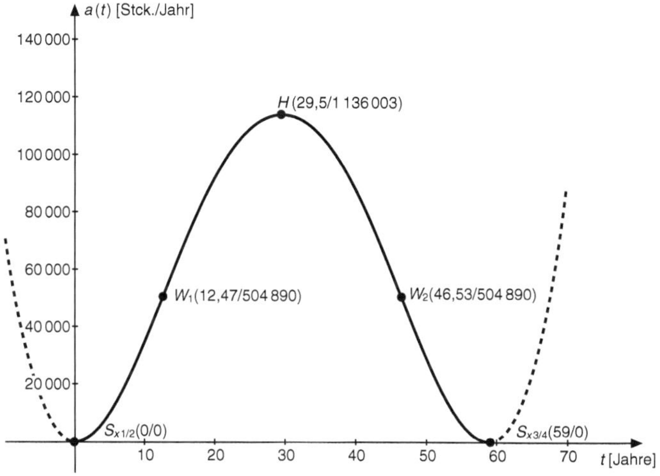

b)

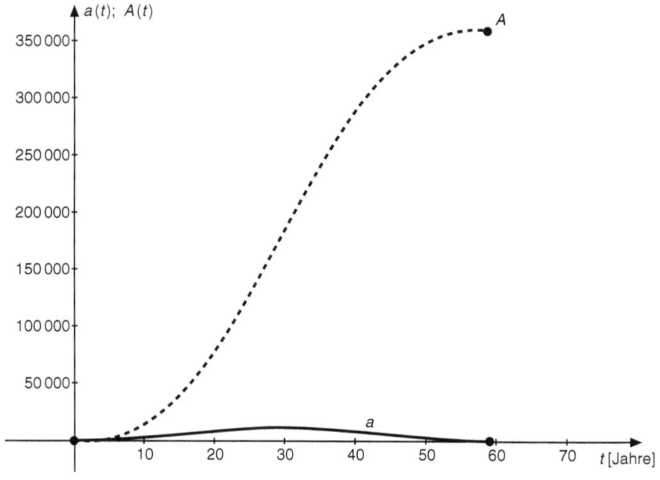

c) $t = 59$, d. h. Ende 2003/Anfang 2004

d) $t = 29{,}5$, d. h. Mitte 1974 mit 1136003 Autos/Jahr

e) $A_0(20) = \int_0^{20} (1{,}5\,t^4 - 177\,t^3 + 5221{,}5\,t^2)\,dt = [0{,}3\,t^5 - 44{,}25\,t^4 + 1740{,}5\,t^3]_0^{20} = 7804000$

f) $A_0(59) = \int_0^{59} (1{,}5\,t^4 - 177\,t^3 + 5221{,}5\,t^2)\,dt = [0{,}3\,t^5 - 44{,}25\,t^4 + 1740{,}5\,t^3]_0^{59} = 35746215$

g) $A_{49}(59) = \int_{49}^{59} (1{,}5\,t^4 - 177\,t^3 + 5221{,}5\,t^2)\,dt = [0{,}3\,t^5 - 44{,}25\,t^4 + 1740{,}5\,t^3]_{49}^{59} = 1328000$

3.2.3 Konsumenten- und Produzentenrente

1 a) $P_G(120/140)$ $K_R = 3600$ $P_R = 5400$

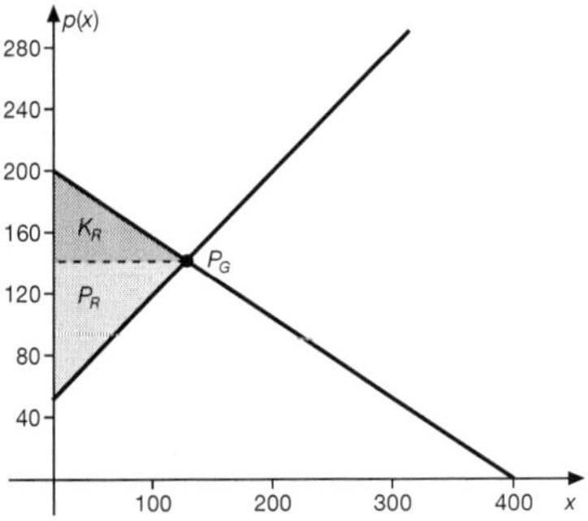

b) $P_G(10/8)$ $K_R = 66{,}\overline{6}$ $P_R = 25$

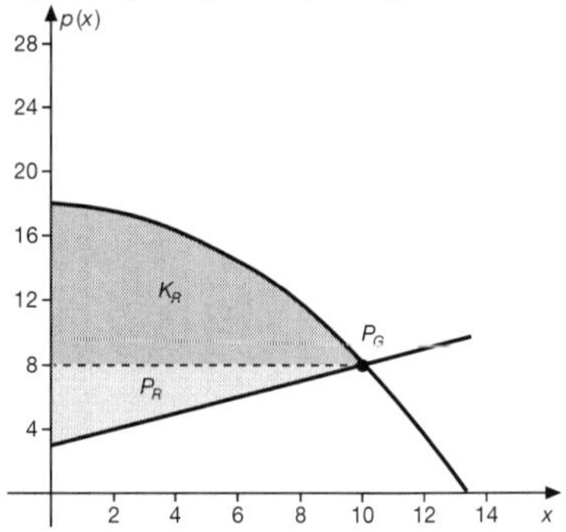

c) $P_G(6/27)$ $K_R = 36$ $P_R = 72$

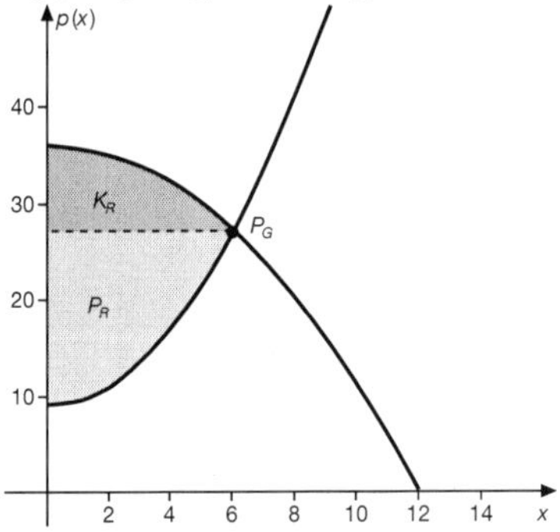

d) $P_G(3/4)$ $K_R = 4{,}5$ $P_R = 4{,}5$

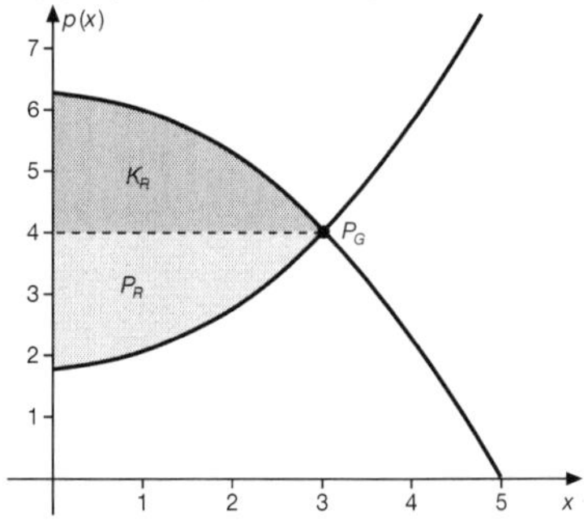

3.2.4 Rotationsvolumina

1 a) $V = 34\frac{2}{3}\pi \approx 108{,}9$

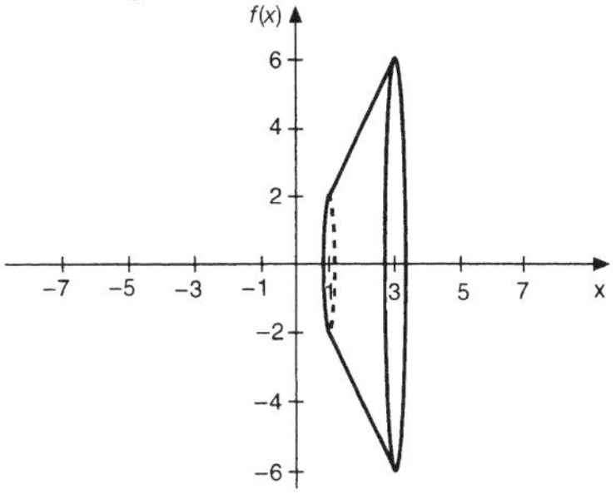

b) $V = \frac{16}{15}\pi \approx 3{,}35$

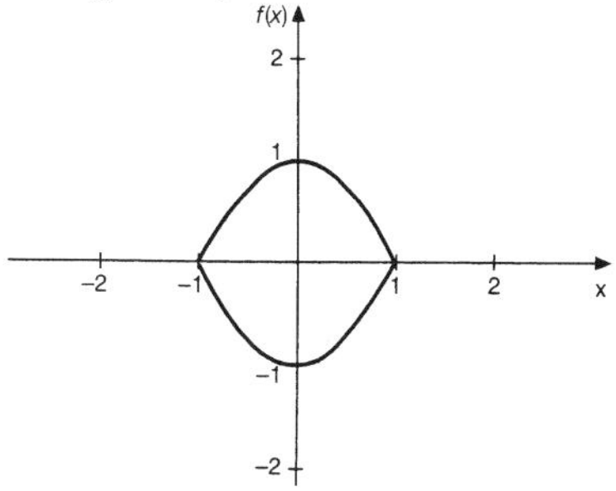

c) $V = 908\frac{8}{15}\pi \approx 2854{,}2$

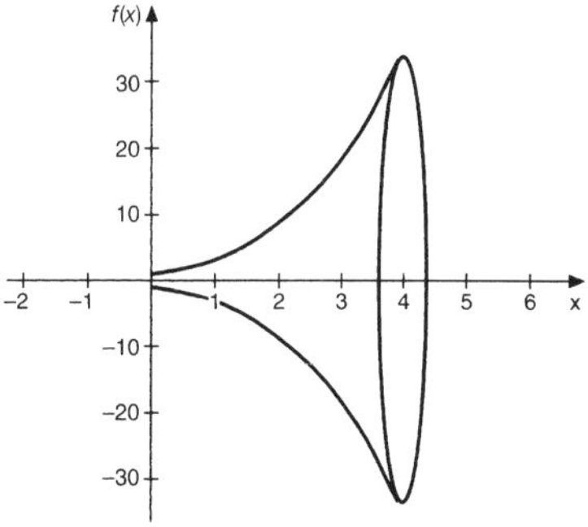

d) $V = 1\frac{1}{15}\pi \approx 3{,}35$

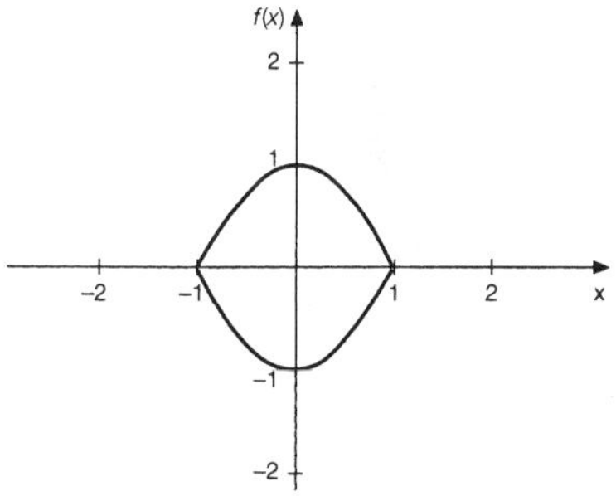

e) $V = \frac{4}{5}\pi \approx 2{,}51$

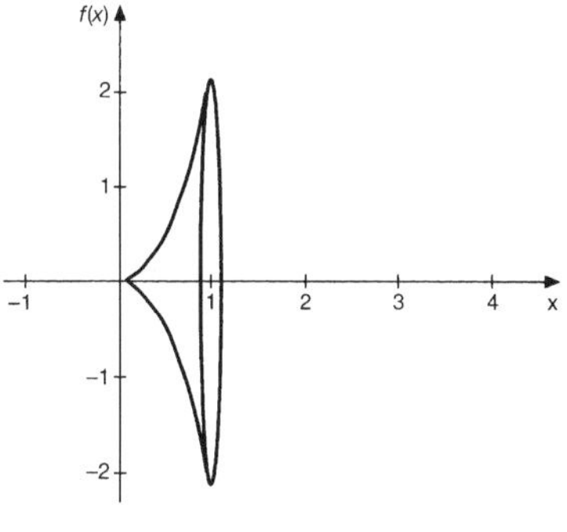

f) $V = \frac{2}{7} \cdot 10^7\pi \approx 2857142{,}8\,\pi \approx 8975979{,}01$

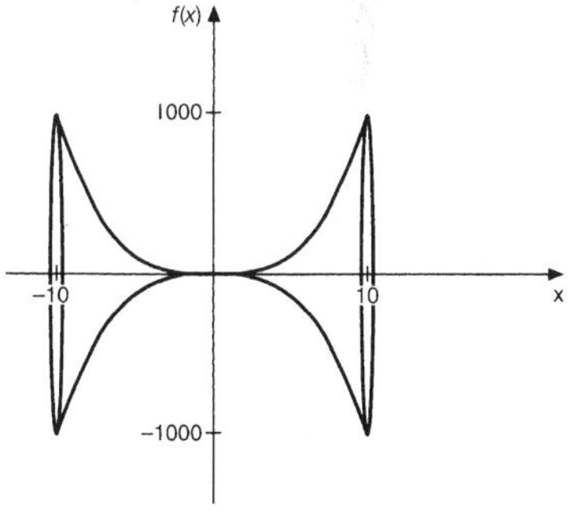

g) $V = 36\,\pi \approx 113{,}1$

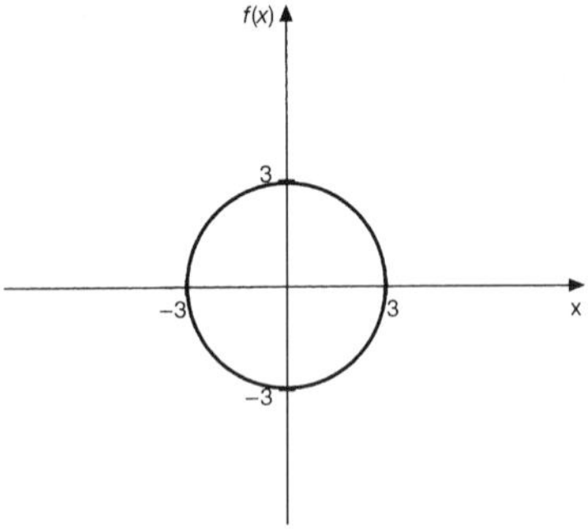

h) $V = 8\,\pi \approx 25{,}13$

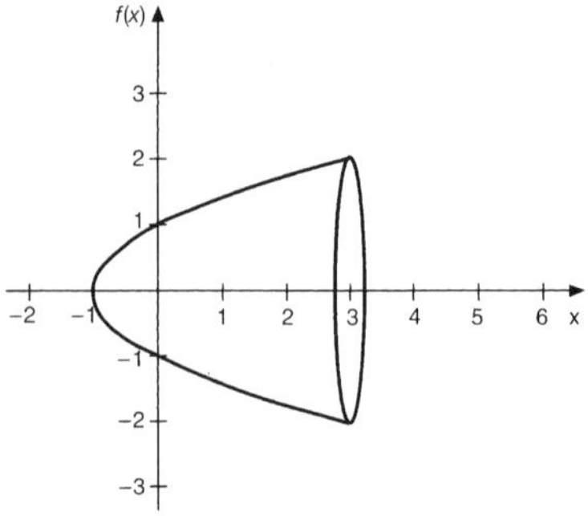

2 $V = \pi \int\limits_0^6 (\frac{1}{6}x + 1)\,dx + \pi \int\limits_6^9 (-\frac{1}{6}x + 3)\,dx$

$= 14\,\pi + 9{,}25\,\pi = 23{,}25\,\pi$

3 $V_{\text{Rot}}(x) = \pi \int\limits_0^z x\,dx = 30 \Leftrightarrow z = 4{,}37$ [cm]

3.2.5 Mittelwert von Funktionswerten

1 a) 1 b) $\frac{4}{3}$ c) 16 d) 0

2 a) $\overline{U} = \frac{1}{4-0} \int\limits_0^4 (\frac{6}{25}x^2 - \frac{1}{50}x^3)\,dx = \frac{1}{4}[\frac{2}{25}x^3 - \frac{1}{200}x^4]_0^4 = \frac{24}{25} = 0{,}96$ [Mill. EUR]

b) $\overline{U} = \frac{1}{12-0} \int\limits_0^{12} (\frac{6}{25}x^2 - \frac{1}{50}x^3)\,dx = \frac{1}{12}[\frac{2}{25}x^3 - \frac{1}{200}x^4]_0^{12} = \frac{72}{25} = 2{,}88\,\frac{72}{25} = 2{,}88$ [Mill. EUR]

c) $\overline{U} = \frac{1}{10-8} \int\limits_8^{10} (\frac{6}{25}x^2 - \frac{1}{50}x^3)\,dx = \frac{1}{2}[\frac{2}{25}x^3 - \frac{1}{200}x^4]_8^{10} = \frac{119}{25} = 4{,}76$ [Mill. EUR]

4 Gebrochen rationale Funktionen

4.1 Einführung in die Funktionsklasse der gebrochen rationalen Funktionen

1

a) echt gebrochen rationale Funktion in Polynomform,
Linearfaktordarstellung (= LFD) nicht möglich

b) echt gebrochen rationale Funktion in Polynomform,
LFD: $f(x) = \frac{1}{(x+2)(x-2)}$

c) ganzrationale Funktion: $f(x) = x^2 - 4$
LFD: $(x+2)(x-2)$

d) unecht gebrochen rationale Funktion: $f(x) = 1 + \frac{5x+4}{x^2-2x-8}$
LFD: $f(x) = \frac{(x+3)(x-1)}{(x+2)(x-4)}$

e) unecht gebrochen rationale Funktion
LFD: $f(x) = \frac{(x+4)(x-4)}{(x-4)}$
lässt sich kürzen zu $f(x) = x + 4$

f) unecht gebrochen rationale Funktion
LFD: $f(x) = \frac{(x+1)(x-1)}{x+1}$
lässt sich kürzen zu $f(x) = x - 1$

4.1.1 Definitionsbereich/Definitionslücken

1 a) $D(f) = \mathbb{R}$

b) $D(f) = \mathbb{R}\backslash\{\pm 2\}$; Pol mit VZW von + nach − bei $x = -2$.
Pol mit VZW von − nach + bei $x = 2$

c) $D(f) = \mathbb{R}$

d $D(f) = \mathbb{R}\backslash\{4;\ -2\}$; Pol mit VZW von − nach + bei $x = -2$ und
Pol mit VZW von − nach + bei $x = 4$

e) $D(f) = \mathbb{R}\backslash\{4\}$; hebbare Lücke bei $x = 4$, kann behoben werden durch $f(x) = 8$

f) $D(f) = \mathbb{R}$; hebbare Lücke bei $x = -1$ kann behoben werden durch $f(x) = -2$

4.1.2 Nullstellen

1 a) $S_x(0/0)$		$S_{f(x)}(0/0)$
b) –		$S_{f(x)}(0/-\frac{1}{4})$
c) $S_{x_{1,2}}(\pm 2/0)$		$S_{f(x)}(0/-4)$
d) $S_{x_1}(-4/0)$	$S_{x_2}(1/0)$	$S_{f(x)}(0/\frac{1}{2})$
e) $S_x(-4/0)$		$S_{f(x)}(0/4)$
f) $S_x(1/0)$		$S_{f(x)}(0/-1)$

4.1.3 Asymptoten

1 a) $f^*(x) = 0$

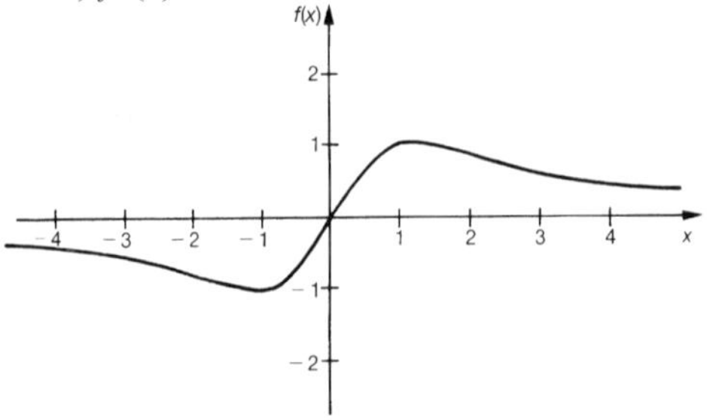

b) $f^*(x) = 0$

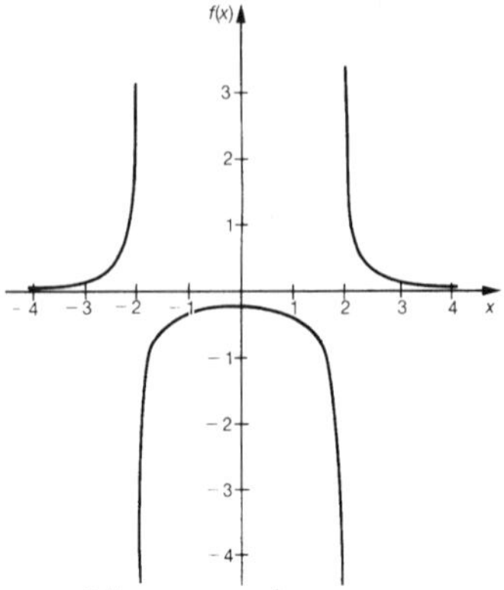

c) $f^*(x) = x^2 - 4 = f(x)$

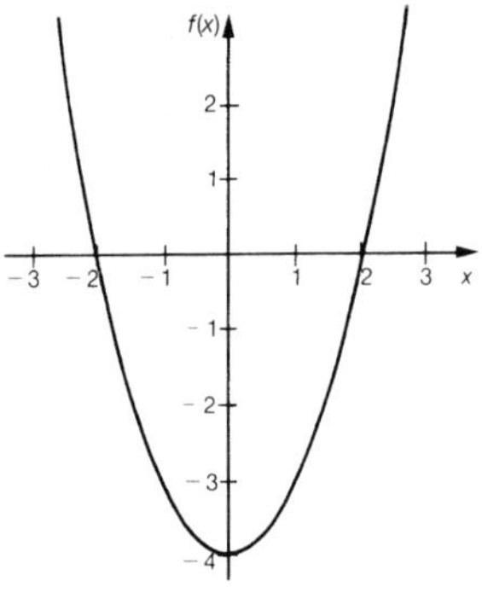

d) $f^*(x) = 1$

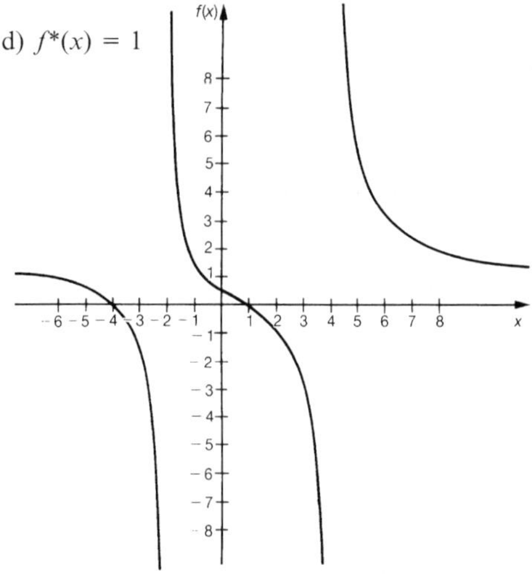

e) $f^*\,(x) = x + 4$

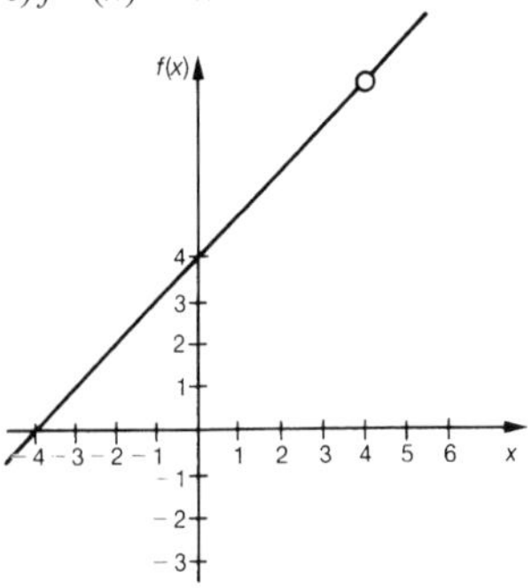

f) e) $f^*\,(x) = x - 1$

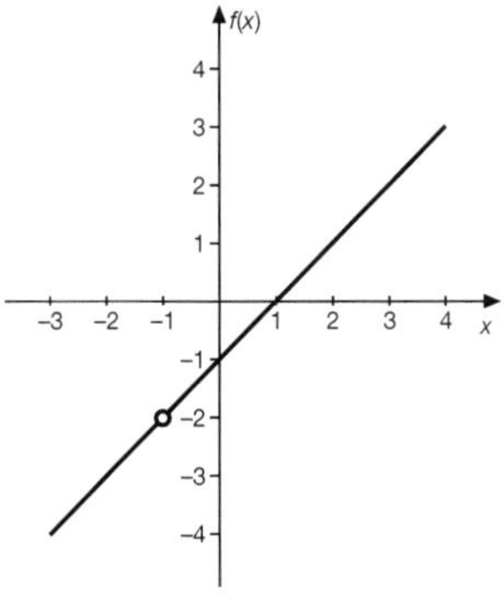

4.1.4 Zusammenfassende Anwendungsaufgaben

1 a) $W(x) = \frac{3x}{x+2}$

b) Unecht gebrochen, weil Zählergrad = 1 und Nennergrad = 1.

c) $W(x) = 3 - \frac{6}{x+2}$

d) $D_{\max}(W) = \mathbb{R}\setminus\{-2\}$ $D_{ök}(W) = \mathbb{R}_+$ bzw. $D_{ök}(W) = [0;\, x_{\text{Kap}}]$

e) Bei $x = -2$ befindet sich eine Polstelle mit VZW von + nach −

f) $S_{x/W(x)}(0/0)$

g) $W^*(x) = 3$

h) s. Abb.

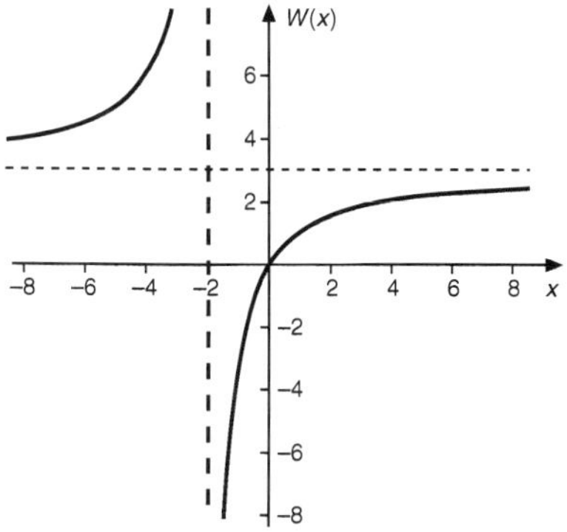

i) Bei einer Produktionsmenge von $x = 0$ beträgt die Wirtschaftlichkeit null. Begründung: In $W(x) = \frac{E(x)}{K(x)}$ ist der Zähler null, sodass der Bruch auch null wird. Mit zunehmender Produktionsmenge steigt die Wirtschaftlichkeit ständig, aber degressiv, d. h. die Wirtschaftlichkeit nimmt zwar zu, aber der Zuwachs wird immer geringer. Ist die Produktionsmenge $x < 1$ ist die Wirtschaftlichkeitskennziffer kleiner als 1; der Betrieb arbeitet unwirtschaftlich (Kosten höher als Erlöse). Bei $x = 1$ ist die Wirtschaftlichkeit $W = 1$, d. h. der Gewinn null. Bei Produktionsmengen $x > 1$ ist auch die Wirtschaftlichkeit $W > 1$, d. h. der Gewinn positiv. Für gegen unendlich strebende Produktionsmengen nähert sich die Wirtschaftlichkeit der Kennziffer 3, sie erreicht sie aber nie.

2 a) $E(x) = K(x)$

$0{,}6\,x = 0{,}0004\,x^2 + 200$

$x_1 = 500 \vee x_2 = 1000$

$\Rightarrow S_1\,(500/300) \vee S_2 = (1000/600)$

Bei den Produktionsmengen 500 bzw. 1000 sind die Kosten gleich den Erlösen, d. h. der Gewinn ist null. Die Erlöse bzw. Kosten betragen bei diesen Produktionsmenge 300 bzw. 600.

Gewinnschwelle (Break-even-Point): $x = 500$,

Gewinngrenze: $x = 1000$

b) $W(x) = \frac{E(x)}{K(x)} = \frac{0{,}6 \cdot x}{0{,}0004\,x^2 + 200}$

$D_{\max}(W) = \mathbb{R}$

$D_{ök}(W) = \mathbb{R}_+$ bzw. $D_{ök}(W) = [0;\, x_{\text{Kap}}]$

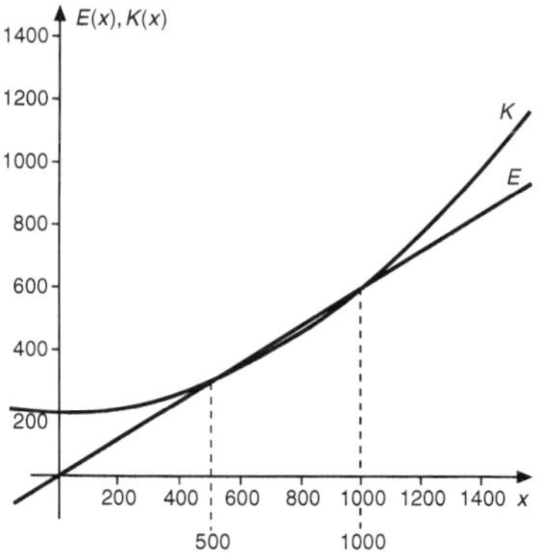

c) Echt gebrochen, weil Zählergrad = 1 und Nennergrad = 2. Keine Definitionslücken.
$S_{x/W(x)}(0/0)$
$W^*(x) = 0$
s. Abb.

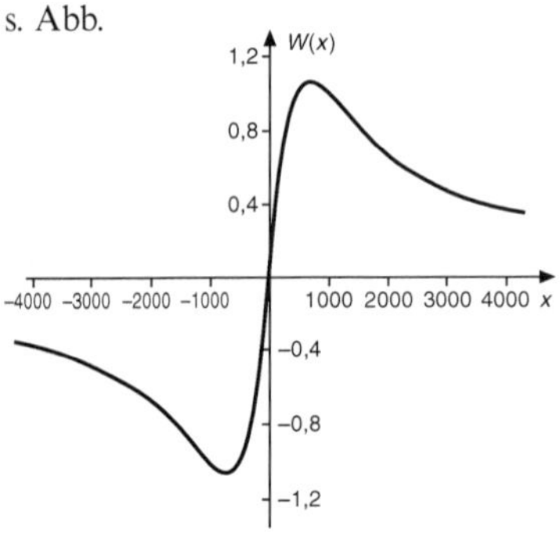

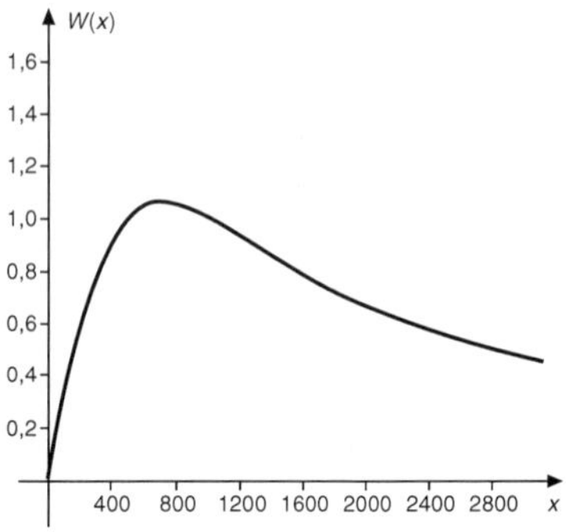

d) $W(x) = \frac{0{,}6 \cdot x}{0{,}0004 \cdot x^2 + 200} = 1$
$\Leftrightarrow \frac{0{,}6 \cdot x}{0{,}0004 \cdot x^2 + 200} = 1$
$x_1 = 500 \vee x_2 = 1000$

e) $W(900) = \frac{135}{131} \approx 1{,}0305$ GE
Der Betrieb arbeitet wirtschaftlich; es werden $\approx 1{,}03$ GE Erlöse für jede ausgegebene GE Kosten erwirtschaftet.

f) $E(900) = 540$
$A(900) = 524$

3 a) Gedehnt mit dem Faktor 15 $\Rightarrow$ der Graph verläuft steiler.
Um 1 in positive Abszissenrichtung verschoben $\Rightarrow$ Polstelle bei $x = 1$
Keine Verschiebung in Ordinatenrichtung $\Rightarrow$ Asymptote: $f^*(x) = 0$

b) s. Abb.

c) $M(4/5)$, d. h. bei einem Preis von $p = 5$ GE entspricht die angebotene Menge genau der nachfragten Menge ($x = 4$ ME).

d) Angebot bei $p = 4$: $x = \frac{8}{3} = 2{,}\overline{6}$
Nachfrage bei $p = 4$: $x = \frac{19}{4} = 4{,}75$
Nachfrageüberschuss: $x = \frac{25}{12} = 2{,}08\overline{3}$
Nachfrage bei $p = 7$: $x = \frac{22}{7} \approx 3{,}143$
Angebot bei $p = 7$: $x = \frac{20}{3} = 6{,}\overline{6}$
Angebotsüberschuss: $x = -\frac{74}{21} \approx 3{,}524$

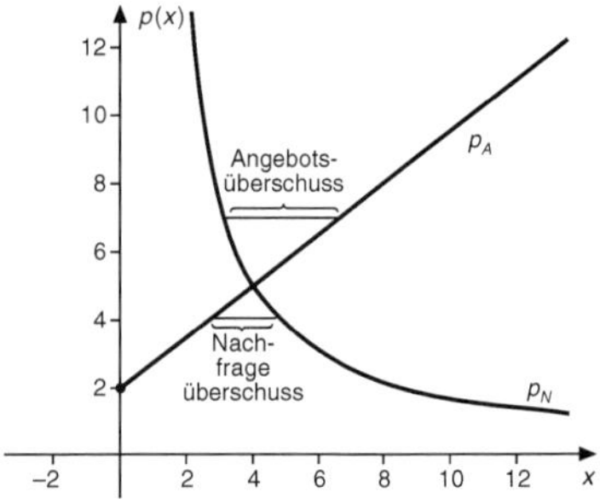

4 a) $K(x) = \frac{1}{2}x + 2$

$p(x) = -x + 5 \quad \Rightarrow E(x) = x(x + 5) = -x^2 + 5x$

$G(x) = E(x) - K(x)$

$G(x) = x^2 + 4{,}5\,x - 2$

$R_{\text{Umsatz}}(x) = \frac{G(x)}{E(x)} = \frac{x^2 + 4{,}5\,x - 2}{x^2 + 5\,x} = \frac{2\,x^2 - 9\,x + 4}{2\,x^2 - 10\,x}$

b) Unecht gebrochen, weil Zählergrad = 2 und Nennergrad = 2.

$R_{\text{Umsatz}}(x) = 1 + \frac{x + 4}{2\,x^2 - 10}$

$D_{\max}(R) = \mathbb{R}^*\backslash\{5\} \quad D_{\max}(R) = \mathbb{R}^*\backslash\{5\}$

Bei $x = 0$ befindet sich eine Polstelle mit VZW von + nach −.

Bei $x = 5$ befindet sich eine Polstelle mit VZW von − nach +.

$S_{x_1}(\frac{1}{2}/0) \quad S_{x_2}(4/0) \quad S_y\text{–}R^*(x) = 1$

Graph: s. Abb.

für D_{max}

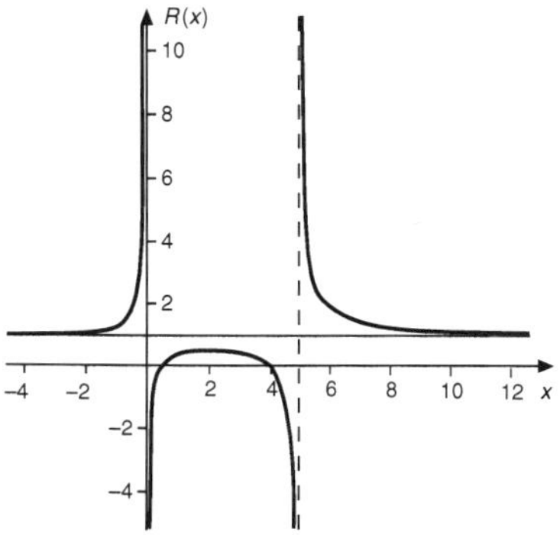

für $D_{ök}$

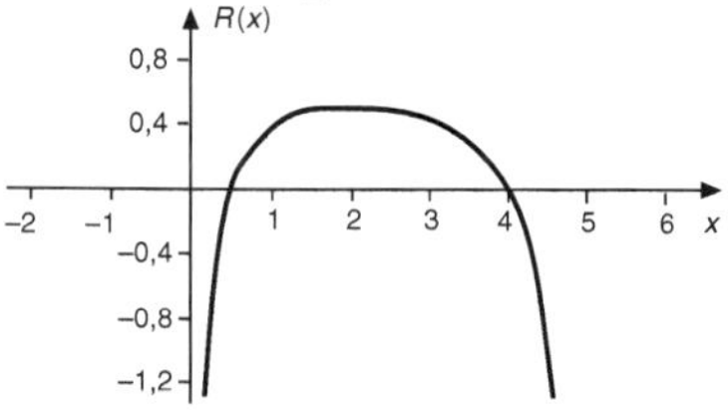

Bei einer Produktionsmenge von $x = 0$ ist die Umsatzrentabilität unendlich klein.

Begründung:

In $R_{\text{Umsatz}}(x) = \frac{G(x)}{E(x)}$ ist der Nenner null.

Mit zunehmender Produktionsmenge steigt die Umsatzrentabilität, bleibt aber zunächst wegen der negativen Gewinne noch negativ. Bei der Produktionsmenge $x = \frac{1}{2}$ wird die Umsatzrentabilität null, weil die Gewinne ebenfalls null werden. Bei $x = 2$ erreicht die Umsatzrentabilität ihr Maximum mit $R = \frac{1}{2}$; d. h., bei 2 GE Umsatz wird 1 GE Gewinn erzielt (oder: bei 1 GE Umsatz werden 0,5 GE Gewinn erzielt). Danach sinkt die Umsatzrentabilität wieder. Bei $x = 4$ ME wird sie wieder null und danach sogar negativ. Bei $x = 5$ ist die Umsatzrentabilität wieder unendlich klein, weil die Erlöse null sind.

4.2 Ableitung der gebrochen rationalen Funktionen

4.2.1 Ableitungsregeln für gebrochen rationale Funktionen

1

	Ableitung	I)	II)
a)	$f'(x) = \frac{6}{x^3}$	$f'(-1) = -6$ $f'(2) = \frac{3}{4}$	$x \approx -1{,}82$
b)	$f'(x) = -\frac{6}{x^4}$	$f'(-1) = -6$ $f'(2) = -\frac{3}{8}$	$x_{1/2} \approx \pm 1{,}57$
c)	$f'(x) = -\frac{2}{3\,x^2}$	$f'(-1) = \frac{2}{3}$ $f'(2) = -\frac{1}{12}$	$x \approx 0{,}87$
d)	$f'(x) = \frac{3}{2\,x^4}$	$f'(-1) = \frac{3}{2}$ $f'(2) = \frac{3}{32}$	x = n. d.

2

	Ableitung	I)	II)
a)	$f'(x) = \frac{-4}{(2x+1)^2}$	$f'(1) = -\frac{4}{9}$	$x = $ n. d.
b)	$f'(x) = \frac{-4}{(-2x-1)^2}$	$f'(1) = -\frac{4}{9}$	$x = $ n. d.
c)	$f'(x) = \frac{-3}{(3x-4)^2}$	$f'(1) = -3$	$x = $ n. d.
d)	$f'(x) = \frac{3}{2(3x-4)^2}$	$f'(1) = \frac{3}{2}$	$x_1 \approx 0{,}925$; $x_2 \approx 1{,}742$

3 a) $f'(x) = 1$
b) $f'(x) = \frac{4}{(x-2)^3}$
c) $f'(x) = \frac{2x}{(x^2+1)^2}$
d) $f'(x) = \frac{2x^2-4x-5}{(x-1)^2}$

4 a) $f'(x) = -\frac{16}{x^5}$ $f'(-1) = 16$
b) $f'(x) = \frac{21}{x^4}$ $f'(-1) = 21$
c) $f'(x) = \frac{-2x+2}{(-2x+x^2)^2}$ $f'(-1) = \frac{4}{9}$
d) $f'(x) = -\frac{2}{(1+x)^3}$ $f'(-1) = $ n. d.
e) $f'(x) = \frac{4x^2+5}{2x^2}$ $f'(-1) = \frac{9}{2}$
f) $f'(x) = \frac{-3x^2+10x+3}{(1+x^2)^2}$ $f'(-1) = -\frac{5}{2}$
g) $f'(x) = \frac{x^2-2x-5}{(x+1)^2}$ $f'(-1) = $ n. d.
h) $f'(x) = \frac{-x^4+9x^2+2x}{(x^3+1)^2}$ $f'(-1) = $ n. d.

4.2.2 Anwendungen der gebrochen rationalen Funktionen

1 a) $W(x) = \frac{2x+50}{x^2+399}$
b) $D_{max}(W) = \mathbb{R}$
Keine Definitionslücken
$\lim_{x \to -\infty} W(x) = \underline{\underline{0}}$ $\lim_{x \to \infty} W(x) = \underline{\underline{0}}$
$\Rightarrow$ Asymptote: $W^*(x) = 0$
Kein Symmetrieverhalten erkennbar
$S_x(-25/0)$ $S_W(0/\frac{50}{399}) \approx (0/0{,}125)$
Ableitungen:
$W'(x) = \frac{-2x^2-100x+798}{(x^2+399)^2}$
$W''(x) = \frac{4x^3+300x^2-4788x-39900}{(x^2+399)^3}$
$W'''(x) = -\frac{12(x^4+100x^3-2394x^2+39900x+159201)}{(x^2+399)^2}$
$T(-57/-\frac{1}{57}) \approx (-57/-0{,}0175)$ $H(7/\frac{1}{7}) \approx (7/0{,}143)$
$W_1(-87{,}39/-0{,}0155)$ $W_2(-6{,}155/0{,}086)$ $W_3(18{,}546/0{,}117)$
$W(W) = [-\frac{1}{57}; \frac{1}{7}]$

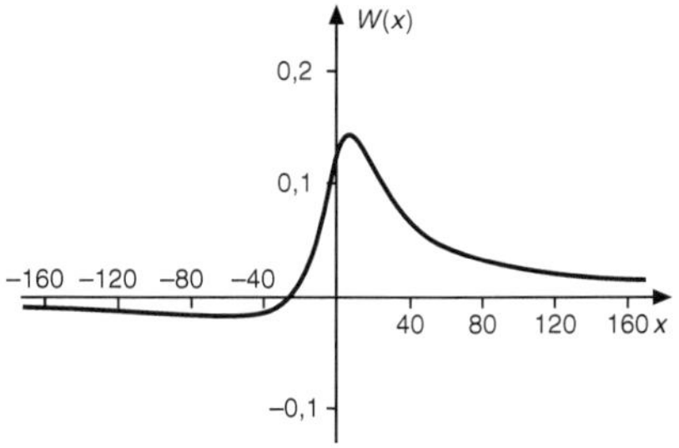

c) $D_{ök}(W) = \mathbb{R}_+$
Ausgehend von einer Wirtschaftlichkeit von 0,125 bei $x = 0$ steigt die Wirtschaftlichkeit zunächst degressiv an und erreicht bei $x = 7$ mit $\sim 0{,}143$ ihr Maximum. Danach sinkt die Wirtschaftlichkeit zunächst überproportional und ab einer Produktionsmenge von 18,546 unterproportional. Über dem gesamten Definitionsbereich arbeitet das Unternehmen jedoch unwirtschaftlich, weil die Wirtschaftlichkeitskennziffer immer kleiner als 1 ist, d. h. die Aufwendungen sind höher als die Erträge.

d) Stärkste Abnahme bei $x = 18{,}546$ ME. Die Abnahme beträgt dann $-0{,}00316$.

2 a) $S_1\,(500/750\,000) \vee S_2\,(1\,000/1\,500\,000)$
Gewinnschwelle $x = 500$
Gewinngrenze bei $x = 1\,000$

b) $W(x) = \frac{E(x)}{K(x)} = \frac{1\,500\,x}{x^2 + 500\,000}$
$D_{max}(W) = \mathbb{R}$
$D_{ök}(W) = \mathbb{R}_+$ bzw. $D_{ök}(W) = [0;\, x_{Kap}]$

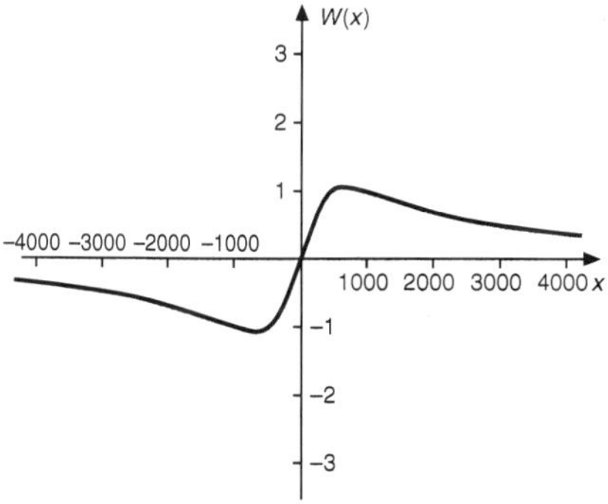

c) $D_{max}(W) = \mathbb{R}$
$\lim\limits_{x \to \pm\infty} W(x) = 0$
$\Rightarrow$ Asymptote: $W^*(x) = 0$
Punktsymmetrie zum Ursprung.
$S_{x/W(x)}\,(0/0)$
Ableitungen:
$W'(x) = \frac{750\,000\,000 - 1\,400\,x^2}{(x^2 + 500\,000)^2}$
$W''(x) = \frac{3\,000\,x^3 - 4\,500\,000\,000\,x}{(x^2 + 500\,000)^3}$
$W'''(x) = \frac{-9\,000\,x^4 + 27\,000\,000\,000\,x^2 - 2\,250\,000\,000\,000\,000}{(x^2 + 500\,000)^4}$
$T \approx (-707{,}11/-1{,}06)$ $H \approx (707{,}11/1{,}06)$
$W_{1/3} \approx (\mp 1\,224{,}74;\, \mp 0{,}919)$ $W_2\,(0/0)$
$W_{max}(W) = [\approx -1{,}06,\, \approx 1{,}06]$

d) $W(x) > 1$
$\frac{1\,500\,x}{x^2 + 500\,000} > 1$
$1\,500\,x > x^2 + 500\,000$
$x^2 - 1\,500\,x + 500\,000 < 0$
$500 < x < 1\,000$

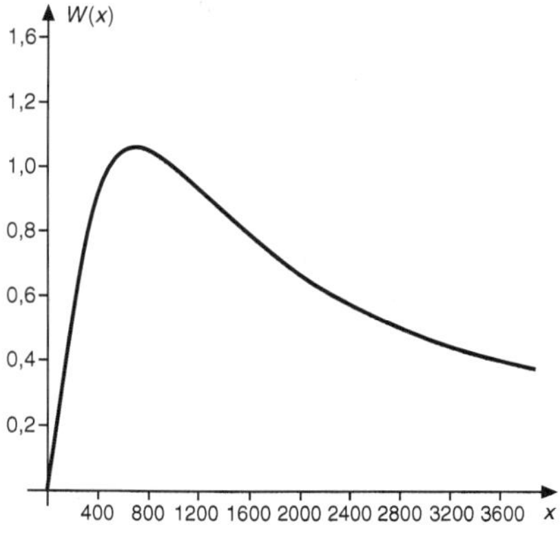

e) $W(900) = \frac{135}{131} \approx 1{,}0305$: Der Betrieb arbeitet wirtschaftlich.
$W'(900) \approx -0{,}000271$: Bei einer Ausweitung der Produktion geht die Wirtschaftlichkeit geringfügig zurück.

3 a) $K(x) = \frac{1}{2}x + 2$
$p(x) = -x + 5 \quad \Rightarrow E(x) = x(-x + 5) = -x^2 + 5x$
$G(x) = E(x) - K(x)$
$G(x) = -x^2 + 4{,}5x - 2$
$R_{\text{Umsatz}}(x) = \frac{G(x)}{E(x)} = \frac{-x^2 + 4{,}5x - 2}{-x^2 + 5x} = \frac{2x^2 - 9x + 4}{2x^2 - 10x}$

b) $R_{\text{Umsatz}}(x) = 1 + \frac{x + 4}{2x^2 - 10x}$
$D_{\max}(R) = \mathbb{R}^*\setminus\{5\}$
Polstelle mit VZW von + nach − bei $x = 0$.
Polstelle von VZW von − nach + bei $x = 5$.
$R^*(x) = 1$
Keine Symmetrie erkennbar
$S_{x_1}(\frac{1}{2}/0) \quad S_{x_2}(4/0) \quad S_R -$
Ableitungen: $R'(x) = \frac{-2x^2 - 16x + 40}{(2x^2 - 10x)^2} \quad R''(x) = \frac{8x^3 + 96x^2 - 480x + 800}{(2x^2 - 10x)^3}$
$T(-10/0{,}98) \quad H(2/0{,}5)$
$W \approx (-16{,}1/0{,}98)$
$W_{ök}(R) = (-\infty; 0{,}5]$

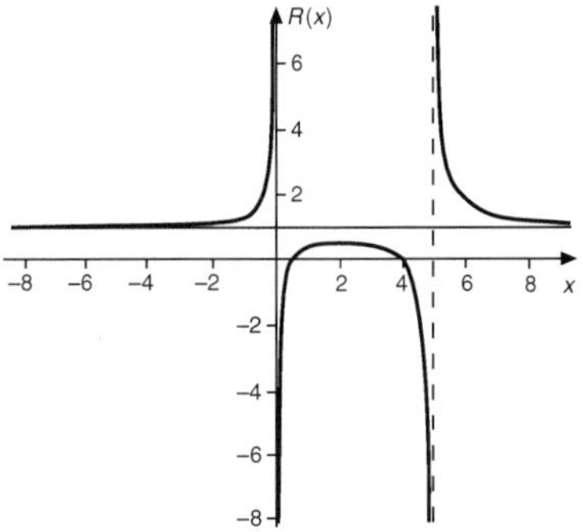

c) $D_{ök}(R) = (0; 5)$
Bei einer Produktionsmenge von $x = 0$ ist die Umsatzrentabilität unendlich klein (Begründung: In $R_{\text{Umsatz}}(x) = \frac{G(x)}{E(x)}$ ist der Nenner null).
Mit zunehmender Produktionsmenge steigt die Umsatzrentabilität, bleibt aber zunächst wegen der negativen Gewinne noch negativ. Bei der Produktionsmenge $x = \frac{1}{2}$ wird die Umsatzrentabilität null, weil die Gewinne ebenfalls null werden. Bei $x = 2$ erreicht die Umsatzrentabilität ihr Maximum mit $R = \frac{1}{2}$. D. h., bei 2 GE Umsatz wird 1 GE Gewinn erzielt (oder: die Umsatzrentabilität beträgt 50 %). Danach sinkt die Umsatzrentabilität wieder. Bei $x =$ 4 ME wird sie wieder null und danach sogar negativ. Bei $x = 5$ ist die Umsatzrentabilität wieder unendlich klein, weil die Erträge null sind.

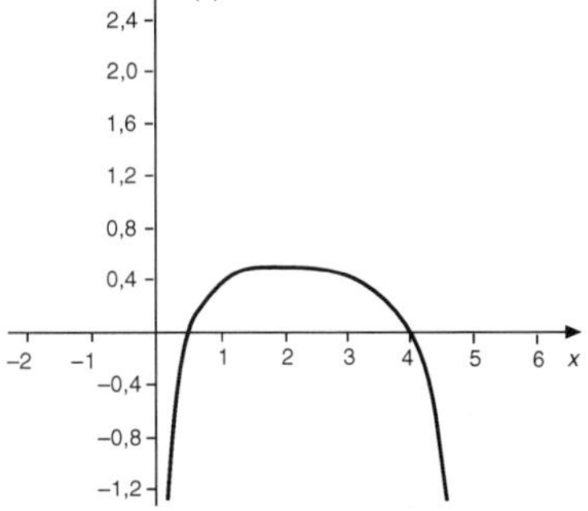

4 a) Definitionsbereich:

$D_{max}(P) \quad = \mathbb{R}\backslash\{-1\}$

$\lim\limits_{x \to -\infty} P(x) = 6 \quad \lim\limits_{\substack{x \to -1 \\ x < -1}} P(x) = „\infty“ \quad \lim\limits_{\substack{x \to -1 \\ x > -1}} P(x) = „\infty“ \quad \lim\limits_{x \to \infty} P(x) = 6$

Pol ohne VZW von + nach + bei $x = -1$

Asymptote: $P^*(x) = 6$

Kein Symmetrieverhalten zu erkennen.

$S_{x_1}(-\frac{1}{3}/0) \quad S_{x_2/P}(0/0)$

Ableitungen:

$P'(x) = \frac{10x+2}{(x+1)^3} \quad P''(x) = \frac{4-20x}{(x+1)^4} \quad P'''(x) = \frac{60x-36}{(x+1)^5}$

$T(-0{,}2/-0{,}25)$

$W(0{,}2/0{,}4)$

$W_{max}(P) = [-0{,}25;\ \infty)$

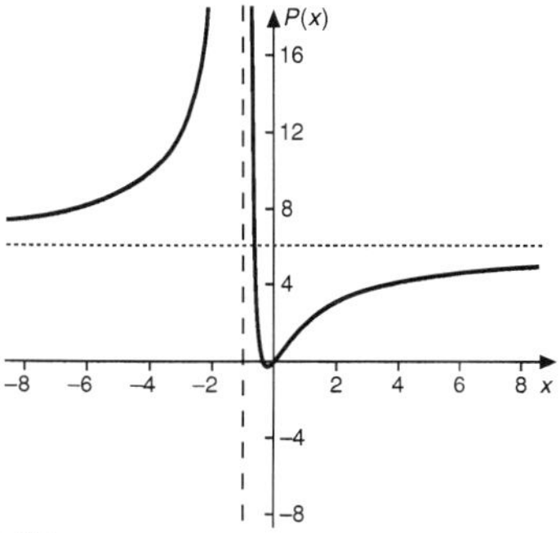

b) $D_{ök}(P) = \mathbb{R}_+$

c) Grenzertrag = 1. Ableitung: $P'(x) = \frac{10x+2}{(x+1)^3}$

$P'(4) = \frac{42}{125} = 0{,}336$: Wird bei einem Faktoreinsatz von 4 ME der Einsatz des Produktionsfaktors um eine beliebig kleine Einheit erhöht, steigt der Output um 0,336 ME.

Durchschnittsertrag:

$p(x) = \frac{P(x)}{x} \Rightarrow p(x) = \frac{6x+2}{(x+1)^2}$

$p(4) = \frac{26}{25} = 1{,}04$: Bei einem Faktoreinsatz von 4 ME beträgt der Ertrag 1,04 ME je ME des eingesetzten Faktors.

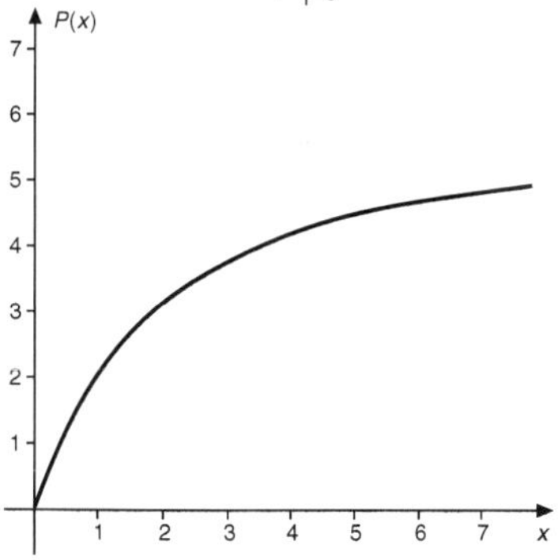

d) s. Abb.

e) Die Grenzertragsfunktion zeigt: Die Ertragszuwächse sind zunächst steigend und dann fallend. Es wird jedoch kein Maximum der Gesamterträge erreicht, die Gesamterträge wachsen weiter und nähern sich dem Grenzwert 6. Entsprechend wird der Grenzertrag nicht null, sondern nähert sich lediglich der Zahl Null.

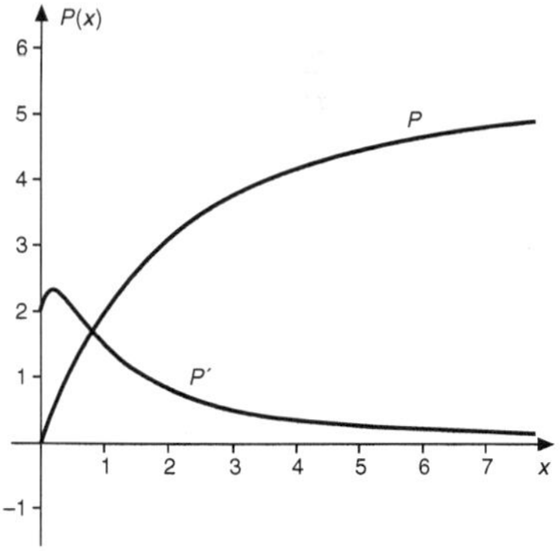

f) Maximalstelle der Durchschnittsertragsfunktion:

$P(x) = \frac{6x+2}{(x+1)^2} \quad P'(x) = \frac{2-6x}{(x+1)^3} \quad x_e = \frac{1}{3}$

Wg. des VZW von p' bei x_e von + nach − ist $x_e = \frac{1}{3}$ eine Maximalstelle.

Schnittstelle von $P(x)$ und $P'(x)$:

$\frac{6x+2}{(x+1)^2} = \frac{10x+2}{(x+1)^3}$

$(6x+2)(x+1) = 10x+2$

$6x^2 - 2x = 0$

$x_1 = 0$

$x_2 = \frac{1}{3} \qquad$ q. e. d.

So lange die Grenzerträge höher als die Durchschnittserträge sind, sich also mit jedem zusätzlichen Faktoreinsatz die Output-Mengen stärker erhöhen als der Output je ME Faktoreinsatz, werden die Durchschnittserträge steigen. An der Maximalstelle der Durchschnittserträge sind die Grenzerträge gleich den Durchschnittserträgen, d. h. mit jedem zusätzlichen Faktoreinsatz werden sich die Durchschnittserträge nicht mehr erhöhen. Bei einem weiteren Faktoreinsatz sind die Grenzerträge kleiner als die Durchschnittserträge. Mit jedem zusätzlichen Faktoreinsatz werden sich die Durchschnittserträge verringern.

g) Der Winkel α bringt die Steigung der Ursprungsgeraden durch den Punkt $Q(x/P)$ der Ertragskurve zum Ausdruck. Die Steigung einer Geraden ist definiert als: $m = \frac{\Delta f(x)}{\Delta x} = \frac{\text{Höhenunterschied}}{\text{Horizontalunterschied}}$ zwischen 2 Punkten der Geraden. Dies ist der Tangens des Winkels α.
Hier ist die Steigung dann $m = \frac{P(x)}{x}$. Dies ist aber nichts anderes als der Durchschnittsertrag. Also ist das Steigungsmaß der Geraden durch den Punkt P der Gesamtertragskurve nichts anderes als der Durchschnittsertrag.
Bei dem vorgegebenen charakteristischen Verlauf der Ertragskurve ist die Steigung der Ursprungsgeraden maximal, wenn die Ertragskurve gerade noch berührt wird. Dann ist die Gerade aber nichts anderes als eine Tangente an den Graphen im Punkt $Q(x/P)$. Da die Tangente die Steigung der Ertragskurve repräsentiert, sind also Steigung der Ertragskurve (= Grenzertrag) und Durchschnittsertrag (= Steigung der Ursprungsgeraden) gleich, wobei gleichzeitig die Steigung der Ursprungsgeraden (der Durchschnittsertrag) maximal ist.

5 a)

Fixe Kosten:	$K_{\text{fix}} = 800$	Fixe Stückkosten:	$k_{\text{fix}}(x) = \frac{K_{\text{fix}}}{x} = \frac{800}{x}$
Variable Kosten:	$K_{\text{var}}(x) = 2x$	Variable Stückkosten:	$k_{\text{var}}(x) = \frac{K_{\text{var}}(x)}{x} = \frac{2x}{x} = 2$
Gesamtkosten:	$K(x) = 2x + 800$	Gesamte Stückkosten:	$k(x) = \frac{K(x)}{x} = \frac{2x+800}{x} = 2 + \frac{800}{x}$
Erlöse:	$E(x) = 4{,}5x$	Stückerlöse:	$e(x) = \frac{E(x)}{x} = \frac{4{,}5x}{x} = 4{,}5$
Gewinn:	$G(x) = E(x) - K(x) = 4{,}5x - (2x + 800) = 2{,}5x - 800$	Stückgewinn:	$g(x) = \frac{G(x)}{x} = \frac{2{,}5x - 800}{x} = 2{,}5 - \frac{800}{x}$

b) $k'(x) = -\frac{800}{x^2}$ $k'(320) = -0{,}0078125$: Die Stückkosten nehmen mit zunehmender Produktionsmenge ab.
$k''(x) = \frac{1600}{x^3}$ $k''(320) = 0{,}0000488 \Rightarrow$ Linkskrümmung $\Rightarrow$ Mit jeder zusätzlichen Produktionseinheit wird die Abnahme der Stückkosten immer geringer.

c) $g(x) = 2{,}5 - \frac{800}{x}$ ist für $D(g) = [0;\ 1000]$ ein steigener Hyperbelast (ohne Extrem- und Wendepunkte)
$\Rightarrow$ streng monoton steigend in $D(g) = [0;\ 1000]$, Rechtskrümmung (degressiver Verlauf).
Die Produktion sollte bis zur Kapazitätsgrenze $x = 1000$ ausgeweitet werden, weil dann die Stückgewinne maximal sind ($g(1000) = 1{,}70$ EUR)

d) $g(320) = 0$:
$g'(x) = \frac{800}{x^2}$ $g'(320) = 0{,}0078125$
$g''(x) = -\frac{1600}{x^3} = -0{,}00000488 < 0$
Bei einer Produktion von 320 ME ist der Stückgewinn null. Bei einer Ausweitung der Produktion wachsen jedoch die Stückgewinne, wegen der Rechtskrümmung des Graphen der Stückgewinnfunktion abnehmend.

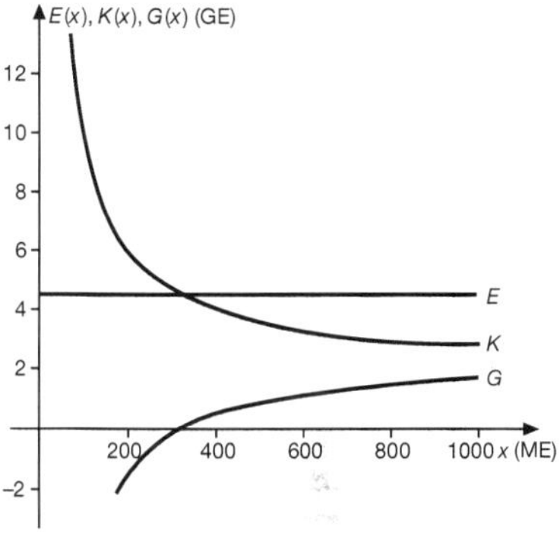

e) s. Abb.

6 a) $D_{\max}(A) = \mathbb{R}_+$
Keine Definitionslücken
$\lim\limits_{t \to \pm\infty} A(t) = 1$
$\Rightarrow$ Asyptote: $A^*(t) = 1$
Kein Symmetrieverhalten erkennbar
$S_{f_{1/2}/A}(0/0)$
Ableitungen:
$A'(t) = \frac{-2t^2 + 4t}{(t^2 - 2t + 2)^2}$
$A''(t) = \frac{4t^3 - 12t^2 + 8}{(t^2 - 2t + 2)^3}$
$A'''(t) = \frac{-12t^4 + 48t^3 - 96t + 48}{(t^2 - 2t + 2)^4}$
$T(0/0)$ $H(2/2)$
$W_1(1 - \sqrt{3}/1 - \frac{\sqrt{3}}{2}) \approx (-0{,}732/0{,}134)$
$W_2(1/1)$
$W_3(1 + \sqrt{3}/1 + \frac{\sqrt{3}}{2}) \approx (2{,}732/1{,}866)$
$W(A = [0;\ 2]$

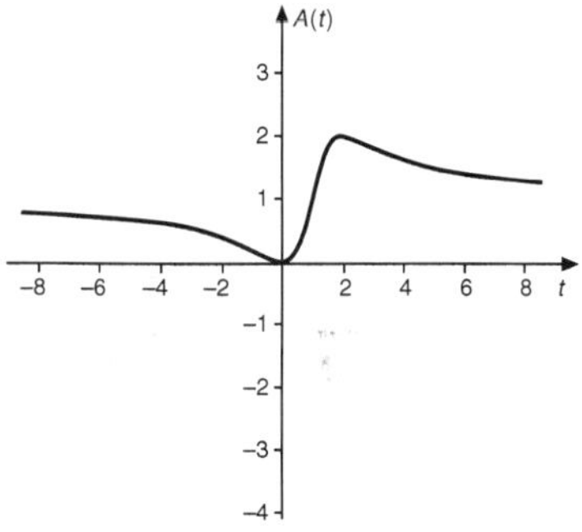

b) $D_{ök}(A) = \mathbb{R}_+$

c) Nach Einführung des Produktes steigen die Absatzzahlen 2 Jahre lang von null ausgehend auf 2 Mill. ME und fallen danach. Mit zunehmender Zeit strebt der Jahresabsatz 1 Mill. ME entgegen.
Bis zum 1. Jahr nach Einführung steigt der Jahresabsatz progressiv, danach steigt er bis zum 2. Jahr nach Einführung nur noch degressiv. Im weiteren Zeitablauf werden die Absatzrückgänge immer schwächer.

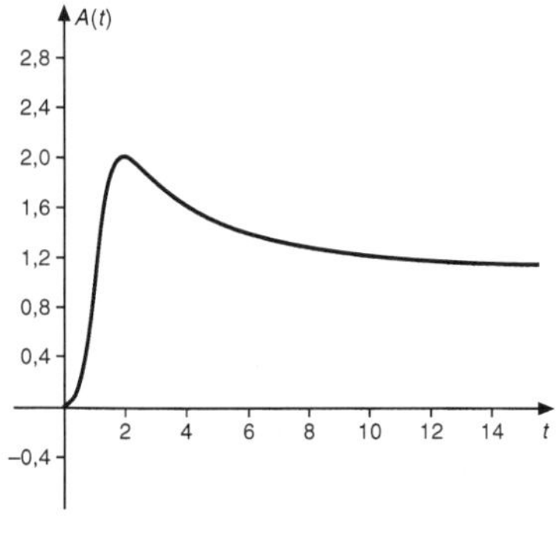

7 a) $P(0) = 30$

b) $P'(t) = \frac{1320000 - 66000\,t}{(t^2 - 40\,t + 1100)^2} = 0$

$t = 20$

$p(20) \approx 47{,}143$

Im Jahr 1970 wurde die maximale Produktionskapazität mit 47143 hl erreicht.

c) $\lim\limits_{t \to \infty} p(t) = 0$

d) $P''(t) = \frac{198000\,t^2 - 7920000\,t + 33000000}{(t^2 - 40\,t + 1100)^3} = 0$

$t_{W_1} \approx 4{,}724 \qquad P'(4{,}724) = 1{,}157$

$t_{W_2} \approx 35{,}275\text{:} \quad P'(35{,}275) = -1{,}157$

Maximale Zunahme 1954 mit 1157 hl/Jahr.

Maximale Abnahme 1985 mit 1157 hl/Jahr.

e) s. Abb.

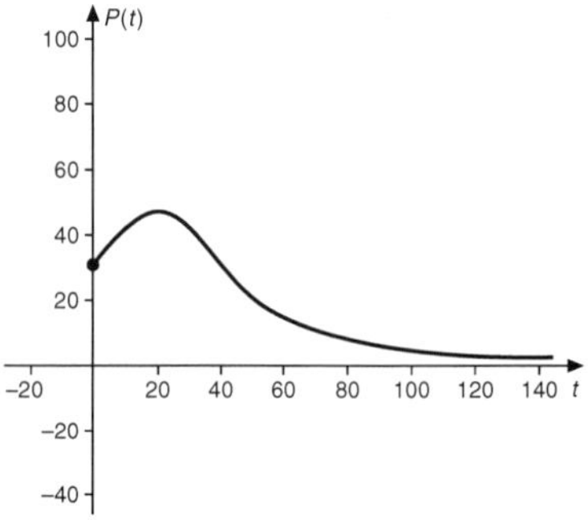

Extremwertprobleme

8 • Hauptbedingung: $O = 2\,x^2 + 4\,xy$

Nebenbedingung: $V = 1 = x^2 \cdot y \Leftrightarrow y - \frac{1}{x^2}$

Zielfunktion: $O(x) = 2\,x^2 + \frac{4}{x} = \frac{2\,x^3 + 4}{x}$

• $D_{\text{sinnvoll}}(O) = \mathbb{R}_+^*$

• Extrempunkt: $T(1/6)$

$O'(x) = \frac{4\,x^2 - 4}{x^2}$

$O''(x) = \frac{4\,x^3 + 8}{x^3}$; $O'''(x) = \frac{-24}{x^4}$

$O_{\min} = 6\ [\text{dm}^2],\ x = 1\ [\text{dm}],\ y = 1\ [\text{dm}]$

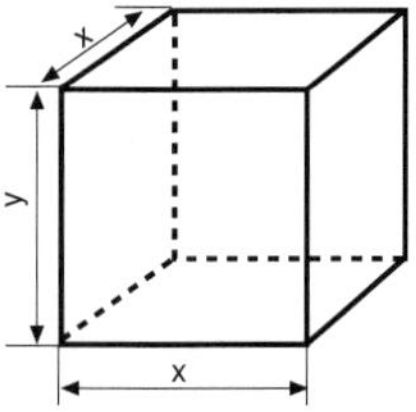

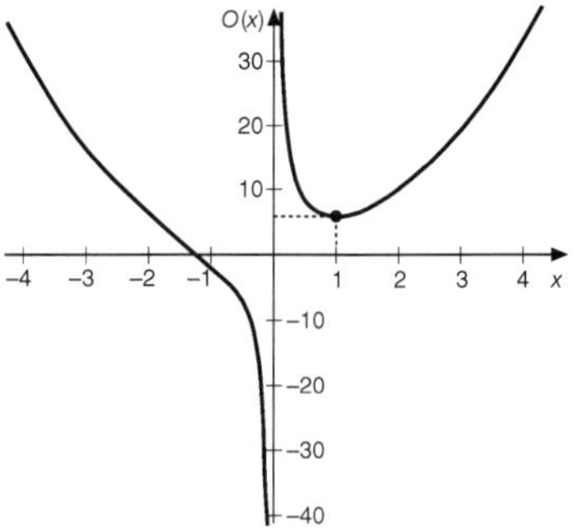

9 • Hauptbedingung: $U = \pi r + 2a + 2r$

Nebenbedingung: $F = 100 = a \cdot 2r + \frac{\pi r^2}{2} \Leftrightarrow a = \frac{50}{r} - \frac{\pi r}{4}$

Zielfunktion: $U(r) = \frac{\pi r}{2} + \frac{100}{r} + 2r = \frac{\pi r^2 + 4r^2 + 200}{2r}$

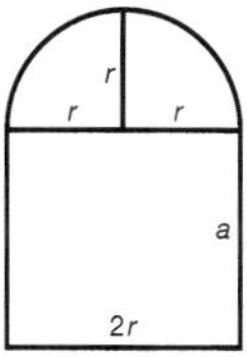

• $D_{\text{sinnvoll}}(U) = \mathbb{R}_+^*$

• Extrempunkte: $T \approx (5{,}29/37{,}79)$ $H(-5{,}29/-37{,}79)$

$U'(r) = \frac{\pi r^2 + 4r^2 - 200}{2r^2}$

$U''(r) = \frac{200}{r^3}$

$U_{\text{min}} \approx 37{,}79$ [m]

$a = r \approx 5{,}29$ [m]

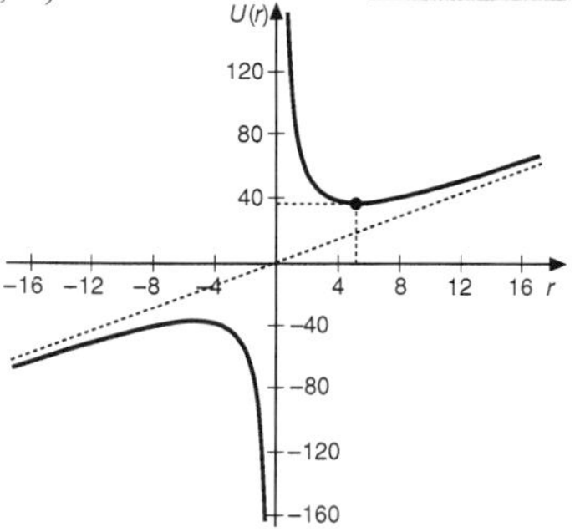

10 • Hauptbedingung: $O_{\text{gesamt}} = M_{\text{Zylinder}} + F_{\text{Kreis}} + O_{\text{Halbkugel}}$

$O = 2\pi rh + \pi r^2 + 2\pi r^2$

$O = 2\pi rh + 3\pi r^2$

Nebenbedingungen: $V = 100 = \pi r^2 h + \frac{2}{3}\pi r^3 \Leftrightarrow h = \frac{300 - 2\pi r^3}{3\pi r^2}$

Zielfunktion: $O(r) = \frac{5\pi r^3 + 600}{3r}$

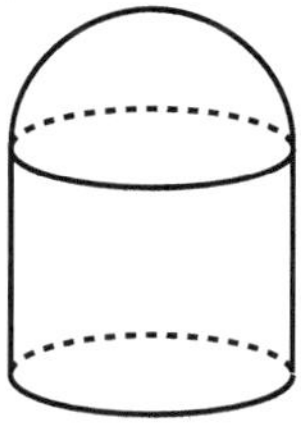

• $D_{\text{sinnvoll}}(O) = \mathbb{R}_+^*$

• Extrempunkt: $T\left(\sqrt[3]{\frac{60}{\pi}} / \sqrt[3]{\frac{45000}{\pi}}\right) \approx (2{,}673/112{,}233)$

$O'(r) = \frac{10\pi r^3 - 600}{3r^2}$

$O''(r) = \frac{10\pi r^3 + 1200}{3r^3}$

$O'''(r) = \frac{1200}{r^4}$

$O = \sqrt[3]{\frac{45000}{\pi}} \approx 112{,}233$ (dm²)

$r = \sqrt[3]{\frac{60}{\pi}} \approx 2{,}673$ [dm]

$h = \sqrt[3]{\frac{60}{\pi}} \approx 2{,}673$ [dm]

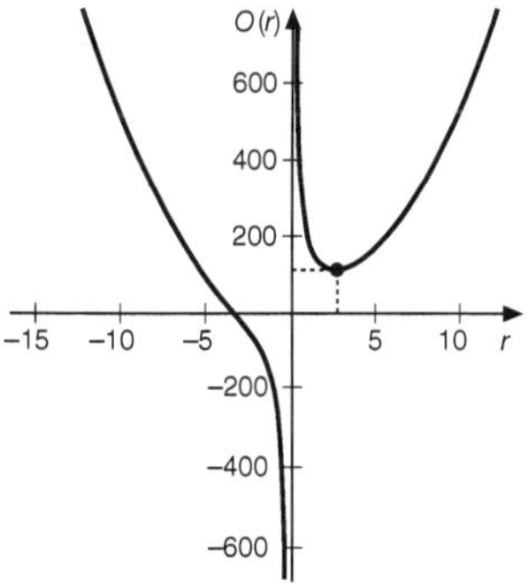

11
- Hauptbedingung: $U = 2x^2 + 2y$
  Nebenbedingung: $F = 16 = x \cdot y \Leftrightarrow y = \frac{16}{x}$
  Zielfunktion: $U(x) = 2x + \frac{32}{x} = \frac{2x^2 + 32}{x}$
- $D_{\text{sinnvoll}}(U) = \mathbb{R}_+^*$
- Extrempunkte: $H(-4/-16)$ $T(4/16)$
  $U'(x) = \frac{2x^2 - 32}{x^2}$ $U''(x) = \frac{64}{x^3}$
  $U_{\min} = 16$
  $x = 4$
  $y = 4$

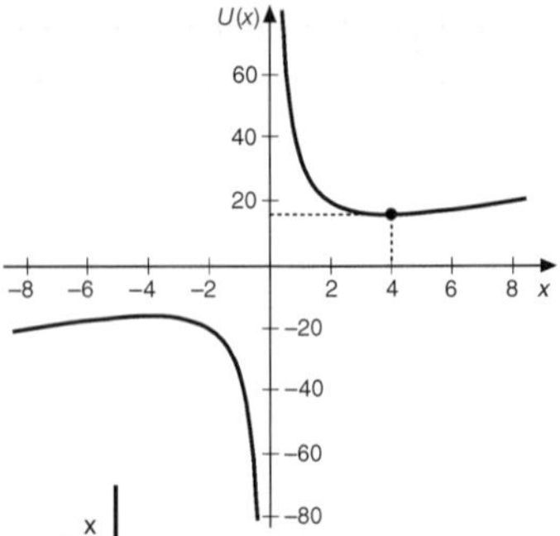

12 I) (Rechteck)
- Hauptbedingung: $U = 2x + y$
  Nebenbedingung: $F = xy = 3000 \Leftrightarrow y = \frac{3000}{x}$
  Zielfunktion: $U(x) = 2x + \frac{3000}{x} = \frac{2x^2 + 3000}{x}$
- $D_{\text{sinnvoll}}(U) = \mathbb{R}_+^*$
- Extrempunkte: $H(-38{,}73/-154{,}92)$
  $T(38{,}73/154{,}92)$
  Ableitungen: $U'(x) = 2 - \frac{3000}{x^2}$ $U''(x) = \frac{6000}{x^3}$
  $U_{\min} \approx 154{,}92$
  $x \approx 38{,}73$
  $y = 77{,}46$

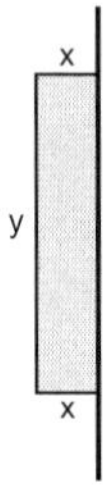

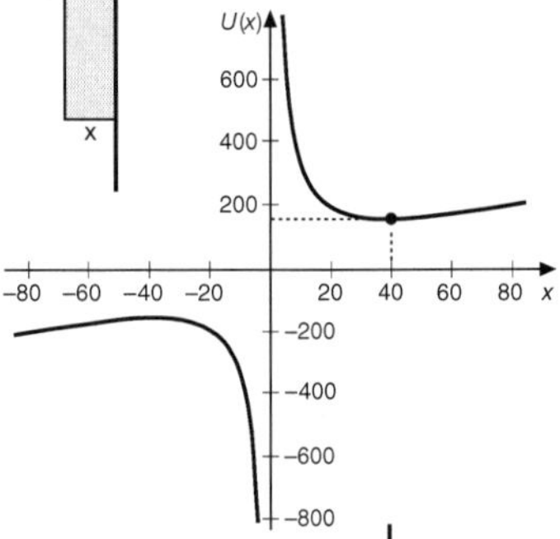

II) (Halbellipse)
- Hauptbedingung: $U = \frac{\pi}{2}(x + y)$
  Nebenbedingung: $F = \frac{\pi}{2}xy \Leftrightarrow y = \frac{6000}{\pi x}$
  Zielfunktion: $U(x) = \frac{\pi}{2}(x + \frac{6000}{\pi x}) = \frac{\pi}{2}x + \frac{3000}{x} = \frac{\pi x^2 + 6000}{2x}$
- $D_{\text{sinnvoll}}(U) = \mathbb{R}_+^*$
- Extrempunkte: $H(-43{,}70/-137{,}29)$
  $T(43{,}70/137/29)$
  $U'(x) = \frac{\pi}{2} - \frac{3000}{x^2}$
  $U''(x) = \frac{6000}{x^3}$
  $U_{\min} \approx 137{,}29$
  $x = y \approx 43{,}70$ (= Halbkreis mit $r = 43{,}70$)

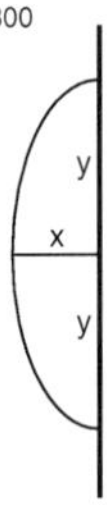

Kosteneinsparung
$154{,}92 = 100\,\%$
17,63 $= x\,\%$

Mehrverbrauch
$137{,}29 = 100\,\%$
17,63 $= x\,\%$
$x\,\% = 12{,}84\,\%$

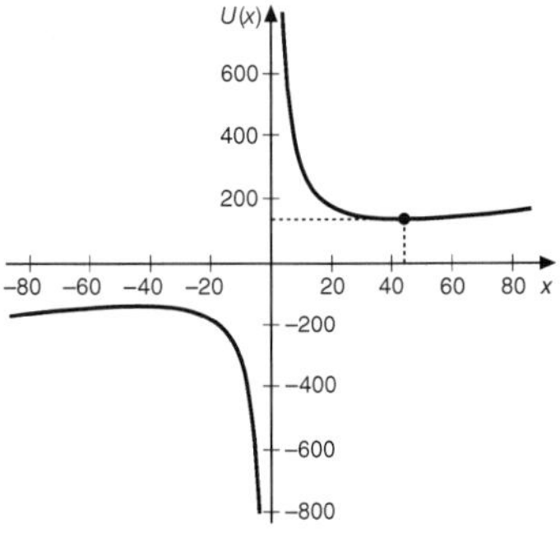

13 • Hauptbedingung: $O = 2\pi r^2 + 2\pi rh$; Nebenbedingung: $V = \frac{1}{2} = \pi r^2 h \Leftrightarrow h = \frac{1}{2\pi r^2}$

Zielfunktion: $O(r) = 2\pi r^2 + \frac{1}{r} = \frac{2\pi r^3 + 1}{r}$;

• $D_{\text{sinnvoll}}(O) = \mathbb{R}_+^*$

Extrempunkt: $T\left(\frac{1}{2}\sqrt[3]{\frac{2}{\pi}} \,\middle|\, \frac{3}{2}\sqrt[3]{4\pi}\right) \approx (0{,}43/3{,}49)$

• $O'(r) = \frac{4\pi r^3 - 1}{r^2}$ $O''(r) = \frac{4\pi r^3 + 2}{r^3}$ $O'''(r) = \frac{-6}{r^4}$

$O_{\min} \approx 3{,}49$ (dm²)

$r \approx 0{,}43$ (dm) = 4,3 cm

$h \approx 0{,}86$ (dm) = 8,6 cm

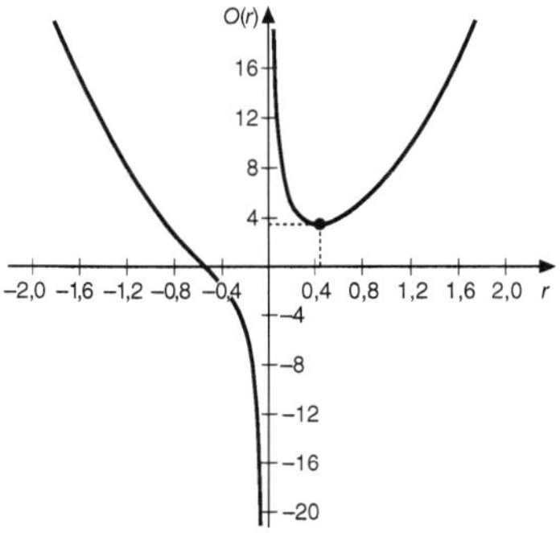

14 • Hauptbedingung: $F = (x - 4)(y - 6)$

Nebenbedingung: $50 = x \cdot y$

Zielfunktion:

$F(x) = (x - 4)(\frac{50}{x} - 6) = 50 - 6x - \frac{200}{x} + 24 = \frac{50x - 6x^2 - 200 + 24x}{x}$

$= \frac{-6x^2 + 74x - 200}{x}$

• $D_{\text{sinnvoll}}(F) = (4; \frac{25}{3})$

• Extrempunkte:

$T(-5{,}77/-5{,}77)$ $H(5{,}77/4{,}72)$

$F'(x) = \frac{-6x^2 + 200}{x}$ $F''(x) = \frac{-400}{x^3}$

$F_{\max} = 4{,}72$

$x \approx 5{,}77$

$y \approx 8{,}66$

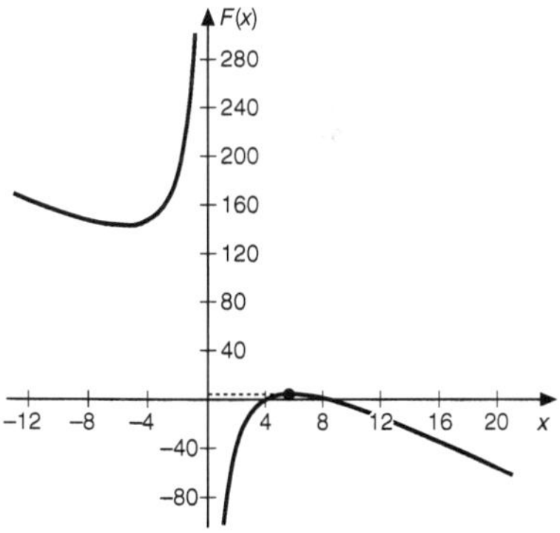

15 • Hauptbedingung:

Gesamtkosten = Kosten des Zylindermantels + Kosten für Deckel und Boden

$K = 2(2\pi rh) + 1 \cdot (2\pi r^2)$; Nebenbedingung: $V = 1000 = \pi r^2 h \Leftrightarrow h = \frac{1000}{\pi r^2}$

Zielfunktion: $K(r) = 4\pi r \cdot \frac{1000}{\pi r^2} + 2\pi r^2 = \frac{4000}{r} + 2\pi r^2 = \frac{4000 + 2\pi r^3}{r}$

• $D_{\text{sinnvoll}}(K) = \mathbb{R}_+^*$

• Extrempunkt: $T \approx (6{,}83/878{,}61)$

$K'(r) = \frac{2\pi r^2 - 4000}{r^2}$

$K''(r) = \frac{4\pi r^3 + 8000}{r^3}$

$K'''(r) = \frac{-24000}{r^4}$

$K_{\min} = 878{,}61$ GE

$r = h \approx 6{,}83$ [cm]

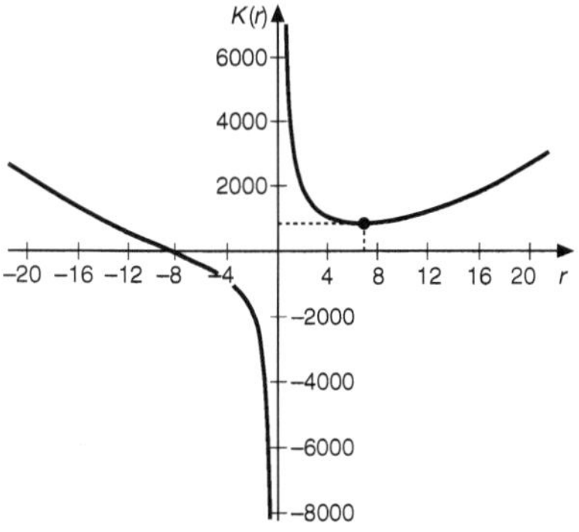

16
- Hauptbedingung: $F_{\text{Dreieck}} = \frac{a \cdot b}{2}$
  Nebenbedingungen:
  $\frac{b}{a} = \frac{b-4}{3}$ (Strahlensatz) $\Leftrightarrow a = \frac{3b}{b-4}$
  Zielfunktion: $F(b) = \frac{3b^2}{2b-8}$
- $D_{\text{sinnvoll}}(F) = (4; \infty)$
- Extrempunkte: $H(0/0)$ $T(8/24)$
  Ableitungen:
  $F'(b) = \frac{3b^2 - 24b}{2b^3 - 16b + 32}$
  $F''(b) = \frac{48}{(b-4)^3}$
  $F_{\min} = 24$
  $b = 8$
  $a = 6$

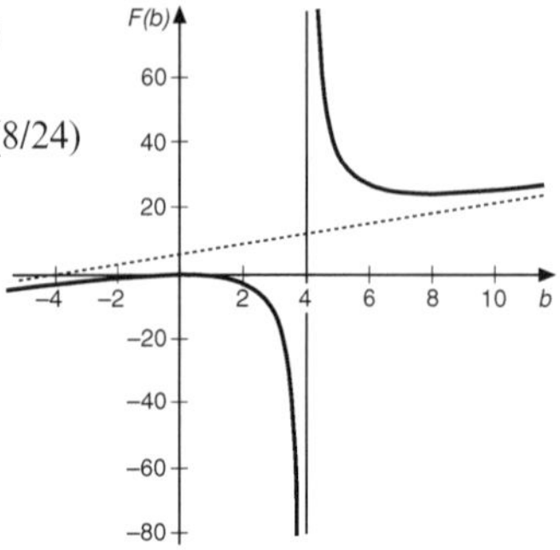

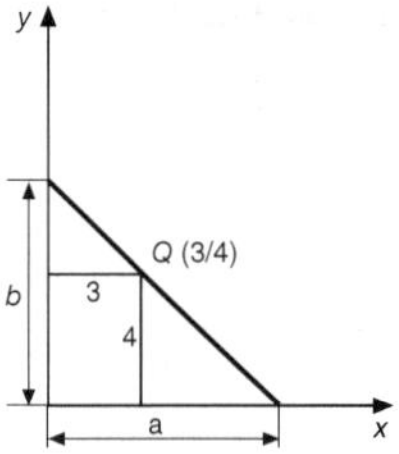

17
- Hauptbedingung: $M = x \cdot y$
  Nebenbedingungen:
  $x = 4b + 1{,}6$
  $y = h + 2 \cdot \frac{b}{2} + 1 + 1 + 0{,}7 = h + b + 2{,}7$
  $V = b^2 h = 980$ (berechnet aus den tatsächlichen Maßen der Milchtüte) $\Leftrightarrow \frac{980}{b^2}$
  Zielfunktion:
  $M(b) = (4b + 1{,}6) \cdot (\frac{980}{b^2} + b + 7{,}2)$
  $= \frac{100b^4 + 310b^3 + 108b^2 + 98000b + 39200}{25b^2}$

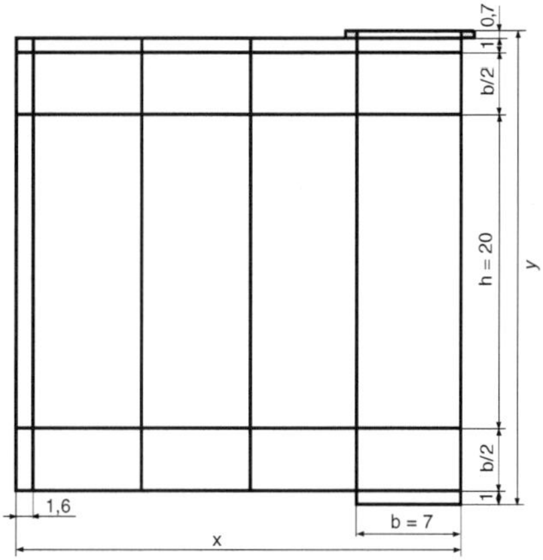

- $D_{\text{sinnvoll}}(M) = \mathbb{R}^*_+$
- Extrempunkte: $T_1(-0{,}8/-2453{,}04)$
  $T_2(7{,}664/872{,}478)$
  $M'(b) = \frac{40b^4 + 62b^3 + 19600b - 15680}{5b^3}$
  $M''(b) = \frac{8b^4 + 7840b + 9408}{b^4}$
  $M_{\min} = 872{,}478$
  $b = 7{,}664$
  $h = 16{,}6857$
  $V = 980$

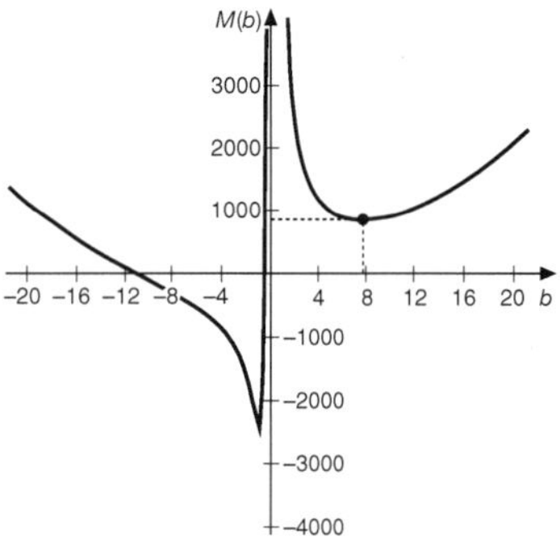

Bei der realen Milchtüte könnte $\frac{6{,}642}{879{,}12} \approx 0{,}007555 \approx 0{,}76\,\%$ Material weniger verbraucht werden bzw. es werden $\frac{6{,}642}{872{,}47} \approx 0{,}007613 \approx 0{,}76\,\%$ zu viel verbraucht.

18 I) Ohne Berücksichtigung des Verschnitts, d. h. alle Flächen des Innenteils und der Hülle werden einzeln berücksichtigt. (Netzplan s. S. unten bzw. Folgeseite)

- Hauptbedingung:

$M_{\text{Gesamt}} = M_{\text{Innenteil}} + M_{\text{Hülle}}$

wobei:

Innenteil:

$M(b, h, l) = bl + 2\,lh + 2\,bh + 2(b - 0{,}3)(h - 0{,}5) + 4(h - 0{,}2)(b - 1{,}8)$

Hülle:

$M(b, h, l) = 2(b + 0{,}1)(l + 0{,}2) + 3(h + 0{,}1)(l + 0{,}2)$

Nebenbedingungen:

$l = 5{,}1$

$B = bhl = 3{,}4 \cdot 1{,}3 \cdot 5{,}1 = 22{,}542$

$22{,}542 = bh \cdot 5{,}1$

$h = \frac{22{,}542}{5{,}1\,b} = \frac{4{,}42}{b}$

Zielfunktion:

$M(b) = \frac{6950\,b^2 + 19875\,b + 40443}{500\,b}$

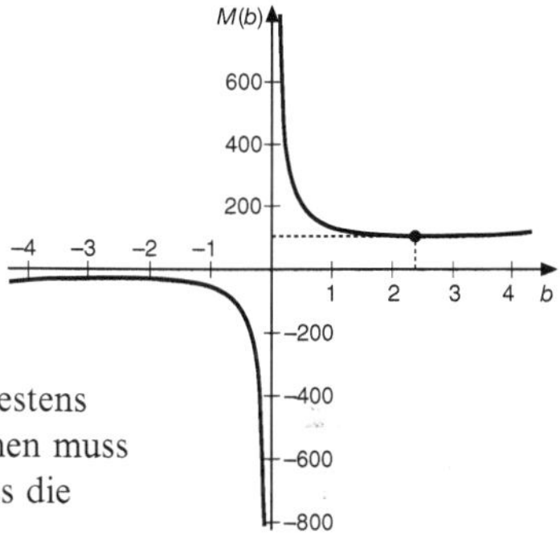

- $D_{\text{sinnvoll}}(M) = (0{,}3;\ 14{,}7)$, weil die Breite mindestens der Breite eines Streichholzes (3 mm) entsprechen muss und die Breite höchstens so groß sein darf, dass die Höhe 0,3 cm nicht unterschritten wird.
- Extrempunkte: $H(-2{,}4123/-27{,}312)$ $T(2{,}4123/106{,}812)$

$M_{\min} = 106{,}8$ $b = 2{,}4$ $h = 1{,}8$ $l = 5{,}1$

Materialverbrauch der
– optimierten Streichholzschachtel: 106,8
– realen Streichholzschachtel: 110,8
⇒ Differenz: ≈ 4

Es könnten $\frac{4}{110{,}8} = 0{,}0361 \approx 3{,}6\,\%$ Material eingespart werden.

D. h., bei der realen Streichholzschachtel wird $\frac{4}{106{,}8} \approx 0{,}03745 \approx 3{,}75\,\%$ Material zu viel verbraucht.

II) (mit Berücksichtigung des Verschnitts, d. h. die Gesamtflächen werden betrachtet)

- 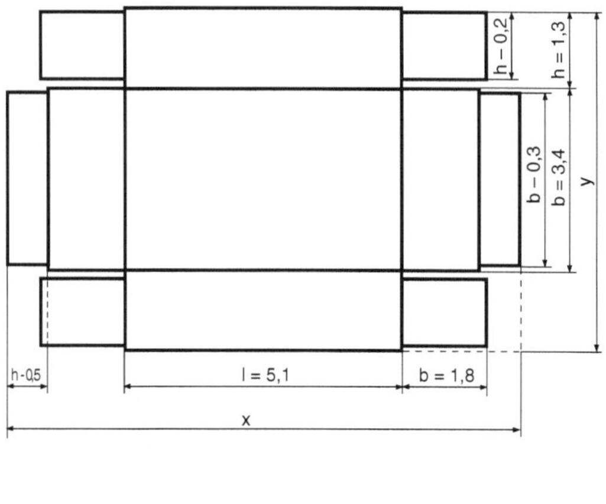

Hauptbedingung:
$M_{\text{Gesamt}} = \text{Grundfläche}_{\text{Innenteil}} + \text{Grundfläche}_{\text{Hülle}}$
$= x \cdot y \qquad + u \cdot v$

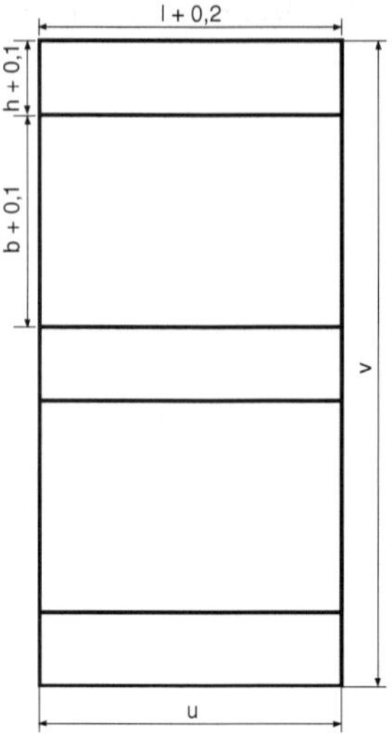

wobei:
Innenteil:
$M(b, h, l) = [l + 2h + 2(h - 0{,}5)] \cdot (b + 2h)$
Hülle:
$M(b, h, l) = [3(h + 0{,}1) + 2(b + 0{,}1)] \cdot (l + 0{,}2)$
Nebenbedingungen:
$l = 5{,}1$
$V = bhl = 3{,}4 \cdot 1{,}3 \cdot 5{,}1 = 22{,}542$
$22{,}542 = bh \cdot 5{,}1$
$h = \frac{22{,}542}{5{,}1\,b} = \frac{4{,}42}{b}$
Zielfunktion:
$M(b) = \frac{14{,}7\,b^3 + 20{,}33\,h^2 + 106{,}522\,b + 156{,}2912}{b^2}$

- $D_{\text{sinnvoll}}(M) = (0{,}3;\ 14{,}7)$, weil die Breite mindestens der Breite eines Streichholzes (3 mm) entsprechen muss und die Breite höchstens so groß sein darf, dass die Höhe 0,3 cm nicht unterschritten wird.
- Extrempunkt: $T(3{,}622/114{,}897)$
  $M_{\text{min}} = 114{,}897 \quad b = 3{,}662 \quad h = 1{,}207 \quad l = 5{,}1$
  Materialverbrauch der
  – optimierten Streichholzschachtel: 114,897
  – realen Streichholzschachtel: 118,76
  ⇒ Differenz: 3,863

Es könnten $\frac{3{,}863}{118{,}76} = 0{,}0325 = 3{,}25\,\%$ Material eingespart werden.

D. h., bei der realen Streichholzschachtel wird $\frac{3{,}863}{114{,}897} \approx 0{,}0336 = 3{,}36\,\%$ Material zu viel verbraucht.

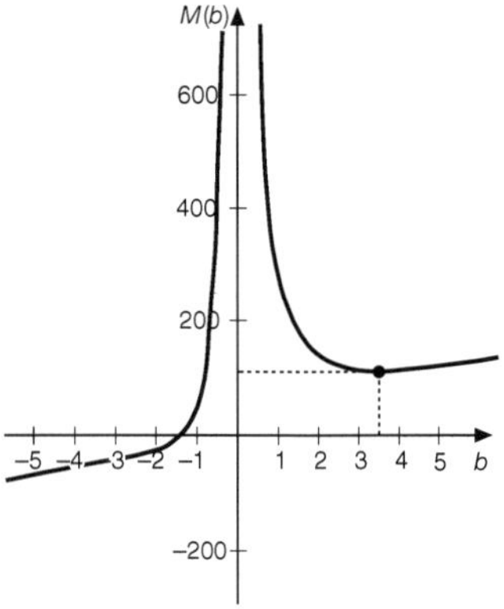

4.3 Die optimale Nutzungsdauer

1 a) $k(t) = \frac{50000}{t} + 640 + 160\,t$

$\Rightarrow t_{opt} = 17{,}68 \approx 18$ Jahre.

b) $k(18) = 6297{,}\overline{7}$ EUR

c) $K(18) = 113\,360{,}00$ EUR

2

$\Rightarrow t_{opt} = 14{,}9 \approx 15$ Jahre.

b) $k(15) = 7233{,}\overline{3}$ EUR

c) $K(15) = 108\,500{,}00$ EUR

4.4 Die optimale Bestellmenge

1 $K(x) = \frac{x}{2} \cdot l + \frac{B}{x} \cdot k_{fix} + B \cdot p$ mit $B = 1200$, $p = 1{,}2$, $k_{fix} = 300$ und $l = 2$

$K(x) = \frac{x}{2} \cdot 2 + \frac{1200}{x} \cdot 300 + 1200 \cdot 1{,}2$

$K(x) = x + \frac{360000}{x} + 1440$; $D(K) = [0; 1200]$.

$T(600/2640)$

a) $x = 600$

b) $n = \frac{1200}{600} = 2 \quad \Rightarrow$ Alle 6 Monate muss bestellt werden.

c) $K_{minimal}(600) = 2640$

2 a) $x = 4000$

b) $K_{minimal}(4000) = 80\,800$

c) $n = \frac{40000}{4000} = 10 \quad \Rightarrow$ Alle 1,2 Monate muss bestellt werden.

4.5 Optimale Kombinationen in der Produktions- und Haushaltstheorie

4.5.1 Isoquante/Minimalkostenkombination

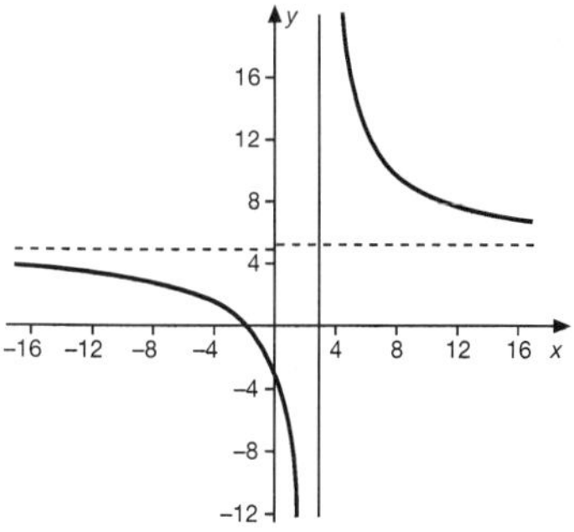

1 a) $y = \frac{24}{x-3} + 5 = \frac{5x+9}{x-3}$

b) $a = 24$ dehnt die Hyperbel in y-Richtung mit dem Faktor 24

$b = 3$ verschiebt die Hyperbel um 3 in positive x-Richtung

$c = 5$ verschiebt die Hyperbel um 5 in positive y-Richtung

Polgerade: $x = 3$

Asymptote: $y^* = 5$

c) $D_{max}(I) = \mathbb{R}\backslash\{3\}$
Polstelle mit VZW von − nach + bei $x = 3$
Asymptote: $f: f^*(x) = 5$
Achsenschnittpunkte: $S_x(-\frac{9}{5}/0)$ $S_y(0/-3)$

d) $K = p_x \cdot x + p_y \cdot y$
$y = -\frac{p_x}{p_y} \cdot x + \frac{K}{p_y}$
Für $K = 675$, $p_x = 20$ und $p_y = 30$
$K_{675}(x) = -\frac{20}{30} \cdot x + \frac{675}{30} = -\frac{2}{3} \cdot x + 22{,}6$

e) s. Abb.

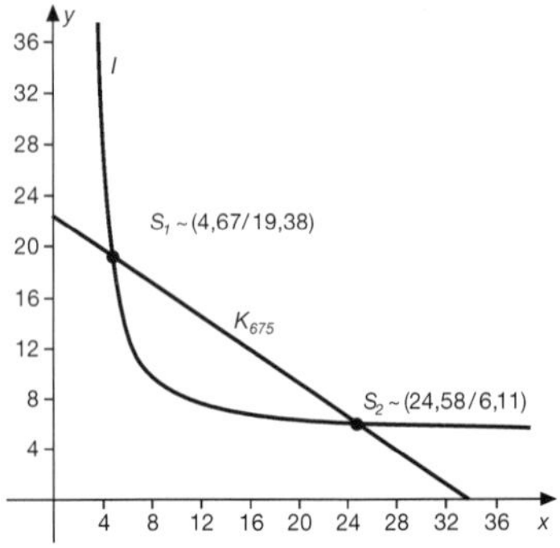

f) Die 675-Isokostengerade ist eine Sekante zu der Isoquante I: $I(x) = \frac{24}{x-3} + 5$.
Dies bedeutet, die festgesetzte Produktionsmenge kann mit zwei unterschiedlichen Faktorkombinationen (zu 675 GE Kosten) produziert werden.
Schnittpunkte:
$x_1 \approx 4{,}67 \vee x_2 \approx 24{,}58$
$S_1 \approx (4{,}67/19{,}38) \vee S_2 \approx (24{,}58/6{,}11)$.
Sie stellen nicht die kostenminimalen Faktorkombinationen dar, weil alle Kombinationen auf der Isoquanten zwischen S_1 zu S_2 geringeren Kosten erreicht werden können.

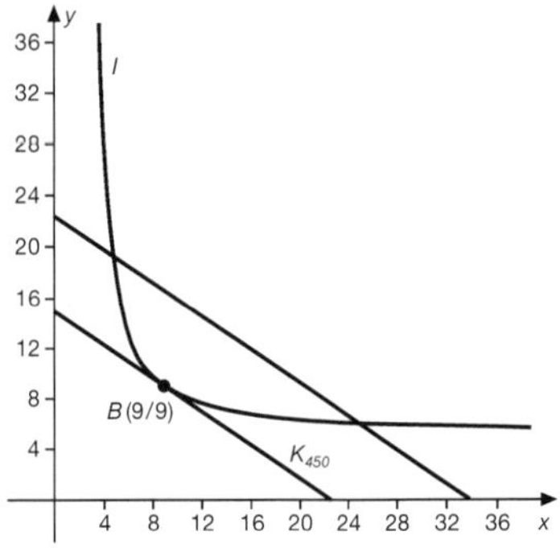

g) Schnittpunkte:
$K_{450}(x) = I(x)$
$x_{1/2} = 9$
$B(9/9)$. Die Isokostenfunktion ist also eine Tangente der Isoquante. Der Berührpunkt $B(9/9)$ stellt damit die Minimalkostenkombination für die festgelegte Produktionsmenge dar.

2 a)

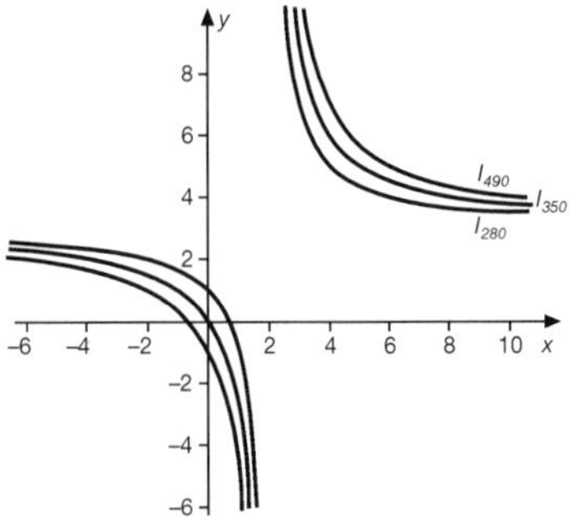

a1) $I_{280}(x) = \frac{4}{x-2} + 3 = \frac{3x-2}{x-2}$
$D_{max}(I_{280}) = \mathbb{R}\backslash\{2\}$
Polstelle mit VZW von − nach + bei $x = 2$
Asymptote: $f: f^*(x) = 3$
Achsenschnittpunkte: $S_x(\frac{2}{3}/0)$ $S_y(0/1)$

a2) $I_{350}(x) = \frac{6}{x-2} + 3 = \frac{3x}{x-2}$
$D_{max}(I_{350}) = \mathbb{R}\backslash\{2\}$
Polstelle mit VZW von − nach + bei $x = 2$
Asymptote: $y^* = 3$
Achsenschnittpunkte: $S_x(0/0)$ $S_y(0/0)$

a3) $I_{490}(x) = \frac{8}{x-2} + 3 = \frac{3x+2}{x-2}$

$D_{max}(I_{490}) = \mathbb{R}\backslash\{2\}$

Polstelle mit VZW von − nach + bei $x = 2$

Asymptote: $y^* = 3$

Achsenschnittpunkte: $S_x(-\frac{2}{3}/0)$ $S_y(0/-1)$

b) $K = p_x \cdot x + p_y \cdot y \quad \Leftrightarrow y = \frac{p_x}{p_y} \cdot x + \frac{K}{p_y}$

Für $K = 200$, $p_x = 16$ und $p_y = 24$ ergibt sich die Isokostenfunktion mit

$K_{200}(x) = -\frac{2}{3}x + \frac{25}{3}$.

c)

c1) $K_{200}(x) = I_{280}(x)$

$x_1 = 5 - \sqrt{3} \approx 3{,}268 \qquad y_1 = 5 + \frac{2}{3}\sqrt{3} \approx 6{,}155$

$x_2 = 5 + \sqrt{3} \approx 6{,}732 \qquad y_2 = 5 - \frac{2}{3}\sqrt{3} \approx 3{,}845$

Mit den Faktormengenkombinationen ≈ (3,268/6,155) oder ≈ (6,732/3,845) sind Erträge in Höhe von 280 ME bei einer Kostensumme von 200 GE möglich. Beide Faktormengenkombinationen sind aber nicht optimal.

c2) $K_{200}(x) = I_{350}(x)$

$x_{1/2} = 5 \quad y = 5$

Mit den Faktormengenkombinationen (5/5) sind Erträge in Höhe von 350 ME bei einer Kostensumme von 200 GE möglich. Diese Faktormengenkombinationen sind optimal, weil die 200-Isokostenkurve die 350-Isoquante in genau einem Punkt berührt. Diese Isoquante ist also die am weitesten vom Ursprung entfernte, d. h. sie repräsentiert die höchsten Erträge, die mit einer Kostensumme von 200 GE noch realisierbar sind.

c3) $K_{200}(x) = I_{490}(x)$

$x_{1/2} =$ n. d.

Es gibt keine Faktormengenkombinationen, mit der Erträge in Höhe von 490 ME bei einer Kostensumme von 200 GE möglich sind.

d)

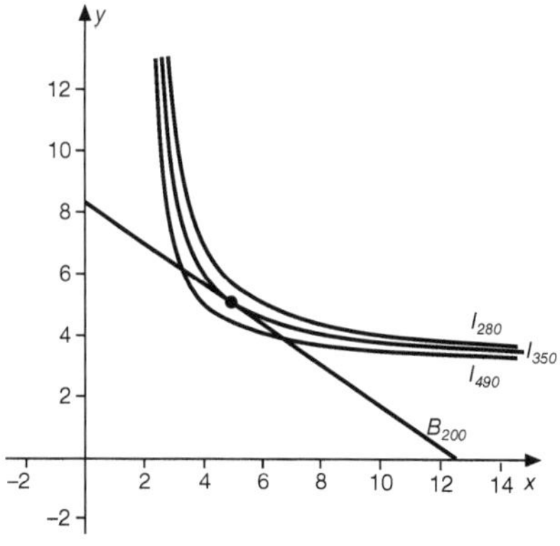

e) $y = \frac{p_x}{p_y} \cdot x + \frac{K}{p_y}$
Für $K = 240$, $p_x = 30$ und $p_y = 20$
ergibt sich die Isokostengerade mit $K_{240}(x) = -\frac{3}{2}x + 12$.
$K_{240}(x) = I_{350}$
$-\frac{3}{2}x + 12 = \frac{6}{x-2} + 3$
$x_{1/2} = 4$
$\Rightarrow B(4/6)$
Diese 240-Isokostengerade berührt die 350-Isoquante in $B(4/6)$ und stellt somit eine Minimalkostenkombination dar.
Bei einer vorgegebenen Kostensumme von 240,00 EUR können 350 Stück produziert werden, wenn 4 Arbeitsstunden und 6 Maschinenarbeitsstunden kombiniert werden.

3 a)

x	$y = \frac{9}{x-1} + 3$	$K = x \cdot 4 + y \cdot 10$
2	12	128
10	4	80

b) $K_{80(x)} = -\frac{1}{10}x + \frac{80}{10} = -\frac{2}{5}x + 8$
$K_{80(x)} = I_9$
$x_1 = \frac{7}{2} = 3{,}5 \vee x_2 = 10$
$K_{80}(\frac{7}{2}) = \frac{33}{5} = 6{,}6$
Eine Produktionsmenge von 9 ME lässt sich außerdem mit 3,5 ME des Faktors x und 6,6 ME des Faktors y bei einer Kostensumme von 80 GE herstellen.

c) $I_9(x) = K'(x)$
$x_1 \approx -3{,}74 \notin D$
$x_2 \approx 5{,}74$
$I_9(\approx 5{,}74) \approx 4{,}9$
$\Rightarrow B(5{,}74/4{,}9)$
Kostensumme: $K = 71{,}9$

d) $K_{27}(x) = -\frac{3}{4}x + \frac{27}{4}$
Ansatz: $\frac{a}{x-1} + 3 = -\frac{3}{4}x + \frac{27}{4}$
$\Leftrightarrow 3x^2 - 18x + 15 + 4a = 0$
$x^2 - 6x + 5 + \frac{4}{3}a = 0$
$x_{1/2} = 3 \pm \sqrt{9 - 5 - \frac{4}{3}a\frac{4}{3}a}$
Es gibt genau eine Lösung (= Minimalkostenkombination), wenn die Diskriminante Null ist.
$4 - \frac{4}{3}a = 0$
$a = 3$
Für $y = \frac{3}{x-1} + 3$ und $y = -\frac{3}{4}x + \frac{27}{4}$ weisen die Graphen einen gemeinsamen Schnittpunkt (= Berührpunkt) auf.
Es existiert eine Minimalkostenkombination bei (3/4,5).

4 a) $K = p_x \cdot x + p_y \cdot y \Rightarrow y = -\frac{p_x}{p_y} \cdot x + \frac{K}{p_y}$ (Isokostengerade)

Für $K = 200$, $p_y = 16{,}\overline{6}$ und $p_x = 25$ ergibt sich die Isokostengerade mit:

$K_{200}(x) = -\frac{3}{2}x + 12$

Der Berührpunkt von Isokostengerade und Isoquante wird ermittelt durch

$K_{200}(x) = I'(x)$

$-\frac{3}{2} = -\frac{6}{(x-2)^2}$

$x_1 = 4$

$x_2 = 0 \notin D(I)$

$K_{200\,(4)} = 6$

Minimalkostenkombination: (4/6)

b) $6 = \frac{6}{4-2} + c$

$c = 3$

$\Rightarrow I\colon I(x) = \frac{6}{x-2} + 3$

c) Um 2 in positive x-Richtung verschoben.
Um 3 in positive y-Richtung verschoben.
Mit dem Faktor 6 in y-Richtung gedehnt.

d) Mit 4 ME des Produktionsfaktors x (Arbeitsstunden) und 6 ME des Produktionsfaktors y (Maschinenarbeitsstunde) kann bei einer Kostensumme von 200,00 EUR ein maximaler Ertrag erzielt werden, der durch die Isoquante mit $I(x) = \frac{6}{x-2} + 3$ ausgedrückt wird.

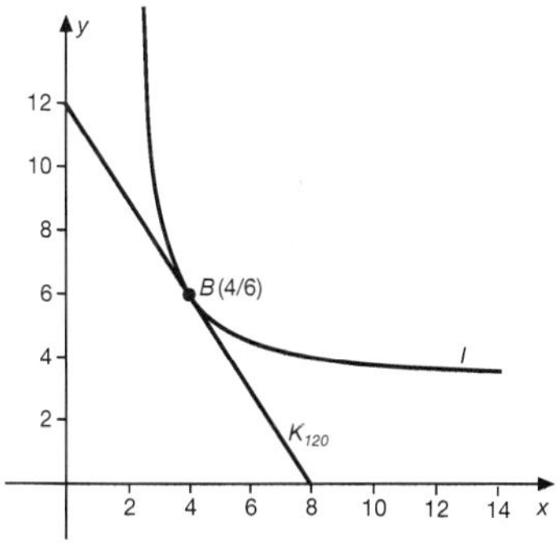

4.5.2 Indifferenzkurve/Haushaltsgleichgewicht

1 a)

a1) $I_{200}(x) = \frac{2}{x-1} + 2 = \frac{2x}{x-1}$

$D_{max} = \mathbb{R}\backslash\{1\}$
Polstelle mit VZW von − nach + bei $x = 1$
Asymptote: $f\colon f^*(x) = 2$
Achsenschnittpunkte: $S_x(0/0)$ $S_y(0/0)$

a2) $I_{300}(x) = \frac{2}{x-1} + 3 = \frac{3x-1}{x-1}$

$D_{max} = \mathbb{R}\backslash\{1\}$
Polstelle mit VZW von − nach + bei $x = 1$
Asymptote: $f\colon f^*(x) = 3$
Achsenschnittpunkte: $S_x(\frac{1}{3}/0)$ $S_y(0/1)$

a3) $I_{400}(x) = \frac{2}{x-1} + 4 = \frac{4x-2}{x-1}$

$D_{max} = \mathbb{R}\backslash\{1\}$
Polstelle mit VZW von − nach + bei $x = 1$
Asymptote: $f\colon f^*(x) = 4$
Achsenschnittpunkte. $S_x(\frac{1}{2}/2)$ $S_y(0/2)$

b)

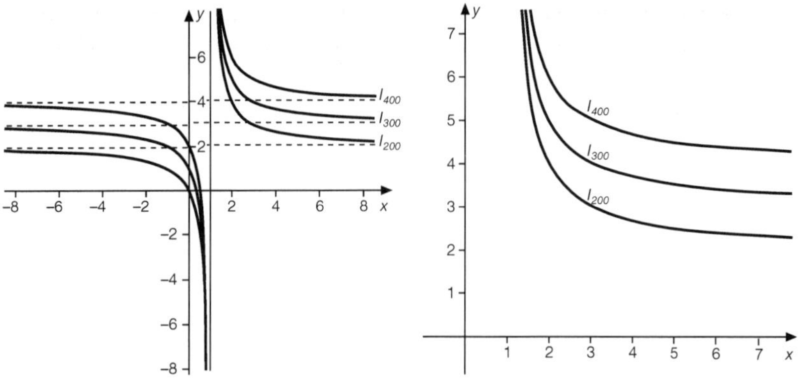

c) $C = p_x \cdot x + p_y \cdot y$

$y = \frac{p_x}{p_y} \cdot x + \frac{C}{p_y}$

Für $C = 90$, $p_x = 20$ und $p_y = 10$ ergibt sich die Bilanzgerade C_{90} mit

$C_{90} : y = -\frac{20}{10} \cdot x + \frac{90}{10} = -2x + 9$

d)

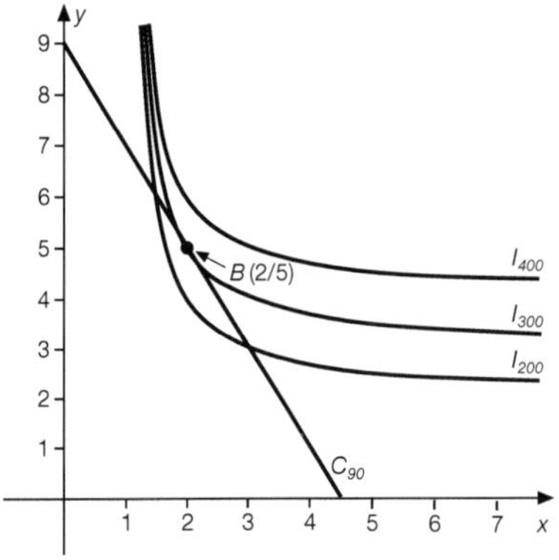

e) • $C_{90}(x) = I_{200}(x)$

$-2x + 9 = \frac{2}{x-1} + 2$

$-2 \cdot x + 7 = \frac{2}{x-1} \quad | \cdot (x-1)$

$(-2x + 7) \cdot (x - 1) = 2$

$-2x^2 + 9x - 9 = 0$

$x_1 = \frac{3}{2} \vee x_2 = 3$

Die Schnittpunkte der Bilanzgerade $C_{90}(x)$ mit der Indifferenzkurve $I_{200}(x)$ sind $S_1\,(\frac{3}{2}/6) \vee S_2\,(3/3)$.

Die Bilanzgerade $C_{90}(x) = -2x + 9$ ist eine Sekante zu der Indifferenzkurve $I_{200} : I_{200}(x) = \frac{2}{x-1} + 2$.

- $C_{90}(x) = I_{300}(x)$
  $-2x + 9 = \frac{2}{x-1} + 3$
  $-2x + 6 = \frac{2}{x-1} \quad | \cdot (x-1)$
  $(-2x + 7) \cdot (x - 1) = 2$
  $-2x^2 + 8x - 8 = 0$
  $x_{1/2} = 2$

Der Schnittpunkt (Berührpunkt) der Bilanzgerade $C_{90}(x)$ mit der Indifferenzkurve $I_{300}(x)$ ist $S(2/5)$.
Die Bilanzgerade $C_{90}(x) = -2x + 9$ tangiert die Indifferenzkurve
$I_{300} : I_{300}(x) = \frac{2}{x-1} + 3$.

- $C_{90}(x) = I_{400}(x)$
  $-2x + 9 = \frac{2}{x-1} + 4$
  $-2x + 5 = \frac{2}{x-1} \quad | \cdot (x-1)$
  $(-2x + 5) \cdot (x - 1) = 2$
  $-2x^2 + 7x - 7 = 0$
  $x_{1/2} =$ n. d.
  $\Rightarrow$ keine Schnittpunkte

Die Bilanzgerade $C_{90}(x)$ hat mit der Indifferenzkurve $I_{400} : I_{400}(x) = \frac{2}{x-1} + 4$ keine gemeinsamen Punkte. Dies bedeutet, die Nutzenniveaus 200 und 300 können mit einer Konsumsumme von 90 EUR erreicht werden, das Nutzenniveau 400 aber nicht.

f) die Bilanzgerade $C_{90}(x)$ hat mit der Indifferenzkurve $I_{400} : I_{400}(x) = \frac{2}{x-1} + 4$ keine gemeinsamen Punkte.

g) $I'_{400}(x) = C'(x)$
$x_1 = 0 \notin D \quad x_2 = 2$
$I_{400}(2) = 6$
Haushaltsgleichgewicht: $B(2/6)$
Konsumsumme: $C = 100$

2 a)

a1) $I_{300}(x) = \frac{3}{x-2} + 1 = \frac{x+1}{x-2}$

$D_{max}(I_{300}) = \mathbb{R}\backslash\{2\}$
Polstelle mit VZW von − nach + bei $x = 2$
Asymptote: $y^* = 1$
Achsenschnittpunkte: $S_x(-1/0)$ $S_y(0/-\frac{1}{2})$

a2) $I_{400}(x) = \frac{5}{x-2} + 1 = \frac{x+3}{x-2}$

$D_{max}(I_{400}) = \mathbb{R}\backslash\{2\}$
Polstelle mit VZW von − nach + bei $x = 2$
Asymptote: $y^* = 1$
Achsenschnittpunkte: $S_x(-3/0)$ $S_y(0/-\frac{3}{2})$

a3) $I_{500}(x) = \frac{7}{x-2} + 1 = \frac{x+5}{x-2}$

$D_{max}(I_{500}) = \mathbb{R}\backslash\{2\}$
Polstelle mit VZW von − nach + bei $x = 2$
Asymptote: $y^* = 1$
Achsenschnittpunkte: $S_x(-5/0)$ $S_y(0/-\frac{5}{2})$

b) $C = p_x \cdot x + p_y \cdot y \Rightarrow$

Bilanzgerade: $y = \frac{p_x}{p_y} \cdot x + \frac{C}{p_y}$

Für $p_x = 3$ und $p_y = 10$ ergibt sich die Bilanzgerade mit

$C(x) = -\frac{30}{10} \cdot x + \frac{C}{10}$

$C(x) = -3x + \frac{C}{10}$

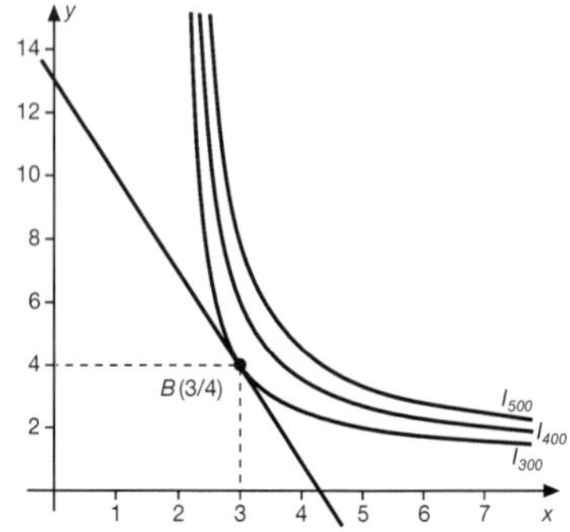

Ein Haushaltsgleichgewicht existiert dann, wenn die Bilanzgerade die Indifferenzkurve berührt, d. h. wenn beide Graphen nur einen gemeinsamen Punkt haben.

$C_b(x) = I_{300}(x)$

$-3x + b = \frac{3}{x-2} + 1 \quad | \, (x-2)$

Man erhält schließlich die quadratische Gleichung:

$x^2 + (-\frac{5}{3} - \frac{b}{3})x + (\frac{1}{3} + \frac{2}{3}b) = 0$

mit der Lösung:

$$x_{1/2} = \frac{5}{6} + \frac{b}{6} \pm \sqrt{\frac{b^2 - 14b + 13}{36}}.$$

Genau eine Lösung erhält man, wenn die Diskriminante null ist. Dies ist der Fall, wenn $b^2 - 14b + 13 = 0$.

Diese quadratische Gleichung kann wiederum mit der pq-Formel gelöst werden. Für $b = 13$ oder für $b = 1 \notin D$ erhält man genau eine Lösung. Die Bilanzgerade berührt die Indifferenzkurve für $b = 13$ im Definitionsbereich.

$I_{300}(x) = C_{130}(x)$

$x = 3$

$I_{300}(3) = 4$

Haushaltsgleichgewicht: $B(3/4)$

Wegen $b = \frac{C}{p_y}$ ist $13 = \frac{C}{10}$, also ist die Verfügung stehende Konsumsumme $C = 130$.

c) Vgl. Abb. oben.

d) $y = -3x + b$

$2 = -3 \cdot 15 + b$

$b = 17$

$\Rightarrow y = -3x + 17$

$C = p_x \cdot x + p_y \cdot y = 30 \cdot 5 + 10 \cdot 2 = 170$

$-3x + 17 = \frac{3}{x-2} + 1$

$x_1 = \frac{7}{3}$

$x_2 = 5$

Eine weitere Gütermengenkombination ist $(\frac{7}{3}/10)$.

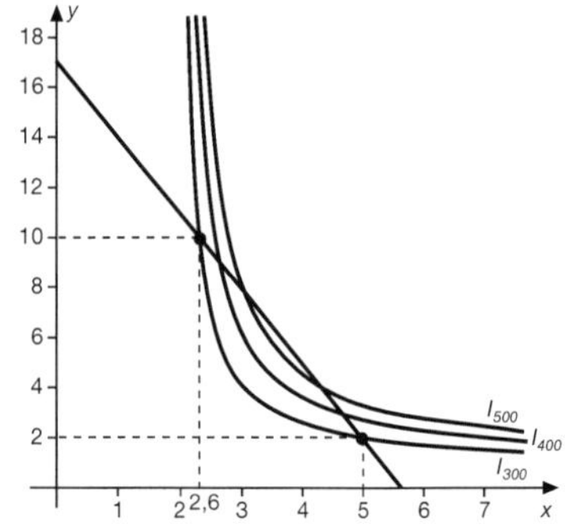

5 Exponentialfunktionen

5.1 Einführung in die Funktionsklasse der Exponentialfunktionen

5.1.1 Einfache Exponentialfunktionen der Form $f(x) = a \cdot b^x$

1 a)

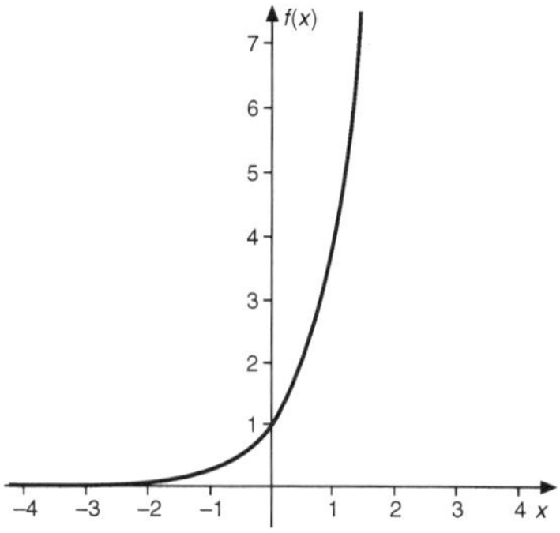

f)

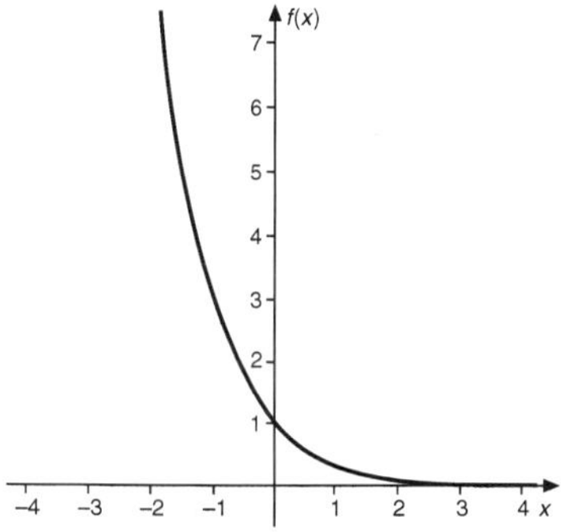

b)

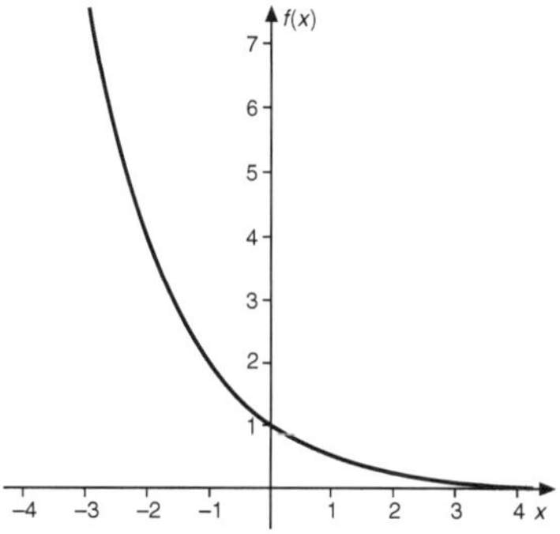

g)

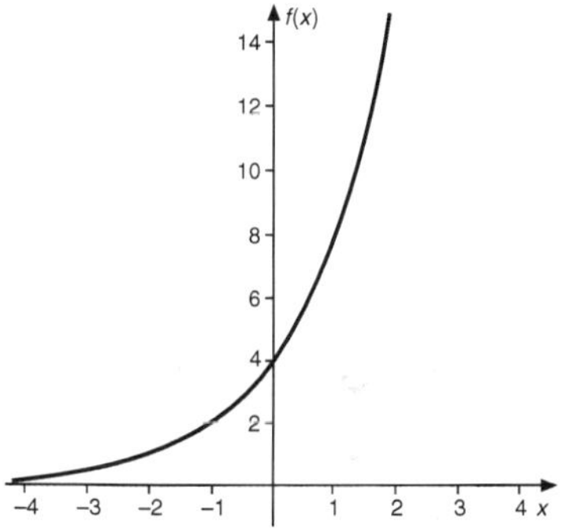

c)

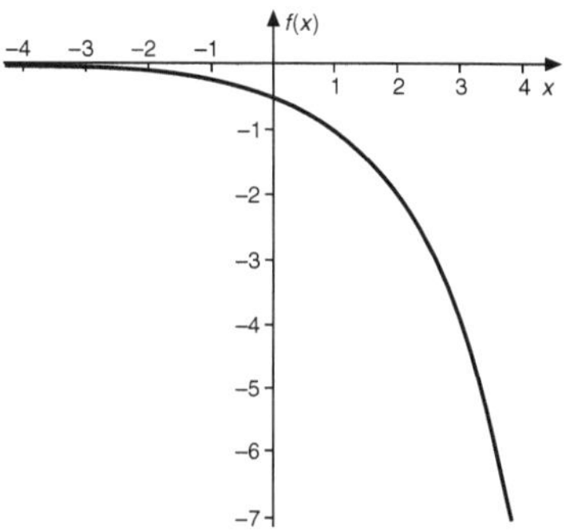

h)

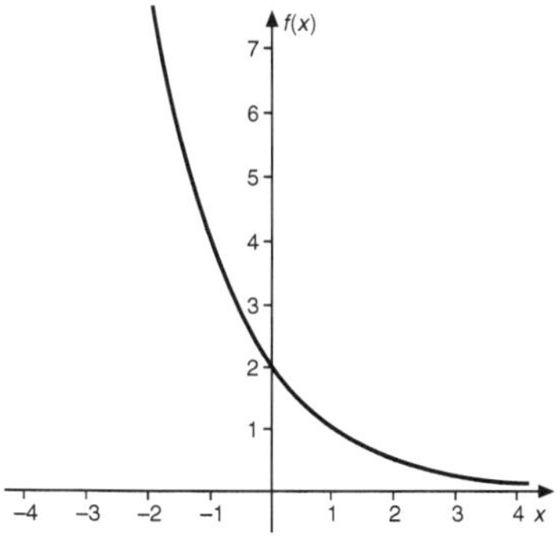

d)
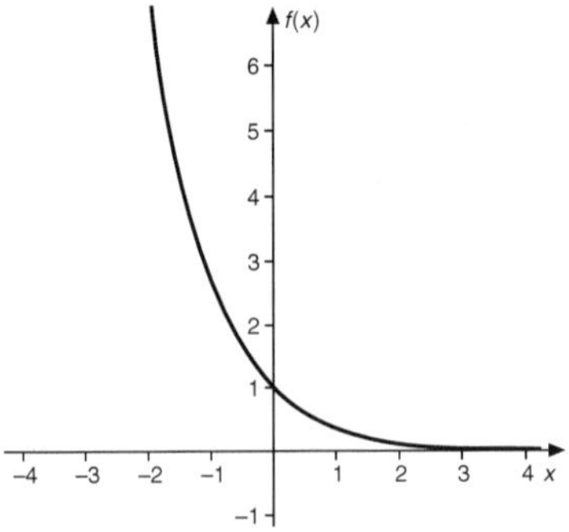

i)
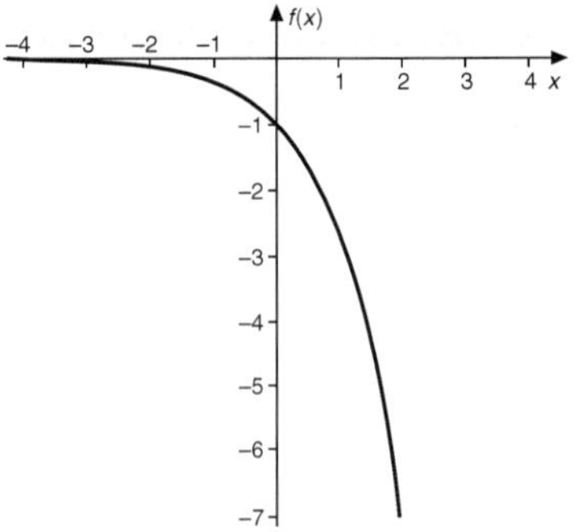

e)
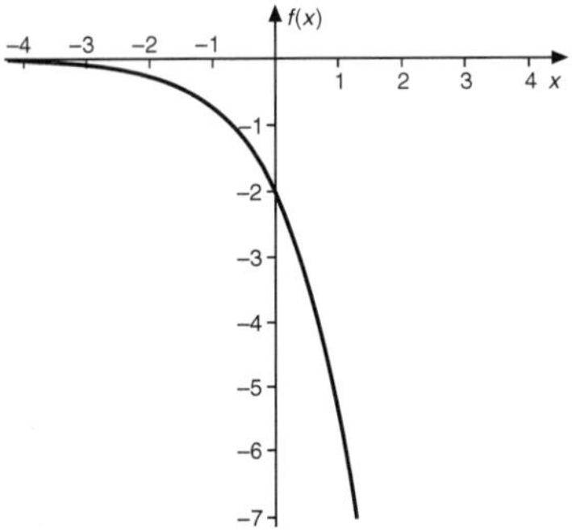

j)
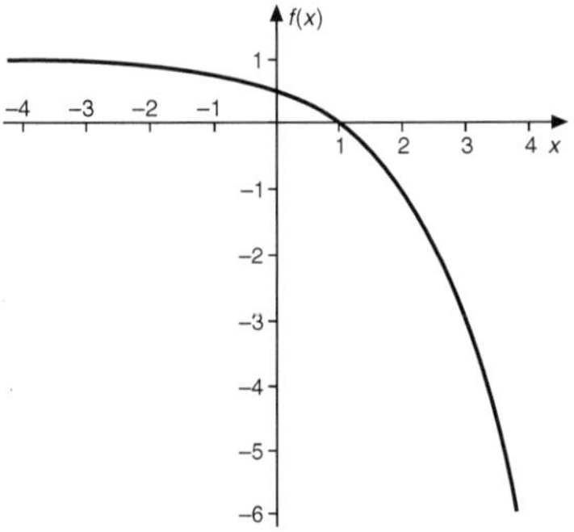

2 a) $f(x) = -2^x$ c) $f(x) = e^x$ e) $f(x) = -\frac{1}{2} \cdot 4^x$
b) $f(x) = 3 \cdot 2^x$ d) $f(x) = 3^x$ f) $f(x) = -2 \cdot (\frac{1}{2})^x = -2 \cdot 2^{-x}$

3 $f(x) = (\frac{1}{3})^x$ $f(5) = 0{,}004115$

4 Hier liegt kein exponentielles, sondern lineares Wachstum vor: $f(x) = 60\,x$

5 $f(x) = 100000 \cdot 1{,}06^x$ $f(8) = 159384{,}81$ [m³]

6 a) $f(x) = 100 \cdot 0{,}84^x$

b)

	1990	2000	2010	2020	2030	2040	2050	2060	2070	2080	2090
x	0	1	2	3	4	5	6	7	8	9	10
$f(x)$	100	84	70,56	59,27	49,79	41,82	35,13	29,51	24,79	20,82	17,49

c) $f(x_{halb}) = 50$
$x_{halb} = 3{,}9755 \approx 4$ Jahre

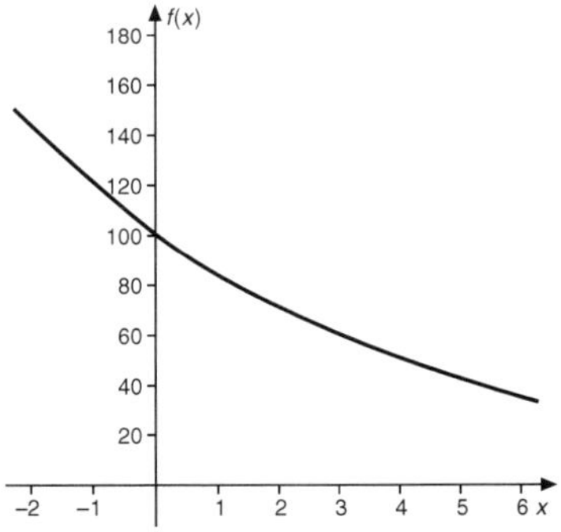

5.1.2 Logarithmieren und Logarithmengesetze

1

a) $x = 5$	d) $x = 1$	g) $x = 0$	j) $x =$ n. d.	m) $x = -1$	p) $x = -2$
b) $x = -2$	e) $x = 0$	h) $x = 1$	k) $x = 2$	n) $x = 1 - \ln 3$	q) $x = 1$
c) $x = 3$	f) $x = -2$	i) $x = 0$	l) $x = -3$	o) $x = \ln 2 + 1$	r) $x = 1$

2

a) $x = 3$	g) $3^x = 81 \Leftrightarrow x = 4$	m) $e^x = e \Leftrightarrow x = 1$
b) $x = -1$	h) $a^x = 1 \Leftrightarrow x = 0$	n) $e^x = 0 \Leftrightarrow x =$ n. d.
c) $x = 1$	i) $4^x = 64 \Leftrightarrow x = 3$	o) $e^x = 1 \Leftrightarrow x = 0$
d) $x = 3$	j) $(\frac{1}{2})^x = 16 \Leftrightarrow x = -4$	p) $10^x = 10 \Leftrightarrow x = 1$
e) $x = 0$	k) $1{,}4^x = 1 \Leftrightarrow x = 0$	q) $10^x = \frac{1}{10} \Leftrightarrow x = -1$
f) $x = 0$	l) $3^x = 9 \Leftrightarrow x = 2$	r) $2^x = 2 \Leftrightarrow x = 1$

3

a) $= \ln \sqrt[3]{5}$	d) $= 2 \cdot \lg 10 = 2$	g) $b = \log_a c$	j) $= -\lg(1 + x)$
b) $= \mathrm{lb}\,\frac{3}{4}$	e) $= \frac{\ln 24}{\ln 8}$	h) $b^c = a$	k) $= \lg 5$
c) $= -\lg 2$	f) $= x$	i) $= 2\ln x + \ln y - 3\ln z$	l) $e^x = 0 \Leftrightarrow x =$ n. d.

4

a) $x \approx 2{,}176$	d) $x \approx 0{,}602$	g) $x \approx 1{,}262$
b) $x \approx 2{,}303$	e) $x = -3$	h) $x \approx 0{,}683$
c) $x \approx 4{,}322$	f) $x \approx -1{,}386$	i) $x = -\frac{1}{2}$

5

a) $f(x) = e^{x \cdot \ln 2}$	c) $f(x) = \frac{1}{2} \cdot e^{x \cdot \ln \frac{1}{3}}$
b) $f(x) = 3 \cdot e^{x \cdot \ln 0{,}5}$	d) $f(x) = 0{,}25 \cdot e^{x \cdot \ln 4}$

6 a) Die Konzentration des Medikamentes im Blut verringert sich von Tag zu Tag immer um den gleichen Faktor $b = 0{,}72$.

b) $f(x) = 100 \cdot 0{,}72^x$

c) $f(x) = 100 \cdot e^{x \cdot \ln 0{,}72}$ (weil $b^x = e^{x \cdot \ln b}$)

d) $f(10) = 100 \cdot e^{10 \cdot \ln 0{,}72} \approx 3{,}744$ [mg/l]

e)
$$5 > 100 \cdot e^{x \cdot \ln 0{,}72}$$
$$\frac{1}{20} > e^{x \cdot \ln 0{,}72}$$
$$\frac{1}{20} > 0{,}72^x$$
$$\ln \frac{1}{20} > x \ln 0{,}72$$
$$x > \frac{\ln \frac{1}{20}}{\ln 0{,}72}$$
$$x > 9{,}12$$

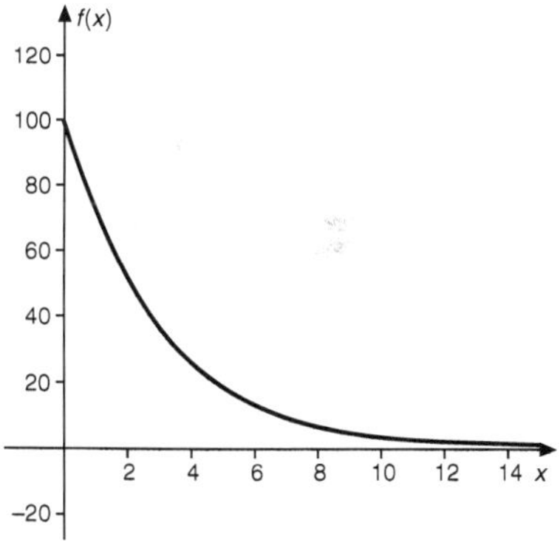

Am 10. Tag ist die Konzentration des Medikamentes im Blut erstmals unter 5 mg/l gesunken.

5.1.3 Vermischte Anwendungen zu einfachen Exponentialfunktionen

1 a) $f(x) = 1000 \cdot 1{,}03^x$

$f(100) = 19218{,}64$

b) $2000 = 1000 \cdot 1{,}03^x$

$\frac{2000}{1000} = 1{,}03^x$

$x = \log_{1,03} 2 = \frac{\ln 2}{\ln 1{,}03} \approx 23{,}5$

Nach 24 Jahren hat sich das angelegte Kapital verdoppelt.

2 a) Degressive Abschreibung = abnehmende Abschreibung. Wegen des ständig sinkenden Buchwertes verringert sich der Abschreibungsbetrag jedes Jahr.

b) $B(x) = 300000 \cdot 0{,}8\,x$; $x \in \mathbb{N}$

c) 30 % von 300000 = 90000

$90000 = 300000 \cdot 0{,}8^x$

$x \approx 5{,}396$

Nach 6 Jahren sind 70 % des Anschaffungswertes abgeschrieben.

d) $B(5) = 98304$

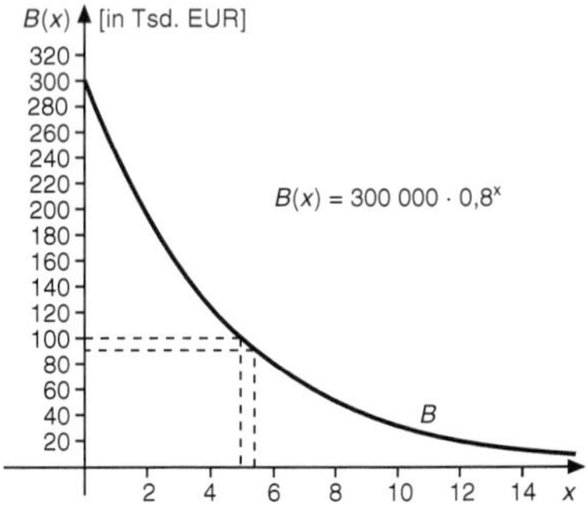

3 a) Luftdruck in Abhängigkeit von der Höhe.

b) s. Abb.

c) Mit zunehmender Höhe nimmt der Luftdruck ab (und umgekehrt).

d) – h gegeben, p berechnen. Z. B.: $p(1000) = 1013\,e^{-\frac{1000}{7991}} \approx 893{,}844$ [mbar]

– p gegebenem, h berechnen. Z. B.:

$700 = 1013\,e^{-\frac{h}{7991}}$

$\frac{700}{1013} = e^{-\frac{h}{7991}} \ln \frac{700}{1013} = -\frac{h}{7991} - 7991 \cdot \ln \frac{700}{1013} = h$

$h \approx 2953{,}40$ [m]

e) $p(5000) = 1013 e^{-\frac{5000}{7991}} \approx 541{,}838$ [mbar]

f) $699{,}159 = 1013\,e^{-\frac{h}{7991}} \quad \Leftrightarrow h = 2963$ [m]

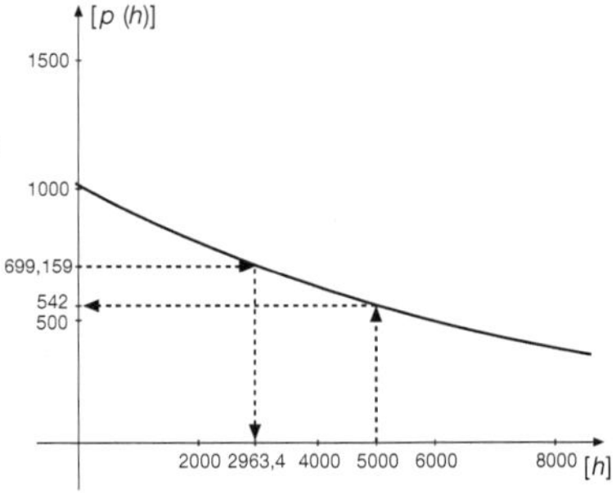

4 a) $\frac{1}{2} = 1 \cdot e^{-\lambda \cdot 1600}$

$\frac{1}{2} = \frac{1}{e^{1600\lambda}}$

$2 = e^{1600\lambda}$

$\ln 2 = 1600\lambda \cdot \ln e$

$\Leftrightarrow = \frac{\ln 2}{1600} \approx 0{,}000433217$

$\Rightarrow M(t) = a \cdot e^{-0{,}000433217t}$

b) $0{,}9 = 1 \cdot e^{-0{,}000433217\,t}$

$\Rightarrow t = 243{,}205$ [Jahre]

c) $M(800) = 1 \cdot e^{-0{,}000433217 \cdot 800} \approx 0{,}707$

$\Rightarrow$ 70,7 % sind nach 800 Jahren noch nicht zerfallen.

5 a) Die Temperatur fällt degressiv, wird aber (zumindest theoretisch) nie null.

b) $T(x) = a \cdot b^x$ mit $a = 72$

$T(x) = 72 \cdot b^x$

b wird bestimmt, indem die Koordinaten des Punktes $P(10/54)$ eingesetzt werden.

$54 = 72 \cdot b^{10}$

$\frac{54}{72} = b^{10} \quad \Big| \sqrt[10]{\ }$

$b = \sqrt[10]{\frac{54}{72}} \approx 0{,}97$

$\underline{\underline{T(x) = 72 \cdot 0{,}97^x}}$; $D(T) = \mathbb{R}_+$

c) $T(20) = 72 \cdot 0{,}97^{20} \approx 39{,}15$

Nach 20 Minuten hat der Kaffee ungefähr eine Temperatur von 40 °C.

d) $60 = 72 \cdot 0{,}97^x$

$\frac{60}{72} = 0{,}97^x$

$x = \log_{0,97} \frac{60}{72} = \frac{\ln \frac{60}{72}}{\ln 0{,}97} = \frac{-0{,}182}{-0{,}0305} = 5{,}986$

Nach ca. 6 Minuten ist der Kaffee auf 60 °C abgekühlt.

e) Umgangssprachlich:

Der Kaffee kühlt langsam ab.

Die Kaffeetemperatur nähert sich der Zimmertemperatur.

Geringere Dehnung der Kurve in Ordinatenrichtung.

Verschiebung der Asymptote in positive Ordinatenrichtung um 21,4.

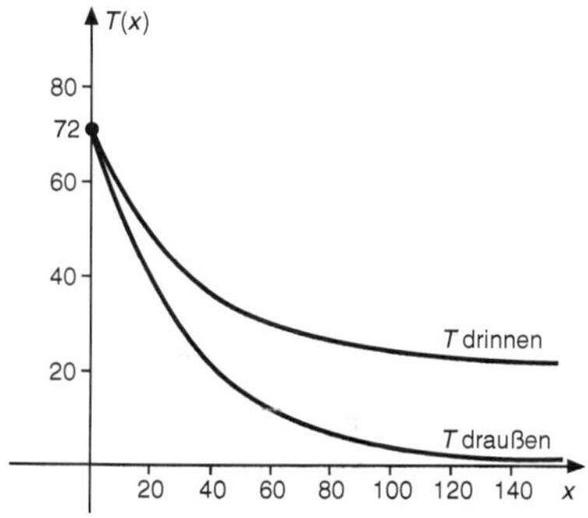

f) $T(x) = a \cdot b^x + c$ mit $c = 21{,}4$

$T(x) = a \cdot b^x + 21{,}4$

Damit zum Zeitpunkt 0 die Anfangstemperatur 72 °C beträgt, muss $a = 72 - 21{,}4 = 50{,}6$ sein.

$T(x) = 50{,}6 \cdot b^x + 21{,}4$

b wird wieder bestimmt, indem die Koordinaten eines Punktes in die Gleichung eingesetzt werden.

$P(10/58{,}7)$

$58{,}7 = 50{,}6 \cdot b^{10} + 21{,}4$

$37{,}3 = 50{,}6 \cdot b^{10}$

$0{,}73715415 = b^{10}$

$b = \sqrt[10]{0{,}737\ldots}$

$b \approx 0{,}97$

$\underline{\underline{T(x) = 50{,}6 \cdot 0{,}97^x + 21{,}4}}$; $D(T) = \mathbb{R}_+$

g) $T(60) = 50{,}6 \cdot 0{,}97^{60} + 21{,}4 = 29{,}54$

Nach 60 Minuten ist der Kaffee ca. 30 °C warm.

h)
$$30 = 50{,}6 \cdot 0{,}97^x + 21{,}4$$
$$8{,}6 = 50{,}6 \cdot 0{,}97^x$$
$$0{,}16996 = 0{,}97^x$$
$$x = \log_{0{,}97} 0{,}16996$$
$$x = \tfrac{\ln 0{,}16996}{\ln 0{,}97} = 58{,}18$$

Nach ca. 58 Minuten ist der Kaffee auf 30 °C abgekühlt.

5.2 Ableitung der Exponentialfunktionen

5.2.1 Ableitung der *e*-Funktion

5.2.2 Ableitung der verketteten *e*-Funktionen und Produktfunktionen

1 a) $t: f(x) = \frac{1}{e}x + \frac{2}{e} \approx 0{,}368\,x + 0{,}736$
b) $t: f(x) = 3\,e^2 x - 3\,e^2 \approx 22{,}167\,x - 22{,}167$
c) $t: f(x) = -ex \approx -2{,}718\,x$
d) $t: f(x) = 2\,x + 2$
e) $t: f(x) = -\frac{1}{2}ex$
f) $t: f(x) = ex$

2 a) $x = -1$
b) $x = \text{n. d.}$
c) $x = -4\ln 2 \approx -2{,}773$
d) $x = 0$

Verkettete Funktionen

3 a) $f'(x) = -e^{2x}$
b) $f'(x) = -2\,e^{-x}$
c) $f'(x) = -\frac{2}{3}e^{-\frac{x}{3}}$
d) $f'(x) = -2\,xe^{x^2}$
e) $f'(x) = -3\,xe^{-\frac{1}{2}x^2}$
f) $f'(x) = \frac{3}{2}x^2\,e^{2x^2}$
g) $f'(x) = \dfrac{3}{4}e^{-3x}$
h) $f'(x) = \frac{3}{4}e^{-\frac{1}{4}x}$
i) $f'(x) = -\frac{3}{2}x^2\,e^{\frac{1}{2}x^3}$
j) $f'(x) = 2\,e^{-2x}$
k) $f'(x) = 2\,xe^{-\frac{1}{3}x^2}$
l) $f'(x) = -\frac{1}{x^2}e^{\frac{1}{x}}$
m) $f'(x) = \frac{2}{x^2}e^{-\frac{2}{x}}$
n) $f'(x) = \frac{1}{3}e^{-\frac{1}{3}x}$
o) $f'(x) = -xe^{x^2}$
p) $f'(x) = \frac{3}{x^3}e^{\frac{3}{x}}$

Produktfunktionen mit Verkettungen

4 a) $f'(x) = e^x(x + 1)$
b) $f'(x) = 2\,e^{-x}(1 - x)$
c) $f'(x) = e^{x^2}(2\,x^2 + 1)$
d) $f'(x) = xe^{-x}(2 - x)$
e) $f'(x) = e^{-3x}(12\,x^2 - 2)$
f) $f'(x) = \dfrac{e^{\frac{1}{x}}}{x}(x - 1)$
g) $f'(x) = e^{\frac{3}{x}}(2\,x - 3)$
h) $f'(x) = 2\,x - \dfrac{3\,e^{\frac{3}{x}}}{x^2}$
i) $f'(x) = -2 + 6\,xe^{-3x^2}$
j) $f'(x) = 1 - e^x$

5 a) $f'(x) = 2\,e^{-x}(1 - x)$
b) $f'(x) = \frac{e^x(x - 1)}{2\,x^2}$
c) $f'(x) = \frac{4\,e^x(x - 2)}{3x^3}$
d) $f'(x) = e^{-x^2}(1 - 2\,x^2)$
e) $f'(x) = \frac{2\,e^{x^2}(2\,x^2 - 1)}{3\,x^2}$
f) $f'(x) = -e^{-2}$

6 a) $f'(x) = -e^{-x}$; $f'(0) = -1$
b) $f'(x) = 2e^{2x}$; $f'(1) = 2e^2 \approx 14{,}78$
c) $f'(x) = 2xe^{x^2}$ $f'(-1) = -2e \approx -6{,}437$
d) $f'(x) = 2e^{2x}$; $f'(0) = 2$

5.3 Anwendungen der e-Funktionen

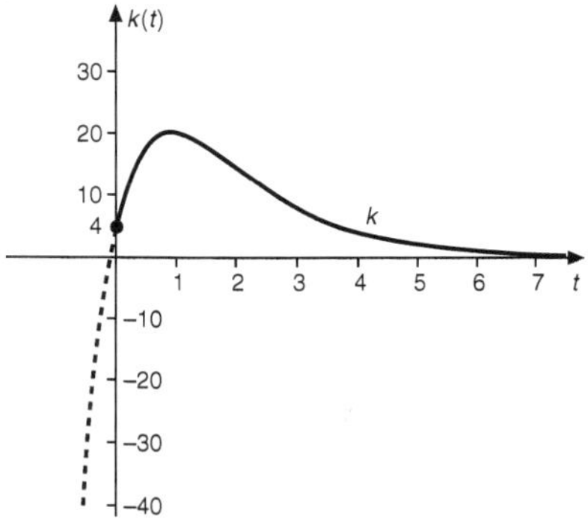

1 a) $D_{max}(k) = \mathbb{R}$
$\lim_{t \to -\infty} k(t) = „-\infty“$ $\lim_{t \to \infty} k(t) = 0+$
Asymptote für $t \to \infty$: $k^*(t) = 0$
Kein Symmetrieverhalten erkennbar.
$S_t(-0{,}08/0)$ $S_k(0/4)$
$k'(t) = 2e^{-t}(23 - 25t)$
$k''(t) = 2e^{-t}(25t - 48)$
$k'''(t) = 2e^{-t}(73 - 25t)$
$H(0{,}92/\sim 19{,}93)$
$W(1{,}92/\sim 14{,}66)$
$W(f) = (-\infty; \sim 19{,}93]$

b) $D_{sinnvoll}(k) = \mathbb{R}_+$
Die Konzentration des Gefahrstoffes beträgt zu Beginn der Messung 4 µg/l und nimmt dann ca. 22 Stunden lang auf 19,93 µg/l zu. Danach fällt die Konzentration wieder und strebt schließlich gegen null.
Die Konzentration wächst degressiv bzw. fällt zunehmend einen Tag und ca. 22 Stunden lang. Danach ist die Abnahme der Konzentration unterproportional.

c) $k(\frac{1}{2}) = 17{,}589$: 12 Stunden nach Messungsbeginn beträgt die Konzentration des Gefahrstoffes X 17,589 µg/l.
$k'(\frac{1}{2}) = 12{,}737$: 12 Stunden nach Messungsbeginn beträgt die Wachstumsgeschwindigkeit positiv mit $12{,}737\,\frac{\mu g}{Tag}$.
$k''(\frac{1}{2}) = -43{,}06$: 12 Stunden nach Messungsbeginn ist die Beschleunigung der Konzentration negativ mit $-43{,}06\,\frac{\mu g}{Tag^2}$.

2 a)

Zeit t	Menge (berechnet durch F.-Gleichung)	Menge (jeweils vom vorhergehenden Wert rekursiv berechnet)
0	25,0000	25,0000
1	26,7871	26,7875
2	28,5732	28,5741
3	30,3585	30,3598
4	32,1429	32,1446
5	33,9263	33,9286

b) $f(t) = 3600 - 3575 \cdot e^{\ln 0{,}9995\, t}$

c) $f'(t) = 1{,}7875\, e^{-0{,}0005\,t}$ $\quad f'(t) = 0$

$\Rightarrow t =$ n. d. $\quad\Rightarrow$ Es existieren keine Extrempunkte.

Der Graph ist wg. $f'(0) = 1{,}7875 > 0$[1] streng monoton steigend in D, also nimmt die Konzentration des Medikaments im Körper ständig zu.

d) $\lim\limits_{t \to \infty} f(t) = 3600$

e) $f''(t) = -0{,}00089375\, e^{-0{,}0005\,t}$

$f''(t) = 0$

$\Rightarrow t =$ n. d.

$\Rightarrow$ Es existieren keine Wendepunkte.

Der Graph ist wg. $f''(0) = -0{,}000893751 < 0$[1] rechtsgekrümmt in D, also ist die Zunahme der Konzentration des Medikaments im Körper degressiv (beschränktes Wachstum).

f) Graph

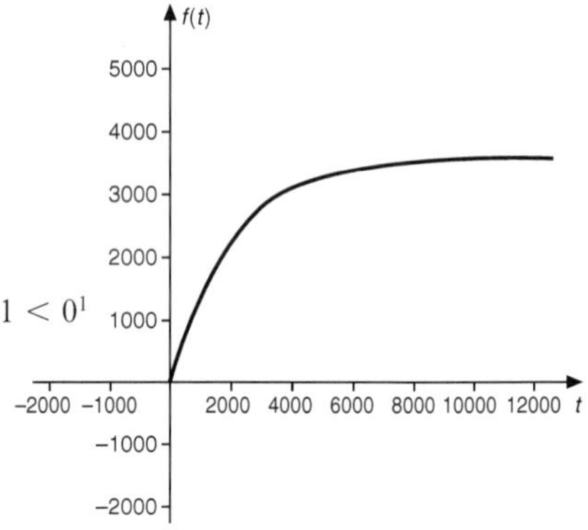

3 a) $D_{\max}(f) = \mathbb{R}$

$\lim\limits_{t \to -\infty} f(t) =$ „∞“ $\quad \lim\limits_{t \to \infty} f(t) =$ „$-\infty$“

Kein Symmetrieverhalten erkennbar.

$S_t(\frac{1}{2}\ln 40/0) \approx (1{,}844/0) \quad S_{f(t)}(0/3{,}9)$

$f'(t) = -0{,}1\, e^t - 4\, e^{-t}$

$f''(t) = 4\, e^{-t} - 0{,}1\, e^t$

$f'''(t) = -0{,}1\, e^t - 4\, e^{-t}$

Keine Extrempunkte

$W(\frac{1}{2}\ln 40/0) \approx (1{,}844/0)$

$W(f) = \mathbb{R}$

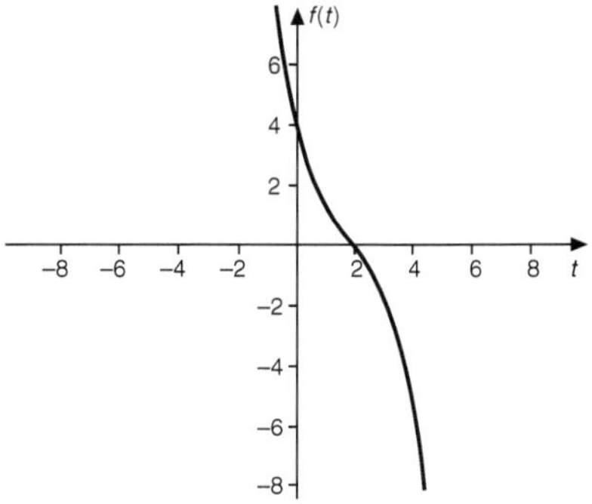

b) Begründung für den Verlauf des Schaubildes von g: Wie die Funktion f so ist auch g definiert für $t \geq 0$ mit $g(0) = 10$.

Die Funktion f ist streng monoton fallend und hat genau eine Nullstelle t_0.

Für $t < t_0$ ist $f(t) > 0$; d. h., das Wasservolumen nimmt zu; für $t < t_0$ ist die Funktion g streng monoton steigend.

Für $t = t_0$ ist das maximale Volumen im Behälter erreicht; d. h., die Stelle t_0 ist Maximumstelle von g.

Für $t > t_0$ ist $f(t) < 0$; d. h., das Wasservolumen nimmt ab; für $t > t_0$ ist die Funktion g streng monoton fallend.

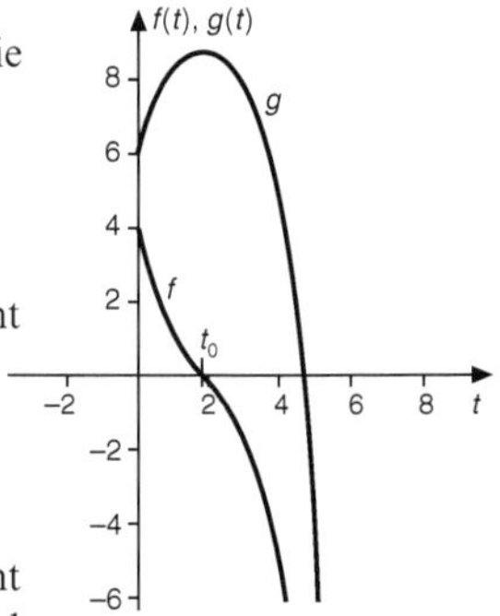

c) Die Funktion f ist Ableitungsfunktion von g mit $g(0) = 10$.

$g(t) = -0{,}1\, e^t - 4\, e^{-t} + 10$

[1] beliebige Taste

d) $g(\frac{1}{2}\ln 40) \approx 8{,}735$ [m³]

e) $g(t) = 0$

$t_1 \approx -0{,}912 \notin D(f) \quad t_2 \approx 4{,}601$

4 a)

Jahr	Einwohner (am 01.01.)	Geburten	Todesfälle	zugezogen/ weggezogen
2000	35 500	710	1775	+1 500
2001	35 935	719	1 797	+1 500
2002	36 357	727	1818	+1 500
2003	36 766	735	1838	+1 500
2004	37 163	743	1858	+1 500

Wertetafel:

t	b (t)
0	35 500
1	35935
2	36357
3	36766
4	3163

b) $D_{max}(b) = \mathbb{R}$

$\lim\limits_{t \to -\infty} b(t) = „-\infty“ \quad \lim\limits_{t \to \infty} b(t) = 50000$

Asymptote für $t \to \infty$: $b^*(t) = 50000$

Kein Symmetrieverhalten erkennbar.

$S_t(\sim -40{,}64/0) \quad S_{f(x)}(0/35\,500)$

$b'(t) = 441{,}66 \cdot e^{-0{,}03\,t}$

$b''(t) = -13{,}45\, e^{-0{,}03\,t}$

streng monoton steigend

Keine Wendepunkte

Rechtskrümmung

$W(f) = \mathbb{R}$

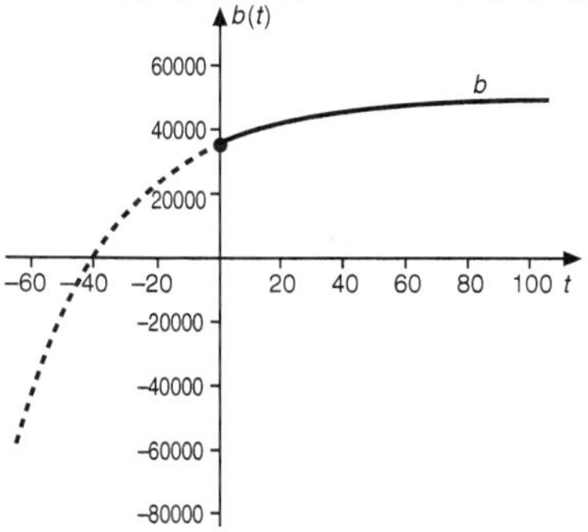

c) $b = 50000$

d) $b'(0) = 441{,}66$ [Pers./Jahr]

Der vergleichbare Wert ist die Differenz d = 435 der Einwohnerzahl von 2000 zu 2001. Dies ist die mittlere Änderungsrate, während $b'(0)$ die momentane Änderungsrate ist.

e) $b(t) = 50000 - 14500\, e^{\ln 0{,}97\,(t - 2000)}$

5 a) $D_{max}(f) = \mathbb{R}$

$\lim\limits_{x \to \pm\infty} f(x) = „\infty“$

Achsensymmetrie zur Ordinatenachse

$S_x - \quad S_{f(x)}(0/1)$

$f'(x) = \frac{1}{2}(e^x - e^{-x})$

$f''(x) = \frac{1}{2}(e^x + e^{-x})$

$T(0/0)$

$W(f) = [1; \infty)$

b) $f'(1) = 1{,}175$ entspricht 49,6°

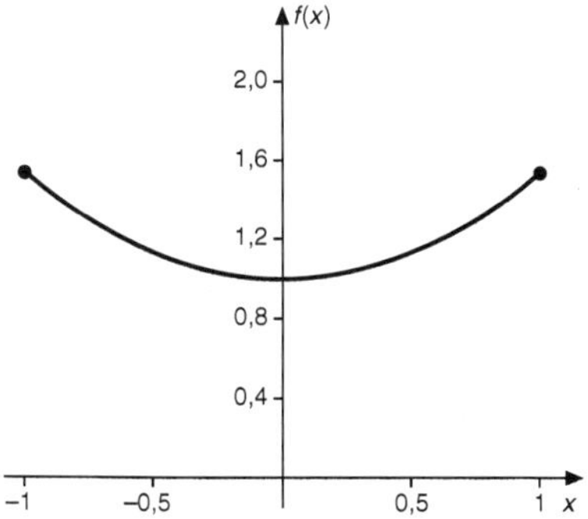

Die Tangente bildet dann mit dem Mast einen Winkel von 180° − 90° − 49,6° = 41,4°

c) Normale bei $x = 1$: $n(x) = \frac{4\,ex - e^3 - 4\,e - e^{-1}}{2 - 2\,e^2}$

6 a) $D_{max}(p) = \mathbb{R}$

$\lim_{g \to -\infty} p(g) = „-\infty“$

$\lim_{g \to \infty} p(g) = „\infty“$

Asymptote für $g \to \infty$: $p^*(g) = 24$

Kein Symmetrieverhalten erkennbar.

$S_g(-200 \ln \frac{3}{2}/0) \approx (-81{,}09/0)$ $S_p(0/8)$

$p'(g) = 0{,}08\, e^{-0{,}005\,g}$

$p''(g) = -0{,}0004\, e^{-0{,}005\,g}$

Keine Extrempunkte

Keine Wendepunkte

$W(f) = (-\infty; 24)$

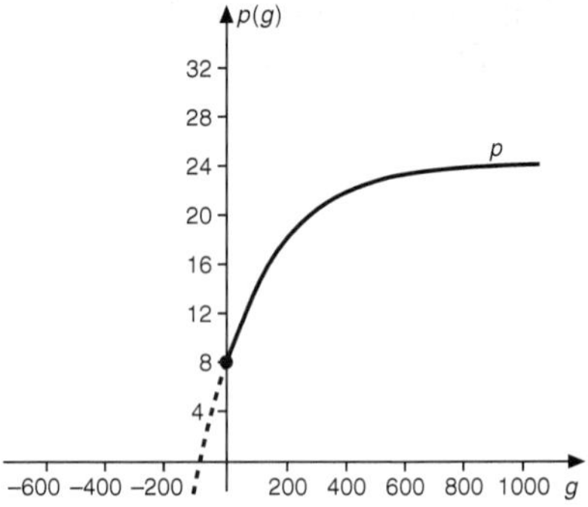

b) $D_{sinnvoll}(p) = \mathbb{R}_+$

Wenn von dem Produkt *X* bisher noch kein einziges Stück gefertigt worden ist, können am 1. Tag 8 Stück des Produktes *X* gefertigt werden. Da dann schon Erfahrungen mit der Produktion vorliegen und sich diese Erfahrungswerte ständig erhöhen, steigert sich die Produktion/Tag kontinuierlich, aber degressiv, weil der Lerneffekt immer geringer wird. Langfristig können bis zu 24 Stück pro Tag produziert werden (beschränktes Wachstum).

7 a) $D_{max}(U) = \mathbb{R}$

$\lim_{x \to -\infty} U(x) = „-\infty“$

$\lim_{x \to \infty} U(x) = 200$

Asymptote[1)] für $x \to \infty$: $U^*(x) = 200$

Kein Symmetrieverhalten erkennbar.

S_x – $S_U(0/\sim 23{,}84)$

$U'(x) = \frac{200\, e^{x+2}}{(e^x + e^2)^2}$

$U''(x) = \frac{200\, e^{x+2}(e^2 - e^x)}{(e^x + e^2)^3}$

Keine Extrempunkte

$W(2/100)$

$W(f) = \mathbb{R}_+$

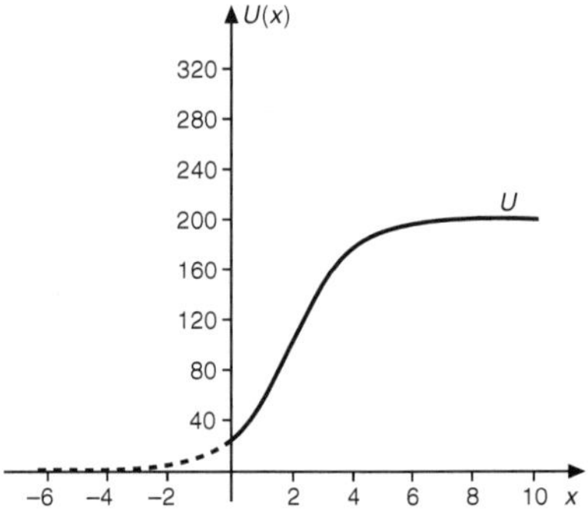

b) $D_{sinnvoll}(U) = \mathbb{R}_+$

Der Gesamtumsatz des Wirtschaftszweiges beträgt zu Beginn der Beobachtung 23,8 Mrd. EUR. In den folgenden Jahren steigt der Gesamtumsatz ständig und strebt langfristig gegen 200 Mrd. EUR. In den ersten 2 Jahren steigt der Umsatz progressiv, danach degressiv (logistisches Wachstum).

c) Nach 2 Jahren beträgt die Zunahme $U'(2) = 50$ Mrd. EUR/Jahr.

8 a) $f(3) = 3\,e^{-3} \approx 0{,}149361$

Zu Jahresbeginn 2010 beträgt der Jahresumsatz 149361 Stück/Jahr.

b) Notwendige und hinreichende Bedingung: $f'(x) = 0 \wedge f''(x) < 0$

$f'(x) = (1 - x)\,e^{-x};\ f''(x) = (x - 2)\,e^{-x}$

$H(1/\frac{2}{e}) \approx (1/0{,}367879)$

Zu Jahresbeginn 2008 ist der Jahresumsatz mit 367879 Stück/Jahr maximal.

c) $W(2/\frac{2}{e^2})$

Zu Jahresbeginn 2009 nimmt der Jahresumsatz am stärksten ab.

d) $\lim\limits_{x \to \infty} x \cdot e{-}^{x} = 0$

Langfristig streben die Jahresumsätze gegen null.

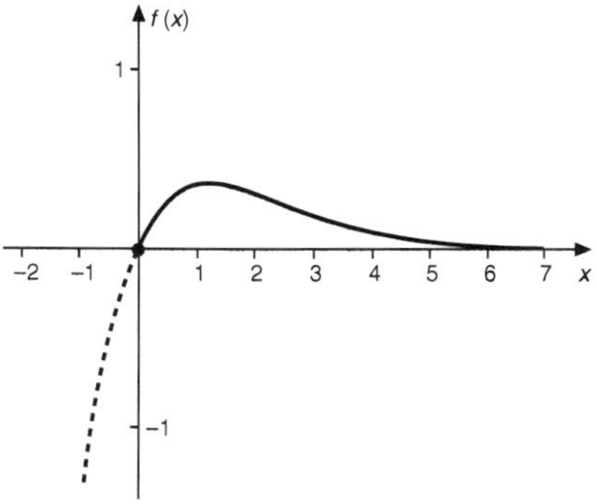

9 a) $A(x) = x \cdot f(x) = x \cdot e^{-x}$

$A'(x) = (1 - x)\,e^{-x} = 0$

$x = 1 \quad A = 1 \cdot e^{-1} = \frac{1}{e} \approx 0{,}368$

$P(1/\frac{1}{e}) \approx (1/0{,}368)$

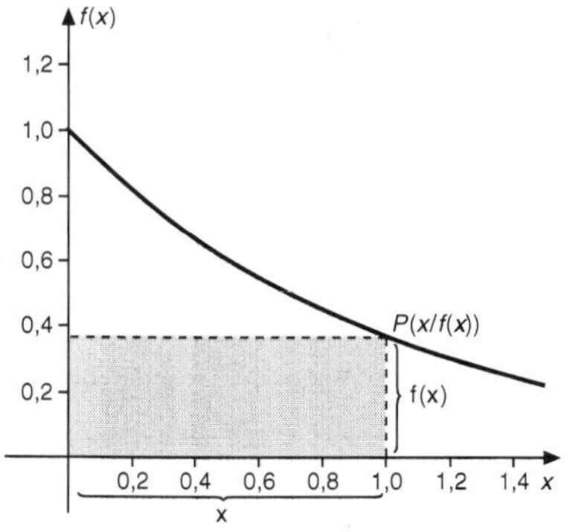

b) Für eine Flächenmaximierung muss die Hypotenuse des Dreiecks immer Tangente an den Graphen von f sein.

An der Stelle $x = a$ lautet die Gleichung der Tangente:

$t(x) = -e^{-a} \cdot x + ae^{-a} + e^{-a}$

Nullstelle der Tangente ist $x_0 = a + 1$.

Der Ordinatenachsenabschnitt ist

$y = e^{-a}(a + 1)$

$F = \frac{g \cdot h}{2}$

$F(a) = \frac{(a + 1) \cdot e^{-a}(a + 1)}{2};\ D(F) = \mathbb{R}$

$F(a) = \frac{1}{2}(a + 1)^2\,e^{-a}$

$F'(a) = \frac{1}{2}(a + 1)(a - 1)\,e^{-a} = 0$

$f_1 = -1 \notin D(F)$

$a_2 = 1$

$F(1) = \frac{2}{e} \approx 0{,}736$

$P(1/\frac{1}{e}) \approx (1/0{,}368)$

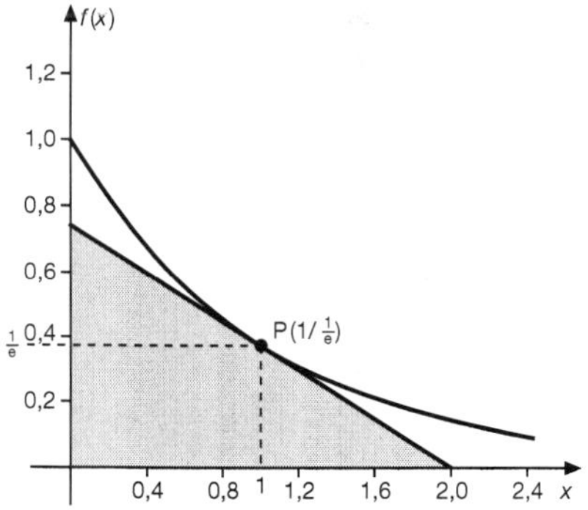

c) Bei dreieckiger Fläche wird der Parkplatz 100 % größer als bei rechteckiger Fläche.

10 a) $D_{max}(f) = \mathbb{R}$

$\lim\limits_{x \to -\infty} f(x) = „\infty“ \quad \lim\limits_{x \to \infty} f(x) = 0$

$\Rightarrow$ Asymptote: $f^*(x) = 0$ für $x \to \infty$

kein Symmetrieverhalten erkennbar

$S_{x/f(x)}(0/0)$

Ableitungen:

$f'(x) = (-2x^2 + 4x)\,e^{-x}$

$f''(x) = (2x^2 - 8x + 4)\,e^{-x}$

$f'''(x) = (-2x^2 + 12x - 12)\,e^{-x}$

Extrempunkte:

$T(0/0)$

$H(2/\frac{8}{e^2}) \approx (2/1{,}083)$

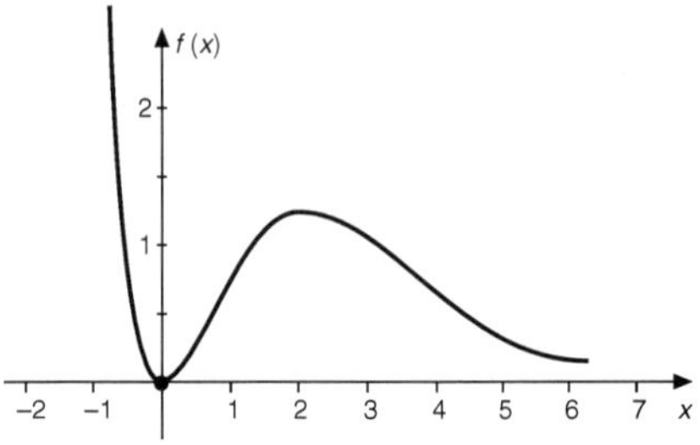

Wendepunkte:

$W_1(2 - \sqrt{2}/(12 + 8\sqrt{2})\,e^{\sqrt{2}-2}) \approx (0{,}586/\approx 0{,}382)$

$W_2(2 + \sqrt{2}/(12 - 8\sqrt{2})\,e^{\sqrt{2}-2}) \approx (3{,}414/\approx 0{,}767)$

$W_{max}(f) = \mathbb{R}_+$

b) s. Abb.

$D_{sinnvoll}(f) = \mathbb{R}_+$

Von null ausgehend steigt der Jahresabsatz im ersten halben Jahr (bis $x = 0{,}586$) progressiv und dann bis zum Ende des zweiten Jahres nach Produkteinführung degressiv. Zwei Jahre nach Einführung hat der Absatz mit ca. 1083000 Stück/Jahr sein Maximum erreicht. Danach fällt der Jahresabsatz bis ca. 3,5 Jahre nach Produkteinführung zunächst progressiv und dann degressiv. Langfristig strebt der Jahresabsatz gegen null.

c) $m_{0;1} = \frac{\Delta f}{\Delta x} = \frac{0{,}3369 - 0}{5 - 0} = 0{,}06738$; d. h. ca. 67380 Stück/Jahr.

d) Größte Absatzzunahme bei $x_{w_1} \approx 0{,}586$ mit $f'(\approx 0{,}586) = 0{,}9223$, d. h. nach ca. einem halben Jahr mit 922300 Stück/Jahr^2

Größte Absatzabnahme bei $x_{w_2} \approx 3{,}414$ mit $f'(\approx 3{,}414) = -0{,}3177$, d. h. nach ca. 3,5 Jahren mit 317732 Stück/Jahr^2

11 a) $f(t) = 3600 - 3575 \cdot e^{-0{,}0005 \cdot t}$

b) $D_{max}(f) = \mathbb{R}$

$\lim\limits_{t \to -\infty} f(t) = „-\infty“$

$\lim\limits_{t \to \infty} f(t) = 3600$

$\Rightarrow$ Asymptote: $f^*(t) = 3600$ für $t \to \infty$

$S_x(-2000 \ln \frac{143}{144}/0) \approx (-13{,}937/0) \quad S_{f(x)}(0/25)$

$f'(t) = 1{,}7875\,e^{-0{,}0005\,t}$

$f''(t) = -0{,}00089375\,e^{-0{,}0005\,t}$

Keine Extrem- oder Wendepunkte

$W(f) = (-\infty;\,3600)$

Graph: s. Abb.

c) $f(3000) = 2802{,}31$ [mg]

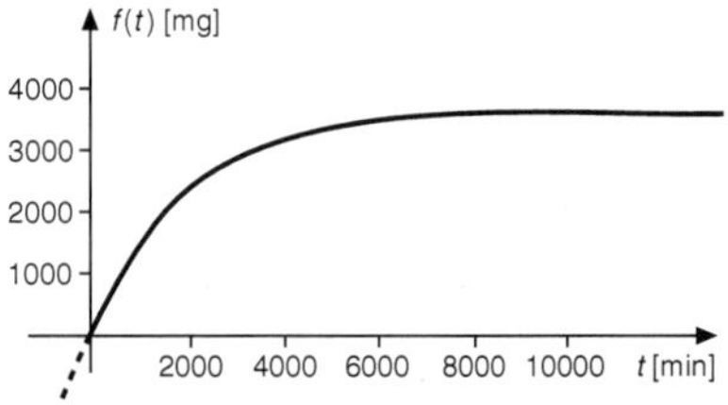

d) $\lim f(t) = 3600 \Rightarrow$ Bei einer längeren Behandlung $g(t \to \infty)$ ist also mit etwa 3600 mg des Medikaments im Körper des Patienten zu rechnen.

e) $f'(180) = 1{,}63$ [mg/Std.]

12 a) $V_1(x) = 3{,}5$ $\qquad V_{1\,\text{kum}}(x) = 3{,}5\,x$ $\qquad R_1(x) = 140 - 3{,}5\,x$

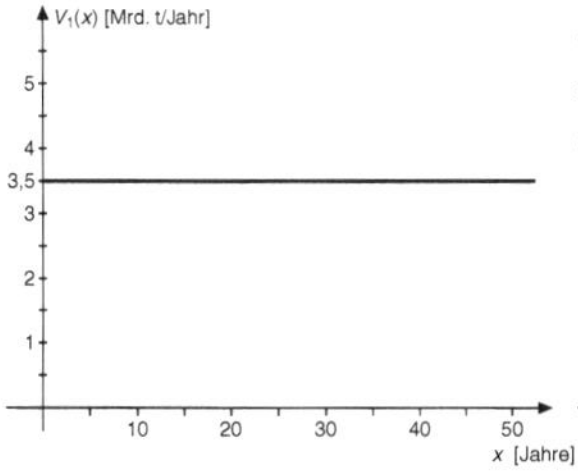

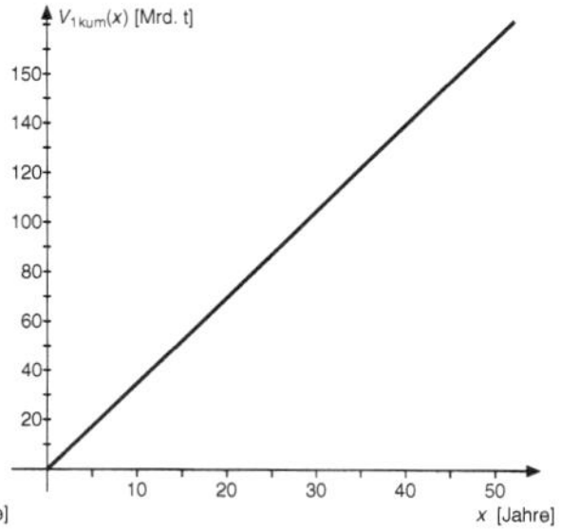

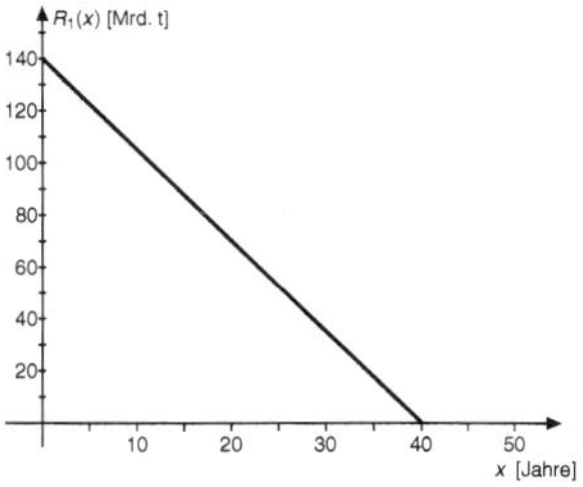

Nullstelle: $x_0 = 40$

Zu Beginn des Jahres 2000 ($x = 0$) beträgt der Ölvorrat 140 Mrd. t und nimmt dann jedes Jahr konstant um 3,5 Mrd. t ab. Nach 40 Jahren sind die vorhandenen Ölreserven verbraucht.

b) $V_2(x) = 3{,}5 \cdot 0{,}98^x$

Wegen $e^{x \cdot \ln b} = b^x$ ist die Gleichung identisch mit

$V_2(x) = 3{,}5 \cdot e^{x \cdot \ln 0{,}98}$

Beginnend bei einem Jahresverbrauch von 3,5 Mrd. t nimmt der jährliche Ölverbrauch mit dem Faktor 0,98 exponentiell ab.

Dies würde langfristig ($x \to \infty$) bedeuten, dass der jährliche Ölverbrauch gegen null geht. Dies erscheint unrealistisch.

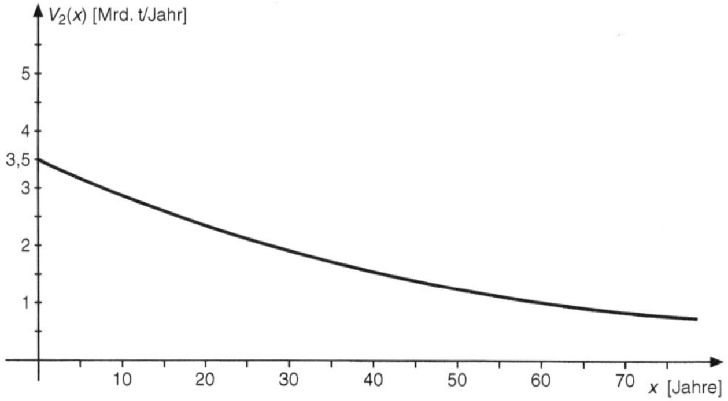

Halbierung des jährlichen Ölverbrauchs:

$\frac{3{,}5}{2} = 3{,}5 \cdot e^{x \cdot \ln 0{,}98}$

$x = -\frac{\ln 2}{\ln 0{,}98} \approx \underline{\underline{34{,}31}}$

Wenn jährlich 2 % weniger Öl verbraucht wird, wäre der jährliche Ölverbrauch nach ca. 34 Jahren auf 1,75 Mrd. t halbiert.

Erforderliche Veränderung des Wachstumsfaktors:

$\frac{3{,}5}{2} = 3{,}5 \cdot e^{20 \cdot \ln q}$

$q \approx 0{,}9659$

$\Rightarrow p\,\% \approx 0{,}0341 = \underline{\underline{3{,}41\,\%}}$

Der jährliche Ölverbrauch müsste jährlich um ca. 3,41 % zurückgehen, damit nach 20 Jahren nur noch 1,75 Mrd. t Öl jährlich verbraucht werden.

c) Der kumulierte Ölverbrauch wird angegeben durch die Fläche zwischen dem Graphen von V_2 (jährlicher Ölverbrauch) und der x-Achse über dem Intervall $[0; x]$ (vgl. Teilaufgabe a).

$V_{2\,\text{kum}}(x) \approx -173{,}24\, e^{-0{,}02\,x} + 173{,}24$

Der Graph von $f(x) = e^x$ ist eine steigende e-Funktion.
Der Faktor $-173{,}24$ bewirkt wegen $|-173{,}24| > 1$ eine Dehnung in Ordinatenrichtung, womit auch der Ordinatenschnittpunkt von (0/1) auf (0/173,24) verändert wird. Weil der Vorfaktor negativ ist, wird der Graph zudem an der Abszissenachse (nach unten) gespiegelt. Der Schnittpunkt mit der Ordinatenachse wird dann (0/−173,24). Die Asymptote $V^*(x) = 0$ für $x \to -\infty$ bleibt erhalten. Der Faktor $-0{,}02$ im Exponenten bewirkt wg. $|-0{,}02| < 1$ eine Verringerung der Steigung. Weil der Faktor negativ ist, erfolgt eine Spiegelung an der Ordinatenachse. Die Asymptote gilt dann für $x \to +\infty$.

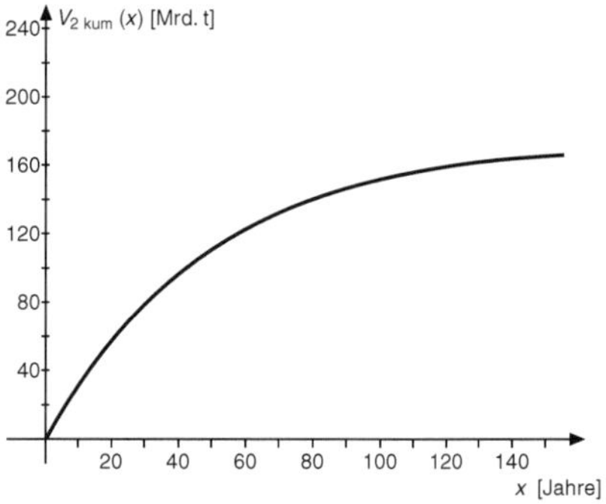

Das Absolutglied $+173{,}24$ verschiebt den Graphen um 173,24 in positive Ordinatenrichtung. Dadurch verläuft der Graph durch den Ursprung und die Asymptote für $x \to \infty$ ist $V^*(x) = 173{,}24$.

Dies bedeutet, dass sich der kumulierte Ölverbrauch einer oberen Grenze $V^*(x) = 173{,}24$ nähern würde.

d) $R_2(x) = 140 - \left(\frac{3{,}5}{\ln 0{,}98} e^{x \cdot \ln 0{,}98} - \frac{3{,}5}{\ln 0{,}98}\right)$

$R_2(x) = 140 - \frac{3{,}5}{\ln 0{,}98} e^{x \cdot \ln 0{,}98} + \frac{3{,}5}{\ln 0{,}98} \approx 173{,}244\, e^{-0{,}22\,x} - 33{,}244$

Nullstelle: $R_2(x) = 0$

$0 = 140 - \frac{3{,}5}{\ln 0{,}98} e^{x \cdot \ln 0{,}98} + \frac{3{,}5}{\ln 0{,}98}$

$x \approx 81{,}71$

$S_x(\approx 81{,}71/0)\quad S_y(0/140)$

Asymptote:

$\lim\limits_{x \to \infty} \left(140 - \frac{3{,}5}{\ln 0{,}98} e^{x \cdot \ln 0{,}98} + \frac{3{,}5}{\ln 0{,}98}\right) = 140 - 0 + \frac{3{,}5}{\ln 0{,}98} \approx -33{,}244$

$R_2^*(x) = -33{,}244$ für $x \to \infty$.

Ausgehend von 140 Mrd. t geht der Bestand an Ölreserven jetzt nicht mehr linear sondern exponentiell zurück.
Die Ölreserven wären jetzt nicht schon nach 40 Jahren verbraucht, sie würden knapp 82 Jahre, also mehr als doppelt so lange reichen.

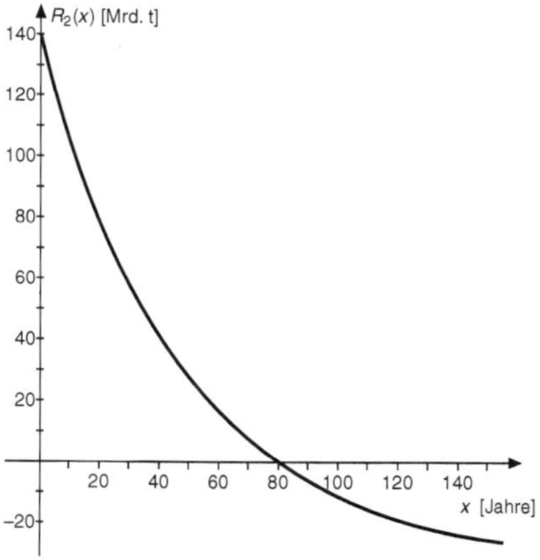

13 a) *Modell 1*
konstant bleibender Jahresverbrauch
$V_1(x) = 2$

b) *Modell 2*
Zunahme des Jahresverbrauchs um 3 %
$V_2(x) = 2 \cdot 2{,}03^x$
$= 2 \cdot e^{x \ln 1{,}03}$
$= 2 \cdot e^{0{,}03\,x}$

c) *Modell 3*
Rückgang des Jahresverbrauchs um 1 %
$V_3(x) = 2 \cdot 0{,}99^x$
$= 2 \cdot e^{x \ln 0{,}99}$
$= 2 \cdot e^{-0{,}01\,x}$

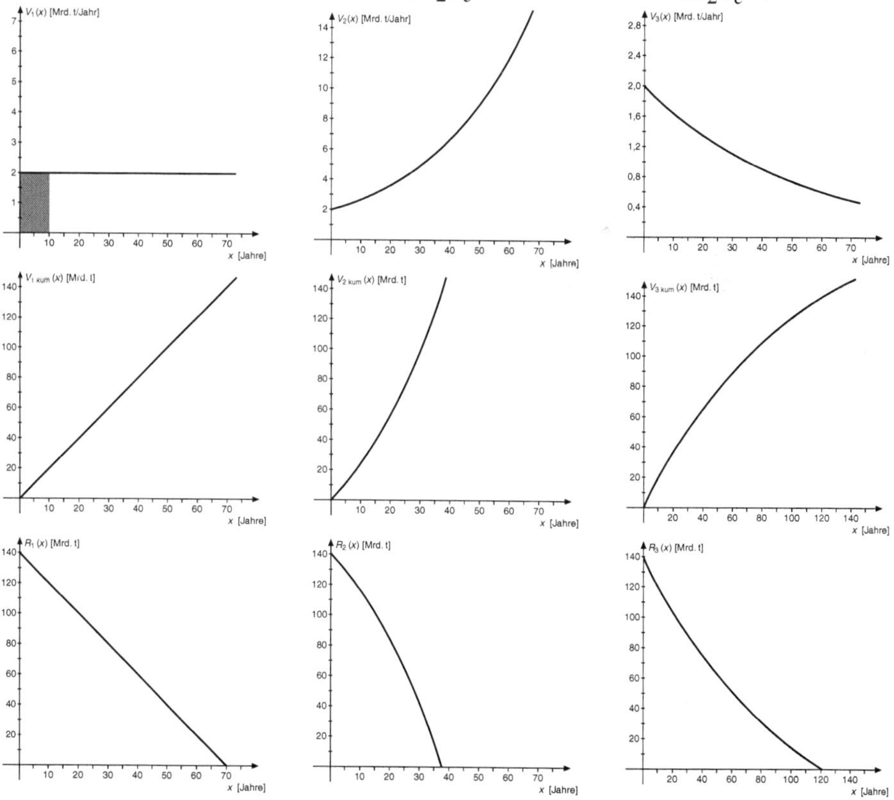

d) $R_1(x) = 0$
Modell 1: $x_0 = 70$, d. h. bis zum Jahresanfang 2074 (Jahresende 2073)
Modell 2: $x_0 \approx 37{,}93$, d. h. bis zum Jahresende 2041
Modell 3: $x_0 \approx 120{,}97$, d. h. bis zum Jahresende 2124

e) $R(x) = 70$
Modell 1: $x = 35$, d. h. bis zum Jahresanfang 2039 (Jahresende 2038)
Modell 2: $x \approx 24{,}03$, d. h. im Jahr 2028
Modell 3: $x_0 \approx 43{,}13$, d. h. im Jahr 2047

f) Kumulierter Gasverbrauch von $x = 1$ bis $x = 7$: $V_{\text{kum}}(7) - V_{\text{kum}}(1)$
Modell 1: 12
Modell 2: 13,524 +12,7 %
Modell 3: 11,529 −3,925 %

g) $4 = 2 \cdot e^{x \ln 1{,}03}$
$2 = e^{x \ln 1{,}03}$
$x = \frac{\ln 2}{\ln 1{,}03} \approx \underline{\underline{23{,}45}}$
Im Jahr 2027 verdoppelt sich der jährliche Gasverbrauch.

h) $\frac{2}{2} = 2 \cdot e^{x \cdot \ln 0{,}99}$
$\frac{1}{2} = e^{x \cdot \ln 0{,}99}$
$x \cdot \ln 0{,}99 = \ln \frac{1}{2}$
$x = \frac{\ln \frac{1}{2}}{\ln 0{,}99} \approx \underline{\underline{68{,}97}}$
Wenn jährlich 1 % weniger Gas verbraucht wird, wäre der jährliche Gasverbrauch nach ca. 69 Jahren, d. h. im Jahr 2072 auf 1 Mrd. t halbiert.

i) $\frac{2}{2} = 2 \cdot e^{50 \cdot \ln q}$
$\frac{1}{2} = e^{50 \cdot \ln q}$
$\ln \frac{1}{2} = 50 \cdot \ln q$
$\ln q = \frac{\ln \frac{1}{2}}{50}$
$q = e^{\frac{\ln 1/2}{50}}$
$q \approx 0{,}9862$
$\Rightarrow p\,\% \approx 0{,}01376 = \underline{\underline{1{,}376\,\%}}$
Der jährliche Gasverbrauch müsste jährlich um ca. 1,38 % zurückgehen, damit nach 50 Jahren nur noch 1 Mrd. t Gas jährlich verbraucht werden.

14 a) $e_{x;p}(x) = \frac{p(x)}{p'(x) \cdot x} = \frac{120 \cdot e^{-0{,}2x}}{-14 \cdot e^{-0{,}2x} \cdot x} = -\frac{5}{x}$
Für $e_{x;p}(x)| > 1$ bzw. für $e_{x;p}(x) < -1$ ist die Nachfrage elastisch.
$-\frac{5}{x} < -1 \Leftrightarrow \underline{\underline{x < 5}}$
$p(0) = 120$
$p(5) = 120 \cdot e^{-1} \approx 44{,}15$
Elastische Nachfrage für: $0 < x < 5$ bzw. $\frac{120}{e} < p < 120$

b) $e_{x;p}(x) = \dfrac{\frac{dp}{p}}{\frac{dx}{x}} = \frac{0{,}2}{-0{,}1} = -2$

$-\frac{5}{x} = -2 \Leftrightarrow x = 2{,}5$

$p(2{,}5) = \underline{\underline{20 \cdot e^{-0{,}5} \approx 72{,}78}}$

15 a) $e_{x;p}(x) = \dfrac{p(x)}{p'(x) - x} = \dfrac{9 \cdot e^{-2x^2}}{-36x \cdot e^{-2x^2} \cdot x} = -\dfrac{1}{4x^2}$

Für $|e_{x;p}(x) < 1$ bzw. für $e_{x;p}(x) > -1$ ist die Nachfrage elastisch.

$-\frac{1}{4x^2} > -1$

$x_1 < -\frac{1}{2} \notin D(p)$

$\underline{\underline{x_2 > \frac{1}{2}}}$

b) $U(x) = x \cdot p(x) = 9x \cdot e^{-2x^2}$

$U'(x) = 9 \cdot e^{-2x^2}(1 - 4x^2)$

$U'(1) = \underline{\underline{-27\,e^{-2} \approx -3{,}65}}$

c) $U'(x) = 0$

$0 = 9 \cdot e^{-2x^2}(1 - 4x^2)$

$x_{1,2} = \pm\frac{1}{2}$

wg. $x \geq 0$ kommt nur $x_1 = 0{,}5$ in Frage.

Der maximale Umsatz ist daher: $U(\frac{1}{2}) = 9 \cdot \frac{1}{2} \cdot e^{-2\frac{1}{4}} = \underline{\underline{4{,}5 \cdot e^{-\frac{1}{2}} \approx 2{,}729}}$ [GE]

16 a) $p_A(x) = p_N(x)$

$x = 2\ln 2 \approx 1{,}386$ [ME]

$p = 2$ [GE]

$P_G(2\ln 2/2) \approx (1{,}386/2)$

b)

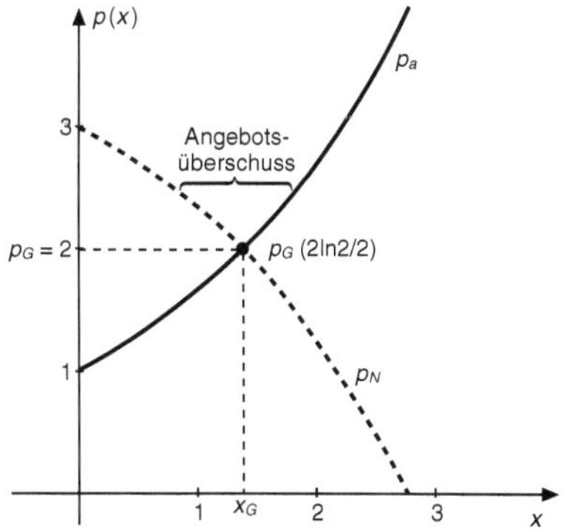

c) Angebot:

Ab einem Marktpreis von $p = 1$ [GE] sind die Anbieter bereit das Produkt anzubieten. Mit steigendem Marktpreis steigt das Angebot dann degressiv.

Achtung: Es liegt ein *degressiver* Anstieg der Menge vor, weil die abhängige Variable ungewöhnlicher Weise auf der Abszissenachse abgetragen ist. Die Preise hingegen steigen progressiv.

Nachfrage:
Sättigungsmenge: $x = 2{,}78$ [ME]. Mit steigendem Preis sinkt die Nachfrage progressiv. Höchstpreis: $p = 3$ [GE].

d) $U = x \cdot p = 4 \ln 2 \approx 2{,}773$ [GE]

e) Angebotsmenge: $2{,}5 = e^{\frac{x}{2}} \Leftrightarrow x = 2 \ln 2{,}5 \approx 1{,}833$ [ME]

Nachfragemenge: $2{,}5 = -e^{0{,}5x} + 4 = 2 \ln 1{,}5 \approx 0{,}811$ [ME]
$\Rightarrow$ Angebotsüberschuss: $\approx 1{,}022$ [ME]

f) $e_{x;p}(x) = \frac{p(x)}{p'(x) \cdot x} = \frac{-e^{0{,}5x} + 4}{-0{,}5 \cdot e^{0{,}5x} \cdot x} = \frac{-e^{0{,}5x} + 4}{-0{,}5\, x \cdot e^{0{,}5x}} = \frac{2 \cdot e^{0{,}5x} - 8}{x \cdot e^{0{,}5x}}$

Die Funktion gibt an, wie stark die gesamtwirtschaftliche Nachfrage auf Preisänderungen reagiert. Dabei wird die Elastizität der Nachfrage ausgehend von verschiedenen Nachfragemengen x berechnet.

g) Berechnung der $p = 1$ zugeordneten Nachfragemenge:
$1 = -e^{0{,}5x} + 4$
$x = 2 \ln 3 \approx 2{,}197$
$e_{x;p}(2 \ln 3) = \frac{-1}{3 \ln 3} \approx -0{,}303$

Bei einem Marktpreis von 1 GE bewirkt eine beliebig kleine Preisänderung eine gegenläufige Mengenänderung der gesamtwirtschaftliche Nachfrage um das 0,303-Fache der Preisänderung.
Berechnung der $p = 2$ zugeordneten Nachfragemenge:
$2 = -e^{0{,}5x} + 4$
$x = 2 \ln 2 \approx 1{,}386$
$e_{x;p}(2 \ln 2) = \frac{-1}{\ln 2} \approx -1{,}44$

Bei einem Marktpreis von 2 GE bewirkt eine beliebig kleine Preisänderung eine gegenläufige Mengenänderung der gesamtwirtschaftliche Nachfrage um 144% der Preisänderung.

h) Für $e_{x;p} = -1$ reagiert die Nachfrage fließend auf Preisänderungen.
$e_{x;p}(1{,}598) = -1$
$e_{x;p}(1{,}598) = -1{,}000143 \approx -1$
$p(1{,}598) \approx 1{,}777$

i) Unelastische Nachfrage: $|e_{x;p}| < 1$
Durch Probieren ergibt sich:
Für $x \in (\approx 1{,}598; e)$ bzw. für $p \in (0; \approx 1{,}777)$ sind die Mengenänderungen weniger stark als die vorausgegangenen Preisänderungen.
Elastische Nachfrage: $|e_{x;p}| > 1$
Für $x \in (0; \approx 1{,}598)$ bzw. für $p \in (\approx 1{,}777; 3)$ sind die Mengenänderungen stärker als die vorausgegangenen Preisänderungen.

j) $U = p \cdot x$
$U(x) = p(x) \cdot x$
$U(x) = (-e^{0{,}5x} + 4) \cdot x$
$U'(x) = 4 - 0{,}5 \cdot e^{0{,}5x}(x + 2)$

$$e_{U;p}(x) = \frac{U(x)}{U'(x) \cdot x} = \frac{-x \cdot e^{0{,}5x} + 4x}{(4 - 0{,}5 \cdot e^{0{,}5x}(x + 2))\, x} = \frac{2 \cdot e^{0{,}5x} - 8}{(x + 2) \cdot e^{0{,}5x} - 8}$$

6 Lineare Algebra

6.1 Datenmengen als Matrizen

1

Kindergarten \ Gemüse	Möhren	Gurke	Kohlrabi	Äpfel
kirchlich	15	20	20	12
Spielgruppe	8	10	8	5
städtisch	20	20	10	22

$\boldsymbol{A} = \begin{pmatrix} 15 & 20 & 20 & 12 \\ 8 & 10 & 8 & 5 \\ 20 & 20 & 10 & 22 \end{pmatrix}$ Format: (3×4)-Matrix

2

Altenheim \ Saft	S_1	S_2	S_3
A_1			
A_2			
A_3			

$\boldsymbol{A} = \begin{pmatrix} a_{11} & a_{12} & a_{13} \\ a_{21} & a_{22} & a_{23} \\ a_{31} & a_{32} & a_{33} \end{pmatrix}$

Format: (3×3)-Matrix

In den Zeilen stehen die Bestellmengen der einzelnen Altenheime.

In den Spalten stehen die Bestellmengen je Saftsorte.

3 $\boldsymbol{A} = \begin{pmatrix} 100 & 200 & 20 \\ 120 & 240 & 10 \\ 80 & 160 & 5 \\ 90 & 180 & 15 \end{pmatrix}$

In den Zeilen stehen die benötigten Zutaten je Joghurtart.
In den Spalten stehen die Mengen, die von jeder Zutat benötigt werden.
Die Matrix wird benötigt, um die Joghurts herzustellen, sie dient als Grundlage für die Produktion.

4 $\boldsymbol{A} = \begin{pmatrix} 10 & 3 & 2 & 0 \\ 20 & 25 & 10 & 0 \\ 0 & 0 & 0 & 15 \end{pmatrix}$

Mithilfe der Matrix können die einzelnen Mengen, die eingekauft werden müssen, berechnet werden, sodass der Herbergsvater seine Einkaufsliste erstellen kann.

5 In den Zeilen steht die Anzahl der Essen, die im jeweiligen Monat bestellt wurde.
In den Spalten steht die Anzahl der Essen, die jeweils von einem Mitarbeiter bestellt wurden.
Diese Tabelle ist z. B. für die Kantine wichtig, damit sie weiß, wie viele Essensportionen gekocht werden müssen. Aber auch die Abrechnungsstelle benötigt diese Angaben, damit die Mitarbeiter ihre Essen bezahlen.

6 Für Schrank 1 benötigt man 7 Regalböden, 2 Seitenteile, einen Fußboden und einen Deckel.
Für Schrank 2 benötigt man 5 Regalböden, 3 Seitenteile, einen Fußboden und einen Deckel.
Für Schrank 3 benötigt man 10 Regalböden, 3 Seitenteile, 2 Fußböden und zwei Deckel.
Für Schrank 4 benötigt man 6 Regalböden, 2 Seitenteile, einen Fußboden und einen Deckel.

7 Ein Unternehmen vergleicht in zwei verschiedenen Städten ihren Gewinn/Verlust in 10000 EUR für drei verschiedene Monate. In den Zeilen steht der Gewinn/Verlust je Monat. In den Spalten steht der Gewinn/Verlust je Stadt.

Monat \ Stadt	Stadt A	Stadt B
Januar	Verlust: 20000 EUR	Gewinn: 30000 EUR
Februar	Gewinn: 40000 EUR	Verlust: 5000 EUR
März	Verlust: 10000 EUR	Gewinn: 60000 EUR

Negative Elemente einer Matrix können z. B. durch Angaben für Verluste, für Mengenabgaben an andere Abteilungen, für Ausgaben, für Sterbefälle in einem Krankenhaus usw. entstehen.

6.2 Matrizenoperationen

6.2.1 Skalare Multiplikation

6.2.2 Addition von Matrizen

6.2.3 Vektormultiplikation

6.2.4 Matrizenmultiplikation

1 a) $\boldsymbol{A} + \boldsymbol{B} = \begin{pmatrix} 5 & -1 \\ 1 & 0 \end{pmatrix}$ b) $\frac{2}{3}\boldsymbol{B} \cdot \vec{a} = \begin{pmatrix} -18 \\ -12\frac{2}{3} \end{pmatrix}$ c) $\begin{pmatrix} -2 & 6 & 8 \\ 7 & -3 & 1 \end{pmatrix} \cdot \begin{pmatrix} 1 \\ 2 \\ 3 \end{pmatrix} = \begin{pmatrix} 34 \\ 4 \end{pmatrix}$

d) $3 \cdot \boldsymbol{A} - 2 \cdot \boldsymbol{B} = \begin{pmatrix} 0 & -13 \\ -22 & 5 \end{pmatrix}$ e) $\boldsymbol{C} \cdot \vec{b} = \begin{pmatrix} 11 \\ 7 \\ 0 \end{pmatrix}$

f) $(1\ 2\ 3) \cdot \begin{pmatrix} 4 & 2 & 1 \\ -5 & 3 & 2 \\ 3 & -3 & 1 \end{pmatrix} = (3\ \ -1\ \ 8)$ g) $\boldsymbol{A} \cdot \vec{a} = \begin{pmatrix} 8 \\ 14 \end{pmatrix}$

h) $\boldsymbol{C} \cdot \boldsymbol{D} = \begin{pmatrix} 12 & 23 \\ 44 & -42 \\ -16 & 31 \end{pmatrix}$ i) $\boldsymbol{D} \cdot 3\,\vec{a} = \begin{pmatrix} -96 \\ -36 \\ -138 \end{pmatrix}$ j) 28 k) geht nicht l) 224

2 a) Es werden vier Filialen vom Zentrallager beliefert. Es werden 5 verschiedene CD-Player geliefert. $\boldsymbol{A}$ ist eine (4 × 5)-Matrix.

b) $\boldsymbol{A} = \begin{pmatrix} 20 & 30 & 30 & 10 & 10 \\ 20 & 25 & 30 & 15 & 10 \\ 15 & 20 & 25 & 10 & 10 \\ 20 & 20 & 30 & 15 & 15 \end{pmatrix}$ c) $10 \cdot \boldsymbol{A} + \boldsymbol{B} + \boldsymbol{C} = \begin{pmatrix} 255 & 365 & 365 & 135 & 135 \\ 255 & 310 & 370 & 190 & 130 \\ 195 & 255 & 310 & 135 & 135 \\ 255 & 260 & 365 & 195 & 195 \end{pmatrix} = \boldsymbol{D}$

3 $\begin{pmatrix} 10 & 10 & 5 & 5 \\ 10 & 5 & 5 & 10 \end{pmatrix} \cdot \begin{pmatrix} 0{,}10 & 0 \\ 0{,}15 & 0{,}05 \\ 0{,}20 & 0{,}05 \\ 0{,}15 & 0 \end{pmatrix} = \begin{pmatrix} 4{,}25 & 0{,}75 \\ 4{,}25 & 0{,}5 \end{pmatrix}$

Der Preis für das Sortiment 1 beträgt 4,25 EUR + 0,75 EUR = 5,00 EUR.
Der Preis für das Sortiment 2 beträgt 4,25 EUR + 0,50 EUR = 4,75 EUR.
Das Sortiment 2 ist preiswerter.

4 $(20 \;\; 35 \;\; 15) \cdot \begin{pmatrix} 55 & 1 & 0{,}80 \\ 41 & 1{,}20 & 0{,}50 \\ 27 & 1{,}35 & 0{,}45 \end{pmatrix} = (2940 \;\; 82{,}25 \;\; 40{,}25)$

Die Gesamtbestellung hat einen Warenwert von 2940,00 EUR, die Verpackungskosten betragen insgesamt 82,25 EUR und die Lieferkosten belaufen sich auf 40,25 EUR. Die Rechnungssumme beträgt 3062,50 EUR.

$(55 \;\; 1 \;\; 0{,}80) \cdot \begin{pmatrix} 20 \\ 20 \\ 20 \end{pmatrix} = 1130$ und $(41 \;\; 1{,}20 \;\; 0{,}50) \cdot \begin{pmatrix} 35 \\ 35 \\ 35 \end{pmatrix} = 1494{,}50$ und

$(27 \;\; 1{,}35 \;\; 0{,}45) \cdot \begin{pmatrix} 15 \\ 15 \\ 15 \end{pmatrix} = 432$

Die Gesamtkosten für den Dill betragen 1136,00 EUR, für Petersilie 1494,50 EUR und für die Zwiebeln 432,00 EUR.

5 $(0{,}4 \;\; 0{,}3 \;\; 0{,}3) \cdot \begin{pmatrix} 0{,}75 & 0{,}15 & 0{,}10 \\ 0{,}12 & 0{,}70 & 0{,}18 \\ 0{,}10 & 0{,}10 & 0{,}80 \end{pmatrix} = (0{,}366 \;\; 0{,}3 \;\; 0{,}334)$

A hat seinen Marktanteil verringert und hat jetzt noch 36,6 %, *B* hat seinen Anteil von 30 % behalten und *C* hat seinen Marktanteil auf 33,4 % erhöht.

6 a) $(58{,}50 \;\; 60{,}50 \;\; 62{,}50) \cdot \begin{pmatrix} 10 \\ 3 \\ 2 \end{pmatrix} = 891{,}50$

Die Anzüge für die 3. Herren kosten 891,50 EUR.

b) $\begin{pmatrix} 58{,}50 & 60{,}50 & 62{,}50 \\ 61{,}00 & 63{,}00 & 65{,}00 \\ 62{,}00 & 64{,}00 & 66{,}00 \end{pmatrix} \cdot \begin{pmatrix} 0 & 4 & 10 \\ 6 & 5 & 3 \\ 9 & 6 & 2 \end{pmatrix} = \begin{pmatrix} 925{,}50 & 911{,}50 & 891{,}50 \\ 963{,}00 & 949{,}00 & 929{,}00 \\ 978{,}00 & 964{,}00 & 944{,}00 \end{pmatrix}$

Die einzelnen Gesamtpreise sind aus der Tabelle ersichtlich:

Farbe \ Mannschaft	1. Herren	2. Herren	3. Herren
einfarbig	925,50 EUR	911,50 EUR	891,50 EUR
zweifarbig	963,00 EUR	949,00 EUR	929,00 EUR
gemustert	978,00 EUR	964,00 EUR	944,00 EUR

6.3 Arten von Matrizen

1 a) $\boldsymbol{A}^{-1} = \begin{pmatrix} \frac{1}{14} & -\frac{3}{14} \\ \frac{2}{7} & \frac{1}{7} \end{pmatrix}$ b) $\boldsymbol{B}^{-1} = \begin{pmatrix} \frac{-5}{6} & \frac{5}{2} \\ \frac{25}{6} & \frac{-5}{2} \end{pmatrix}$ c) $\boldsymbol{C}^{-1} = \begin{pmatrix} \frac{a}{a^2+1} & \frac{1}{a^2+1} \\ \frac{1}{a^2+1} & \frac{a}{a^2+1} \end{pmatrix}$

d) existiert nicht e) $\boldsymbol{F}^{-1} = \begin{pmatrix} -\frac{1}{9} & \frac{13}{9} & -\frac{2}{9} \\ \frac{1}{3} & \frac{5}{3} & -\frac{1}{3} \\ -\frac{2}{9} & -\frac{19}{9} & \frac{5}{9} \end{pmatrix}$ f) $\boldsymbol{G}^{-1} = \begin{pmatrix} 0{,}5 & -0{,}5 & -0{,}5 & 0{,}5 \\ -0{,}5 & 0{,}5 & -0{,}5 & 0{,}5 \\ -0{,}5 & -0{,}5 & 0{,}5 & 0{,}5 \\ 0{,}5 & 0{,}5 & 0{,}5 & -0{,}5 \end{pmatrix}$

2 $\boldsymbol{A} \cdot \boldsymbol{B} = \boldsymbol{C}$ $\boldsymbol{A} = \begin{pmatrix} 12 & 35 \\ 18 & 27 \end{pmatrix}$, $\boldsymbol{C} = \begin{pmatrix} 283 & 96 \\ 297 & 144 \end{pmatrix}$, gesucht: $\boldsymbol{B}$

$\boldsymbol{A}^{-1} = \begin{pmatrix} \frac{-3}{34} & \frac{35}{306} \\ \frac{1}{17} & \frac{-2}{51} \end{pmatrix}$ $\boldsymbol{A}^{-1} \cdot \boldsymbol{C} = \boldsymbol{B} = \begin{pmatrix} 9 & 8 \\ 5 & 0 \end{pmatrix}$

Futter \ Kosten	Warenpreis	Lieferkosten
F_1	9	8
F_2	5	0

3 $\boldsymbol{A} \cdot \boldsymbol{B} = \boldsymbol{C}$ $\boldsymbol{B} = \begin{pmatrix} 7 & 5 & 3 \\ 4 & 6 & 4 \\ 5 & 3 & 2 \end{pmatrix}$, $\boldsymbol{C} = \begin{pmatrix} 1025 & 875 & 550 \\ 615 & 525 & 330 \\ 820 & 700 & 440 \end{pmatrix}$, gesucht: $\boldsymbol{A}$

$\boldsymbol{B}^{-1} = \begin{pmatrix} 0 & \frac{-1}{6} & \frac{1}{3} \\ 2 & \frac{-1}{6} & \frac{-8}{3} \\ -3 & \frac{2}{3} & \frac{11}{3} \end{pmatrix}$ $\boldsymbol{C} \cdot \boldsymbol{B}^{-1} = \boldsymbol{A} = \begin{pmatrix} 100 & 50 & 25 \\ 60 & 30 & 15 \\ 80 & 40 & 20 \end{pmatrix}$

Kindergarten \ Material	M_1	M_2	M_3
K_1	100	50	25
K_2	60	30	15
K_3	80	40	20

4 a)

Klartext	Zahlencode	Verschlüsselung	Chiffre
AUS-BILDUNG	1;21;19;2;9;12;4;21;14;7	$\begin{pmatrix}-1 & 2\\ -1 & 1\end{pmatrix} \cdot \begin{pmatrix}1 & 19 & 9 & 4 & 14\\ 21 & 2 & 12 & 21 & 7\end{pmatrix} =$	$\begin{pmatrix}41 & -15 & 15 & 38 & 0\\ 20 & -17 & 3 & 17 & 7\end{pmatrix}$

b)

Entschlüsselung	Chiffre	Zahlencode	Klartext
$\begin{pmatrix}1 & -2\\ 1 & -1\end{pmatrix}$	$\begin{pmatrix}20 & -11 & 36 & 0\\ 2 & -16 & 15 & -7\end{pmatrix} = \begin{pmatrix}16 & 21 & 6 & 14\\ 18 & 5 & 21 & 7\end{pmatrix}$	16;18;21;5;6;21;14;7	PRÜFUNG

c) Die Matrizen $\boldsymbol{A}$ und $\boldsymbol{B}$ müssen zueinander inverse Matrizen sein:

$$\boldsymbol{A} \cdot \boldsymbol{B} = \boldsymbol{E} \qquad \begin{pmatrix}-1 & 2\\ -1 & 1\end{pmatrix} \cdot \begin{pmatrix}1 & -2\\ 1 & -1\end{pmatrix} = \begin{pmatrix}-1 \cdot 1 + 2 \cdot 1 & -1 \cdot (-2) + 2 \cdot (-1)\\ -1 \cdot 1 + 1 \cdot 1 & -1 \cdot (-2) + 1 \cdot (-1)\end{pmatrix} = \begin{pmatrix}1 & 0\\ 0 & 1\end{pmatrix} = \boldsymbol{E}$$

5 a) $\boldsymbol{A}^{-1} = \begin{pmatrix}\frac{3}{2(3-a^2)} & \frac{a}{2(a^2-3)}\\ \frac{a}{a^2-3} & \frac{1}{3-a^2}\end{pmatrix}$

Die Nenner dürfen nicht null werden, d. h., a darf nicht die Werte $\pm\sqrt{3}$ annehmen. Für alle anderen Werte aus $\mathbb{R}$ existiert die Inverse.

b) $\boldsymbol{A}^{-1} = \begin{pmatrix}\frac{1}{a^2-2} & \frac{a}{2-a^2}\\ \frac{a}{a^2-2} & \frac{2}{2-a^2}\end{pmatrix}$

Die Nenner dürfen nicht null werden, d. h., a darf nicht die Werte $\pm\sqrt{2}$ annehmen. Für alle anderen Werte aus $\mathbb{R}$ existiert die Inverse.

c) $\boldsymbol{A}^{-1} = \begin{pmatrix}\frac{a+1}{(a-1)(a+2)} & \frac{1}{(1-a)(a+2)} & \frac{1}{(1-a)(a+2)}\\ \frac{1}{(1-a)(a+2)} & \frac{a+1}{(a-1)(a+2)} & \frac{1}{(1-a)(a+2)}\\ \frac{-1}{a^2+a-2} & \frac{-1}{a^2+a-2} & \frac{a+1}{a^2+a-2}\end{pmatrix}$

Die Nenner dürfen nicht null werden, d. h., a darf nicht die Werte $\{1; -2\}$ annehmen. Für alle anderen Werte aus $\mathbb{R}$ existiert dic Inverse.

6.4 Lineare Verflechtungen bei mehrstufigen Produktionsprozessen

6.4.1 Produktionsmengen

6.4.2 Produktionskosten

1 a)

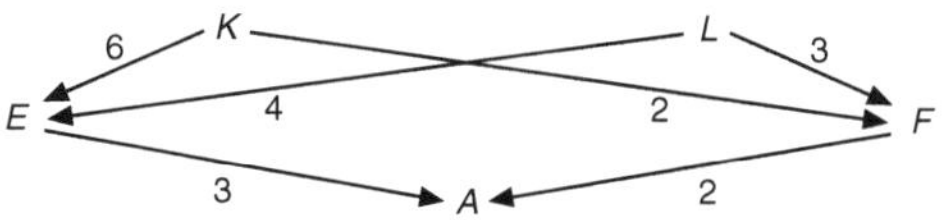

b) $\boldsymbol{A} = \begin{pmatrix}6 & 2\\ 4 & 3\end{pmatrix}$ und $\boldsymbol{B} = \begin{pmatrix}3\\ 2\end{pmatrix}$, daraus folgt: $\boldsymbol{C} = \boldsymbol{A} \cdot \boldsymbol{B} = \begin{pmatrix}22\\ 18\end{pmatrix}$, $5 \cdot \boldsymbol{C} = \begin{pmatrix}110\\ 90\end{pmatrix}$

Für fünf Teile A werden 110 Teile K und 90 Teile L benötigt.

2 a) $\boldsymbol{A} = \begin{pmatrix}3 & 4\\ 4 & 3\\ 0 & 2\end{pmatrix}$ und $\boldsymbol{B} = \begin{pmatrix}2 & 4 & 0\\ 4 & 2 & 3\end{pmatrix}$

b) $\boldsymbol{A} \cdot \boldsymbol{B} = \boldsymbol{C} = \begin{pmatrix} 22 & 20 & 12 \\ 20 & 22 & 9 \\ 8 & 4 & 6 \end{pmatrix}$

c) $\vec{r} = \boldsymbol{C} \cdot \vec{m} = \boldsymbol{C} \cdot \begin{pmatrix} 100 \\ 85 \\ 90 \end{pmatrix} = \begin{pmatrix} 4980 \\ 4680 \\ 1680 \end{pmatrix}$

Für die Bestellung werden 4980 ME von R_1, 4680 ME von R_2 und 1680 ME von R_3 benötigt.

3 a) $\boldsymbol{A} = \begin{pmatrix} 0{,}3 & 0{,}3 \\ 0{,}3 & 0{,}5 \\ 0{,}4 & 0{,}2 \end{pmatrix}$ und $\boldsymbol{B} = \begin{pmatrix} 0{,}3 & 0{,}6 \\ 0{,}7 & 0{,}4 \end{pmatrix} \Rightarrow \boldsymbol{C} = \begin{pmatrix} 0{,}3 & 0{,}3 \\ 0{,}44 & 0{,}38 \\ 0{,}26 & 0{,}32 \end{pmatrix}$

b) $\vec{r} = \boldsymbol{C} \cdot \vec{m} = \boldsymbol{C} \cdot \begin{pmatrix} 3 \\ 4 \end{pmatrix} = \begin{pmatrix} 2{,}1 \\ 2{,}84 \\ 2{,}06 \end{pmatrix}$

Für die Bestellung werden 2,1 Tonnen von G_1, 2,84 Tonnen von G_2 und 2,06 Tonnen von G_3 benötigt.

4 Gegeben sind die Matrizen $\boldsymbol{B} = \begin{pmatrix} 5 & 5 \\ 8 & 8 \end{pmatrix}$ und $\boldsymbol{C} = \begin{pmatrix} 60 & 60 \\ 54 & 54 \end{pmatrix}$. Gesucht ist die Matrix $\boldsymbol{A}$.

$\boldsymbol{C} = \boldsymbol{A} \cdot \boldsymbol{B}$, d. h., es wird $\boldsymbol{B}^{-1}$ benötigt:

$\boldsymbol{B}^{-1} = \begin{pmatrix} -4 & 3 \\ \frac{7}{2} & -\frac{5}{2} \end{pmatrix}$, daraus folgt $\boldsymbol{A} = \boldsymbol{C} \cdot \boldsymbol{B}^{-1} = \begin{pmatrix} 22 & 24 \\ 18 & 20 \end{pmatrix}$.

Rohstoffe \ Zwischenprodukte	Z_1	Z_2
R_1	22	24
R_2	18	20

5 Gegeben sind die Matrizen $\boldsymbol{A} = \begin{pmatrix} 7 & 1 & 3 \\ 2 & 4 & 1 \\ 5 & 6 & 3 \end{pmatrix}$ und $\boldsymbol{C} = \begin{pmatrix} 134 & 152 & 170 \\ 81 & 79 & 77 \\ 165 & 169 & 173 \end{pmatrix}$.

Gesucht ist die Matrix $\boldsymbol{B}$.

$\boldsymbol{C} = \boldsymbol{A} \cdot \boldsymbol{B}$, d. h., es wird $\boldsymbol{A}^{-1}$ benötigt:

$\boldsymbol{A}^{-1} = \begin{pmatrix} \frac{6}{17} & \frac{15}{17} & \frac{-11}{17} \\ \frac{-1}{17} & \frac{6}{17} & \frac{-1}{17} \\ \frac{-8}{17} & \frac{-37}{17} & \frac{26}{17} \end{pmatrix}$, daraus folgt $\boldsymbol{B} = \boldsymbol{A}^{-1} \cdot \boldsymbol{C} = \begin{pmatrix} 12 & 14 & 16 \\ 11 & 9 & 7 \\ 13 & 15 & 17 \end{pmatrix}$.

Zwischenprodukte \ Endprodukte	E_1	E_2	E_3
Z_1	12	14	16
Z_2	11	9	7
Z_3	13	15	17

6 a) Gegeben $\boldsymbol{A} = \begin{pmatrix} 6 & 8 & 2 \\ 2 & 0 & 2 \\ 0 & 4 & 1 \\ 4 & 6 & 0 \end{pmatrix}$ und $\boldsymbol{B} = \begin{pmatrix} 6 & 2 & 2 \\ 2 & 4 & 4 \\ 6 & 2 & 6 \end{pmatrix}$.

$\boldsymbol{C} = \boldsymbol{A} \cdot \boldsymbol{B} = \begin{pmatrix} 64 & 48 & 56 \\ 24 & 8 & 16 \\ 14 & 18 & 22 \\ 36 & 32 & 32 \end{pmatrix}$ Die Matrix gibt die Rohstoffmengen pro 1 ME der Endprodukte an.

$800 \cdot \boldsymbol{C} = \begin{pmatrix} 51200 & 38400 & 44800 \\ 19200 & 6400 & 12800 \\ 11200 & 14400 & 17600 \\ 28800 & 25600 & 25600 \end{pmatrix}$ Diese Matrix gibt die Rohstoffmengen für 800 ME der Endprodukte an.

b) Fertigungskosten: $(20 \ \ 23 \ \ 2) \cdot \boldsymbol{B} = (178 \ \ 136 \ \ 144)$
Rohstoffkosten: $(2 \ \ 1 \ \ 2 \ \ 1) \cdot \boldsymbol{C} = (216 \ \ 172 \ \ 204)$
Variable Kosten: $(409 \ \ 333 \ \ 355)$
Die variablen Kosten für Farbe E_1 betragen 409 GE, die für E_2 333 GE und für E_3 355 GE.

Produktionskosten für 800 ME
variable Kosten: (327200 266400 284000)
Variable Kosten insgesamt: 877600 GE
Fixe Kosten: 8200 GE

Gesamtkosten für die Produktion: 885800 GE

7 a) $\boldsymbol{A} = \boldsymbol{C} \cdot \boldsymbol{B}^{-1} = \begin{pmatrix} 190 & 290 & 200 \\ 95 & 145 & 100 \\ 155 & 205 & 175 \end{pmatrix} \cdot \begin{pmatrix} \frac{1}{12} & \frac{2}{9} & \frac{-13}{18} \\ \frac{-1}{4} & 0 & \frac{1}{2} \\ \frac{1}{3} & \frac{-1}{9} & \frac{1}{9} \end{pmatrix} = \begin{pmatrix} 10 & 20 & 30 \\ 5 & 10 & 15 \\ 20 & 15 & 10 \end{pmatrix}$

b) $\vec{r} = \boldsymbol{C} \cdot \vec{m} = \begin{pmatrix} 190 & 290 & 200 \\ 95 & 145 & 100 \\ 155 & 205 & 175 \end{pmatrix} \cdot \begin{pmatrix} 7 \\ 6 \\ 5 \end{pmatrix} = \begin{pmatrix} 4070 \\ 2035 \\ 3190 \end{pmatrix}$ Für die Produktion werden insgesamt 4070 ME von Rohstoff 1 benötigt, 2035 ME von Rohstoff 2 und 3190 ME von Rohstoff 3.

Die Rohstoffkosten errechnen sich durch $(3{,}5 \ \ 4{,}8 \ \ 5{,}2) \cdot \begin{pmatrix} 4070 \\ 2035 \\ 3190 \end{pmatrix} = 40601.$

6.5 Vermischte Anwendungen zur Matrizenrechnung

1 a) Die erste Tabelle beschreibt, wie viele Teile von E benötigt werden, um jeweils ein Teil B herzustellen. Die zweite Tabelle beschreibt, wie viele Teile von B benötigt werden, um jeweils ein Teil V herzustellen.

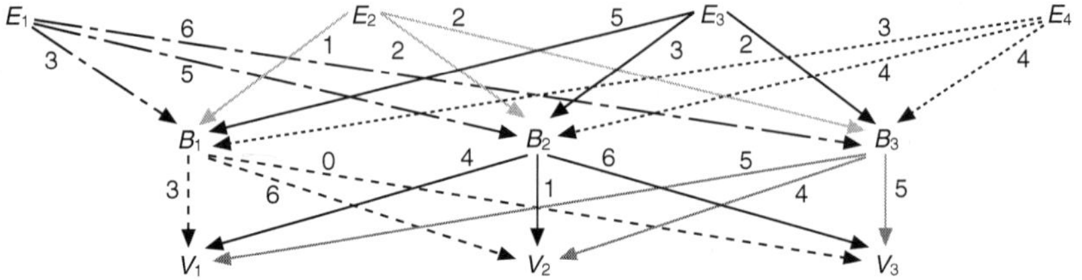

b) $\boldsymbol{A} = \begin{pmatrix} 3 & 5 & 6 \\ 1 & 2 & 2 \\ 5 & 3 & 2 \\ 3 & 4 & 4 \end{pmatrix}$ und $\boldsymbol{B} = \begin{pmatrix} 3 & 6 & 0 \\ 4 & 1 & 6 \\ 5 & 4 & 5 \end{pmatrix}$, daraus folgt $\boldsymbol{C} = \boldsymbol{A} \cdot \boldsymbol{B} = \begin{pmatrix} 59 & 47 & 60 \\ 21 & 16 & 22 \\ 37 & 41 & 28 \\ 45 & 38 & 44 \end{pmatrix}$

Produktion: $\vec{r} = \boldsymbol{B} \cdot \vec{m} = \begin{pmatrix} 2100 \\ 3800 \\ 4300 \end{pmatrix}$

Es werden 2100 Teile von B_1, 3800 Teile von B_2 und 4300 Teile von B_3 benötigt.

c) Produktion: $\vec{r} = \boldsymbol{C} \cdot \vec{m} = \begin{pmatrix} 51\,100 \\ 18\,300 \\ 30\,500 \\ 38\,700 \end{pmatrix}$

Es werden 51 100 Teile von E_1, 18 300 Teile von E_2, 30 500 Teile von E_3 und 38 700 Teile von E_4 benötigt.

2 a) Die erste Tabelle beschreibt, wie viele Teile von R benötigt werden, um jeweils ein Teil E herzustellen. Die zweite Tabelle beschreibt, wie viele Teile von G benötigt werden, um jeweils ein Teil E herzustellen.

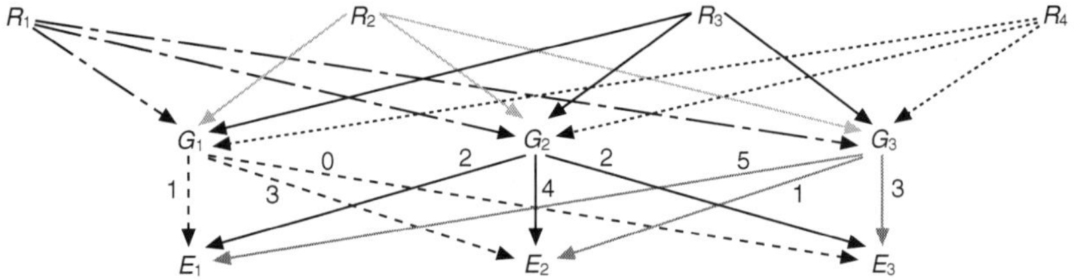

b) $\boldsymbol{C} = \begin{pmatrix} 6 & 16 & 2 \\ 20 & 22 & 16 \\ 31 & 9 & 18 \\ 16 & 16 & 10 \end{pmatrix}$ und $\boldsymbol{B} = \begin{pmatrix} 1 & 3 & 0 \\ 2 & 4 & 2 \\ 5 & 1 & 3 \end{pmatrix}$.

Grundstoffe / Rohstoffe	G_1	G_2	G_3
R_1	4	1	0
R_2	0	5	2
R_3	1	0	6
R_4	2	2	2

Daraus folgt:

$$\boldsymbol{A} = \boldsymbol{C} \cdot \boldsymbol{B}^{-1} = \boldsymbol{C} \cdot \begin{pmatrix} \frac{5}{11} & \frac{-9}{22} & \frac{3}{11} \\ \frac{2}{11} & \frac{3}{22} & \frac{-1}{11} \\ \frac{-9}{11} & \frac{7}{11} & \frac{-1}{11} \end{pmatrix} = \begin{pmatrix} 4 & 1 & 0 \\ 0 & 5 & 2 \\ 1 & 0 & 6 \\ 2 & 2 & 2 \end{pmatrix}$$

c) Produktion Grundsubstanzen: $\vec{r} = \boldsymbol{A} \cdot \vec{m} = \boldsymbol{A} \cdot \begin{pmatrix} 50 \\ 140 \\ 200 \end{pmatrix} = \begin{pmatrix} 340 \\ 1100 \\ 1250 \\ 780 \end{pmatrix}$

Es werden 340 Teile von R_1, 1100 Teile von R_2, 1250 Teile von R_3 und 780 Teile von R_4 benötigt, um die vorgegebene Anzahl der Grundstoffe herzustellen.

Produktion der Endprodukte:

$$\vec{r} = \boldsymbol{B} \cdot \vec{m} \Rightarrow \vec{m} = \boldsymbol{B}^{-1} \cdot \vec{r} \Rightarrow \vec{m} = \boldsymbol{B}^{-1} \cdot \begin{pmatrix} 50 \\ 140 \\ 200 \end{pmatrix} = \begin{pmatrix} 20 \\ 10 \\ 30 \end{pmatrix}$$

D. h., es werden mithilfe der angegebenen Grundsubstanzen 20 Präparate E_1, 10 Präparate E_2 und 30 Präparate E_3 hergestellt.

3 a) $\boldsymbol{A} = \begin{pmatrix} 10 & 15 & 12 \\ 20 & 25 & 30 \\ 35 & 40 & 30 \end{pmatrix}$ und $\boldsymbol{B} = \begin{pmatrix} a & b & c \\ d & e & f \\ 10 & 10 & 12 \end{pmatrix}$ und $\boldsymbol{C} = \begin{pmatrix} 670 & 695 & 444 \\ 1250 & 1325 & 910 \\ 1850 & 2050 & 1285 \end{pmatrix}$

$\boldsymbol{A} \cdot \boldsymbol{B} = \boldsymbol{C} \Rightarrow a = 10,\ b = 14\ c = 15,\ d = 30,\ e = 29$ und $f = 10$

b) $\vec{r} = \boldsymbol{A} \cdot \vec{m}$, also $\boldsymbol{A} \cdot \vec{m} = \begin{pmatrix} 640 \\ 1300 \\ 1750 \end{pmatrix}$, mit $\boldsymbol{A}^{-1} = \begin{pmatrix} \frac{-1}{3} & \frac{1}{45} & \frac{1}{9} \\ \frac{1}{3} & \frac{-4}{45} & \frac{-2}{45} \\ \frac{-1}{18} & \frac{5}{54} & \frac{-1}{27} \end{pmatrix}$ folgt daraus $\vec{m} = \begin{pmatrix} 10 \\ 20 \\ 20 \end{pmatrix}$.

Es können 10 ME von Z_1 und jeweils 20 ME von Z_2 bzw. Z_3 hergestellt werden.

4 a) $\boldsymbol{A} = \begin{pmatrix} 2 & 1 & 1 & 4 \\ 3 & 1 & 2 & 1 \\ 2 & 1 & 3 & 4 \\ 3 & 1 & 2 & 1 \end{pmatrix}$ und $\boldsymbol{B} = \begin{pmatrix} 3 & 4 \\ 2 & 6 \\ 0 & 2 \\ 2 & 4 \end{pmatrix}$ und $\boldsymbol{C} = \begin{pmatrix} 6 & 11 \\ 7 & 8 \end{pmatrix}$

b) $\boldsymbol{D} = \boldsymbol{A} \cdot \boldsymbol{B} \cdot \boldsymbol{C} = \begin{pmatrix} 320 & 432 \\ 214 & 286 \\ 348 & 464 \\ 260 & 351 \end{pmatrix}$

Endprodukte / Rohstoffe	E_1	E_2
R_1	320	432
R_2	214	286
R_3	348	464
R_4	260	351

c) Rohstoffkosten: $\vec{k}_R{}^T \cdot \boldsymbol{D} = (3 \;\; 4 \;\; 5{,}5 \;\; 3{,}5) \cdot \begin{pmatrix} 320 & 432 \\ 214 & 286 \\ 348 & 464 \\ 260 & 351 \end{pmatrix} = (4640 \;\; 6220{,}50)$

Die Rohstoffe für E_1 kosten 4640 GE, die für E_2 6220,50 GE, daraus ergeben sich für 20 ME von E_1 und 25 ME von E_2 Gesamtkosten in Höhe von 248312,50 GE.

5 a) $\vec{k}_v{}^T = \vec{k}_G{}^T \cdot \boldsymbol{B} + \vec{k}_R{}^T \cdot \boldsymbol{C}$

$$= \begin{pmatrix} \frac{1}{6}t^3 \\ -2t^2 + 6t + 26 \\ 2 \end{pmatrix} \cdot \boldsymbol{B} + \begin{pmatrix} 2 \\ t + 1 \\ \frac{1}{7}(t^2 - 5t + 10) \\ 2 \end{pmatrix} \cdot \boldsymbol{C}$$

Nach der Multiplikation erhält man einen Vektor. Wenn man die einzelnen Elemente des Vektors addiert, entsteht $K(t)$.

b) $K(t) = \frac{1}{6}t^3 - t^2 + 8t + 67$ $\quad K'(t) = \frac{1}{2}t^2 - 2t + 8$ und $K''(t) = t - 2$
Minimum: $K'(t) = 0$ und $K''(t) > 0$ Es existiert kein lokales Minimum.
$K(0) = 67$ und $K(5) \approx 102{,}83$
Da die Funktion monoton steigt, liegt das gesuchte Minimum bei $t = 0$ und beträgt 67.

c) Kostenzuwachs am kleinsten bedeutet, dass die Steigung am kleinsten ist, d. h. $K''(t) = 0$ (Wendestelle bestimmen). Bei $t = 2$ ist der Kostenzuwachs am geringsten.

6 $\boldsymbol{A} = \begin{pmatrix} 3 & 2 & 1 \\ 2 & 2 & 2 \\ 2 & 0 & 3 \end{pmatrix}$ und $\boldsymbol{A}^{-1} = \begin{pmatrix} \frac{3}{5} & \frac{-3}{5} & \frac{1}{5} \\ \frac{-1}{5} & \frac{7}{10} & \frac{-2}{5} \\ \frac{-2}{5} & \frac{2}{5} & \frac{1}{5} \end{pmatrix}$ und $\vec{r} = \begin{pmatrix} 2000 \\ 2200 \\ 1500 \end{pmatrix}$

$$\vec{m} = \boldsymbol{A}^{-1} \cdot \vec{r} = \begin{pmatrix} 180 \\ 540 \\ 380 \end{pmatrix}$$

Daraus folgt für Januar: Es wurden 180 Stück von *Trikot 1*, 540 Stück von *Trikot 2* und 380 Stück von *Trikot 3* hergestellt.
Für Februar ergibt sich: Es wurden 420 Stück von *Trikot 1*, 320 Stück von *Trikot 2* und 310 Stück von *Trikot 3* hergestellt.
Für März ergibt sich: Es wurden 440 Stück von *Trikot 1*, 540 Stück von *Trikot 2* und 20 Stück von *Trikot 3* hergestellt.

7 a) $\boldsymbol{A} = \begin{pmatrix} 1 & 2 \\ 2 & 3 \\ 3 & 1 \\ 0 & 1 \end{pmatrix}$ und $\boldsymbol{B} = \begin{pmatrix} a & b & c \\ d & 10 & 12 \end{pmatrix}$ und $\boldsymbol{C} = \begin{pmatrix} 15 & 24 & 30 \\ 25 & 38 & 48 \\ 20 & 22 & 30 \\ 5 & 10 & 12 \end{pmatrix}$

$\boldsymbol{A} \cdot \boldsymbol{B} = \boldsymbol{C} \Rightarrow a = 5,\ b = 4,\ c = 6$ und $d = 5$

b) $\vec{r} = \boldsymbol{C} \cdot \vec{m} = \boldsymbol{C} \cdot \begin{pmatrix} 100 \\ 150 \\ 75 \end{pmatrix} = \begin{pmatrix} 7350 \\ 11800 \\ 7500 \\ 2900 \end{pmatrix}$

Von G_1 werden 7350 Teile benötigt, von G_2 11800 Teile, von G_3 7550 Teile und von G_4 2900 Teile.

c) $\boldsymbol{C}^{-1}$ kann nicht bestimmt werden, da es sich nicht um eine quadratische Matrix handelt.
Inverse Matrizen werden mithilfe des Gauß-Algorithmus bestimmt.

$\boldsymbol{C}$	$\boldsymbol{E}$	
...	...	Umformungen nach Gauß
$\boldsymbol{E}$	$\boldsymbol{C}^{-1}$	

8 a) $\boldsymbol{A} = \begin{pmatrix} 0 & 4 & 6 & 0 \\ 2 & 0 & 2 & 0 \\ 4 & 6 & 2 & 0 \end{pmatrix}$ und $\boldsymbol{B} = \begin{pmatrix} 4 & 6 & 0 \\ 2 & 2 & 2 \\ 6 & 0 & 4 \\ 6 & 4 & 6 \end{pmatrix}$

$\Rightarrow \boldsymbol{C} = \begin{pmatrix} 44 & 8 & 32 \\ 20 & 12 & 8 \\ 40 & 36 & 20 \end{pmatrix}$

$\vec{r} = \boldsymbol{C} \cdot \vec{m} = \boldsymbol{C} \cdot \begin{pmatrix} 200 \\ 300 \\ 400 \end{pmatrix} = \begin{pmatrix} 24000 \\ 10800 \\ 26800 \end{pmatrix}$

Es müssen 24000 ME von R_1 geordert werden, 10800 ME von R_2 und 26800 ME von R_3.

b) Rohstoffkosten: $\begin{pmatrix} 348 \\ 220 \\ 184 \end{pmatrix}$

Fertigungskosten (1. Stufe): $\begin{pmatrix} 720 \\ 340 \\ 520 \end{pmatrix}$

Gesamtkosten je Mengeneinheit: $\begin{pmatrix} 1098 \\ 600 \\ 764 \end{pmatrix}$

Gesamtkosten für die Bestellung: 705200 GE

9 a) $\boldsymbol{A} \cdot \vec{p} = (34 \;\; 48 \;\; 40)$
Da $\boldsymbol{A}^{-1}$ nicht existiert muss ein LGS erstellt werden, um die Lösung zu bestimmen:

LGS: $\begin{aligned} 34 &= 4x + 2y + 6z \\ 48 &= 4x + 4y + 8z \\ 40 &= 8x + 8z \\ y &= 2x \end{aligned}$ Daraus folgt: $x = 2$, $y = 4$ und $z = 3$.

Der Preis P_1 beträgt 2000 GE, P_2 beträgt 4000 GE und P_3 beträgt 3000 GE.

b) $\begin{aligned} 6 &= -bx + ay \\ 3 &= cx - az \\ 4 &= -cy + bz \end{aligned} \quad \Rightarrow \quad \begin{aligned} 6 &= -bx + ay \\ 6c + 3b &= acy - abz \\ 4a + 3b + 6c &= 0 \end{aligned}$

Nach Umformung des LGS ergibt sich, dass $0 = 4a + 3b + 6c$ gelten muss, damit das LGS lösbar ist.

Da die letzte Zeile des LGS keine Variable mehr enthält, ist dieses LGS mehrdeutig lösbar, d. h., es existiert kein eindeutiger Preisvektor.

10 a) $\boldsymbol{A} = \begin{pmatrix} 100 & 200 & 0 \\ 200 & 200 & 400 \\ 200 & 300 & 400 \\ 400 & 300 & 600 \end{pmatrix}$ und $\boldsymbol{B} = \begin{pmatrix} 8 & a+b \\ a & 16 \\ 20 & b \end{pmatrix}$ und $\boldsymbol{C} = \begin{pmatrix} 2800 & 4700 \\ 11600 & 8200 \\ 12600 & 9800 \\ 18200 & 13800 \end{pmatrix}$

$\boldsymbol{A} \cdot \boldsymbol{B} = \boldsymbol{C} \Rightarrow a = 10$ und $b = 5$

b) Rohstoffkosten: $(0{,}5 \;\; 0{,}8 \;\; 1{,}0 \;\; 1{,}5) \cdot \boldsymbol{C} = (50580 \;\; 39410)$
Fertigungskosten: $(5 \;\; 15 \;\; 10) \cdot \boldsymbol{B} = (390 \;\; 365)$

Variable Kosten pro Mengeneinheit:
$(50580 \;\; 39410) + (390 \;\; 365) + (40 \;\; 32) = (51010 \;\; 3987)$
Variable Kosten für den Auftrag: 40307500 GE
Gesamtkosten: 41807500 GE

c) Erlös $= 400 \cdot 27000 + 500 \cdot 78400 = 50000000$ [GE]
Gewinn = Erlös − Kosten = 8192500 GE

11 a) $\boldsymbol{A} = \begin{pmatrix} 1 & 3 & 0 \\ 0 & 6 & 2 \\ a & 0 & b \\ 1 & 3 & 1 \end{pmatrix}$ und $\boldsymbol{B} = \begin{pmatrix} 2 & 1 & 4 \\ 8 & 10 & 1 \\ 6 & 2 & 2 \end{pmatrix} \Rightarrow \boldsymbol{C} = \begin{pmatrix} 26 & 31 & 7 \\ 60 & 64 & 10 \\ 2a+6b & a+2b & 4a+2b \\ 32 & 33 & 9 \end{pmatrix}$

$\Rightarrow a = 2$ und $b = 2$

b) $\boldsymbol{B} \cdot \vec{m} = \vec{r} \Rightarrow \boldsymbol{B} \cdot \begin{pmatrix} x \\ y \\ 12 \end{pmatrix} = \begin{pmatrix} 75 \\ z \\ 100 \end{pmatrix} \Rightarrow x = 11$ und $y = 5$ und $z = 150$

Bei dieser Produktion werden 150 ME von Z_2 benötigt, um insgesamt 11 ME von E_1, 5 ME E_2 und die benötigten 12 ME E_3 herzustellen.

7 Stochastik

7.1 Beschreibende Statistik

7.1.1 Darstellung von Daten

1 a) In der Berufsfachschule liegt die größte absolute Häufigkeit bei Mineralwasser, d. h., Mineralwasser ist am beliebtesten. Bei den FOS-Klassen ist die größte absolute Häufigkeit bei Brause, d. h., Brause ist am beliebtesten. In der Berufsschule ist die größte absolute Häufigkeit ebenfalls bei Brause, auch hier ist dieses Getränk am beliebtesten.

b) Die relative Häufigkeit für Mineralwasser:

Berufsfachschule	FOS	Berufsschule
$\frac{23}{77} \approx \underline{\underline{0,30}}$	$\frac{21}{81} \approx \underline{\underline{0,26}}$	$\frac{25}{85} \approx \underline{\underline{0,29}}$

Relativ gesehen ist das Mineralwasser in den Berufsfachschulen am beliebtesten.

c)
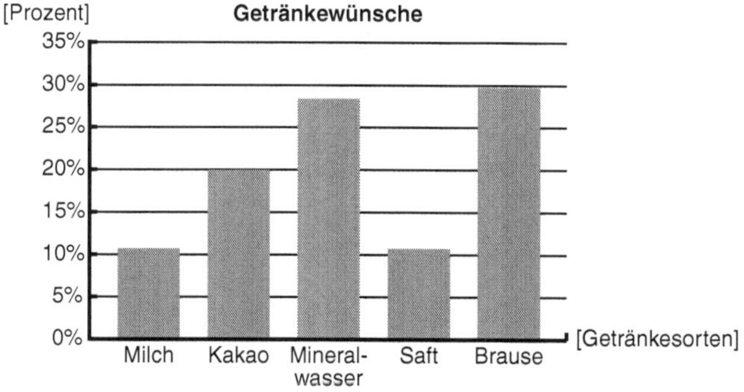

2 a)

Meinung	absolute Häufigkeit vor der neuen Verkehrsberuhigung	absolute Häufigkeit nach der neuen Verkehrsberuhigung
sehr gut	8	13
gut	36	41
keine Angaben	27	19
schlecht	26	24
sehr schlecht	3	3

b)

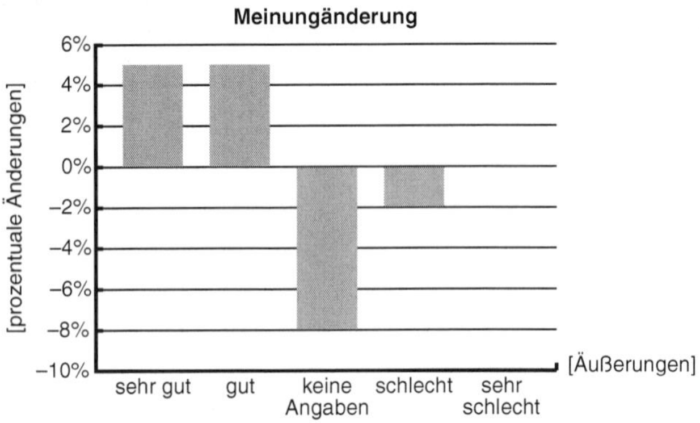

3 a) Es sind die relativen Häufigkeiten angegeben worden.

b)

	SPD	CDU	Grüne	FDP	Sonstige
1	35,8 %	24,6 %	15,8 %	13,6 %	10,2 %
2	26,8 %	36,2 %	17 %	13,2 %	6,8 %

c)

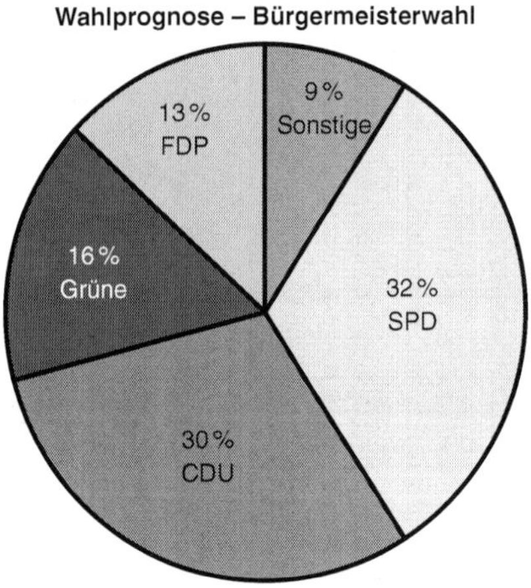

4 a)

	Wurzeln	Gurken	Kartoffeln	Kohlrabi	Sonstiges
relative Häufigkeit	$\frac{25}{100}$	$\frac{15}{100}$	$\frac{35}{100}$	$\frac{15}{100}$	$\frac{10}{100}$
absolute Häufigkeit	25	15	35	15	10

b) Die Händler auf dem Wochenmarkt haben festgestellt, dass die Kunden i. d. R. bei 100 Einkäufen 25-mal Wurzeln verlangen, 15-mal Gurken, 35-mal Kartoffeln und 15-mal Kohlrabi.

7.1.2 Mittelwert und Streuungsmaße

1

x_i	n_i	$\frac{n_i}{n}$	$x_i n_i$	$(x_i - \overline{x})^2$	$(x_i - \overline{x})^2 \cdot n_i$
0	90	0,246575	0	3,615207	325,3687
1	75	0,205479	75	0,812468	60,93507
2	96	0,263014	192	0,009728	0,933879
3	14	0,038356	42	1,206988	16,89783
4	65	0,178082	260	4,404248	286,2761
5	25	0,068493	125	9,601509	240,0377
	$n = 365$	1	694		930,4493

arith. Mittel: $\overline{x} = 1{,}90137$

Varianz: $s^2 = 2{,}549176$

Standardabw.: $s = 1{,}596614$

Besser: Da der Einsatz der Arbeitskräfte gelobt werden soll, sollte man die Tage, an denen kein Einsatz stattfand, nicht mit in die Rechnung einbeziehen.

x_i	n_i	$\frac{n_i}{n}$	$x_i n_i$	$(x_i - \overline{x})^2$	$(x_i - \overline{x})^2 \cdot n_i$
1	75	0,272727	75	0,812468	60,93507
2	96	0,349091	192	0,009728	0,933879
3	14	0,050909	42	1,206988	16,89783
4	65	0,236364	260	4,404248	286,2761
5	25	0,090909	125	9,601509	240,0377
	$n = 275$	1	694		605,0807

arith. Mittel: $\overline{x} = 2{,}523636$

Varianz: $s^2 = 2{,}200293$

Standardabw.: $s = 1{,}483339$

Da der Einsatz der Arbeitskräfte gelobt werden soll, sollte man die Tage, an denen kein Einsatz stattfand, nicht mit in die Rechnung einbeziehen.

Diagramm:

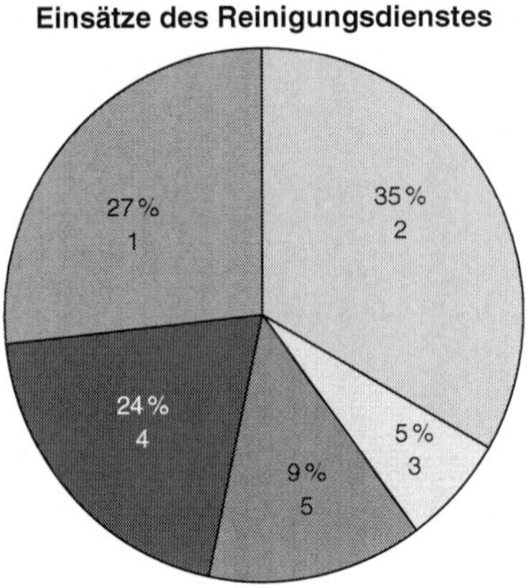

2

x_i	n_i
1950	10
1955	21
1960	29
1965	43
1970	63
1975	129
1980	237
1985	387
1990	536
1995	1009
2000	1198
2005	1414
	5076
$\overline{x} = 92{,}29091$	

Die durchschnittliche Verschuldung der letzten 55 Jahre betrug 92,29 Mrd. EUR.

3 Atemzüge pro Minute Annahme: In der Klasse sind 25 Schüler.

x_i	n_i	$\frac{n_i}{n}$	Interpretation
17	0,75	0,03	1 Schüler atmet 17-mal pro Minute.
18	2,25	0,09	2 Schüler atmen 18-mal pro Minute.
19	5,25	0,21	
20	8,5	0,34	
21	6	0,24	6 Schüler atmen 21-mal pro Minute.
22	1,5	0,06	
23	0,75	0,03	
	25	1	
$\overline{x} = 19{,}97$			Im Mittel atmen die Schüler 20-mal pro Minute.

Anzahl der Pulsschläge pro Minute

x_i	n_i	$\frac{n_i}{n}$	$x_i n_i$	Interpretation
58	1	0,04	58	Ein Schüler hat einen Pulsschlag von 58 Schlägen in der Minute.
59	0	0	0	
60	0	0	0	
61	2	0,08	122	
62	3	0,12	186	Drei Schüler haben einen Pulsschlag von 62 Schlägen in der Minute.
63	0	0	0	
64	5	0,2	320	
65	2	0,08	130	
66	1	0,04	66	
67	2	0,08	134	
68	4	0,16	272	
69	1	0,04	69	
70	2	0,08	140	
71	2	0,08	142	Zwei Schüler haben einen Pulsschlag von 71 Schlägen in der Minute.
	25	1	1639	
$\overline{x} = 65{,}56$				Im Durchschnitt haben die Schüler 66 Pulsschläge pro Minute.

4 a)

FOS 1				FOS 2	
x_i	n_i	$x_i n_i$	$(x_i - \overline{x})^2$	n_i	$x_i n_i$
1	6	6	5,29	4	4
2	4	8	1,69	2	4
3	0	0	0,09	6	18
4	0	0	0,49	3	12
5	8	40	2,89	2	10
6	2	12	7,29	3	18
	20	66	17,74	20	66
Mittelwert:			$\overline{x} = 66/20 = 3{,}3$		
Standardabweichung:			$s = 0{,}941807$		

b) Der Mittelwert und die Standardabweichung sind identisch, weil der Mittelwert gleich ist und die Standardabweichung sich nur auf die Anzahl der Fehler bezieht.

c) Bei der FOS 1 wird verschleiert, dass es viele gute und viele schlechte Ergebnisse gibt, der „Mittelbau" fehlt gänzlich. Es liegt keine Normalverteilung vor.

d) Nein, die FOS 2 ist besser, weil es weniger schlechte Ergebnisse (5 und 6 Fehler) gibt. Die Verteilung entspricht eher einer Normalverteilung.

5 a)

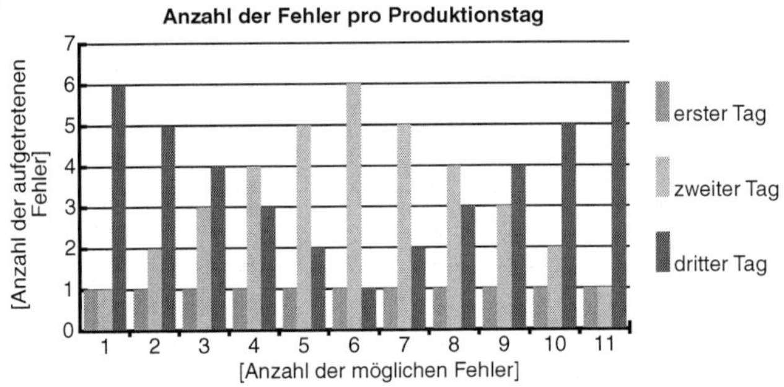

b) Durchschnittlich wurden am ersten Tag 1 Fehler, am zweiten Tag 3 Fehler und am dritten Tag 4 Fehler gemacht.

c)

	1. Tag	2. Tag	3. Tag
Mittelwert:	6	19,63636	22,36364
Standardabw.	3,162278	7,737812	8,632687
Intervall	2,837722 bis 9,162278	11,89855 bis 27,37418	13,73095 bis 30,99632

d) Am 1. Tag ist das Säulendiagramm gleichmäßig und die berechneten Werte sind deshalb am kleinsten. Es sind im Durchschnitt 6 Fehler pro Prüfung aufgetreten. Es sind aber auch Ergebnisse vorgekommen mit 3 bis 10 Fehlern pro Prüfung. Insgesamt sind 66 Fehler aufgetreten.
Am 2. Tag ist das Säulendiagramm symmetrisch zur „6" (kommt am wenigsten vor) und die berechneten Werte liegen in der Mitte. Es sind im Durchschnitt 20 Fehler pro Prüfung aufgetreten. Es sind aber auch Ergebnisse vorgekommen mit 11 bis 27 Fehlern pro Prüfung. Insgesamt sind 216 Fehler aufgetreten.
Am 3. Tag ist das Säulendiagramm ebenfalls symmetrisch zur „6" (kommt am häufigsten vor) und die berechneten Werte sind deshalb am größten. Es sind im Durchschnitt 22 Fehler pro Prüfung aufgetreten. Es sind aber auch Ergebnisse vorgekommen mit 13 bis 31 Fehlern pro Prüfung. Insgesamt sind 246 Fehler aufgetreten.

7.1.3 Klassenbildung

1 **In welchem Alter wurde mit dem Rauchen begonnen?**

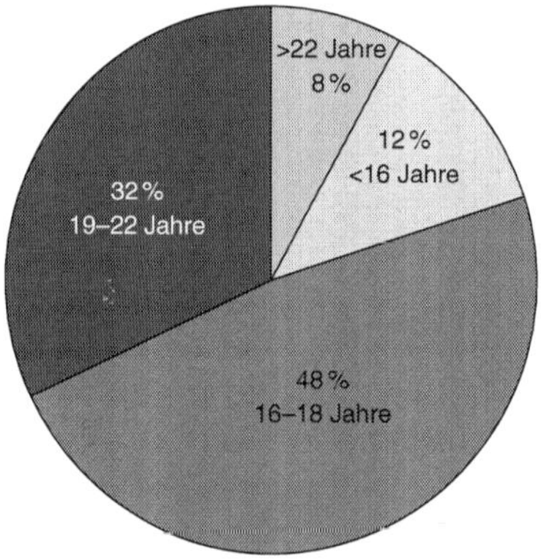

n_i	$\frac{n_i}{n}$	%
6	0,12	12
24	0,48	48
16	0,32	32
4	0,08	8
50		

2 a)

x_i^u	x_i^o	x_i^*	n_i	$x_i^* n_i$	$(x_i^* - \overline{x})^2 n_i$
1,2	3,4	2,3	5	11,5	105,0347
3,4	5,6	4,5	2	9	11,36056
5,6	7,8	6,7	7	46,9	0,235278
7,8	10	8,9	6	53,4	24,40167
10	12,2	11,1	4	44,4	71,12111
			24	165,2	212,1533

arith. Mittel: $\overline{x} = 6{,}883333$

Varianz: $s^2 = 8{,}839722$

Standardabw.: $s = 2{,}973167$

Intervall: [3,910166; 9,8565]

b) Artikel schreiben → vielfältig und individuell!

3 a)

x_i^u	x_i^o	x_i^*	n_i	$x_i^* n_i$	$(x_i^* - \overline{x})^2 n_i$
156	162,83	159,415	4	637,66	1360,577
162,83	169,66	166,245	4	664,98	539,4471
169,66	176,49	173,075	5	865,375	114,3854
176,49	183,32	179,905	7	1259,335	29,33146
183,32	190,15	186,735	4	746,94	315,2045
190,15	197	193,575	6	1161,45	1482,145
			30	5335,74	3841,09
			24	165,2	212,1533

arith. Mittel: $\overline{x} = 177{,}858$

Varianz: $s^2 = 128{,}0363$

Standardabw.: $s = 11{,}31531$

b)

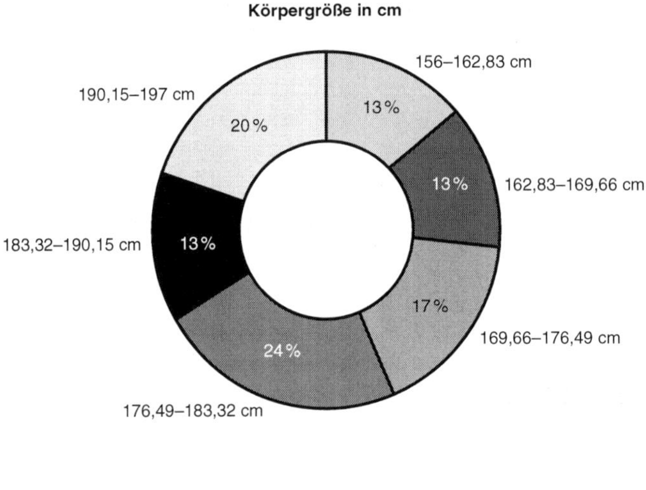

c) Brief schreiben: individuell

4

x_i^u	x_i^o	x_i^*	n_i	$x_i^* n_i$	$(x_i^* - \overline{x})^2 n_i$
36	38	37	21	777	3848,821
38	40	39	59	2301	7854,388
40	42	41	44	1804	4002,823
42	44	43	55	2365	3125,171
44	46	45	207	9315	6348,552
46	48	47	657	30879	8223,915
48	50	49	2253	110397	5329,277
50	52	51	4129	210579	881,3477
52	54	53	1914	101442	11601,7
54	56	55	407	22385	8103,179
56	58	57	45	2565	1879,091
58	60	59	1	59	71,60561
			9792	494868	61269,87

arith. Mittel: $\overline{x} = 50{,}53799$

Varianz: $s^2 = 6{,}257135$

Standardabw.: $s = 2{,}501427$

b)

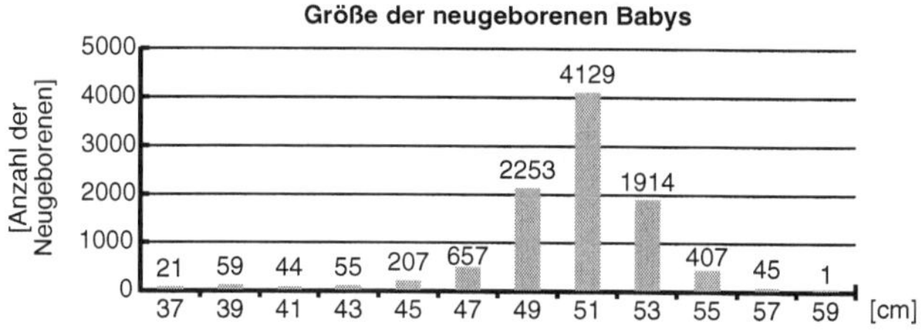

c) Bericht schreiben → individuell

7.1.4 Vermischte Anwendungen zur beschreibenden Statistik

1 a) **Merkmalsträger**: Bohnenschoten

Merkmal: Anzahl der weißen Bohnen in den einzelnen Schoten.

Merkmalsausprägungen: 1 Bohne, 2 Bohnen, 3 Bohnen, ..., 10 Bohnen

Stichprobenumfang: Untersucht wurden 50000 Schoten.

Absolute Häufigkeit: Wie oft kommt welche Merkmalsausprägung vor? Wie viele Schoten waren dabei, die nur eine, die genau zwei, genau drei ... Bohnen beinhalteten?

Relative Häufigkeit: $\frac{n_i}{n} = \frac{\text{Anzahl der Schoten}}{\text{Anzahl aller untersuchten Schoten}}$

Mittelwert: z. B. arithmetisches Mittel: im Durchschnitt befinden sich ... weiße Bohnen in einer Schote. $\overline{x} = \frac{x_1 \cdot n_1 + x_2 \cdot n_2 + x_3 \cdot n_3 + \ldots + x_k \cdot n_k}{n}$

b)

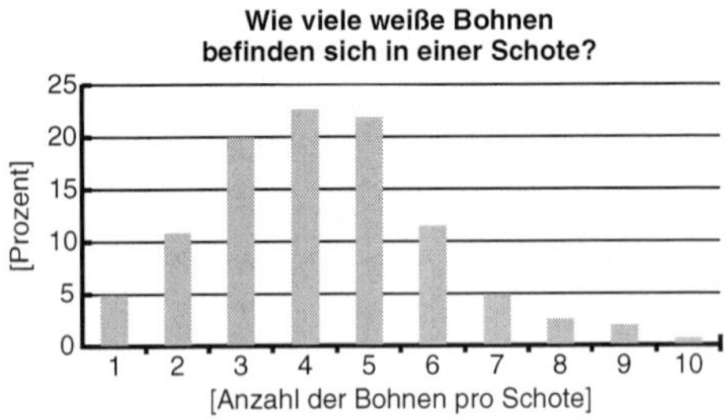

2 a) b)

24,3	24,1		
26,8	24,3	Mittel:	25,48
25,2	24,6		
24,6	24,8	100 Stück:	2548
26,2	24,9		
27,3	25,2	Zeit:	42,46667 Stunden
25,7	25.2		
24,9	25,4	positiv	
25,2	25,5		
24,8	25,7		
24,1	25,9		
25,9	26,2		
26,3	26,3		
25,4	26.8		
25,5	27,3	negativ	
382,2			

3

Jahr	absoluter Wert	absolute Änderung	% Änderung zum Vorjahr
1	1000	1000	100 %
2	2000	−600	−30 %
3	1400	200	14,30 %
4	1600	−400	−25 %
5	1200	−200	−16,70 %
6	1000	−200	−20 %
7	800		

b)

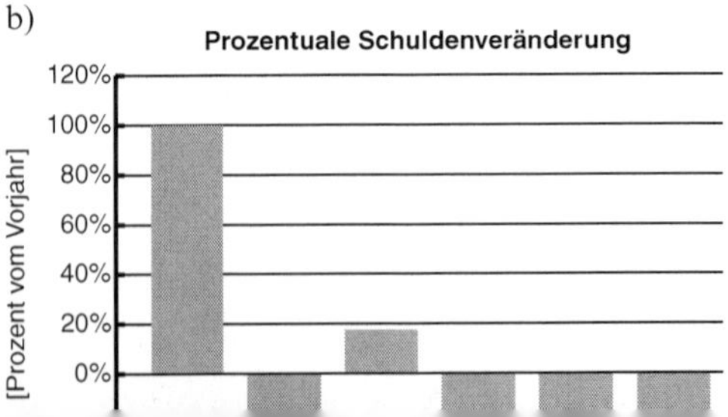

4 a)

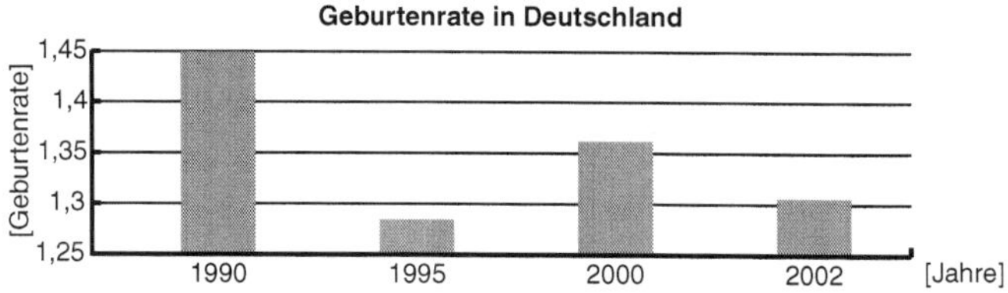
Geburtenrate in Deutschland
[Geburtenrate]
1,45
1,4
1,35
1,3
1,25
1990
1995
2000
2002
[Jahre]

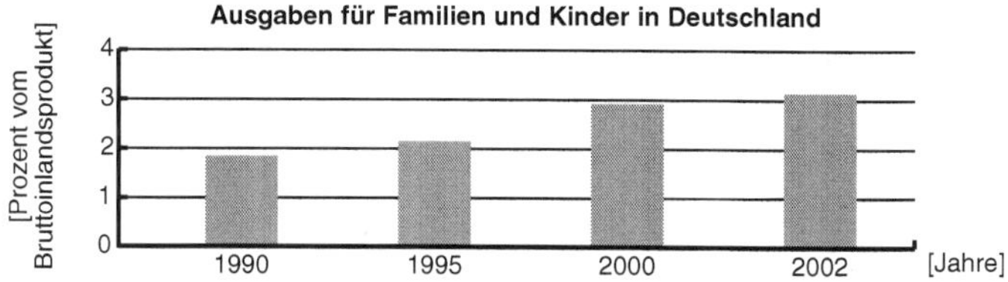
Ausgaben für Familien und Kinder in Deutschland
[Prozent vom Bruttoinlandsprodukt]
4
3
2
1
0
1990
1995
2000
2002
[Jahre]

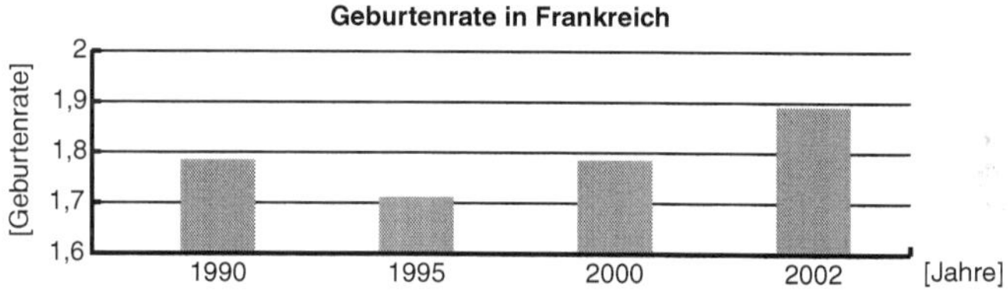
Geburtenrate in Frankreich
[Geburtenrate]
2
1,9
1,8
1,7
1,6
1990
1995
2000
2002
[Jahre]

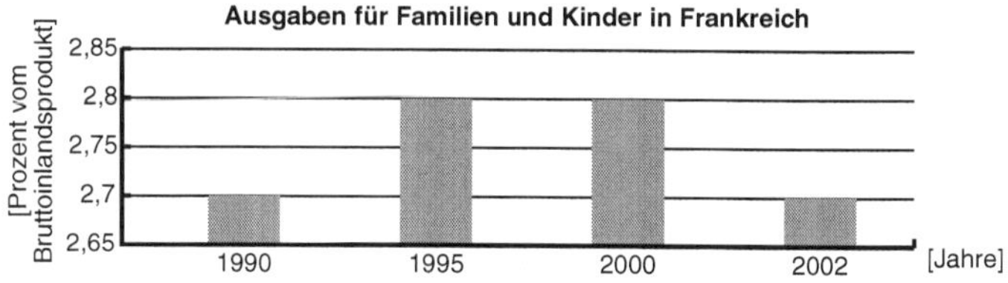
Ausgaben für Familien und Kinder in Frankreich
[Prozent vom Bruttoinlandsprodukt]
2,85
2,8
2,75
2,7
2,65
1990
1995
2000
2002
[Jahre]

b)

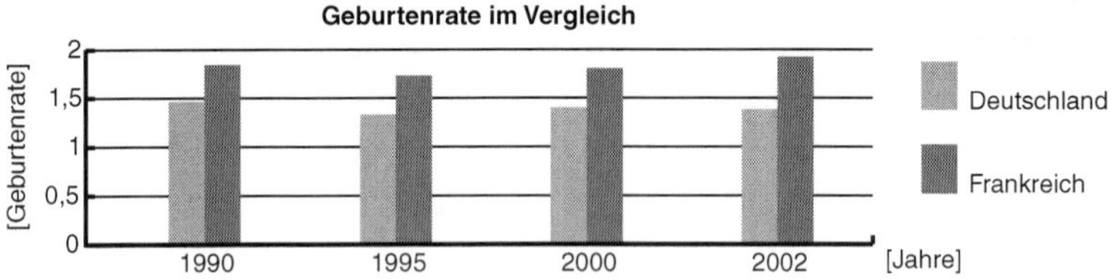

c)

	Mittel	Varianz	Standardabw.
Deutschland	1,35	0,0166	0,128840987
Frankreich	1,79	0,0166	0,128840987

5 a) b) **Kilometer:**

x_i^u	x_i^o	x_i^*	n_i	$x_i^* n_i$	$(x_i^* - \overline{x})^2 n_i$
390	435	412,5	2	825	11 704,5
435	480	457,5	2	915	1 984,5
480	525	502,5	3	1 507,5	546,75
525	570	547,5	3	1 642,5	10 266,75
			10	4890	24 502,5

arith. Mittel:	$\overline{x} = 489$
Varianz:	$s^2 = 2450,25$
Standardabw.:	$s = 49,5$
Intervall:	[439,5; 538,5]

Benzinverbrauch:

x_i^u	x_i^o	x_i^*	n_i	$x_i^* n_i$	$(x_i^* - \overline{x})^2 n_i$
35	37,2	36,1	3	108,3	32,67
37,2	39,4	38,3	3	114,9	3,63
39,4	41,6	40,5	2	81	2,42
41,6	43,8	42,7	0	0	0
43,8	46	44,9	2	89,8	60,5
			10	394	99,22

arith. Mittel:	$\overline{x} = 39,4$
Varianz:	$s^2 = 9,922$
Standardabw.:	$s = 3,149920634$
Intervall:	[36,25007937; 42,54992]

Benzinverbrauch auf 100 km

x_i (*l*/100 km)	$(x_i - \overline{x})^2$	Auswertung	
8	1,94037E-05		
8	1,94037E-05		
7,68	0,10523858	arith. Mittel:	$\overline{x} = 8{,}004405$
8,5	0,24561444		
8	1,94037E-05	Varianz:	$s^2 = 0{,}210889$
8,085106383	0,006512719		
7,894736842	0,012027097	Standardabw.:	$s = 0{,}459227$
7,766990291	0,056365727		
8,974358974	0,940810783	Intervall:	[7,545178; 8,463632]
7,142857143	0,742264647		
80,04405	2,108892205		

7.2 Wahrscheinlichkeitsrechnung

7.2.1 Begriffe in der Wahrscheinlichkeitsrechnung

7.2.2 Zusammenhang zwischen relativer Häufigkeit und Wahrscheinlichkeit

1 a) $S = \{11; 12; 13; 14; 15; 16; 21; 22; 23; 24; 25; 26; 31; 32; 33; 34; 35; 36; 41; 42; 43; 44; 45; 46; 51; 52; 53; 54; 55; 56; 61; 62; 63; 64; 65; 66\}$

b)
$$P(\text{Pasch}) = \tfrac{6}{36} = \tfrac{1}{6} = \underline{\underline{16{,}6\,\%}}$$
$$P(\text{Vielfaches von } 3) = \tfrac{12}{36} = \tfrac{1}{3} = \underline{\underline{33{,}3\,\%}}$$
$$P(\text{Produkt } 12) = \tfrac{3}{36} = \tfrac{1}{12} = \underline{\underline{8{,}3\,\%}}$$
$$P(\text{Summe größer als } 10) = \tfrac{3}{36} = \tfrac{1}{12} = \underline{\underline{8{,}3\,\%}}$$

2 $P(\text{gelb}) = \frac{\text{gelb}}{72} = \frac{3}{8} = \frac{27}{72}$

27 gelbe Kugeln und 45 schwarze Kugeln sind in der Urne.

3 a) $P(\text{Junge}) = \frac{16}{34} = \frac{8}{17} = \underline{\underline{47{,}05\,\%}}$

b) $P(\text{Fan}) = \frac{5}{34} = \frac{1}{6} = \underline{\underline{14{,}7\,\%}}$

4 a)

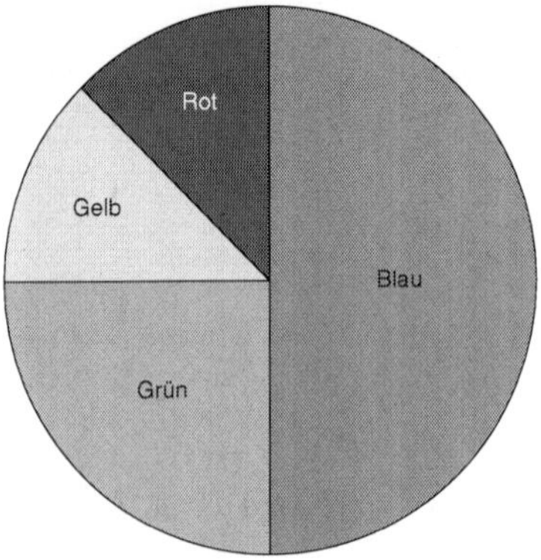

b) Kein Laplace-Experiment, weil die Chancen für die einzelnen Farben nicht gleich groß sind.

c) $P\,(\text{nicht blau}) = 1 - 0{,}50 = \underline{\underline{50\,\%}}$

d) Die Experimente sind unabhängig voneinander, d. h. $P\,(\text{gelb}) = 0{,}125 = \underline{\underline{12{,}5\,\%}}$

5 a) $P\,(\text{fehlerfrei}) = \frac{2982}{3000} = \frac{497}{500} = \underline{\underline{99{,}4\,\%}}$

b) $P\,(\text{fehlerhaft}) = \frac{18}{3000} = \frac{3}{500} = \underline{\underline{0{,}6\,\%}}$ 0,6 % von 75000 Stück; 450 Stück werden fehlerhaft sein.

7.2.3 Mehrstufige Zufallsexperimente

1 a) Wenn es sich um ein Laplace-Experiment handelt, müssten alle Ereignisse gleich wahrscheinlich sein, d. h. 33,3 %.

b) $P\,(\text{nicht schwimmen}) = \frac{100}{420} = \frac{5}{21} = \underline{\underline{0{,}238}}$

$P\,(\text{schwimmen}) = \frac{120}{420} = \frac{2}{7} = \underline{\underline{0{,}286}}$

$P\,(\text{leichte Bewegungen}) = \frac{420 - 100 - 120}{420} = \frac{10}{21} = \underline{\underline{0{,}476}}$

2 a) $S = \{2;\ 5;\ 10;\ 20;\ 50\}$

b)

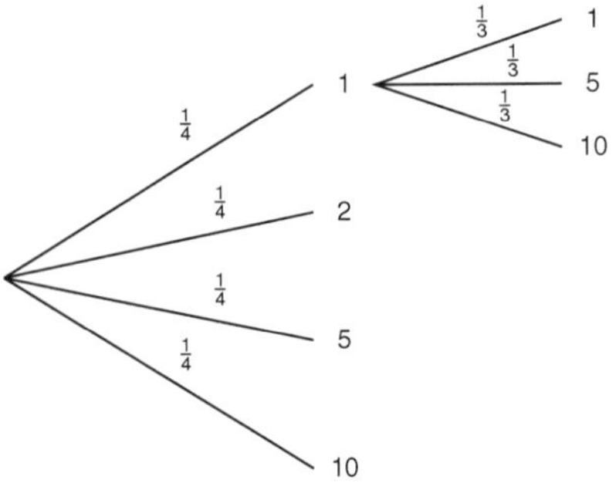

Baumdiagramm im Ansatz!

c) $P(2) = 2 \cdot \frac{1}{4} \cdot \frac{1}{3} = \frac{1}{6} = \underline{\underline{16{,}6\,\%}}$
$P(5) = 2 \cdot \frac{1}{4} \cdot \frac{1}{3} = \frac{1}{6} = \underline{\underline{16{,}6\,\%}}$
$P(10) = 4 \cdot \frac{1}{4} \cdot \frac{1}{3} = \frac{1}{3} = \underline{\underline{33{,}3\,\%}}$
$P(20) = 2 \cdot \frac{1}{4} \cdot \frac{1}{3} = \frac{1}{6} = \underline{\underline{16{,}6\,\%}}$
$P(50) = 2 \cdot \frac{1}{4} \cdot \frac{1}{3} = \frac{1}{6} = \underline{\underline{16{,}6\,\%}}$

d) Das niedrigste Produkt ist die „2“, d. h., die Wahrscheinlichkeit beträgt 16,6 %.

3 a) Baumdiagramm:

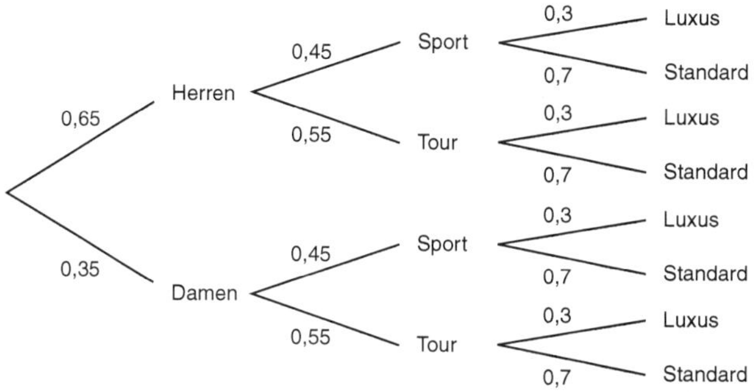

b) $P(\text{Damen}) = 0{,}35 \cdot 0{,}55 \cdot 0{,}7 = 0{,}13475 = \underline{\underline{13{,}48\,\%}}$
$P(\text{Herren}) = 0{,}65 \cdot 0{,}45 \cdot 0{,}3 + 0{,}65 \cdot 0{,}55 \cdot 0{,}3 = 0{,}195 = \underline{\underline{19{,}5\,\%}}$

4 a) $P(\text{schwarzes Bild}) = \frac{6}{32} = 0{,}1875 = \underline{\underline{18{,}75\,\%}}$

b) $P(\text{2 Herzkarten mit Zurücklegen}) = \frac{8}{32} \cdot \frac{8}{32} = \frac{64}{1024} = 0{,}0625 = \underline{\underline{6{,}25\,\%}}$

c) $P(\text{Pärchen ohne Zurücklegen}) = \frac{1}{32} \cdot \frac{1}{31} \cdot 128 = \frac{4}{31} = 0{,}129 = \underline{\underline{12{,}9\,\%}}$

d) $P\,\text{K, D}) = \frac{1}{32} \cdot \frac{1}{31} \cdot 8 = \frac{1}{124} = 0{,}008 = \underline{\underline{0{,}8\,\%}}$

5 a) $P(\text{Pasch}) = \frac{6}{36} = \underline{\underline{16{,}6\,\%}}$

b) $P(\text{Summe 12}) = \frac{1}{36} = \underline{\underline{2{,}78\,\%}}$

c) $P(\text{Produkt 12}) = \frac{18}{216} = \underline{\underline{8{,}3\,\%}}$

d) $P(\text{Primzahlen}) = \frac{46}{216} = \underline{\underline{21{,}29\,\%}}$

6 $6 \cdot 4 = 24$

7 Geordnete Vollerhebung ohne Zurücklegen: $5! \cdot 5! = 120 \cdot 120 = 14\,400$.

8 $P(\text{Hallo}) = \frac{1}{4} \cdot \frac{1}{4} \cdot \frac{1}{4} \cdot \frac{1}{4} \cdot \frac{1}{4} = 0{,}00098 = \underline{\underline{0{,}09\%}}$

9 Geordnete Vollerhebung: $8! = 40\,320$

10 Ungeordnete Stichprobe ohne Zurücklegen: $\binom{49}{6} = 13\,983\,816$

Kosten: $13\,983\,816 \cdot 2{,}00$ EUR $= \underline{\underline{27\,967\,632{,}00 \text{ EUR}}}$

7.2.4 Vermischte Anwendungen zur Wahrscheinlichkeitsberechnung

1 Z. B. 1000-mal würfeln und feststellen, dass nicht alle Zahlen gleich oft gewürfelt wurden.

2 a) **Ergebnis:** Beim Würfel ist das Ergebnis eine Zahl, die auf dem Würfel steht, bei der Münze ist das Ergebnis entweder die Zahl oder das Bild. D. h. hier setzt sich das Ergebnis aus Würfelzahl und Münzseite zusammen.
Ergebnismenge: {1 B, 2 B, 3 B, 4 B, 5 B, 6 B, 1 Z, 2 Z, 3 Z, 4 Z, 5 Z, 6 Z}
Ergebnis: eine Teilmenge aus der Ergebnismenge z. B. {1 B, 1 Z}
Zufallsexperiment: Würfeln des Würfels und Werfen der Münze, ohne vorher das Resultat zu kennen.

b)

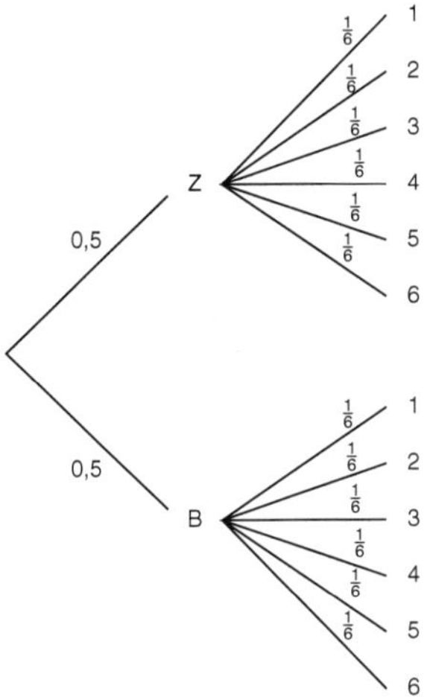

c) $P(1\text{B}) = \frac{1}{6} \cdot \frac{1}{2} = \frac{1}{12} = \underline{\underline{8{,}3\,\%}}$

d) $P(\text{gerade Zahl und Zahl}) = \frac{1}{2} \cdot \frac{1}{2} = \underline{\underline{25\,\%}}$

3 a)

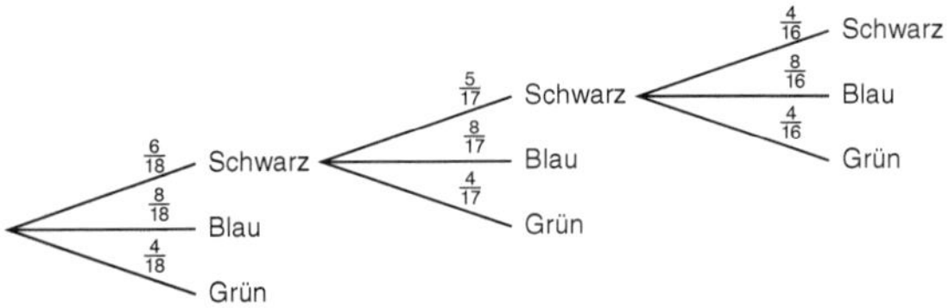

Baumdiagramm im Ansatz

b) **Ohne Zurücklegen:**

$P(\text{schwarz, blau, grün}) = \frac{6}{18} \cdot \frac{8}{17} \cdot \frac{4}{16} = \frac{2}{51} = \underline{\underline{3{,}9\,\%}}$

$P(2\text{ schwarz, 1 blau}) = \frac{6}{18} \cdot \frac{5}{17} \cdot \frac{8}{16} \cdot 6 = \underline{\underline{29{,}41\,\%}}$

$P(\text{keine schwarze}) = \frac{8}{18} \cdot \frac{7}{17} \cdot \frac{6}{16} + \frac{8}{18} \cdot \frac{7}{17} \cdot \frac{4}{16} \cdot 4 + \frac{8}{18} \cdot \frac{4}{17} \cdot \frac{3}{16} \cdot 3 + \frac{4}{18} \cdot \frac{3}{17} \cdot \frac{2}{16} = \underline{\underline{31{,}54\,\%}}$

c) **Mit Zurücklegen:**

$P(\text{schwarz, blau, grün}) = \frac{6}{18} \cdot \frac{8}{18} \cdot \frac{4}{18} = \underline{\underline{3{,}3\,\%}}$

$P(2 \text{ schwarz, } 1 \text{ blau}) = \frac{6}{18} \cdot \frac{6}{18} \cdot \frac{8}{18} \cdot 6 = \underline{\underline{29{,}6\,\%}}$

$P(\text{keine schwarze}) = \frac{8}{18} \cdot \frac{8}{18} \cdot \frac{6}{18} + \frac{8}{18} \cdot \frac{8}{18} \cdot \frac{4}{18} \cdot 4 + \frac{8}{18} \cdot \frac{4}{18} \cdot \frac{4}{18} \cdot 3 + \frac{4}{18} \cdot \frac{4}{18} \cdot \frac{4}{18} = \underline{\underline{31{,}82\,\%}}$

4 a) Baumdiagramm ohne Zurücklegen

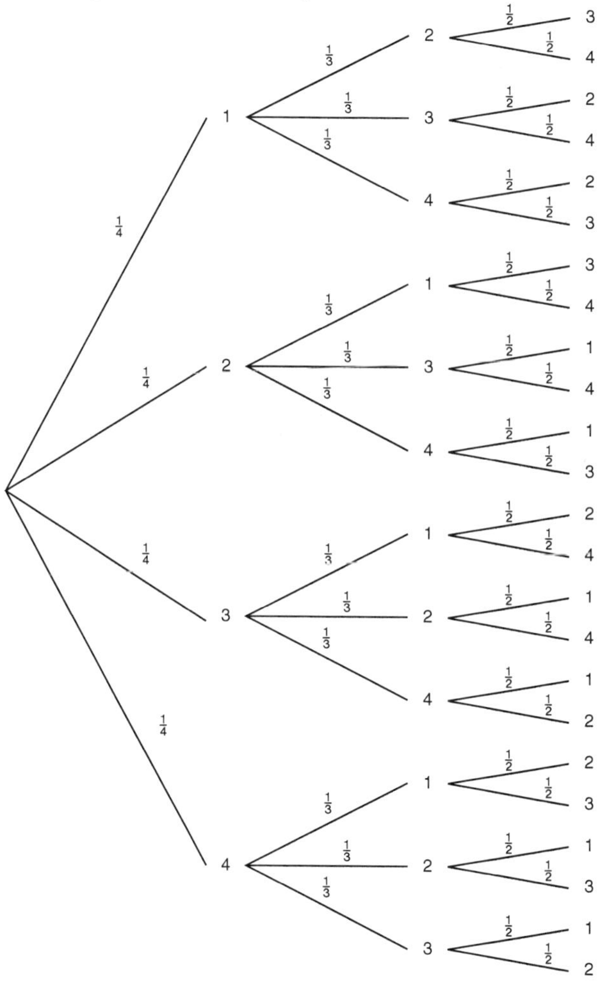

Baumdiagramm mit Zurücklegen

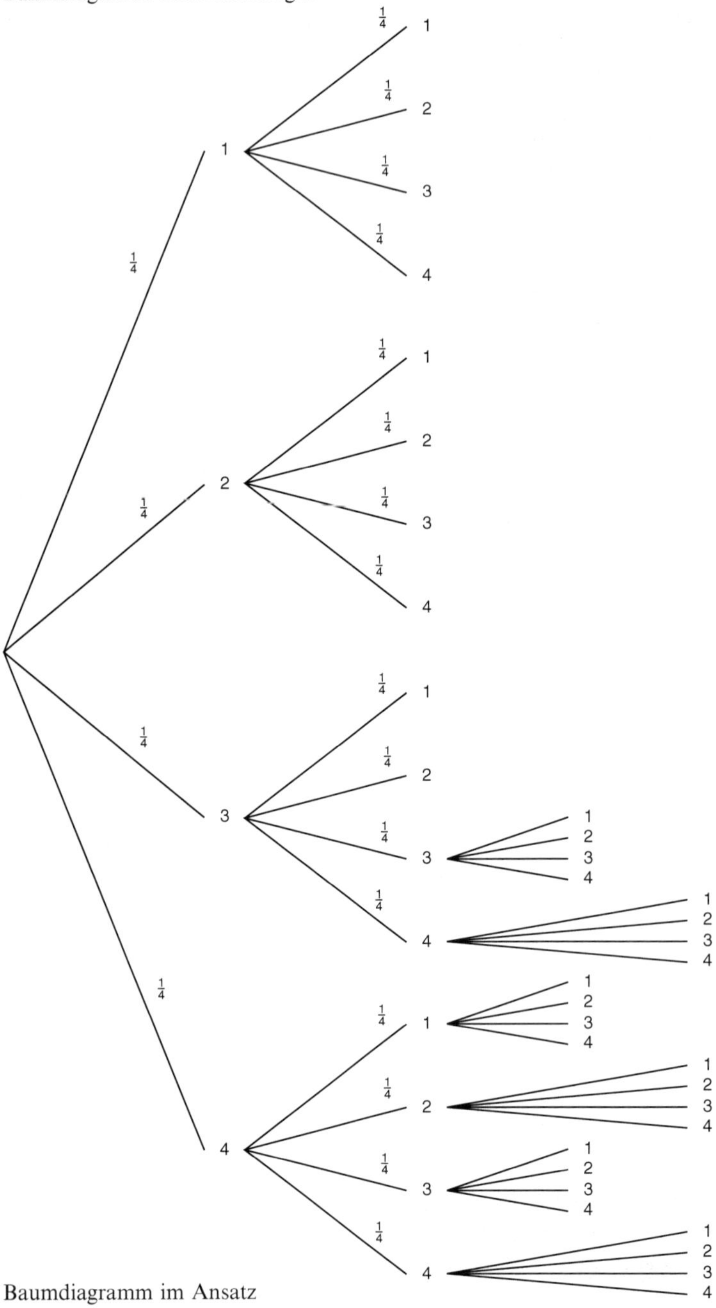

Baumdiagramm im Ansatz

b) Mit Reihenfolge: 1234 $\neq$ 2134 und ohne Reihenfolge 1234 = 2134 = 1243

c) **Ziehen mit Zurücklegen und ohne Reihenfolge**
Rufnummer der Feuerwehr
112: $P(112) = P(112;\ 121;\ 112;\ 121,\ 211;\ 211) = 6 \cdot (\frac{1}{4})^3 = \underline{\underline{9{,}38\,\%}}$

Ziehen mit Zurücklegen und mit Reihenfolge
Rufnummer der Feuerwehr
112: $P(112) = \frac{1}{4} \cdot \frac{1}{4} \cdot \frac{1}{4} = \underline{\underline{1{,}56\,\%}}$

Ziehen ohne Zurücklegen und ohne Reihenfolge
Summe der gezogenen Kugeln soll 8 ergeben
$P(\text{Summe } 8) = \frac{\text{Möglichkeit (134)}}{\text{Möglichkeiten (124; 124; 134; 234)}} = \frac{1}{4} = \underline{\underline{25\,\%}}$

Ziehen ohne Zurücklegen und mit Reihenfolge
Summe der gezogenen Kugeln soll 8 ergeben $P(\text{Summe } 8) = P(134;\ 143;\ 413;\ 431;\ 314;\ 341) = 6 \cdot \frac{1}{4} \cdot \frac{1}{3} \cdot \frac{1}{2} = \underline{\underline{25\,\%}}$

5 $P(\text{MMM, JJJ}) = (\frac{1}{2})^3 + (\frac{1}{2})^3 = \underline{\underline{25\,\%}}$ mit Zurücklegen mit Reihenfolge
$P(\text{MM}) = (\frac{1}{2})^2 = \underline{\underline{25\,\%}}$ mit Zurücklegen mit Reihenfolge
$P(\text{MJMJ, JMJM}) = (\frac{1}{2})^4 + (\frac{1}{2})^4 = \underline{\underline{12{,}5\,\%}}$ mit Zurücklegen mit Reihenfolge

6 Individuelle Vorgehensweise

7.3 Binomialverteilung

7.3.1 Bernoulli-Formel

1 a) Bernoulli-Kette: idealer Würfel, d. h. $P(1) = P(2) = \ldots = P(6)$ $p = \frac{1}{6}$ und $n = 5$
b) Bernoulli-Kette: Für jeden idealen Würfel gilt a).
c) Keine Bernoulli-Kette: Es gibt mehr als zwei Blutgruppen.
d) Bernoulli-Kette: Die Produktion erfolgt mit derselben Maschine, die Trefferwahrscheinlichkeit (Produktion ohne Fehler) ist immer identisch.
e) Keine Bernoulli-Kette: Verbeulte Münzen sind nicht ideal, d. h., die Versuche sind nicht identisch.
f) Keine Bernoulli-Kette: Kronkorken sind nicht alle gleich, d. h., die Versuche sind nicht identisch.

2 a) $n = 10$; X = „Anzahl der defekten Glühlampen"
b) $n = 50$; X = „Anzahl der Joghurts, die noch einwandfrei sind"
c) $n = 100$; X = „Anzahl der Mäuse, bei denen das Medikament wirkt"
d) $n = ?$; X = „Anzahl der ertappten Schwarzfahrer"

3 a) $P(X = 5) = 0{,}0148 = \underline{\underline{1{,}48\,\%}}$
b) $P(X > 5) = 1 - (P(X = 0) + P(X = 1) + P(X = 2) + P(X = 3) + P(X = 4) + P(X = 5)) = 1 - 0{,}8516 = 0{,}1484 = \underline{\underline{14{,}84\,\%}}$
c) $P(X < 5) = 0{,}0197 = \underline{\underline{1{,}97\,\%}}$

d) $P(X \leq 5) = 0{,}048 = \underline{\underline{4{,}8\,\%}}$

e) $P(X = 5) = 1 - 0{,}0063 = \underline{\underline{99{,}37\,\%}}$

4 $n = 10$ und $p = 0{,}85 \Rightarrow P(X > 5) = 1 - P(X \leq 5) = 1 - 0{,}0098 = \underline{\underline{99{,}02\,\%}}$

5 $n = 20$ und $p = 0{,}02 \Rightarrow P(X > 2) = 1 - P(X \leq 2) = 1 - 0{,}9929 = \underline{\underline{0{,}71\,\%}}$

6 $n = 10$ und $p = \frac{1}{3} \Rightarrow P(X \geq 8) = 1 - P(X \leq 7) = 1 - 0{,}9965 = \underline{\underline{0{,}35\,\%}}$

7.3.2 Wahrscheinlichkeitsverteilung

1

n	p	q	μ	σ
50	0,6	**0,4**	**30**	**3,46**
100	**0,3**	**0,7**	**30**	**4,58**
72	**0,7**	0,3	50	**3,87**

2 a) X = „Anzahl der Fehler, die der Kontrolleur begeht“, $n = 1000$, $p = 0{,}05$

b) $\mu = 50$ und $\sigma = 6{,}89$

c) $[43; 57] \Rightarrow P(X \leq 57) - P(X \leq 42) = 1 - 1 = 0\,\%$

3 X = „Anzahl der Fehler“, $n = 100$, $p = 0{,}15$

$\Rightarrow \mu = 15$ und $\sigma = 3{,}57 \Rightarrow [8; 22]$

8 bis 22 Autos werden beim Verlassen der Garage Probleme haben.

7.3.3 Tafelwerke

1 a) 0,000169

b) 0,00144

c) $1 - 0{,}561 = 0{,}439$

d) $1 - 0{,}9986 = 0{,}0014$

e) $0{,}9021 - 0{,}0955 = 0{,}8066$

f) $0{,}9426 - 0{,}4464 = 0{,}4962$

g) $1 - 0{,}2368 = 0{,}7632$

2 a) $F(80) - F(79) = 0{,}0 = \underline{\underline{0\,\%}}$

b) $F(43) - F(42) = 0{,}0004 - 0{,}0002 = 0{,}0002 = \underline{\underline{0{,}02\,\%}}$

c) $1 - F(50) = 1 - (1 - 0{,}9729) = 0{,}9729 = \underline{\underline{97{,}29\,\%}}$

d) $F(42) = 1 - 0{,}9998 = 0{,}0002 = \underline{\underline{0{,}02\,\%}}$

e) $F(24) - F(15) = (1 - 1) - (1 - 1) = 0 = \underline{\underline{0\,\%}}$

f) $F(55) - F(43) = \Rightarrow 1 - 0{,}8211) - \Rightarrow 1 - 0{,}9996) = 0{,}1789 - 0{,}0004 = 0{,}1785$
$= \underline{\underline{17{,}85\,\%}}$

g) $1 - F(67) = 1 - 0{,}0615 = 0{,}9385 = \underline{\underline{93{,}85\,\%}}$

3 $n = 20$ und $p = 0{,}95$

a) $P(X \geq 18) = 1 - F(17) = 1 - (1 - 0{,}9245) = 0{,}9245 = \underline{\underline{92{,}45\,\%}}$

b) $P(X \leq 18) = F(18) = 1 - 0{,}7358 = 0{,}2642 = \underline{\underline{26{,}42\,\%}}$

4 $n = 50$ und $p = 0{,}98$: $P(X \geq 45) = 1 - F(44) = 1 - \Rightarrow 1 - 0{,}9995) = 0{,}9995 = \underline{\underline{99{,}95\,\%}}$

5 $n = 100$ und $p = 0{,}02$: $P(X = 10) = F(10) - F(9) = 0 = \underline{\underline{0\,\%}}$

6 $n = 50$ und $p = \frac{1}{6}$: $P(X > 8) = 1 - F(8) = 1 - 0{,}5421 = 0{,}4519 = \underline{\underline{45{,}19\,\%}}$

7 a) $n = 10$ und $p = \frac{1}{3}$: $P(X = 5) = F(5) = 0{,}9234 = \underline{\underline{92{,}34\,\%}}$

b) $P(X \leq 2) = F(2) = 0{,}2991 = \underline{\underline{29{,}91\,\%}}$

8 a) $n = 10$ und $p = \frac{1}{6}$: $P(X \leq 2) = 0{,}7752 = \underline{\underline{77{,}52\,\%}}$

b) $P(X \leq k) \geq 0{,}95$ für $k = 3$ ist $P(X \leq 3) = 0{,}9303$ und für $k = 4$ ist $P(X \leq 4) = 0{,}9845$; es werden also 4 Messgeräte benötigt.

9 $n = 15$ und $p = 0{,}1$

a) $P(X \leq 3) = 0{,}9444 = \underline{\underline{94{,}44\,\%}}$

b) $P(X \leq 2) = 0{,}8159$; $0{,}9444 - 0{,}8159 = 0{,}1285 = \underline{\underline{12{,}85\,\%}}$

c) $P(X \leq k) \geq 0{,}99$, für $k = 9$ ist $P(X \leq 9) = 0{,}9978$, d. h., es müssen 9 Leitungen zur Verfügung stehen.

7.3.4 Vermischte Anwendungen zur Binomialverteilung

1 $P(\text{fehlerhaft}) = \frac{50}{1000} = 0{,}05$ und $n = 10$ und $k \geq 3$
$P(X \geq 3) = 1 - F(2) = 1 - 0{,}9885 = 0{,}0115 = \underline{\underline{1{,}15\,\%}}$

Mit einer Wahrscheinlichkeit von 1,2 % lehnt er die Lieferung ab.

2 a) 1. Variante: $E(X) = -5 \cdot \frac{5}{8} + 7 \cdot \frac{3}{8} = -\frac{1}{2}$

$\sigma = \sqrt{(-5 - (-0{,}5))^2 + (7 - (-0{,}5))^2} = \underline{\underline{8{,}75}}$

2. Variante: $E(X) = -2 \cdot \frac{5}{8} + 2 \cdot \frac{3}{8} = -\frac{1}{2}$

$\sigma = \sqrt{(-2 - (-0{,}5))^2 + (2 - (-0{,}5))^2} = \underline{\underline{2{,}95}}$

Bei beiden Spielen wird auf Dauer erwartet, dass man einen Verlust von 0,50 EUR macht.

Die Spannbreite von Verlust zu Gewinn ist bei der 1. Variante sehr viel größer.

b) Kein Spiel ist fair, weil der Erwartungswert nicht null ist.

c) $E(X) = 0 = -6 \cdot \frac{5}{8} + t \cdot \frac{3}{8} \Rightarrow t = 10$, d. h., bei Gewinn erhält man 10 EUR, beim Verlieren zahlt man 6 EUR.

3 a) $p = 0{,}05$, $n = 36$, $B(2) = \binom{36}{2} \cdot 0{,}05^2 \cdot 0{,}95^{34} = \underline{\underline{27{,}5\,\%}}$

b) $p = 0{,}05$, $n = 100$, $k \geq 6$, $1 - F(5) = 1 - 0{,}6160 = 0{,}384 = \underline{\underline{38{,}4\,\%}}$

c) $p = 0{,}95$, $n = 15$, $k \geq 13$, $1 - F(12) = 1 - (1 - 0{,}9638) = \underline{\underline{96{,}38\,\%}}$

d) $p = 0{,}95$, $n = ?$, $k \geq 1$, $1 - F(0) \geq 0{,}99 \Rightarrow F(0) \leq 0{,}01$

$\binom{n}{0} \cdot 0{,}95^0 \cdot 0{,}05^n \leq 0{,}01 \Rightarrow n \cdot \log 0{,}05 \leq \log 0{,}010 \Rightarrow n \geq 1{,}54$

Mindestens zwei Personen müssen getestet werden.

4 a)

Alter der Angestellten	Anzahl der meldepflichtigen Wegeunfälle	relative Häufigkeit	prozentuale Häufigkeit
15 bis unter 25	16	$\frac{8}{35}$	22,86 %
25 bis unter 35	24	$\frac{12}{35}$	34,29 %
35 bis unter 45	14	$\frac{1}{5}$	20 %
45 bis unter 55	8	$\frac{4}{35}$	11,43 %
55 bis unter 65	8	$\frac{4}{35}$	11,43 %

b)

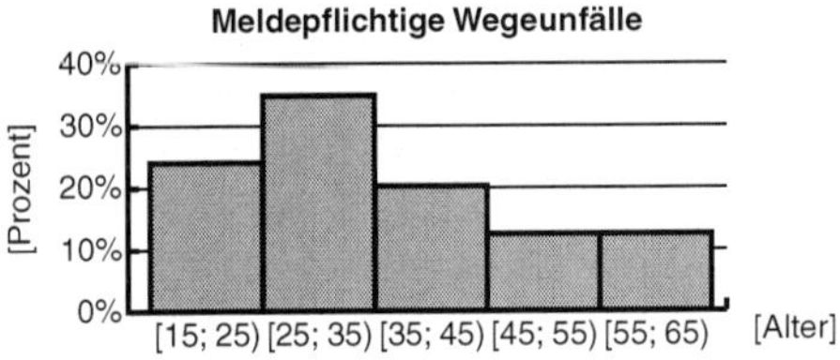

c)

Alter der Angestellten	Anzahl der meldepflichtigen Wegeunfälle	Varianz
15 bis unter 25	16	4
25 bis unter 35	24	100
35 bis unter 45	14	0
45 bis unter 55	8	36
55 bis unter 65	8	36
	70	176

arith. Mittel: $\bar{x} = 14$

Im Durchschnitt passieren pro Altersstufe 14 Unfälle.

Standardabw.: $s = 1{,}58565$

Intervall: [12,41; 15,58]

d) $n = 20$, $p = 0{,}3$, $k = 16$, $F(16) = 1 = \underline{\underline{100\,\%}}$

5 a) $n = 5, p = 0{,}3, k \leq 3, F(3) = 0{,}9692 = \underline{\underline{96{,}92\,\%}}$

$n = 5, p = 0{,}3, k \geq 2, 1 - F(1) = 1 - 0{,}5282 = \underline{\underline{47{,}18\,\%}}$

P(mind. ersten beiden schwarz) $= 0{,}4 \cdot 0{,}4 = \underline{\underline{16\,\%}}$

$n = 5, p = 0{,}4, P(2 < x < 5) = 0{,}2304 + 0{,}0768 = \underline{\underline{30{,}72}}$

b) Baumdiagramm

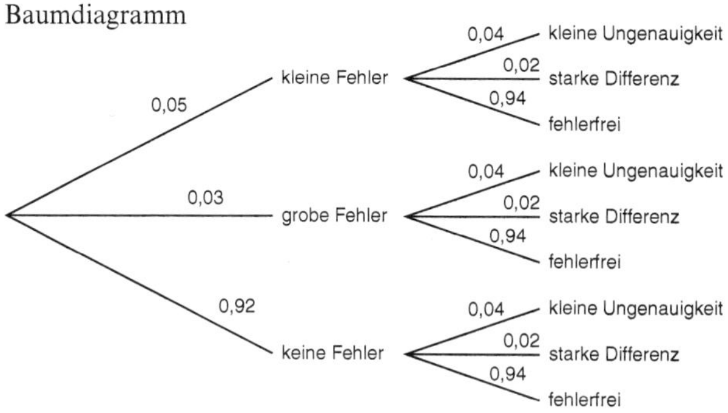

c) $a \cong$ Preis für fehlerfreies Shirt

$E(X) = 0{,}8648\,a + 0{,}0838 \cdot \frac{a}{2} + 2{,}5 \cdot 0{,}0514 = 40 \Rightarrow a = 43{,}97$

Ein fehlerfreies Shirt sollte 43,97 EUR kosten.

8 Finanzmathematik (mit EXCEL)

Hinweis: Alle EXCEL-Tabellen zu den Situationen und Übungsaufgaben des Schülerbandes befinden sich auf der beigefügten CD-ROM.

8.1 Zinsrechnung

8.1.1 Einfache Zinsrechnung

Hinweise zur Situation 2c, S. 371

Die Funktionen „**ISTLEER**" und „**ISTZAHL**" werden über *Einfügen – Funktion – Kategorie: Information* erzeugt.
Sie führen Wahrheitsprüfungen in den angegebenen Zellen durch. Die Eingabesyntax ist: ISTZAHL(Wert) bzw. ISTLEER(Wert):

Beispiel:
Die Eingaben in der linken Tabelle führen zu den ausgewiesenen Ergebnissen in der rechten Tabelle:

	A	B	C		A	B	C
1	**1**		**Peter**	1	**1**		**Peter**
2	=ISTZAHL(A1)	=ISTZAHL(B1)	=ISTZAHL(C1)	2	WAHR	FALSCH	FALSCH
3	=ISTLEER(A1)	=ISTLEER(B1)	=ISTLEER(C1)	3	FALSCH	WAHR	FALSCH

Die Funktionen „**UND**" bzw. „**ODER**" werden über *Einfügen – Funktion – Kategorie: Logik* erzeugt. Die Eingabesyntax ist: UND (Wahrheitswert 1; Wahrheitswert 2; ...) bzw. ODER (Wahrheitswert 1; Wahrheitswert 2; ...). Die „UND-Funktion" liefert WAHR, wenn alle Argumente wahr sind. Sind die Aussagen eines Arguments oder mehrerer Argumente falsch, liefert diese Funktion den Wert FALSCH.
Die „ODER-Funktion" liefert WAHR, wenn ein Argument wahr ist. Sie liefert FALSCH, wenn alle Argumente falsch sind.

Beispiel:
Die Eingaben in der oberen Tabelle führen zu den ausgewiesenen Ergebnissen in der unteren Tabelle:

	A	B	C
1	**1**	**2**	
2	=UND(ISTZAHL(A1);ISTZAHL(B1))	=UND(ISTZAHL(B1);ISTZAHL(C1))	=UND(ISTZAHL(A1);ISTZAHL(C1))
3	=ODER(ISTZAHL(A1);ISTZAHL(B1))	=ODER(ISTZAHL(B1);ISTZAHL(C1))	=ODER(ISTZAHL(A1);ISTZAHL(C1))

	A	B	C
1	**1**	**2**	
2	WAHR	FALSCH	FALSCH
3	WAHR	WAHR	WAHR

Die Funktion „**WENN**“ wird ebenfalls über *Einfügen – Funktion – Kategorie: Logik* erzeugt. Sie gibt eine Wahrheitsprüfung an, die durchgeführt werden soll. Die Eingabesyntax ist: WENN mit drei Argumenten in Klammern, die durch Semikolon voneinander getrennt sind: WENN (Prüfgegenstand; Dann-Wert; Sonst-Wert).

Beispiel:

	A	B
1	**Peter**	=WENN(ISTZAHL(A1);"Alfons","Berta")
2	**2**	=WENN(ISTZAHL(A2);4*A2;Cäsar)
3		=WENN(ISTZAHL(A3);3*A3;"Dieter")
4	**4**	=WENN(A4<3;"gut","schlecht")
5	**5**	=WENN(ISTZAHL(A5);A5;" ")
6		=WENN(ISTLEER(A6);A6;" ")
7		=WENN(ISTLEER(A7);" ";A5)
8		=WENN(ODER(ISTZAHL(A1);ISTZAHL(A2);ISTZAHL(A3));3*4;"Peter")
9		=WENN(ODER(ISTZAHL(A6);ISTZAHL(A7);ISTZAHL(A8));3*4;"Peter")

	A	B
1	Peter	Berta
2	2	8
3		Dieter
4	4	schlecht
5	5	5
6		0
7		
8		12
9		Peter

1 (vgl. CD-ROM):
A11: =WENN(UND(ISTZAHL(B5);ISTZAHL(B6);ISTZAHL(B7);B7>0);1;" ")
B11: =WENN(ISTZAHL(A11);B5*B6;" ")
C11: =WENN(ISTZAHL(A11);B5+A11*B11;" ")
A12: =WENN(A11<b7;A11+1;" ")
B8: =WENN(UND(ISTZAHL(B5);ISTZAHL(B6);ISTZAHL(B7));B5*(1+B7*B6);" ")

2 a) $K_n = K_0\,(1 + np\,\%)$ $\quad K_3 = 4500\,(1 + 3 \cdot 0{,}04) = 5040$
b) $K_n = K_0\,(1 + np\,\%)$ $\quad K_{5\frac{1}{3}} = 4500\,(1 + 5\tfrac{1}{3} \cdot 0{,}04) = 5460$
c) $K_0 = \dfrac{K_n}{1 + np\,\%}$ $\quad K_0 = \dfrac{6000}{1 + 5 \cdot 0{,}04} = 5000$
d) $n = \dfrac{1}{p\,\%}\left(\dfrac{K_n}{K_0} - 1\right)$ $\quad n = \dfrac{1}{0{,}04}\left(\dfrac{6000}{4500} - 1\right) = 8\tfrac{1}{3}$ (= 8 Jahre und 4 Monate)
e) $p\,\% = \dfrac{1}{n}\left(\dfrac{K_n}{K_0} - 1\right)$ $\quad p\,\% = \tfrac{1}{3}\left(\dfrac{6000}{4000} - 1\right) = 0{,}1\overline{6} = 16\tfrac{2}{3}\,\%$

3 $K_n = K_0\,(1 + np\,\%)$
a) $K_{1\frac{11}{12}} = 2598\,(1 + 1\tfrac{11}{12} \cdot 0{,}028) = 2737{,}43$
b) $K_{\frac{170}{360}} = 2598\,(1 + 1\tfrac{17}{36} \cdot 0{,}028) = 2632{,}35$
c) $K_{\frac{11}{12}} = 2598\,(1 + 1\tfrac{11}{12} \cdot 0{,}028) = 2664{,}68$

4 Das Rechenblatt könnte z. B. wie in nebenstehendem **Bild** gestaltet werden (vgl. CD-ROM). Die „Kapitänsformel" wurde erzeugt mit *Einfügen-Objekt-Microsoft Formel-Editor 3.0.*

In den Zellen C6 bis C9 befinden sich folgende Formeln:
C6: = B9*360/(B7*B8)
C7: = B9*360/(B6*B8)
C8: = B9*360/(B6*B7)
C9: = B6*B7*B8/360

	A	B	C
1	**"Kapitänsformel"**	$z = \frac{K \cdot p \cdot t}{100 \cdot 360}$	
2			
3	*(Eingabe nur in die unterlegten Zellen)*		
4			
5		**Gegeben**	**Gesucht**
6	**Anfangskapital K_0**	**400,00 €**	
7	**Zinssatz p%**	**3,00%**	
8	**Tage t**	**10**	
9	**Zinsen z**		**0,33 €**

Sollen in den Zellen C6 bis C9 keine Fehlermeldungen erscheinen, so sollten die eingegebenen Formeln wie folgt verändert werden (vgl. CD-ROM):

C6: =WENN(UND(ISTLEER(B6);ISTZAHL(B7);ISTZAHL(B8);ISTZAHL(B9)); B9*360/(B7*B8);" ")[1)]

C7: =WENN(UND(ISTLEER(B7);ISTZAHL(B6);ISTZAHL(B8);ISTZAHL(B9)); B9*360/(B6*B8);" ")

C8: =WENN(UND(ISTLEER(B8);ISTZAHL(B6);ISTZAHL(B7);ISTZAHL(B9)); B9*360/(B6*B7);" ")

C9: =WENN(UND(ISTLEER(B9);ISTZAHL(B6);ISTZAHL(B7);ISTZAHL(B8)); B6*B7*B8/360;" ")

Eine mögliche sinnvolle Erweiterung der Tabelle ist in nebenstehendem Bild aufgezeigt (vgl. CD-ROM).

	A	B	C	D	E
1	**"Kapitänsformel"**	$z = \frac{K \cdot p \cdot t}{100 \cdot 360}$			
2					
3	*(Eingabe nur in die unterlegten Zellen)*				
4					
5		**Gegeben**	**Gesucht**		
6	**Anfangskapital K_0**	**400,00 €**			
7	**Zinssatz p%**	**3,00%**			
8	**Tage t**	**10**			
9	**Zinsen z**		**0,33 €**		
10					
11					
12					
13					
14	*Sinnvoll für die Berechnung der Zeit ist die Erstellung der nachfolgenden Tabelle:*				
15					
16	**Umrechnung von Jahres-, Monats- und Tagesangaben**				
17	**in eine Jahresdezimalzahl und umgekehrt:**				
18	*(Eingabe in die unterlegten Zellen)*				
19					
20					
21	**Jahre**				
22	**Monate**				
23	**Tage**	**70**			
24	**Jahresdezimalzahl**	**0,1944444**			

---

1) Mithilfe des **WENN-Befehls** wird eine **Wahrheitsprüfung** durchgeführt. In diesem Fall wird geprüft, ob die Zelle B6 leer ist und gleichzeitig die Zellen B7 bis B9 mit Zahlen gefüllt sind. Ist dies der Fall, **dann** wird die durch die Formel angegebene Rechenoperation durchgeführt, sonst bleibt die Zelle C6 leer (s. auch Microsoft EXCEL-Hilfe).

5 $z = \frac{k \cdot p \cdot t}{100 \cdot 360}$

a) $z = \frac{2420{,}20 \cdot 7{,}5 \cdot 74}{360 \cdot 100} = 37{,}31$ $\Rightarrow$ Rückzahlung: $K_n = K_0 + z = 2420{,}20 + 37{,}31 = 2457{,}51$

b) $z = \frac{6380 \cdot 7{,}5 \cdot 29}{360 \cdot 100} = 38{,}55$ $\Rightarrow$ Rückzahlung: $K_n = K_0 + z = 6380 + 38{,}55 = 6418{,}55$

c) $z = \frac{1260{,}90 \cdot 7{,}5 \cdot 42}{360 \cdot 100} = 11{,}03$ $\Rightarrow$ Rückzahlung: $K_n = K_0 + z = 1260{,}90 + 11{,}03 = 1271{,}93$

6 $t = \frac{z \cdot 360 \cdot 100}{k \cdot p} = \frac{63 \cdot 360 \cdot 100}{4600 \cdot 7} = 72$ $\Rightarrow$ Rückzahlung spätestens am 20.04.

7 a) $K_0 = \frac{K_n}{1 + np\,\%} = 96000$

b) $z = K_0 - K_n = 1120$

8 $n = \frac{1}{p\,\%}(\frac{K_n}{K_0} - 1)$ $\quad n = \frac{1}{0{,}05}(\frac{4000}{1000} - 1) = 60$

9 $p\,\% = \frac{1}{n}(\frac{K_n}{K_0} - 1)$ $\quad p\,\% = \frac{1}{6}(\frac{24750}{18000} - 1) = 0{,}0625 = 6{,}25\,\%$

10 $n = \frac{1}{p\,\%}(\frac{K_n}{K_0} - 1)$ $\quad n = \frac{1}{0{,}06}(\frac{20000}{15384{,}61} - 1) = 5$ $\Rightarrow$ Termin: 23. 12. 2045

8.1.2 Zinseszinsrechnung

	A	B	C
1	**Zinseszinsrechnung**		
2	*(Eingabe nur in die unterlegten Zellen)*		
3			
4		**Gegeben**	**Gesucht**
5	**Anfangskapital K_0**		
6	**Zinssatz $p\,\%$**		
7	**Laufzeit n**		
8	**Endkapital K_n**		

1 Wichtige Zelleninhalte:

C5: = B8/((1+B6)^(B7))
C6: = (B8/B5)^(1/B7)-1
C7: = (LN(B8/B5))/(LN(1+B6))
C8: = B5*(1+B6)^(B7)

Oder besser (vgl. CD-ROM):

C5: =WENN(UND(ISTLEER(B5);ISTZAHL(B6);ISTZAHL(B7);ISTZAHL(B8)); B8/((1+B6)^(B7));" ")
C6: =WENN(UND(ISTLEER(B6);ISTZAHL(B5);ISTZAHL(B7);ISTZAHL(B8)); (B8/B5)^(1/B7)-1;" ")
C7: =WENN(UND(ISTLEER(B7);ISTZAHL(B5);ISTZAHL(B6);ISTZAHL(B8)); (LN(B8/B5))/(LN(1+B6));" ")
C8: =WENN(UND(ISTLEER(B8);ISTZAHL(B5);ISTZAHL(B6);ISTZAHL(B7)); B5*(1+B6)^(B7);" ")

2 $K_n = K_0 \cdot q^n$ $\quad K_{1200} = 10 \cdot 1{,}01^{1200} = 1533375{,}57$

3 $K_0 = \frac{K_n}{q^n}$ $\quad K_0 = \frac{2000}{1{,}045^8} = 1406{,}37$

4 $p\,\% = \sqrt[n]{\frac{K_n}{K_0}} - 1$ $\quad p\,\% = \sqrt[12]{\frac{6000}{2000}} - 1 \approx 9{,}59\,\%$

5 $n = \frac{\ln \frac{K_n}{K_0}}{\ln(1 + p\,\%)}$ $\quad n = \frac{\ln \frac{10529}{9000}}{\ln(1 + 0{,}04)} = 4$

6 $K_n = K_0 \cdot q^n$ $K_{12} = 5000 \cdot 1{,}0525^{12} = 9239{,}22$

7 $K_0 = \frac{K_n}{q^n}$ $K_0 = \frac{50000}{1{,}0575^5} = 37806{,}64$

8 a) $K_n = K_0 \cdot q^n$ $K_4 = 200000 \cdot 1{,}03^4 = 225101{,}76$

$K_2 = 225101{,}76 \cdot 1{,}045^2 = 245816{,}75$

$p\,\% = \sqrt[n]{\frac{K_n}{K_0}} -$ $p\,\% = \sqrt[6]{\frac{245816{,}75}{200000}} - 1 \approx 0{,}035 = 3{,}5\,\%$ (= Rendite des Sparbuches)

b) $p\,\% = \sqrt[n]{\frac{K_n}{K_0}} -$ $p\,\% = \sqrt[6]{\frac{253000}{200000}} - 1 \approx 0{,}04 = 4\,\%$ (= Rendite des Aktienfonds)

⇒ Man wird sich für den Aktienfonds entscheiden.

9 a) Die Zinsen der Jahre 1 bis n stellen eine geometrische Folge dar, weil sich jedes Glied aus dem vorhergehenden durch Multiplikation mit einer Konstanten, hier $q = 1 + p$, ergibt.

$z_1 = K_0 \cdot p\,\%$

$z_2 = \mathrm{K1} \cdot p\,\% = (K_0 \cdot p\,\%) \cdot q$

$z_3 = (K_0 \cdot p\,\%) \cdot q^2$

$z_n = (K_0 \cdot p\,\%) \cdot q^{n-1}$

Damit ist das allgemeine Bildungsgesetz einer geometrischen Folge erfüllt, wobei die Zinsen des ersten Jahres das Anfangsglied darstellen.

b) $z_8 = (25000 \cdot 0{,}07) \cdot 1{,}077 = 2810{,}12$

c) Die Summe aller Jahreszinsen ist eine geometrische Reihe, für die gilt:

$s_n = a_1 \cdot \frac{q^{n-1}}{q-1}$. In unserem Fall ergibt sich: $s_{10} = (25000 \cdot 0{,}07) \cdot \frac{1{,}07^{10} - 1}{1{,}07 - 1} = 24178{,}78$

10 Nein, denn für Laufzeiten kleiner 1 verläuft die Exponentialkurve, die die Kapitalendwerte bei Zinseszinsrechnung repräsentiert, unterhalb der Geraden, die die Kapitalendwerte bei einfacher Verzinsung repräsentiert (vgl. Abbildung auf S. 376). Damit erbringt die einfache Verzinsung für Laufzeiten, die geringer als ein Jahr sind, höhere Zinsen als die Berechnung mit Zinseszinsen.

8.1.3 Unterjährliche Verzinsung

1 $p\,\%_{kon} = \sqrt[m]{1 + p\,\%_{nom}} - 1$ $p\,\%_{kon} = \sqrt[4]{1 + 0{,}085} - 1 = 0{,}0206 = 2{,}06044\,\%$ pro Quartal

2 $p\,\%_{rel} = \frac{p\,\%_{nom}}{m}$ $p\,\%_{rel} = \frac{8{,}5\,\%}{2} = 4{,}25\,\%$ pro Halbjahr

3 $p\,\%_{eff} = (1 + \frac{p\,\%_{nom}}{m})^m - 1$ $p\,\%_{eff} = (1 + \frac{0{,}0972}{12})^{12} - 1 = 0{,}10165 = 10{,}165\,\%$ p. a.

4 a) $p\,\%_{nom} = p\,\%_{rel} \cdot m$ $p\,\%_{nom} = 3\,\% \cdot 6 = 18\,\%$ p. a., d. h. 72 % pro 4 Jahre

b) $p\,\%_{eff} = (1 + p\,\%_{rel})^m - 1$ $p\,\%_{eff} = (1 + 3\,\%)^6 - 1 = 19{,}41\,\%$ p. a.

5 Vgl. CD-ROM

8.2 Rentenrechnung

8.2.1 Rentenrechnung (jährlich)

1 Modifizierte Tabelle aus ***Situation 1*** (vgl. CD-ROM)

	A	B	C	D	E
1	**Rentenendwert (nachschüssig)**				
2	*(Eingabe nur in die unterlegten Zellen)*				
3					
4		**Rente *r***	**1.000,00 €**	*(nachschüssig)*	
5		**Zinssatz *p*%**	**5,00%**		
6		**Laufzeit *n***	**10 Jahre**	*(max. 100 Jahre)*	
7		**Rentenendwert R_n**	**12.577,89 €**		
8					
9	**Jahr**	**Kapital zu Jahresbeginn**	**Zinsen**	**Rente**	**Rentenendwert**
10	1	- €	- €	1.000,00 €	1.000,00 €
11	2	1.000,00 €	50,00 €	1.000,00 €	2.050,00 €
12	3	2.050,00 €	102,50 €	1.000,00 €	3.152,50 €
13	4	3.152,50 €	157,63 €	1.000,00 €	4.310,13 €
14	5	4.310,13 €	215,51 €	1.000,00 €	5.525,63 €

2 Modifizierte Tabelle aus ***Situation 2*** (vgl. CD-ROM)

	A	B	C	D	E
1	**Endwerte der einzelnen Renten (vorschüssig)**				
2	*(Eingabe nur in die unterlegten Zellen)*				
3					
4		**Rente *r***	**1.000,00 €**	*(vorschüssig)*	
5		**Zinssatz *p*%**	**5,00%**		
6		**Laufzeit *n***	**10 Jahre**		
7					
8	**Jahr**	**Rentenzahlung *r***	**Endwert der jeweiligen Rente zum Ende der Laufzeit**		**Summe der Rentenendwerte**
9	1	1.000,00 €	1.628,89 €		1.628,89 €
10	2	1.000,00 €	1.551,33 €		3.180,22 €
11	3	1.000,00 €	1.477,46 €		4.657,68 €
12	4	1.000,00 €	1.407,10 €		6.064,78 €
13	5	1.000,00 €	1.340,10 €		7.404,87 €
14	6	1.000,00 €	1.276,28 €		8.681,16 €
15	7	1.000,00 €	1.215,51 €		9.896,66 €
16	8	1.000,00 €	1.157,63 €		11.054,29 €
17	9	1.000,00 €	1.102,50 €		12.156,79 €
18	10	1.000,00 €	1.050,00 €		13.206,79 €

3

	A	B	C	D	E
1	**Rentenendwert (vorschüssig)**				
2	*(Eingabe nur in die unterlegten Zellen)*				
3					
4		**Rente *r***	**1.000,00 €**	*(vorschüssig)*	
5		**Zinssatz *p*%**	**5,00%**		
6		**Laufzeit *n***	**10 Jahre**	*(max. 100 Jahre)*	
7		**Rentenendwert R_n**	**13.206,79 €**		
8					
9	**Jahr**	**Kapital zu Jahresbeginn**	**Rente**	**Zinsen**	**Rentenendwert**
10	1	- €	1.000,00 €	50,00 €	1.050,00 €
11	2	1.050,00 €	1.000,00 €	102,50 €	2.152,50 €
12	3	2.152,50 €	1.000,00 €	157,63 €	3.310,13 €
13	4	3.310,13 €	1.000,00 €	215,51 €	4.525,63 €
14	5	4.525,63 €	1.000,00 €	276,28 €	5.801,91 €
15	6	5.801,91 €	1.000,00 €	340,10 €	7.142,01 €
16	7	7.142,01 €	1.000,00 €	407,10 €	8.549,11 €
17	8	8.549,11 €	1.000,00 €	477,46 €	10.026,56 €
18	9	10.026,56 €	1.000,00 €	551,33 €	11.577,89 €
19	10	11.577,89 €	1.000,00 €	628,89 €	13.206,79 €

(vgl. CD-ROM)

4

	A	B	C	D	E
1	**Rentenauszahlungen (nachschüssig)**				
2	*(Eingabe nur in die unterlegten Zellen)*				
3					
4		**Rentenbarwert R_0**	**21.275,70 €**		
5		**Zinssatz *p*%**	**5,00%**		
6		**Laufzeit *n***	**4 Jahre**	*(max. 100 Jahre)*	
7		**Rente *r***	**6.000,00 €**	*(nachschüssig)*	
8					
9	**Jahr**	**Kapital zu Jahresbeginn**	**Zinsen**	**Rente**	**Kapital zum Jahresende**
10	1	21.275,70 €	1.063,79 €	- 6.000,00 €	16.339,49 €
11	2	16.339,49 €	816,97 €	- 6.000,00 €	11.156,46 €
12	3	11.156,46 €	557,82 €	- 6.000,00 €	5.714,28 €
13	4	5.714,28 €	285,71 €	- 6.000,00 €	- 0,00 €

(vgl. CD-ROM)

5 Wenn eine Gleichung mit herkömmlichen algebraischen Mitteln nicht lösbar ist, kann mit der „**Zielwertsuche**“ im Menü „EXTRAS“ eine Approximationslösung gefunden werden.

Beispiel:
In Zelle B9 soll der Zinssatz berechnet werden:

	A	B	C
1	**Formeln zur Rentenrechnung 1**		
2	*(Eingabe nur in die unterlegten Zellen)*		
3			
4	**- bei nachschüssiger Rente**		
5		**Gegeben**	**Gesucht**
6	**Rentenendwert R_n**	**386.467,61 €**	
7	**Laufzeit *n***	**20 Jahre**	
8	**Rente *r***	**12.000,00 €**	
9	**Zinssatz *p*%**	**4,7500%**	Zielwertsuche 1
10			

zu 5)

1. In Zelle B10 (oder einer beliebigen anderen) ist die rechte Seite der nach null umgeformten Rentenendwertformel (nachschüssig)
   $$R_n^{nach} = r \cdot \frac{(1+p\%)^n - 1}{p\%} \Leftrightarrow \underline{\underline{0 = r \cdot \frac{(1+p\%)^n - 1}{p\%} - R_n^{nach}}}$$
   eingegeben: =B8*((1+B9) ∧B7-1)/B9-B6
   (Mit weißer Schrift erreicht man Unsichtbarkeit der Formel.)
2. Um bei der folgenden Zielwertsuche eine Division durch Null zu vermeiden, ist zuvor ein kleiner Trick anzuwenden: In B9 wird eine beliebige Zahl eingegeben und erst dann die Zielwertsuche durchgeführt.
3. Die Zielwertsuche im Menü EXTRAS-ZIELWERTSUCHE mit „Zielzelle B10", „Zielwert 0" und „veränderbarer Zelle B9" sucht nun für den fehlenden Wert in Zelle B9 die Zahl, die die rechte Seite o. g. Gleichung in Zelle B10 null werden lässt.
   Das angenäherte Ergebnis wird in B9 ausgewiesen.

Damit die Zielwertsuche nicht jedes Mal so umständlich ist, kann sie auch als sog. „Makro" programmiert und dann durch eine einfache Tastenkombination ausgeführt werden:

1. Wei bei einer Videoaufnahme kann man die einzelnen Schritte der Zielwertsuche als Makro aufzeichnen und dann auf „Knopfdruck" automatisch durchführen lassen.
   Die Aufzeichnung des Makros wird gestartet mit: EXTRAS-MAKRO-AUFZEICHNEN.
   (z. B. Makroname: „Zielwertsuche1", Tastenkombination Strg+*p*, Speicherung in dieser Arbeitsmappe)
2. Dann wird die Zielwertsuche durchgeführt.
3. Die Aufzeichnung wird beendet durch EXTRAS-MAKRO-AUFZEICHNUNG BEENDEN.
   (Nicht vergessen, sonst wird alles weitere auch noch aufgenommen!!!)
4. Ausführung des Makros mit Strg+*p*

Noch komfortabler wird die Zielwertsuche, wenn sie durch das Anklicken einer Schaltfläche ausgeführt wird:

1. Mit rechter Maustaste in die Menü- oder Symbolleiste klicken und die Symbolleiste „Formular" öffnen.
2. Rechts oben das Kästchen „Schaltfläche" aktivieren und dann irgendwo auf dem Bildschirm mit der linken Maustaste eine Schaltfläche aufziehen.
3. Der Schaltfläche in dieser Arbeitsmappe den Makronamen „*p*" zuweisen.
4. Mit der rechten Maustaste kann die Beschriftung der Schaltfläche, ihre Größe und Lage verändert werden. Der Abschluss erfolgt durch Klicken außerhalb der Schaltfläche.
5. Die Zielwertsuche kann jetzt durch Betätigung der Schaltfläche durchgeführt werden.

6

	A	B	C
1	**Formeln zur Rentenrechnung 2**		
2	*(Eingabe nur in die unterlegten Zellen)*		
3			
4	**- bei nachschüssiger Rente**		
5		**Gegeben**	**Gesucht**
6	**Rentenbarwert *R₀***		**21.275,70 €**
7	**Laufzeit *n***	**4 Jahre**	
8	**Rente *r***	**6.000,00 €**	
9	**Zinssatz *p*%**	**5,00%**	
10	**Rentenendwert *Rₙ***		**25.860,75 €**
11			
12	**- bei vorschüssiger Rente**		
13		**Gegeben**	**Gesucht**
14	**Rentenbarwert *R₀***		**22.339,49 €**
15	**Laufzeit *n***	**4 Jahre**	
16	**Rente *r***	**6.000,00 €**	
17	**Zinssatz *p*%**	**5,00%**	
18	**Rentenendwert *Rₙ***		**27.153,79 €**

(vgl. CD-ROM)

7

	Nachschüssige Rentenzahlung	**Vorschüssige Rentenzahlung**
Renten:	$r = \frac{R_0 p\% q^n}{q^n - 1}$	$r = \frac{R_0 p\% q^n}{q(q^n - 1)}$
Laufzeit:	$n = \frac{\ln \frac{r}{r - R_0 p\%}}{\ln q}$	$n = \frac{\ln \frac{rq}{rq - R_0 p\%}}{\ln q}$

Zinssatz: Die Rentenbarwertformeln $R_0^{nach} = r \cdot \frac{q^n - 1}{p\% q^n} = r \cdot \frac{(1 + p\%)^n - 1}{p\%(1 + p\%^n}$

bzw. $R_0^{vor} = \frac{rq(q^n - 1)}{p\% q^n} = \frac{r(1 + p\%)(1 + p\%)^n - 1)}{p\%(1 + p\%)^n}$

lassen sich mit algebraischen Mitteln nicht nach p auflösen.

	A	B	C
1	**Formeln zur Rentenrechnung 3**		
2	*(Eingabe nur in die unterlegten Zellen)*		
3			
4	**- bei nachschüssiger Rente**		
5		**Gegeben**	**Gesucht**
6	**Rentenbarwert *R₀***	**7.721,73 €**	
7	**Laufzeit *n***	**10 Jahre**	
8	**Rente *r***	**1.000,00 €**	
9	**Zinssatz *p*%**		Zielwertsuche 1
10			
11			
12	**- bei vorschüssiger Rente**		
13		**Gegeben**	**Gesucht**
14	**Rentenbarwert *R₀***	**8.107,82 €**	
15	**Laufzeit *n***	**10 Jahre**	
16	**Rente *r***	**1.000,00 €**	
17	**Zinssatz *p*%**		Zielwertsuche 2

8 Lösungsvorschlag (unzählige andere Varianten sind denkbar):

	A	B	C	D	E
1	**Formeln zur Rentenrechnung 3**				
2	*(Eingabe nur in die unterlegten Zellen)*				
3					
4	**- bei nachschüssiger Rente**				
5		**Gegeben**	**Gesucht**		
6	**Rentenbarwert R_0**	152.768,03 €			
7	**Laufzeit n**	20 Jahre			
8	**Rente r**	12.000,00 €			
9	**Zinssatz p%**			Zielwertsuche für p%	
10	**Rentenendwert R_n**	386.467,61 €			
11					
12	**- bei vorschüssiger Rente**				
13		**Gegeben**	**Gesucht**		
14	**Rentenbarwert R_0**	165.096,12 €			
15	**Laufzeit n**	20 Jahre			
16	**Rente r**	12.000,00 €			
17	**Zinssatz p%**			Zielwertsuche für p%	
18	**Rentenendwert R_n**	386.467,61 €			

(vgl. CD-ROM)

9 a) $R_0^{vor} = \frac{rq\,(p\,\%^n - 1)}{p\,\%\,q^n}$ $R_0^{vor} = \frac{4000 \cdot 1{,}055 \cdot (1{,}055^{15} - 1)}{0{,}055 \cdot 1{,}055^{15}} = 42358{,}59$

b) Vgl. CD-ROM

	A	B	C	D	E	F
1	**Rentenauszahlungen (vorschüssig)**					
2	*(Eingabe nur in die unterlegten Zellen)*					
3						
4		**Rentenbarwert R_0**	42.358,59 €			
5		**Zinssatz p%**	5,50%			
6		**Laufzeit n**	15 Jahre	*(max. 100 Jahre)*		
7		**Rente r**	4.000,00 €	*(vorschüssig)*		
8						
9	**Jahr**	**Kapital zu Jahresbeginn vor Rentenzahlung**	**Rente**	**Kapital zu Jahresbeginn nach Rentenzahlung**	**Zinsen**	**Kapital zum Jahresende**
10	1	42.358,59 €	4.000,00 €	38.358,59 €	2.109,72 €	40.468,31 €
11	2	40.468,31 €	4.000,00 €	36.468,31 €	2.005,76 €	38.474,07 €
12	3	38.474,07 €	4.000,00 €	34.474,07 €	1.896,07 €	36.370,14 €
13	4	36.370,14 €	4.000,00 €	32.370,14 €	1.780,36 €	34.150,50 €
14	5	34.150,50 €	4.000,00 €	30.150,50 €	1.658,28 €	31.808,78 €
15	6	31.808,78 €	4.000,00 €	27.808,78 €	1.529,48 €	29.338,26 €
16	7	29.338,26 €	4.000,00 €	25.338,26 €	1.393,60 €	26.731,87 €
17	8	26.731,87 €	4.000,00 €	22.731,87 €	1.250,25 €	23.982,12 €
18	9	23.982,12 €	4.000,00 €	19.982,12 €	1.099,02 €	21.081,14 €
19	10	21.081,14 €	4.000,00 €	17.081,14 €	939,46 €	18.020,60 €
20	11	18.020,60 €	4.000,00 €	14.020,60 €	771,13 €	14.791,73 €
21	12	14.791,73 €	4.000,00 €	10.791,73 €	593,55 €	11.385,28 €
22	13	11.385,28 €	4.000,00 €	7.385,28 €	406,19 €	7.791,47 €
23	14	7.791,47 €	4.000,00 €	3.791,47 €	208,53 €	4.000,00 €
24	15	4.000,00 €	4.000,00 €	- 0,00 €	- 0,00 €	- 0,00 €

8.2.2 Rentenrechnung (unterjährlich)

1

Unterjährliche Rentenrechnung mit vorschüssigen monatlichen Renten

(Eingabe nur in die unterlegten Zellen)

Monatlicher Sparbetrag	100,00 €
Zinssatz *p* %	5,00%
Laufzeit *n* in Jahren	8

(max. 50 Jahre)

Berechnung des Endkapitals nach einem Jahr bei monatlicher vorschüssiger Einzahlung

Einz.-datum	Anzahl der Monate bis Jahresende	Sparbetrag	Zinsen für die jeweiligen monatlichen Einzahlung am Ende des Jahres
01. Jan	12	100,00 €	5,00 €
01. Feb	11	100,00 €	4,58 €
01. Mrz	10	100,00 €	4,17 €
01. Apr	9	100,00 €	3,75 €
01. Mai	8	100,00 €	3,33 €
01. Jun	7	100,00 €	2,92 €
01. Jul	6	100,00 €	2,50 €
01. Aug	5	100,00 €	2,08 €
01. Sep	4	100,00 €	1,67 €
01. Okt	3	100,00 €	1,25 €
01. Nov	2	100,00 €	0,83 €
01. Dez	1	100,00 €	0,42 €

Sparbetrag eines Jahres (ohne Zinsen)	Zinssumme am Ende des Jahres	Kapital zum Jahresende
1.200,00 €	32,50 €	1.232,50 €

Berechnung des Endkapitals nach *n* Jahren

Laufzeit (Jahre)	Kapital (EUR) zu Jahresbeginn	Jahreszinsen auf Kapital zu Jahresbeginn	Jährliche Einzahlung zum Jahresende	Kapital (EUR) zum Jahresende
1	0,00 €	0,00 €	1.232,50 €	1.232,50 €
2	1.232,50 €	61,63 €	1.232,50 €	2.526,63 €
3	2.526,63 €	126,33 €	1.232,50 €	3.885,46 €
4	3.885,46 €	194,27 €	1.232,50 €	5.312,23 €
5	5.312,23 €	265,61 €	1.232,50 €	6.810,34 €
6	6.810,34 €	340,52 €	1.232,50 €	8.383,36 €
7	8.383,36 €	419,17 €	1.232,50 €	10.035,03 €
8	10.035,03 €	501,75 €	1.232,50 €	11.769,28 €

(vgl. CD-ROM)

2

Unterjährliche Rentenrechnung mit nachschüssigen Renten

(Eingabe nur in die unterlegten Zellen)

Monatlicher Sparbetrag	100,00 €
Zinssatz *p* %	5,00%
Laufzeit *n* in Jahren	8 *(max. 50 Jahre)*

Berechnung des Endkapitals nach einem Jahr bei monatlicher vorschüssiger Einzahlung

Einz.-datum	Anzahl der Monate bis Jahresende	Sparbetrag	Zinsen für die jeweiligen monatlichen Einzahlung am Ende des Jahres
31. Jan	11	100,00 €	4,58 €
28. Feb	10	100,00 €	4,17 €
31. Mrz	9	100,00 €	3,75 €
30. Apr	8	100,00 €	3,33 €
31. Mai	7	100,00 €	2,92 €
30. Jun	6	100,00 €	2,50 €
31. Jul	5	100,00 €	2,08 €
31. Aug	4	100,00 €	1,67 €
30. Sep	3	100,00 €	1,25 €
31. Okt	2	100,00 €	0,83 €
30. Nov	1	100,00 €	0,42 €
31. Dez	0	100,00 €	0,00 €

Sparbetrag eines Jahres (ohne Zinsen)	Zinssumme am Ende des Jahres	Kapital zum Jahresende
1.200,00 €	27,50 €	1.227,50 €

Berechnung des Endkapitals nach *n* Jahren

Laufzeit (Jahre)	Kapital (EUR) zu Jahresbeginn	Jahreszinsen auf Kapital zu Jahresbeginn	Jährliche Einzahlung zum Jahresende	Kapital (EUR) zum Jahresende
1	0,00 €	0,00 €	1.227,50 €	1.227,50 €
2	1.227,50 €	61,38 €	1.227,50 €	2.516,38 €
3	2.516,38 €	125,82 €	1.227,50 €	3.869,69 €
4	3.869,69 €	193,48 €	1.227,50 €	5.290,68 €
5	5.290,68 €	264,53 €	1.227,50 €	6.782,71 €
6	6.782,71 €	339,14 €	1.227,50 €	8.349,35 €
7	8.349,35 €	417,47 €	1.227,50 €	9.994,32 €
8	9.994,32 €	499,72 €	1.227,50 €	11.721,53 €

(vgl. CD-ROM)

3

	A	B	C	D
1	Rentenend- und Rentenbarwerte bei unterjährlichen Renten			
2	*(Eingabe nur in die unterlegten Zellen)*			
3				
4	Zinsperioden pro Jahr ***m***	2		
5	Laufzeit in Jahren ***n***	30		
6	Zinssatz ***p*** **%**	7,00%		
7	Rente ***r*** / Periode	3.000,00 €		
8				
a) 9	**Konforme vorschüssige Jahresrente *r* _konf_**		**6.315,00 €**	
10				
11	**Konforme nachschüssige Jahresrente *r* _konf_**		**6.105,00 €**	
12				
b) 13	**Vorschüssiger Rentenendwert *R* _n_**		**596.519,87 €**	
14				
15	**Nachschüssiger Rentenendwert *R* _n_**		**576.683,10 €**	
16				
c) 17	**Vorschüssiger Rentenbarwert *R* _0_**		**78.363,10 €**	
18				
19	**Nachschüssiger Rentenbarwert *R* _0_**		**75.757,20 €**	

(vgl. CD-ROM)

4 (Vgl. auch CD-ROM)

a) Konforme vorschüssige Jahresrente: $r_{konf} = r \cdot (m + \frac{p\,\%}{2}(m+1)) = 2458{,}50$

b) Vorschüssiger Rentenendwert: $R_n^{vor} = r \cdot (m + \frac{p\,\%}{2}(m+1))\frac{q^n - 1}{p\,\%}\, R_{10}^{vor} = 30210{,}56$

c) Vorschüssiger Rentenbarwert: $R_0^{vor} = r \cdot (m + \frac{p\,\%}{2}(m+1)) \cdot \frac{q^n - 1}{p\,\% \, q^n} = 19453{,}42$

5 (Vgl. auch CD-ROM)

a) Konforme nachschüssige Jahresrente: $r_{konf} = r \cdot (m + \frac{p\,\%}{2}(m-1)) = 6105$

b) Nachschüssiger Rentenendwert: $R_n^{nach} = r \cdot (m + \frac{p\,\%}{2}(m-1))\frac{q^n - 1}{p\,\%}\, R_{30} = 576683{,}10$

c) Nachschüssiger Rentenbarwert: $R_0^{nach} = r \cdot (m + \frac{p\,\%}{2}(m-1)) \cdot \frac{q^n - 1}{p\,\% \, q^n} = 75757{,}20$

8.2.3 Kapitalaufbau/Kapitalabbau

1 a) $G_n^{vor} = K_0\, q^n + rq \cdot \frac{q^n - 1}{p\,\%}$ $\quad G_8^{vor} = 20000 \cdot 1{,}035^8$
$+ 1000 \cdot 1{,}035 \cdot \frac{1{,}035^8 - 1}{0{,}035} = 35704{,}68$

b) (Die Tabelle ist identisch mit der Tabelle aus Situation 2 „Kapitelaufbau/Kapitelabbau“ des Lehrbuches, es muss lediglich für r ein positiver Wert eingegeben werden.)

	A	B	C	D	E
1	**Sparkassenformel (vorschüssig)**				
2	*(Eingabe nur in die unterlegten Zellen)*				
3					
4		**Anfangskapital K_0**	**20.000,00 €**		
5		**Zinssatz p%**	**3,50%**		
6		**Rente r**	**1.000,00 €**	*(vorschüssig)*	
7		**Laufzeit n**	**8 Jahre**	*(max. 100)*	
8		**Gesamtkapital G_n**	**35.704,68 €**		
9					
10	**Jahr**	**Kapital zu Jahresbeginn**	**Rente**	**Zinsen**	**Kapital am Jahresende**
11	1	20.000,00 €	1.000,00 €	735,00 €	21.735,00 €
12	2	21.735,00 €	1.000,00 €	795,73 €	23.530,73 €
13	3	23.530,73 €	1.000,00 €	858,58 €	25.389,30 €
14	4	25.389,30 €	1.000,00 €	923,63 €	27.312,93 €
15	5	27.312,93 €	1.000,00 €	990,95 €	29.303,88 €
16	6	29.303,88 €	1.000,00 €	1.060,64 €	31.364,51 €
17	7	31.364,51 €	1.000,00 €	1.132,76 €	33.497,27 €
18	8	33.497,27 €	1.000,00 €	1.207,40 €	35.704,68 €

(vgl. CD-ROM)

2 a) $G_n^{nach} = K_0\, q^n - r \cdot \frac{q^n - 1}{p\,\%}$ $\quad G_{11}^{nach} = 120000 \cdot 1{,}025^{11} - 12000 \cdot \frac{1{,}025^{11} - 1}{0{,}025} = 7648{,}80$

b) (Die Tabelle ist identisch mit der Tabelle aus Situation 1 dieses Abschnittes im Lehrbuch, es muss lediglich für r ein negativer Wert eingegeben werden.)

	A	B	C	D	E
1	**Sparkassenformel (nachschüssig)**				
2	*(Eingabe nur in die unterlegten Zellen)*				
3					
4		**Anfangskapital K_0**	**120.000,00 €**		
5		**Zinssatz p%**	**2,50%**		
6		**Rente r**	**-12.000,00 €**	*(nachschüssig)*	
7		**Laufzeit n**	**11 Jahre**	*(max. 100)*	
8		**Gesamtkapital G_n**	**7.648,80 €**		
9					
10	**Jahr**	**Kapital zu Jahresbeginn**	**Zinsen**	**Rente**	**Kapital am Jahresende**
11	1	120.000,00 €	3.000,00 €	-12.000,00 €	111.000,00 €
12	2	111.000,00 €	2.775,00 €	-12.000,00 €	101.775,00 €
13	3	101.775,00 €	2.544,38 €	-12.000,00 €	92.319,38 €
14	4	92.319,38 €	2.307,98 €	-12.000,00 €	82.627,36 €
15	5	82.627,36 €	2.065,68 €	-12.000,00 €	72.693,04 €
16	6	72.693,04 €	1.817,33 €	-12.000,00 €	62.510,37 €
17	7	62.510,37 €	1.562,76 €	-12.000,00 €	52.073,13 €
18	8	52.073,13 €	1.301,83 €	-12.000,00 €	41.374,96 €
19	9	41.374,96 €	1.034,37 €	-12.000,00 €	30.409,33 €
20	10	30.409,33 €	760,23 €	-12.000,00 €	19.169,56 €
21	11	19.169,56 €	479,24 €	-12.000,00 €	7.648,80 €

(vgl. CD-ROM)

3 a)

	Nachschüssige Zahlung	**Vorschüssige Zahlung**
Gesamtguthaben:	$G_n^{nach} = K_0\, q^n + r \cdot \frac{q^n - 1}{p\,\%}$	$G_n^{vor} = K_0\, q^n + rq \cdot \frac{q^n - 1}{p\,\%}$
Anfangskapital:	$K_0 = \frac{G_n^{nach} - r \cdot \frac{q^n - 1}{p\,\%}}{q^n}$	$K_0 = \frac{G_n^{vor} - rq \cdot \frac{q^n - 1}{p\,\%}}{q^n}$
Rente:	$r = \frac{p\,\%\,(G_n^{nach} - K_0\, q^n))}{q^n - 1}$	$r = \frac{p\,\%\,(G_n^{vor} - K_0\, q^n)}{q\,(q^n - 1)}$
Laufzeit:	$n = \frac{\ln \frac{G_n^{nach} - G_n^{nach}\, q - r}{K_0 - r - K_0\, q}}{\ln q}$	$n = \frac{\ln \frac{G_n^{vor}\, q - G_n^{vor} + rq}{K_0\, q - K_0 + rq}}{\ln q}$

Zinssatz: Die Formeln für das Gesamtguthaben sind mit herkömmlichen algebraischen Mitteln nicht nach p aufzulösen. Eine Lösung kann durch ein Näherungsverfahren bzw. mit einem Computeralgebrasystem oder mit der Zielwertsuche in EXCEL gefunden werden.

(vgl. CD-ROM)

b)

	A	B	C	D	E
1	**Formeln zur Sparkassenformel**				
2	*(Eingabe nur in die unterlegten Zellen)*				
3					
4	**- nachschüssig**	**Gegeben**	**Gesucht**		
5	**Anfangskapital K_0**				
6	**Zinssatz p%**			Zielwertsuche p%	
7	**Rente r**				
8	**Laufzeit n**				
9	**Gesamtkapital G_n**				
10					
11	**- vorschüssig**	**Gegeben**	**Gesucht**		
12	**Anfangskapital K_0**				
13	**Zinssatz p%**			Zielwertsuche p%	
14	**Rente r**				
15	**Laufzeit n**				
16	**Gesamtkapital G_n**				

(vgl. CD-ROM)

4 (vgl. CD-ROM)

a) $G_n^{nach} = K_0\, q^n + r \cdot \frac{q^n - 1}{p\,\%}$ $\quad G_4^{nach} = 85\,295{,}08$

b) $n = \frac{\ln \frac{G_n^{nach} - G_n^{nach}\, q - r}{K_0 - r - K_0\, q}}{\ln q} = 7{,}35$ (nach 7 Jahren, 4 Monaten und 6 Tagen, also am 06.04.07)

c) Bei vorschüssiger Zahlung:

$G_n^{vor} = K_0\, q^n + rq \cdot \frac{q^n - 1}{p\,\%}$ $\quad G_4^{vor} = 86\,450{,}19$

$n = \frac{\ln \frac{G_n^{vor}\, q - G_n^{vor} + rq}{K_0\, q - K_0 + rq}}{\ln q} = 7{,}15$ (nach 7 Jahren, 1 Monat und 24 Tagen, also am 24.02.07)

5 (vgl. CD-ROM)

a) $r = \frac{p\,\%\,(G_n^{nach} - K_0\, q^n)}{q^n - 1}$ $\quad r = \frac{0{,}0575\,(0 - 100\,000 \cdot 1{,}0575^{15})}{1{,}0675^{15} - 1} = -10\,128{,}75$

b) $r = \frac{p\,\%\,(G_n^{vor} - K_0\, q^n)}{q\,(q^n - 1)}$ $\quad r = \frac{0{,}0575\,(0 - 100\,000 \cdot 1{,}0575^{15})}{1{,}0575\,(1{,}0575^{15} - 1)} = -9\,578{,}02$

6 (vgl. CD-ROM)

a) $K_0 = \dfrac{G_n^{nach} - r \cdot \dfrac{q^n - 1}{p\,\%}}{q^n}$ $\qquad K_0 = \dfrac{500000 - 12000 \cdot \dfrac{1{,}0725^{15} - 1}{0{,}0725}}{1{,}0725^{15}} = 67\,399{,}01$

b) $K_0 = \dfrac{G_n^{vor} - rq \cdot \dfrac{q^n - 1}{p\,\%}}{q^n}$ $\qquad K_0 = \dfrac{500000 - 12000 \cdot 1{,}0725 \cdot \dfrac{1{,}0725^{15} - 1}{0{,}0725}}{1{,}0725^{15}} = 59\,598{,}75$

7 (vgl. CD-ROM)

a) $K_0 = \dfrac{G_n^{vor} - rq \cdot \dfrac{q^n - 1}{p\,\%}}{q^n}$ $\qquad K_0 = \dfrac{3000 - 5000 \cdot 1{,}062 \cdot \dfrac{1{,}062^{14} - 1}{0{,}062}}{1{,}062^{14}} = 50043{,}18$

b) $K_0 = \dfrac{G_n^{nach} - r \cdot \dfrac{q^n - 1}{p\,\%}}{q^n}$ $\qquad K_0 = \dfrac{3000 - 5000 \cdot \dfrac{1{,}062^{145} - 1}{0{,}062}}{1{,}062^{1}4} = 47\,197{,}08$

8 (vgl. CD-ROM)

$p\,\% = 4{,}25\,\%$ (durch Näherung ermittelt)

9 (vgl. CD-ROM)

$G_{13}^{nach} = 10000 \cdot 1{,}05^{13} + 5000 \cdot \dfrac{1{,}06^{13} - 1}{0{,}05} + 8000 \cdot 1{,}05^{10} + 5000 \cdot 1{,}05^{8}$

$= 107421{,}41 + 13031{,}16 + 7\,387{,}28 = 127839{,}85$

10 (vgl. CD-ROM)

a) Bei nachschüssiger Zahlung: $n = \dfrac{\ln \dfrac{G_n^{nach} - G_n^{nach} q - r}{K_0 - r - K_0 q}}{\ln q} = 13$

b) Bei vorschüssiger Zahlung: $n = \dfrac{\ln \dfrac{G_n^{vor} q - G_n^{vor} + rq}{K_0 q - K_0 + rq}}{\ln q} = 11{,}7$ (11 Jahre, 8 Monateund 12 Tage)

11 (vgl. CD-ROM)

Nach 5 Jahren beträgt das Kapital $K_5 = 50000 \cdot 10{,}04755 = 63058$. Dies ist dann sowohl K_0 als auch G_n für die Sparkassenformel (für n kann ein beliebiger Wert gewählt werden):

a) $r = \dfrac{p\,\%\,(G_n^{vor} - K_0\,q^n)}{q\,(q^n - 1)}$ $\qquad r = \dfrac{0{,}0475\,(63058 - 63058 \cdot 1{,}0475^{1})}{1{,}0475\,(1{,}0475^{1} - 1)} = -2859{,}43$

b) $r = \dfrac{p\,\%\,(G_n^{nach} - K_0\,q^n)}{q^n - 1}$ $\qquad r = \dfrac{0{,}0475\,(63058 - 63058 \cdot 1{,}0475^{1})}{1{,}0475^{1} - 1} = -2995{,}26$

12 (vgl. CD-ROM)

Zunächst ist der Rentenendwert einer 3-jährigen vorschüssigen Rente zu bestimmen:

$R_3^{vor} = 7000 \cdot 1{,}0425 \cdot \dfrac{1{,}0425^{3} - 1}{0{,}0425} = 22836{,}11$

Dann werden zum Jahresende 10000,00 EUR abgehoben, sodass nach 3 Jahren das Kapital beträgt: $K_3 = 12836{,}11$ EUR.

Dies ist dann das Anfangskapital für das Gesamtguthaben der nächsten 2 Jahre, zu dem dann noch die Rente addiert werden muss.

$G_n^{vor} = K_0\,q^n + rq \cdot \dfrac{q^n - 1}{p\,\%}$ $\qquad G_2^{vor} = 12836{,}11 \cdot 1{,}0425^{2} + 7000 \cdot 1{,}0425 \cdot \dfrac{1{,}0425^{2} - 1}{0{,}0425} = 28855{,}51$

Zu diesem Betrag werden zum Jahresende noch 5000,00 EUR addiert, sodass $K_5 = 32855{,}51$ beträgt.
Dieses Kapital wird nun noch incl. der gleichbleibenden Einzahlungen 5 Jahre verzinst:
$G_n^{vor} = K_0\, q^n + rq \cdot \frac{q^n - 1}{p\,\%}$ $G_5^{vor} = 32855{,}51 \cdot 1{,}0425^5 + 7000 \cdot 1{,}0425 \cdot \frac{1{,}0425^5 - 1}{0{,}0425} = 80180{,}09$
Also ist $K_{10} = 80180{,}09$ EUR

8.3 Tilgungsrechnung

8.3.1 Ratentilgung

1 Vgl. CD-ROM

2 (vgl. CD-ROM)
$T = \frac{K_0}{n} = \frac{20000}{10} = 2000; p\,\% = \frac{T}{K_n} = \frac{2000}{20000} = \frac{1}{10} = 0{,}1 = 10\,\%$

3 (vgl. CD-ROM)
$n = \frac{K_0}{T} = \frac{30000}{6000} = 5$ (Jahre)

4 (vgl. CD-ROM)
$K_0 = T \cdot n = 8000 \cdot 5 = 40000$

5 (vgl. CD-ROM)
a) $K_5 = 45000$, b) $A_6 = 18375$, c) $z_8 = 1125$, d) $K_7 = 15000$

8.3.2 Annuitätentilgung

1 Vgl. CD-ROM

2 Vgl. CD-ROM

3 (vgl. CD-ROM)
$A = 60150{,}70$

4 (vgl. CD-ROM)
$K_0 = 663507{,}07$

5 (vgl. CD-ROM)
$n = 28{,}55$
Nach 28 Jahren beträgt die Restschuld: $K_n = K_0 \frac{q^n - q^t}{q^n - 1}$ $K_{28} = 9322{,}34$
Wird die Restschuld zum Ende des 29. Jahres bezahlt, muss sie noch mit 8 % verzinst werden und beträgt dann: 10068,13 EUR.

6 Vgl. CD-ROM

8.4 Abschreibung

8.4.1 Lineare Abschreibung

Lineare Abschreibung ohne Schrottwert

1 a) Vgl. CD-ROM
b) Vgl. CD-ROM

2 a) $A = R_0 \cdot \mathrm{p}\,\% = 1500 \cdot 0{,}\overline{3} = 500$
b) $N = \frac{R_0}{A} = \frac{1500}{5} = 3$ oder: $N = \frac{1}{p\,\%} = \frac{1}{0{,}3} = 3$

3 $\mathrm{p}\,\% = \frac{1}{N} = \frac{1}{8} = 0{,}125 = 12{,}5\,\%$
$A = R_0 \cdot p\,\% = 10000 \cdot 0{,}125 = 1250$

4 a) $R_n = R_0 - n \cdot A$ Dabei ist $A = R_0 \cdot p = 50000 \cdot 0{,}04 = 2000$
$R_9 = 50000 - 9 \cdot 2000 = 32000$
b) $R_n = R_0 - n \cdot A$
$R_{20} = 50000 - 20 \cdot 2000 = 10000$

Lineare Abschreibung mit Schrottwert

5 (vgl. CD-ROM)
a) $p\,\% = \frac{\frac{R_0 - R_N}{N}}{R_0} = \frac{\frac{40000}{10}}{50000} = \frac{4000}{50000} = 0{,}08$

b) $A = \frac{R_0 - R_N}{N} = \frac{40000}{10} = 4000$ oder: $A = R_0 \cdot p\,\% = 50000 \cdot 0{,}08 = 4000$

c) $R_n = R_0 - n \cdot A$ oder: $R_n = R_0 - \frac{R_0 - R_N}{N} \cdot n$

$R_8 = 50000 - 8 \cdot 4000 = 18000$ $R_8 = 50000 - \frac{40000}{10} \cdot 8 = 18000$

d) $R_n = R_0 - n \cdot A$
$R_2 = 42000$

6 a) $A = \frac{R_0 - R_N}{N} = \frac{100000}{5} = 20000$

b) $p\,\% = \frac{A}{R_0} = \frac{20000}{120000} = \frac{1}{6} = 0{,}1\overline{6} = 16{,}\overline{6}\,\%$

7 a) $N = \frac{R_0 - R_N}{p\,\%\, R_0} = \frac{9000}{1000} = 9$

b) $A = \frac{R_0 - R_N}{N} = \frac{9000}{9} = 1000$

c) $R_n = R_0 - n \cdot A$
$R_5 = 10000 - 5 \cdot 1000 = 5000$

8.4.2 Degressive Abschreibung

1 Vgl. CD-ROM

2 Vgl. CD-ROM

3 $R_n = R_0 \cdot (1 - p\,\%)^n = 60000 \cdot (1 - 0{,}2)^8 = 10066{,}3296 = 10066{,}33$

4 $p\,\% = 1 - \sqrt[n]{\frac{R_0}{R_N}} = 1 - \sqrt[10]{\frac{12000}{800000}} = 0{,}1728 = 17{,}28\,\%$

5 $R_0 = \frac{R_N}{(1 - p\,\%)^n} = \frac{1000}{(1 - 0{,}15)^8} = 3669{,}85$

6 $N = \dfrac{\ln \frac{R_0}{R_N}}{\ln(1 - p\,\%)} = \dfrac{\ln \frac{8056}{400000}}{\ln(1 - 0{,}125)} = 12$

7 a) $R_n = R_0 (1 - p\,\%)^n$
$R_8 = 500000\,(1 - 0{,}2)^5 = 163840$
b) $R_9 = 500000\,(1 - 0{,}2)^9 = 67108{,}86$
c) $A_n = R_0 \cdot \mathrm{p}\,\%\,(1 - p\,\%)^{n-1}$
$A_8 = 500000 \cdot 0{,}2\,(1 - 0{,}2)^7 = 20971{,}52$

8.4.3 Wechsel von der degressiven zur linearen Abschreibung

1 Vgl. CD-ROM

2 a) $n \geq N + 1 - \frac{1}{p\,\%} = 12 + 1 - \frac{1}{0{,}1\overline{6}} = 13 - 6 = 7$
b) $A_n = R_0 \cdot p\,\%\,(1 - p\,\%)^{n-1}$
$A_6 = 1000000 \cdot 0{,}1\overline{6} \cdot (1 - 0{,}1\overline{6})^5 = 66979{,}60$
c) $A_n^{lin} = \frac{R_0 (1 - p\,\%)^{n-1}}{N - (n - 1)}$
$A_7^{lin} = \frac{1000000 \cdot (1 - 0{,}1\overline{6})^6}{12 - (7 - 1)} = 55816{,}33$
d) $R_n = R_0 (1 - \mathrm{p}\,\%)^n$
$R_3 = 1000000 \cdot (1 - 0{,}1\overline{6})^3 = 578703{,}70$
e) $R_8 = R_6 - 2 \cdot A_7^{lin}$
$R_8 = 1000000 \cdot (1 - 0{,}1\overline{6})^6 - 2 \cdot 55816{,}33 = 223265{,}32$
Vgl. CD-ROM